中国指数研究院简介

中国指数研究院整合了中国房地产指数系统、中国房地产TOP10研究组等众多资源，由国内外几十位专家和数家学术机构共建，全方位服务于中国商业经济。中国指数研究院下设华北、华东、华中、华南、西南五大分院，分支机构遍布全国75个大中城市，并拥有600多位专业分析师团队，是目前中国最大的房地产专业研究机构。

中国房地产指数系统

中国房地产指数系统（China Real Estate Index System）最早在1994年由中国房地产业协会、国务院发展研究中心情报中心和中国房地产开发集团共同发起创立，并于1995年和2005年两次通过由国务院发展研究中心、建设部、国土资源部、中国银监会、清华大学和北京大学等单位的著名专家学者组成的鉴定委员会的学术鉴定。

2010年以来，结合房地产市场的变化，中国房地产指数体系的编制方法不断完善，指数系统持续丰富，目前已经形成百城价格指数、二手住宅指数、租赁价格指数、物业价格指数等一系列房地产价格指数，更加准确全面地反映房地产市场发展状况。2015年9月，中国指数研究院对运营20年的中国房地产指数系统进行全面回顾，并联合博时基金、中证指数有限公司，共同编制了我国第一支房地产大数据股票指数——中证房天下大数据指数（指数代码：930763）。该指数将帮助广大投资者运用大数据科学选择优质房地产股票，切实享受房地产行业在资本市场的投资红利，为投资者开拓更多元的投资渠道。

随着房地产行业转型升级步伐的加快，中国房地产指数系统未来将全面加强与金融资本市场的创新融合，并进一步延伸指数覆盖领域，在房地产关联产业不断拓展，持续致力于打造更为丰富完善的中国指数研究体系。

中国房地产TOP10研究组

中国房地产TOP10研究组由国务院发展研究中心企业研究所、清华大学房地产研究所、中国指数研究院三家研究机构于2002年发起，2003年1月10日正式成立，致力于对中国规模大、效益佳、品牌优的房地产企业群体进行研究；本着客观、公正、准确、全面的基本原则，排除主观因素的影响，以客观数据为唯一依据，充分借鉴国外TOP10研究的理论框架和操作实务，结合中国房地产发展特点，开展TOP10系列研究工作。中国房地产TOP10研究组办公室设于中国指数研究院，由国务院发展研究中心企业研究所所长马骏、清华大学房地产研究所所长刘洪玉、中国指数研究院院长莫天全任联席组长，中国指数研究院常务副院长黄瑜任办公室主任，共同指导管理研究组的工作。经过十多年的努力，中国房地产TOP10研究组发展成为一支百余人的研究团队，长期专职进行中国房地产TOP10研究具体工作，形成的中国房地产百强企业研究、中国房地产上市公司10强研究、中国房地产品牌价值研究等系列成果，已成为评判房地产企业经营实力和行业地位的重要标准。基于以上研究，中国指数研究院提供以下专项研究服务：企业认证研究、企业品牌价值评估、顾客满意度调研、企业对标研究、企业战略顾问等。

中国指数研究院总院

地址：北京市丰台区南四环西路186号四区汉威国际广场5号楼3层

邮编：100070

电话：010-56319200

传真：010-56319191

2015中国房地

vanke万科 | 保利地产 和者筑善 | 中海地产 | 恒大集团 EVERGRANDE GROUP | 碧桂园 | 绿城集团 GREENTOWN | SHIMAO 世茂房地产

FORTE复地 | BBMG | 中越集团 | YanGo 阳光城 | 蓝光BRC | CIFI GROUP 旭辉集团 | 天房集团 TIANFANG GROUP | Nimble 敏捷集团

禹洲集团 YUZHOU GROUP | 海伦堡地产 | 龙光地产 LOGAN PROPERTY | 鑫苑中国 XINYUAN CHINA | M红星地产 | 雨润地产 YURUN REAL ESTATE

Greattown 大名城 | 三盛宏业 SAN SHENG HONG YE | AUX奥克斯地产 | 联发集团 | 俊发地产 JUNFA REAL ESTATE 品质筑就生活 | COASTAL 滨海 | 东原

LANDSEA朗诗 | 银亿股份 | 国和地产 | 祥生房产 XIANGSHENG REAL ESTATE | 广电地产 | 阳光100 | 保集集团

CGGC 中国葛洲坝地产 CHINA GEZHOUBA GROUP REAL ESTATE | 奥宸集团 | 上亿 | 兴茂集团 XING MAO | 中惠熙元 ZOVIE Real Estate | VERAKIN 同景

BDG蓝润 | 纽宾凯集团 NEWBEACON GROUP | 长安地产 | 实力集团 中国房地产双百强企业 | 尚东·控股 | 永泰地产 EONTIME | BLUETOWN蓝城

英利国际置业 YING LI INTERNATIONAL REAL ESTATE | LIFAN力帆置业 | 北京城建 | 京汉置业 KINGHAND HOUSING | 中铁建工诺德地产 | 国贸地产 | 象屿地产 XIANGYU REAL ESTATE

中迪禾邦集团 ZHONG DI HE BANG GROUP | 北辰实业 BEIJING NORTH STAR | 滨投集团 BUILTOP GROUP | 上坤 | 圆融集团 HARMONY GROUP | WOZ五洲国际 WUZHOU INTERNATIONAL | 新华·红星国际广场 XIN HUA REDSTAR LANDMARK

保利代理 | ZOHARO 正合地产 | 合富辉煌集团 | 策源 RESOURCE | 华燕房盟 | TOSPUR同策咨询 | 金丰易居 JINFENG REAL ESTATE

#产优秀企业

Longfor 龙湖地产　首开集团　中信地产 CITIC REAL ESTATE　CFLD 华夏幸福　JINKE 金科　金地集团 Gemdale　RiseSun 荣盛　新城控股 FUTURE HOLDINGS

泰禾集团（股票代码：000732）　滨江集团 BINJIANG REAL ESTATE（股票代码：002244）　奥园　金融街控股 Financial Street Holdings　正荣集团 ZHENRO GROUP　福星惠誉　POWERLONG 宝龙　时代地产 TIMES PROPERTY

HNA 海航基础 HNA INFRASTRUCTURE　武汉地产集团 WUHAN REAL ESTATE GROUP　景瑞地产 懂爱更懂家　SINCERE 协信 让建筑具有生命　方圆 fineland　隆基泰和 LONGJITAIHE

中梁地产集团 ZHONGLIANG REAL ESTATE GROUP　上海爱家 SHANGHAI AIJIA　NEW OPEN 新鸥鹏　上实城开 SIUD　福晟集团 FUSHENG GROUP　Baibuting 百步亭　東方銀座集團 ORIENTAL GINZA　星河集团 GALAXY GROUP 创想无界 心筑未来

合正集团 HAZENS REAL GROUP　DoThink 德信集团 远见 你的生活　三盛地产 成就极致生活　上海城建置业　富通地产 FUTONG REAL ESTATE　TITAN 天朗　MOMA 當代置業　DaJa 大家

中昂集团 ZHONG ANG GROUP　ORSUN 奥山集团　泽京集团　領地 LEADING　庭瑞集团 TEAMRISE GROUP　JINQIAO GROUP 金侨控股　德杰地产 筑家圆梦 德弘天下

中国节能　EGO 颐高集团 EGO GROUP　联东U谷 LIANDO U VALLEY　重庆高科 CHONGQING GAOKE　银湖科技 YIN HU　新港投　金大元集团 GOLD TAIYUEN GROUP　银盛泰集团 YINSHENGTAI GROUP　华创集团 HUACHUANG GROUP

新明中国控股 XINMING CHINA　大发地产 DFL　中优地产集团 ZHONGYOU REAL ESTATE GROUP　中国葛洲坝集团置业有限公司 CHINA GEZHOUBA GROUP REAL ESTATE CO.,LTD　名门地产 MEN REAL ESTATE　中建信和地产　ZHONGTIAN 中天

市北高新 SHIBEI HI-TECH PARK　冠城大通　湖北福星科技股份有限公司 HUBEI FUXING SCIENCE AND TECHNOLOGY CO.,LTD　万达文化旅游城 WANDA CULTURAL TOURISM CITY　Kaisa 佳兆业　KINVO 金网络·地产顾问

世联行　光大控股 EVERBRIGHT　MAIFUND 长富汇银　ZIJIN 紫金信托 TRUST　ROBAM 老板　CANNY 康力电梯 CANNY ELEVATOR　PmMaster

中国指数研究院房地产数据库

中国房地产指数系统自1994年成立以来组建了专业调研团队，依托遍布全国的分析师实地调研和搜房网平台的长期跟踪监测，掌握了大量一手数据，汇集了20年来的房地产开发经营数据、近150个城市的房地产交易数据和2300余个城市的土地交易信息，同时收录了61万余宗土地、10万多个住宅项目和超5万栋商用物业的600多项指标共6000余万条详细信息，建立了中国历时最长、信息最全的房地产专业数据库。

CREIS中指数据 http://fdc.fang.com

土地版	城市版	企业版	宏观版	券商版
搜地 土地统计 土地评估 地块排行榜 土地报告 供地计划 大数据拿地	项目交易 土地供求 市场供求 企业监测 商业监测 预警 报告	土地储备 经营业绩 项目分布 项目销售 财务数据 企业公告	交易数据 开发经营 指数研究 宏观经济 政策法规 城市规划	交易数据 开发经营 指数研究 宏观经济 土地统计 企业拿地

中国指数研究院房地产研究报告

（六大类5000余册）

中国指数研究院长期致力于跟踪研究中国房地产市场，与全国主流房地产企业构建了良好的战略合作与互动关系，并在合作过程中积累了大量经验及成功案例，形成了政策研究、指数研究、全国市场研究、城市市场研究、企业研究及相关专题研究等6大系列研究报告，全年研究成果达5000余册，总字数超千万，全面帮助用户解读政策调控方向、把握行业长期发展趋势、研究标杆企业经营策略、监测最新市场变化。

报告类别	研究报告
政策研究报告	《中国房地产政策即时解读报告》 《中国房地产政策月度跟踪报告》 《中国房地产政策季度评估报告》 《中国房地产政策年度评估报告》
企业研究报告	《企业资讯周报》 《企业动态研究月报》 《房地产企业监测年报》 《中国房地产百强企业研究报告》 《中国房地产上市公司研究报告》 《中国房地产品牌价值研究报告》 《中国房地百强企业白皮书》 《中国房地产企业动态监测》 《中国房地产百亿企业深度研究报告》 《商业地产市场月度报告》 《中国宏观经济&房地产市场运行报告》
专题研究报告	城市投资吸引力及细分市场研究报告 市场热点专题研究报告 房地产政策专题分析报告 土地市场专题研究报告 海外城市房价解读报告

报告类别	研究报告
指数研究报告	《百城价格指数报告》 《中国房地产指数系统月报》 《百城住宅用地价格报告》 《中国物业服务价格指数报告》
城市市场研究报告	《城市数据信息周报》 《城市风险测评月报》 《城市房地产发展研究报告》 《城市住宅市场研究报告》 《城市别墅市场研究报告》 《城市写字楼市场研究报告》 《城市商铺市场研究报告》
全国市场研究报告	《土地市场交易情报》（周度/月度/年度） 《住宅市场交易情报》（周度/月度/年度） 《全国房地产开发经营数据解读》 《中国房地产市场季度报告》 《中国房地产市场形势分析与趋势展望》 《中国城市房地产开发投资吸引力研究报告》 《中国房地产市场标杆——热销楼盘与企业策略剖析》

2015

中国房地产统计年鉴

CHINA REAL ESTATE STATISTICS YEARBOOK

国 家 统 计 局
中国指数研究院 编

中国统计出版社
China Statistics Press

图书在版编目（CIP）数据

中国房地产统计年鉴. 2015 / 国家统计局, 中国指数研究院编. -- 北京 : 中国统计出版社, 2015.11
ISBN 978-7-5037-7671-7

Ⅰ. ①中… Ⅱ. ①国… ②中… Ⅲ. ①房地产业－统计资料－中国－2015－年鉴 Ⅳ. ①F299.233-54

中国版本图书馆 CIP 数据核字(2015)第 241687 号

中国房地产统计年鉴—2015

作　　者/国家统计局　中国指数研究院
责任编辑/佘竞雄
封面设计/李雪燕
出版发行/中国统计出版社
通信地址/北京市丰台区西三环南路甲 6 号　邮政编码/100073
电　　话/邮购（010）63376909　书店（010）68783171
网　　址/http://www.zgtjcbs.com/
印　　刷/北京画中画印刷有限公司
经　　销/新华书店
开　　本/880mm×1230mm　1/16
字　　数/968 千字
印　　张/31　0.25 彩页
版　　别/2015 年 12 月第 1 版
版　　次/2015 年 12 月第 1 次印刷
定　　价/500.00 元

如有印装差错，由本社发行部调换。

编委会名单

前　言

2015 年，全国房地产销售持续回暖，商品房成交金额与成交面积同比增长显著，百城房价累计涨幅不断扩大，中央及地方政府去年以来实施的一系列刺激政策收到了明显效果。但是，三四线城市目前仍面临较大的去库存压力，企业开工投资信心不足，全国房地产开发投资增速持续下滑，未来市场走势仍面临较大的不确定性。为了及时准确地反映中国房地产市场的发展状况，给行业内提供一个全面客观研究房地产市场的辅助工具，帮助大家有效透析房地产投资、开发、交易等运作过程，也为了便于房地产行业相关人士对房地产市场进行深入的量化分析，从 1999 年到 2015 年，国家统计局与中国指数研究院共同编辑出版了《中国房地产统计年鉴》系列。

《中国房地产统计年鉴》以客观数字真实地反映与记载中国房地产市场发展状况，是房地产业权威的综合性资料年刊。她创刊于 1999 年，至今已经连续出版 17 年。由中国指数研究院和国家统计局合作出版的《中国房地产统计年鉴（1999）》，是当时国内第一部全方位汇集我国房地产业发展状况的统计资料工具书，出版后得到了行业内的普遍好评。此后又陆续出版了《中国房地产统计年鉴（2000）》、《中国房地产统计年鉴（2001）》、《中国房地产统计年鉴（2002—2003）》、《中国房地产统计年鉴（2004）》、《中国房地产统计年鉴（2005-2006）》、《中国房地产统计年鉴（2007）》、《中国房地产统计年鉴（2008）》、《中国房地产统计年鉴（2009）》、《中国房地产统计年鉴（2010）》、《中国房地产统计年鉴（2011）》、《中国房地产统计年鉴（2012）》、《中国房地产统计年鉴（2013）》和《中国房地产统计年鉴（2014）》。

《中国房地产统计年鉴（2015）》是中国指数研究院在长期对房地产市场跟踪调查的基础上，与国家统计局固定资产投资司共同合作，通过扎实而细致的准备工作，反复核对计算、认真编排后推出的。《中国房地产统计年鉴(2015)》收录了 2014 年全国各地区及 35 个大中城市的房地产经济统计数据。全书内容共分四个部分：第一部分全国及地区篇，收录了 2014 年全国及各地区房地产行业各项指标综合统计数据，以便读者按地区分类来了解中国及各地房地产行业的发展及状况。第二部分大中城市篇，收录 2014 年 35 个大中城市房地产综合统计数据，对 2014 年各城市的房地产发展进行了深度整理，方便了查阅及各城市的对比。第三部分省与城市篇，囊括了 2014 年各省及 35 个大中城市的房地产数据，在数据上实现了年度同比，有利于观察全国各省及城市的房地产发展变化。为了使读者全面了解 2015 年房地产行业及上下游企业最新的研究状况，我们在第四部分附录收录：《2015 中国房地产百强企业研究报告》、《2015 中国房地产策划代理百强企业研究报告》、《2015 中国房地产上市公司 TOP10 研究报告》、《2015 中国房地产品牌价值研究报告》、《2015 中国房地产服务品牌价值研究报告》、《2015 中国物业服务百强企业研究报告》，同时为了便于读者了解项目的最新情况还收录了《2015 中国重要城市部分典型地产指数系统样本楼盘》等内容。

中国指数研究院是目前中国最大的房地产专业研究机构，它整合了中国房地产指数系统、中国房地产 TOP10 研究组等众多资源，由国内外几十位专家和数家学术机构共建，全方位服务于中国商业经济。中国指数研究院运营的中国房地产指数系统，被誉为中国房地产市场的“晴雨表”和引导投资置业的“风向标”；中国指数研究院与国务院发展研究中心企业研究所、清华大学房地产研究所共同发起成立的“中国房地产 TOP10 研究组”连续发布中国房地产百强企业研究、中国房地产品牌价值研究等系列研究成果，已成为评判房地产企业经营实力及行业地位的重要标准。

《中国房地产统计年鉴（2015）》的成功出版，首先要感谢我们的合作单位——国家统计局固定资产投资司的领导：贾海、李俊波、李皎、路亚南、杲海青、张金鑫、肖雪等。在《中国房地产统计年鉴（2015）》出版过程中，他们不仅是基础资料的提供者，同时作为我们的顾问和学术指导，提出了许多非常有帮助的意见和建议，使我们的工作得以不断完善。

同时也要感谢中国指数研究院年鉴编辑部的全体成员，他们对庞大的房地产统计数据进行收集、整理、计算、分类，没有他们辛苦细致的工作，就不可能有如今比较完备的房地产数据库和中国房地产指数系统资料库，也就不可能编辑完成本书的很多章节。他们查阅、汇总了大量的专业资料和行业数据，并进行了细致的整理、编辑。正是他们严谨、周密的工作态度促使本书得以更新和完善，以满足不断发展的行业研究需求。

还要感谢兄弟单位搜房网全国 500 多个城市的分支机构，在我们进行数据采集、整理和分析当中给予大力的支持。正是因为有了搜房网全国机构作为后盾，本年鉴的数据完整性才得到保障。

最后，感谢一直支持中国指数研究院和搜房网体系的房地产行业及上下游企业（附鸣谢企业列表），他们为本书资料收集工作提供了许多方便，让我们更好地完善了各类信息和数据。

我们力求本年鉴中所有的数据翔实、客观，但鉴于所载内容涉及面广，数据量浩大，且各省、市、自治区采集的样本资料及其内容特点各异，结构体系也不尽相同，因此，书中难免出现遗漏及不足，敬请读者及业内人士谅解，并提出宝贵意见，以便在今后编写下一年度《中国房地产统计年鉴》时予以修正。

中国指数研究院　院长
莫天全
2015 年 11 月

鸣谢企业：

万科企业股份有限公司	雨润地产集团
保利房地产（集团）股份有限公司	海航基础产业集团有限公司
中国海外发展有限公司	武汉地产开发投资集团有限公司
恒大地产集团有限公司	景瑞地产（集团）有限公司
碧桂园控股有限公司	协信地产控股有限公司
绿城房地产集团有限公司	方圆地产控股有限公司
世茂房地产控股有限公司	隆基泰和实业有限公司
龙湖地产有限公司	上海大名城企业股份有限公司
北京首都开发控股（集团）有限公司	上海三盛宏业投资（集团）有限责任公司
中信房地产股份有限公司	宁波奥克斯置业有限公司
华夏幸福基业股份有限公司	联发集团有限公司
金科地产集团股份有限公司	俊发地产有限责任公司
金地（集团）股份有限公司	沿海绿色家园集团
荣盛房地产发展股份有限公司	重庆东原房地产开发有限公司
新城控股集团有限公司	中梁地产集团
复地（集团）股份有限公司	上海爱家集团
卓越置业集团有限公司	新鸥鹏集团
阳光城集团	上海实业城市开发集团有限公司
四川蓝光发展股份有限公司	福晟集团有限公司
旭辉控股（集团）有限公司	百步亭集团有限公司
天津房地产集团有限公司	东方银座集团中国有限公司
广州市敏捷投资有限公司	星河控股集团有限公司
泰禾集团股份有限公司	朗诗集团股份有限公司
杭州滨江房产集团股份有限公司	银亿房地产股份有限公司
中国奥园地产集团股份有限公司	颐和地产集团有限公司
金融街控股股份有限公司	浙江祥生房地产开发有限公司
正荣集团有限公司	广州广电房地产开发集团股份有限公司
福星惠誉房地产有限公司	阳光 100 中国控股有限公司
宝龙地产控股有限公司	上海保集（集团）有限公司
时代地产控股有限公司	深圳市合正房地产集团有限公司
禹洲地产股份有限公司	德信控股集团有限公司
海伦堡地产集团有限公司	三盛地产集团
龙光地产控股有限公司	上海城建置业发展有限公司
鑫苑（中国）置业有限公司	深圳市富通房地产集团有限公司
红星美凯龙地产	天朗控股集团
花样年集团（中国）有限公司	当代置业（中国）有限公司

鸣谢企业（续前表）

杭州市城建开发集团有限公司	苏州市吴江滨湖投资集团有限公司
中国葛洲坝集团房地产开发有限公司	上海上坤置业有限公司
奥宸地产（集团）有限公司	苏州圆融发展集团有限公司
上亿企业集团有限公司	五洲国际控股有限公司
重庆市兴茂产业发展（集团）有限公司	北京联东投资（集团）有限公司
中惠熙元房地产集团有限公司	上海市北高新股份有限公司
重庆同景置业有限公司	重庆英利房地产开发有限公司
中昂地产（集团）有限公司	重庆力帆置业有限公司
奥山集团	湖南华创地产集团有限公司
重庆泽京实业发展(集团)有限责任公司	重庆高科集团有限公司
领地房地产集团股份有限公司	中节能实业发展有限公司
庭瑞集团有限公司	颐高集团有限公司
金侨投资控股有限公司	武汉银湖科技发展有限公司
重庆德杰地产集团	武汉新港建设投资开发集团有限公司
四川蓝润实业集团有限公司	蓝城房产建设管理集团有限公司
纽宾凯集团有限公司	青岛银盛泰集团有限公司
重庆长安房地产开发有限公司	武汉东湖高新集团股份有限公司
云南实力房地产开发经营集团有限公司	冠城大通股份有限公司
广东尚东投资控股集团有限公司	佳兆业集团控股有限公司
永泰房地产（集团）有限公司	深圳世联行地产顾问股份有限公司
北京城建投资发展股份有限公司	合富辉煌（中国）房地产顾问有限公司
京汉置业集团股份有限公司	同策房产咨询股份有限公司
北京中铁诺德房地产开发有限公司	上海策源置业顾问股份有限公司
国贸地产集团有限公司	广州保利地产代理有限公司
象屿地产集团有限公司	上海华燕房盟网络科技股份有限公司
新明中国控股有限公司	北京金网络联行地产顾问有限公司
上海大发房地产集团有限公司	上海金丰易居房地产顾问有限公司
上海中优房地产集团	万科物业发展有限公司
中国葛洲坝集团置业有限公司	绿城物业服务集团有限公司
名门地产（河南）有限公司	长城物业集团股份有限公司
湖南中建信和地产有限公司	保利物业管理有限公司
武汉中央商务区建设投资股份有限公司（泛海控股）	金地物业管理集团公司
中天城投集团股份有限公司	北京首开鸿城实业有限公司
中迪禾邦集团有限公司	彩生活服务集团有限公司
北京北辰实业有限公司	万达物业管理有限公司
金大元集团	碧桂园物业服务有限公司

鸣谢企业（续前表）

中海物业管理有限公司	广东龙光集团物业管理有限公司
均豪物业管理股份有限公司	广州和融物业管理有限公司
金科物业服务有限公司	北京鲁能物业服务有限责任公司
重庆新龙湖物业服务有限公司	福建冠深物业管理有限公司
深圳市卓越物业管理有限公司	苏州市会议中心物业管理股份有限公司
北京凯莱物业管理有限公司	浙江绿升物业服务有限公司
北京金融街物业管理有限责任公司	北京北大资源物业经营管理集团有限公司
上海银湾互联网物业管理连锁集团	重庆同景物业服务有限公司
北京金隅物业管理有限责任公司	深圳市莱蒙物业服务有限公司
幸福基业物业服务有限公司	浙江大管家物业管理服务有限公司
江苏新城物业服务有限公司	苏州工业园区圆融商业物业管理有限公司
佳兆业物业管理集团	北京城承物业管理有限责任公司
阳光城物业服务（福建）有限公司	杭州怡华物业管理有限公司
北京万通鼎安国际物业服务有限公司	重庆市长安物业管理有限公司
港联物业（中国）有限公司	云南巨和物业服务有限公司
北京首欣物业管理有限责任公司	北京晟邦物业管理有限公司
浙江开元物业管理股份有限公司	云南实力物业服务有限公司
山东省诚信行物业管理有限公司	重庆泽京物业管理集团有限公司
盛全物业服务有限公司	重庆市光华物业管理有限公司
远洋亿家物业服务股份有限公司	杭州钱塘物业管理有限公司
广州市时代物业管理有限公司	浙江金龙物业管理有限公司
杭州佰全物业管理有限公司	泰安市海纳物业管理有限责任公司
海亮物业管理有限公司	上海企福物业管理有限公司
乐生活（北京）智慧社区投资发展有限责任公司	中节能(杭州)物业管理有限公司
重庆天骄物业管理服务有限公司	广东中奥物业管理有限公司
深圳天安物业管理有限公司	四川嘉宝资产管理集团股份有限公司
北京科住物业管理有限公司	弘生活服务集团
广州颐和酒店物业管理有限公司	青岛海尔地产服务有限公司
广州晟汇物业管理有限公司	浙江祥生物业服务有限公司
新鸥鹏物业集团	浙江南都物业管理有限公司
上海永升物业管理有限公司	杭州老板电器股份有限公司
重庆新东原物业管理有限公司	康力电梯股份有限公司
云南俊发物业服务有限公司	紫金信托有限责任公司
广州方圆物业管理有限公司	光大安石投资
昆明银海物业服务有限公司	长富汇银投资基金管理有限公司
上海景瑞物业管理有限公司	万物至上科技（北京）有限公司

目 录

第一部分　全国及地区篇

第一章　房地产开发综合（2014）

第二章　房地产开发投资与资金情况（2014）

第六章　房地产开发企业经营状况（2014）

第二部分　35 个大中城市篇

第七章　35 个大中城市房地产综合（2014）

第三部分　省与城市篇

第八章　各省、自治区、直辖市房地产开发投资综合（2014）

第九章　35 个大中城市分城市房地产开发投资综合（2014）

第四部分 附 录

第一部分

全国及地区篇

第一章 房地产开发综合（2014）

1-1　房地产开发企业主要指标完成情况

指　　标	绝对量		增速	
	2013	2014	2013	2014
一、企业个数(个)	**91444**	**94197**	**1.8**	**3.0**
内资	86379	89218	2.0	3.3
#国有	1739	1476	-48.2	-15.1
集体	570	457	-36.9	-19.8
港、澳、台投资	3391	3414	-1.7	0.7
外商投资	1674	1565	-2.3	-6.5
二、本年完成投资(亿元)	**86013.38**	**95035.61**	**19.8**	**10.5**
1. 按构成分				
建筑安装工程	63919.25	70561.11	22.8	10.4
设备工器具购置	1250.03	1306.91	22.6	4.6
其他费用	20844.10	23167.59	11.2	11.1
#土地购置费	13501.73	17458.53	11.6	29.3
2. 按工程用途分				
住宅	58950.76	64352.15	19.4	9.2
办公楼	4652.45	5641.19	38.2	21.3
商业营业用房	11944.83	14346.25	28.3	20.1
其他	10465.34	10696.02	7.3	2.2
三、本年新增固定资产(亿元)	**37400.56**	**41251.03**	**11.5**	**10.3**
四、本年土地购置面积(万平方米)	**38814.4**	**33383.0**	**8.8**	**-14.0**
五、房屋建筑面积(万平方米)				
施工面积	665571.9	726482.3	16.1	9.2
#住宅	486347.3	515096.4	13.4	5.9
竣工面积	101435.0	107459.0	2.0	5.9
#住宅	78740.6	80868.3	-0.4	2.7
六、商品房销售				
商品房销售面积(万平方米)	130550.6	120648.5	17.3	-7.6
#住宅	115722.7	105187.8	17.5	-9.1
#别墅、高档公寓	3632.0	3047.3	4.5	-16.1
商品房平均销售价格(元/平方米)	6237	6324	7.7	1.4
#住宅	5850	5933	7.7	1.4
#别墅、高档公寓	12591	12965	9.9	3.0
七、利润总额(亿元)	**9820.60**	**6446.06**	**55.9**	**-34.4**

注：商品房平均销售价格由报告期内新建商品房销售额除以销售面积计算而成。不同时期的商品房平均销售价格可能会受商品房区域、房屋类型等各种因素的影响(以下相关各表同)。

1-2 各地区按登记注册类型分的房地产开发企业个数

单位：个

地　区	总　计	内　资					
			国　有	集　体	股份合作	国有联营	集体联营
全国总计	**94197**	**89218**	**1476**	**457**	**81**	**8**	**4**
北　京	2811	2560	61	19	1		
天　津	1246	1142	59	7		2	
河　北	3387	3332	16		1		
山　西	2452	2434	71	8			
内蒙古	2079	2073	10	1	1		
辽　宁	4021	3617	24	6	6		
吉　林	1681	1653	6	1	1		
黑龙江	2154	2119	47	1	1		
上　海	2938	2486	68	17	1	2	1
江　苏	6829	6215	79	33	4	1	
浙　江	6383	6037	56	18	5	2	
安　徽	3731	3634	58	6			
福　建	3280	2857	74	19			
江　西	2077	1985	42	5	1		1
山　东	6373	6150	112	64	11		
河　南	5662	5559	73	11	6		1
湖　北	4214	4104	84	17			
湖　南	3808	3707	72	6	4		
广　东	7138	6232	113	164	9		1
广　西	2491	2383	59	12	6		
海　南	1180	1099	28		1		
重　庆	2695	2560	35	2	2		
四　川	4061	3919	47	11	8		
贵　州	2591	2552	29	3	1		
云　南	2783	2745	44	4	2		
西　藏	45	45	1				
陕　西	1941	1904	61	8	5		
甘　肃	1479	1460	31	13	2		
青　海	325	322	3		1	1	
宁　夏	534	530	1				
新　疆	1808	1803	12	1	1		

1-2　续表 1　　　　单位：个

地　　区	内　资						
	国有与集体联　　营	其他联营	国有独资公　　司	其他有限责任公司	股份有限公　　司	私营独资	私营合伙
全国总计	**4**	**5**	**1640**	**41121**	**3426**	**180**	**41**
北　　京			54	1790	62		
天　　津			75	591	51	1	1
河　　北			18	1655	147	8	2
山　　西			31	385	26		
内 蒙 古			17	909	85	4	1
辽　　宁			42	1487	134	10	
吉　　林			18	832	89	5	1
黑 龙 江			27	1045	124	2	1
上　　海	1		142	1145	52	4	1
江　　苏			123	2145	265	19	3
浙　　江	1		136	2716	88	7	2
安　　徽			70	1587	111	10	3
福　　建	1		102	1380	60	1	
江　　西			33	908	135	3	2
山　　东			110	2961	356	10	1
河　　南		1	36	3306	332	13	3
湖　　北			54	1785	208	9	2
湖　　南		1	68	1670	226	13	2
广　　东		1	72	3366	136	15	2
广　　西		1	34	854	112	9	7
海　　南	1		27	730	59	3	
重　　庆			80	972	52	3	
四　　川			60	1815	187	11	2
贵　　州			48	1332	66	2	3
云　　南			44	1176	106	8	
西　　藏		1	3	11	2		
陕　　西			52	978	85	4	
甘　　肃			15	720	44	2	
青　　海			10	81	13		
宁　　夏			12	118	3	3	
新　　疆			27	671	10	1	2

1-2 续表 2 单位：个

地　　区	内资			港澳台商投资			
	私营有限责任公司	私营股份有限公司	其他内资企业		合资经营	合作经营	独资
全国总计	**38169**	**2479**	**127**	**3414**	**1217**	**327**	**1810**
北　京	550	23		149	54	56	39
天　津	336	16	3	59	29	1	26
河　北	1372	104	9	35	16		19
山　西	1850	62	1	12	8		4
内蒙古	995	47	3	3	3		
辽　宁	1820	82	6	263	112	9	138
吉　林	660	39	1	21	8	1	10
黑龙江	788	81	2	24	11	1	10
上　海	1005	46	1	303	111	15	175
江　苏	3321	217	5	408	143	13	246
浙　江	2945	59	2	222	94	1	120
安　徽	1639	138	12	62	30	1	28
福　建	1162	56	2	315	95	10	202
江　西	770	81	4	69	29	1	39
山　东	2336	176	13	154	71	11	71
河　南	1606	165	6	67	27	5	33
湖　北	1827	115	3	82	35	3	42
湖　南	1437	201	7	73	31	2	40
广　东	2247	97	9	697	146	183	359
广　西	1203	81	5	64	29	6	29
海　南	229	16	5	61	18		38
重　庆	1323	90	1	96	32	3	61
四　川	1660	108	10	76	25	2	45
贵　州	968	99	1	30	19	1	10
云　南	1253	97	11	31	19	1	11
西　藏	27						
陕　西	636	73	2	18	6	1	11
甘　肃	594	38	1	13	11		2
青　海	196	17		2	1		1
宁　夏	372	21		1	1		
新　疆	1042	34	2	4	3		1

1-2 续表 3 单位：个

地区	港澳台商投资		外商投资					
	股份有限	其他		合资经营	合作经营	独资	股份有限	其他
全国总计	**53**	**7**	**1565**	**623**	**144**	**732**	**50**	**16**
北京			102	40	37	22	3	
天津	3		45	21	3	17	3	1
河北			20	7	1	11	1	
山西			6	3		3		
内蒙古			3	1		1		1
辽宁	4		141	71	6	60	4	
吉林	1	1	7	6	1			
黑龙江	2		11	5	1	5		
上海	2		149	50	9	85	5	
江苏	6		206	87	9	109		1
浙江	7		124	60	3	57	3	1
安徽	3		35	11	1	21	1	1
福建	8		108	32	1	68	4	3
江西			23	12		10	1	
山东	1		69	34	9	26		
河南	1	1	36	15	1	19	1	
湖北	2		28	15		10	1	2
湖南			28	16		10	2	
广东	7	2	209	52	46	97	11	3
广西			44	17	4	20	2	1
海南	3	2	20	4	2	13	1	
重庆			39	15	2	16	4	2
四川	3	1	66	26	3	36	1	
贵州			9	5	2	2		
云南			7	3	1	2	1	
西藏								
陕西			19	7	2	9	1	
甘肃			6	4		2		
青海			1	1				
宁夏			3	2		1		
新疆			1	1				

1-3 各地区按资质等级分的房地产开发企业个数

单位：个

地　区	总　计	一　级	二　级	三　级	四　级	暂　定	其　他
全国总计	**94197**	**1235**	**9972**	**21566**	**18091**	**37386**	**5947**
北　京	2811	111	190	237	1200	563	510
天　津	1246	27	104	139	684	249	43
河　北	3387	46	318	618	1278	1051	76
山　西	2452	17	186	354	1207	645	43
内蒙古	2079	28	168	345	1118	346	74
辽　宁	4021	53	238	1015	70	2265	380
吉　林	1681	6	203	343	404	712	13
黑龙江	2154	18	322	1206	170	389	49
上　海	2938	53	267	361	7	1823	427
江　苏	6829	100	2018	1054	56	3074	527
浙　江	6383	128	582	1547	760	2605	761
安　徽	3731	34	316	900	342	2029	110
福　建	3280	30	146	774	625	1468	237
江　西	2077	9	188	585	308	929	58
山　东	6373	98	474	1000	1428	2947	426
河　南	5662	68	624	995	683	2892	400
湖　北	4214	55	445	861	1106	1672	75
湖　南	3808	25	264	1674	619	1108	118
广　东	7138	76	296	1473	1839	2822	632
广　西	2491	18	137	533	370	1283	150
海　南	1180	3	33	111	134	762	137
重　庆	2695	54	712	756	76	1049	48
四　川	4061	51	598	2408	162	697	145
贵　州	2591	6	163	441	630	1216	135
云　南	2783	34	245	305	1051	1011	137
西　藏	45	1	5	15	6	17	1
陕　西	1941	34	276	495	709	278	149
甘　肃	1479	9	125	472	448	404	21
青　海	325	4	103	100	61	49	8
宁　夏	534	11	108	119	113	176	7
新　疆	1808	28	118	330	427	855	50

1-4　各地区按隶属关系分的房地产开发企业个数

单位：个

地　区	合　计	中央属	地方属	省　属	地市属	县　属	其　他
全国总计	**94197**	**719**	**93478**	**1722**	**8484**	**8802**	**74470**
北　京	2811	108	2703	210	250	19	2224
天　津	1246	37	1209	114	277	78	740
河　北	3387	12	3375	16	297	343	2719
山　西	2452	18	2434	38	123	86	2187
内蒙古	2079	10	2069	12	144	263	1650
辽　宁	4021	28	3993	18	324	298	3353
吉　林	1681	10	1671	8	162	191	1310
黑龙江	2154	10	2144	77	293	381	1393
上　海	2938	42	2896	169	362	41	2324
江　苏	6829	25	6804	40	257	348	6159
浙　江	6383	11	6372	53	226	267	5826
安　徽	3731	19	3712	71	388	292	2961
福　建	3280	7	3273	45	278	368	2582
江　西	2077	10	2067	41	134	259	1633
山　东	6373	38	6335	94	537	869	4835
河　南	5662	21	5641	50	682	720	4189
湖　北	4214	37	4177	43	524	358	3252
湖　南	3808	20	3788	75	454	412	2847
广　东	7138	43	7095	52	830	585	5628
广　西	2491	6	2485	24	285	221	1955
海　南	1180	11	1169	113	165	195	696
重　庆	2695	44	2651	78	301	123	2149
四　川	4061	30	4031	43	282	545	3161
贵　州	2591	21	2570	43	95	294	2138
云　南	2783	13	2770	63	165	445	2097
西　藏	45		45	1	8	3	33
陕　西	1941	24	1917	58	304	231	1324
甘　肃	1479	6	1473	34	179	194	1066
青　海	325	1	324	12	35	26	251
宁　夏	534	4	530	14	22	19	475
新　疆	1808	53	1755	13	101	328	1313

1-5 各地区按登记注册类型分的房地产开发企业从业人数

单位：人

地　区	总　计	内　资					
			国　有	集　体	股份合作	国有联营	集体联营
全国总计	**2760070**	**2561817**	**61512**	**11414**	**2110**	**506**	**125**
北　京	93685	80413	2604	314	50		
天　津	39010	34144	2355	149		46	
河　北	111598	108927	725		2		
山　西	60604	60138	2677	342			
内蒙古	50123	49859	252	14	173		
辽　宁	97676	83190	492	109	232		
吉　林	53250	51427	176	11	5		
黑龙江	47081	46187	1075	5	5		
上　海	68573	51246	1583	373	8	52	14
江　苏	186147	163826	2529	837	81	31	
浙　江	126632	116829	1959	249	126	359	
安　徽	113935	109528	1800	65			
福　建	95870	84105	2525	353			
江　西	64193	60868	1213	91	5		20
山　东	207787	198969	5395	2840	322		
河　南	171119	167323	2475	256	149		1
湖　北	129754	125117	3935	332			
湖　南	114031	110189	2348	120	139		
广　东	224619	186424	3299	3876	195		90
广　西	75901	71421	1992	240	114		
海　南	43653	38944	1365		14		
重　庆	99612	92729	1532	26	34		
四　川	136877	129893	2001	273	213		
贵　州	71425	70071	827	14	27		
云　南	81028	78394	1071	51	20		
西　藏	2129	2129	197				
陕　西	81398	78918	11000	295	85		
甘　肃	40971	39840	1332	174	52		
青　海	10635	10565	242		35	18	
宁　夏	18831	18573	23				
新　疆	41923	41631	513	5	24		

1-5　续表 1

单位：人

地　区	内资						
	国有与集体联营	其他联营	国有独资公司	其他有限责任公司	股份有限公司	私营独资	私营合伙
全国总计	**54**	**362**	**66932**	**1226875**	**123779**	**5574**	**934**
北　京			2923	61180	3650		
天　津			3385	16233	2463	1	
河　北			543	54046	5574	237	85
山　西			980	12355	803		
内蒙古			804	21640	1906	97	30
辽　宁			2164	38938	4610	321	
吉　林			467	23813	2128	139	12
黑龙江			1609	24275	2653	18	4
上　海	8		3311	22512	2466	116	7
江　苏			3813	60894	7638	1043	52
浙　江	33		3351	55214	2841	97	17
安　徽			3115	48176	10286	374	57
福　建	10		5224	42552	1686	7	
江　西			1129	27644	4815	59	37
山　东			5186	97332	11921	334	26
河　南		60	1210	104373	9527	453	95
湖　北			4265	55666	9273	352	33
湖　南		35	2624	53164	6248	337	77
广　东		7	3693	99197	6859	485	81
广　西		2	1392	26188	3099	236	216
海　南	3		1391	26004	2193	59	
重　庆			3630	36180	2388	83	
四　川			2548	60444	8112	197	25
贵　州			1152	39272	2270	45	48
云　南			1567	37018	3148	117	
西　藏		258	45	361	67		
陕　西			2305	38789	3366	138	
甘　肃			521	19479	883	53	
青　海			405	3330	290		
宁　夏			1080	4157	104	159	
新　疆			1100	16449	512	17	32

1-5 续表 2

单位：人

地 区	内资			港澳台商投资			
	私营有限责任公司	私营股份有限公司	其他内资企业		合资经营	合作经营	独资
全国总计	**986663**	**70909**	**4068**	**129287**	**43594**	**11273**	**71593**
北 京	9284	408		8117	2132	2933	3052
天 津	8731	720	61	2810	1109	42	1209
河 北	42065	5119	531	1348	665		683
山 西	41682	1291	8	259	161		98
内 蒙 古	24046	801	96	9	9		
辽 宁	34485	1748	91	9277	3491	230	5363
吉 林	23833	836	7	1534	509	2	962
黑 龙 江	15250	1226	67	684	247	53	372
上 海	19873	923		11543	5525	692	5272
江 苏	81505	5208	195	14764	4120	485	9920
浙 江	51574	981	28	6383	2487	15	3795
安 徽	41545	3703	407	2777	874	33	1769
福 建	29893	1771	84	9217	3164	155	5631
江 西	23519	2209	127	2260	968	40	1252
山 东	68542	6353	718	6144	2703	197	3219
河 南	43368	5091	265	1963	542	216	1142
湖 北	48194	3017	50	3348	1249	126	1886
湖 南	38987	5859	251	2605	982	38	1585
广 东	65150	3352	140	23577	5469	5452	12410
广 西	35238	2543	161	2959	986	323	1650
海 南	7403	370	142	3669	1302		1579
重 庆	45181	3650	25	4816	1504	119	3193
四 川	52171	3773	136	3668	948	38	2527
贵 州	24367	2030	19	1140	662	38	440
云 南	31951	3151	300	2431	742	1	1688
西 藏	1201						
陕 西	20499	2389	52	1053	226	45	782
甘 肃	16662	607	77	495	411		84
青 海	5739	506		34	20		14
宁 夏	12401	649		113	113		
新 疆	22324	625	30	290	274		16

1-5　续表 3　　　　单位：人

地　区	港澳台商投资		外商投资					
	股份有限	其　他		合资经营	合作经营	独　资	股份有限	其　他
全国总计	**2609**	**218**	**68966**	**22685**	**6217**	**37077**	**2190**	**797**
北　京			5155	1476	1598	1608	473	
天　津	450		2056	687	107	1082	84	96
河　北			1323	237	8	1018	60	
山　西			207	120		87		
内蒙古			255	98		70		87
辽　宁	193		5209	1999	406	2737	67	
吉　林	38	23	289	261	28			
黑龙江	12		210	68	8	134		
上　海	54		5784	2001	261	3265	257	
江　苏	239		7557	2777	255	4525		
浙　江	86		3420	1327	49	2003	36	5
安　徽	101		1630	231	40	1096	42	221
福　建	267		2548	623	2	1666	151	106
江　西			1065	841		194	30	
山　东	25		2674	1335	542	797		
河　南	23	40	1833	652	5	1122	54	
湖　北	87		1289	681		445	44	119
湖　南			1237	451		760	26	
广　东	129	117	14618	2640	1595	10027	314	42
广　西			1521	412	119	682	276	32
海　南	762	26	1040	198	243	595	4	
重　庆			2067	854	116	896	112	89
四　川	143	12	3316	1445	213	1564	94	
贵　州			214	93	107	14		
云　南			203	77	46	66	14	
西　藏								
陕　西			1427	349	469	557	52	
甘　肃			636	595		41		
青　海			36	36				
宁　夏			145	119		26		
新　疆			2	2				

1-6 各地区按资质等级分的房地产开发企业从业人数

单位：人

地 区	总 计	一 级	二 级	三 级	四 级	暂 定	其 他
全国总计	**2760070**	**131437**	**457717**	**625527**	**423694**	**989633**	**132062**
北 京	93685	13152	13200	9164	32777	15043	10349
天 津	39010	2306	5807	5188	16890	7664	1155
河 北	111598	9049	16407	20985	32309	31046	1802
山 西	60604	1660	11032	10554	25554	11140	664
内蒙古	50123	3132	5732	8349	24370	7202	1338
辽 宁	97676	3266	12374	24475	1216	47784	8561
吉 林	53250	377	9880	9813	7006	25999	175
黑龙江	47081	1720	10369	24245	2618	6674	1455
上 海	68573	3948	8320	9252	143	37283	9627
江 苏	186147	7688	65284	19627	1235	79113	13200
浙 江	126632	7092	17758	29372	10493	50608	11309
安 徽	113935	1905	15318	25311	6853	61681	2867
福 建	95870	3703	8136	26134	13599	41030	3268
江 西	64193	782	7332	18317	7183	29145	1434
山 东	207787	8949	28063	34930	38728	86634	10483
河 南	171119	5898	30756	26668	13700	84739	9358
湖 北	129754	7793	22862	28056	25849	43631	1563
湖 南	114031	2040	15099	51610	13883	28736	2663
广 东	224619	13456	18286	56383	44664	77129	14701
广 西	75901	1309	8256	17091	8898	36386	3961
海 南	43653	76	2130	5135	4481	27243	4588
重 庆	99612	7942	35169	21731	1234	32195	1341
四 川	136877	6659	27703	74075	4382	20155	3903
贵 州	71425	675	10072	12717	13143	32669	2149
云 南	81028	4574	13349	8723	25148	26358	2876
西 藏	2129	3	303	931	98	714	80
陕 西	81398	7023	16054	18371	25088	9843	5019
甘 肃	40971	1185	7135	13687	10761	7768	435
青 海	10635	297	4755	2697	1390	1235	261
宁 夏	18831	1363	5042	4092	3210	4910	214
新 疆	41923	2415	5734	7844	6791	17876	1263

1-7 各地区按隶属关系分的房地产开发企业从业人数

单位：人

地 区	合 计	中央属	地方属	省 属	地市属	县 属	其 他
全国总计	**2760070**	**29817**	**2730253**	**69231**	**293827**	**270465**	**2096730**
北 京	93685	4172	89513	11688	10556	719	66550
天 津	39010	1171	37839	4351	8106	3137	22245
河 北	111598	506	111092	808	10297	10863	89124
山 西	60604	631	59973	1965	3963	2072	51973
内 蒙 古	50123	744	49379	363	4156	5866	38994
辽 宁	97676	1174	96502	900	7950	9439	78213
吉 林	53250	367	52883	458	4079	5496	42850
黑 龙 江	47081	775	46306	1843	7673	8186	28604
上 海	68573	1196	67377	5086	8844	1117	52330
江 苏	186147	598	185549	1244	8100	9562	166643
浙 江	126632	326	126306	1170	6542	5731	112863
安 徽	113935	833	113102	3464	19155	7847	82636
福 建	95870	180	95690	1629	11126	10897	72038
江 西	64193	694	63499	1175	4071	8898	49355
山 东	207787	1778	206009	4823	18750	29770	152666
河 南	171119	737	170382	2032	19452	25315	123583
湖 北	129754	2811	126943	2885	19543	13711	90804
湖 南	114031	744	113287	2476	14789	13442	82580
广 东	224619	2005	222614	2015	27675	17349	175575
广 西	75901	291	75610	709	9330	5753	59818
海 南	43653	551	43102	3401	6712	7236	25753
重 庆	99612	1501	98111	3743	12250	4474	77644
四 川	136877	1112	135765	2100	9653	16934	107078
贵 州	71425	857	70568	908	2642	9094	57924
云 南	81028	351	80677	2452	4929	12796	60500
西 藏	2129		2129	19	611	165	1334
陕 西	81398	1025	80373	2268	20873	12354	44878
甘 肃	40971	236	40735	1516	5978	4954	28287
青 海	10635	21	10614	584	1738	848	7444
宁 夏	18831	524	18307	778	707	651	16171
新 疆	41923	1906	40017	378	3577	5789	30273

第二章

房地产开发投资与资金情况（2014）

2-1 各地区房地产开发企业投资规模与完成情况

单位：万元

地区	计划总投资	自开始建设至本年底累计完成投资	
			本年完成投资
全国总计	**4930664950**	**3308300821**	**950356144**
北京	217523690	163818478	37153341
天津	131900916	79142783	16996496
河北	168135552	111090227	40597194
山西	69697982	44494262	14035549
内蒙古	79388769	50567883	13708803
辽宁	260882757	193134053	53013051
吉林	63322686	41528239	10301285
黑龙江	64563657	45766253	13240875
上海	206178190	147286864	32064773
江苏	469676960	306068197	82402166
浙江	326280740	237577399	72623829
安徽	226434561	147624509	43389603
福建	200412364	151390720	45674028
江西	73075310	46898100	13224909
山东	320680408	208556642	58179538
河南	214852858	124713715	43757143
湖北	176105284	117692424	39837900
湖南	161817213	102915976	28835662
广东	440958675	306272757	76384530
广西	102846814	70444803	18384942
海南	81696667	48882139	14316515
重庆	192913963	133532714	36302331
四川	186212218	130591855	43800919
贵州	116827045	69917838	21876698
云南	120544769	75394619	28466541
西藏	1432290	732599	529087
陕西	128622165	76801148	24264914
甘肃	34902853	21916104	7214717
青海	13345513	8492794	3082702
宁夏	33150543	19854460	6547995
新疆	46281538	25200267	10148108

2-2 各地区按登记注册类型分的房地产开发企业计划总投资

单位：万元

地 区	总 计	内 资					
			国 有	集 体	股份合作	国有联营	集体联营
全国总计	**4930664950**	**4392279203**	**73935123**	**9005696**	**2892713**	**730568**	**142764**
北 京	217523690	198942755	4715796	1182902			
天 津	131900916	119464668	2423962	158600		45000	
河 北	168135552	163207799	772353		58500		
山 西	69697982	68368113	1567683	123903			
内蒙古	79388769	79158275	524383		42400		
辽 宁	260882757	196343944	2477333	137330	786015		
吉 林	63322686	59221886	19058		9600		
黑龙江	64563657	62453627	803118	4000	4874		
上 海	206178190	166981342	1325633	663382			6000
江 苏	469676960	397382764	12984723	527247	204000	50000	
浙 江	326280740	293936768	1828957	364194	197996	629568	
安 徽	226434561	215477826	3907973	36440			
福 建	200412364	176806308	5223964	375087			
江 西	73075310	67787013	722276	10800			
山 东	320680408	298499344	6178670	1045314	369668		
河 南	214852858	209279279	3813730	171742	213590		
湖 北	176105284	160372067	1869766	366866			
湖 南	161817213	151306155	1984553	34728	30904		
广 东	440958675	345911620	2011614	3138462	118752		136764
广 西	102846814	94291307	2980677	49199	17000		
海 南	81696667	68428782	1770886		30000		
重 庆	192913963	159095457	1736135		26271		
四 川	186212218	162098700	1490050	300400	274190		
贵 州	116827045	113229884	1248654		26000		
云 南	120544769	115297196	3098851				
西 藏	1432290	1432290	46500				
陕 西	128622165	121507408	3988618	272100	450753		
甘 肃	34902853	34441618	1544173	40000	1000		
青 海	13345513	13331513	227387		24200	6000	
宁 夏	33150543	32127322	179027				
新 疆	46281538	46096173	468620	3000	7000		

2-2 续表 1

单位：万元

地　区	内资						
	国有与集体联营	其他联营	国有独资公司	其他有限责任公司	股份有限公司	私营独资	私营合伙
全国总计	**25500**	**236633**	**180016505**	**2480211653**	**190337275**	**7388055**	**963648**
北　京			6835201	169050856	6090060		
天　津			9860322	74411165	11147700		
河　北			1679438	89507403	7304675	119469	34947
山　西			1499636	20643541	592475		
内蒙古			2971171	32521899	2989796	174732	27346
辽　宁			5049048	101602025	12950623	312610	
吉　林			1369757	36905608	3249137	82301	5000
黑龙江			4785028	34938468	2928359		6000
上　海			10997590	103658075	3188697	438290	
江　苏			14615712	182973943	15707646	1650412	45820
浙　江	5500		12589082	169010194	4867646	120126	105398
安　徽			11446154	118693687	7280520	529559	35000
福　建			13980821	103382149	3847131	6000	
江　西			1348799	37575947	4494091	61087	8208
山　东			14029927	165399507	16784657	204750	95000
河　南			1389557	135643356	12264791	447918	11600
湖　北			4388711	89864415	13520775	310000	3587
湖　南		138773	3874437	89339726	6844951	287067	36000
广　东		25000	9042048	214520676	16409019	1309569	23318
广　西		8900	3246818	39940535	4994564	322510	505858
海　南	20000		5021920	46586464	4057228	64278	
重　庆			17841594	72690835	5195818	57193	
四　川			2993775	93924004	6413608	261800	
贵　州			2253054	76525732	2918716	27000	9766
云　南			3079215	63268294	5826270	131415	
西　藏		63960	5555	341249	6000		
陕　西			6501998	67064617	5447151	222800	
甘　肃			1434484	17401916	643190	8630	
青　海			1065170	4171391	259267		
宁　夏			2727853	8166409	166226	223539	
新　疆			2092630	20487567	1946488	15000	10800

2-2 续表 2

单位：万元

地区	内资			港澳台商投资			
	私营有限责任公司	私营股份有限公司	其他内资企业		合资经营	合作经营	独资
全国总计	**1352746823**	**88319633**	**5326614**	**370879571**	**132672432**	**26721818**	**202377218**
北京	10866449	201491		12276512	4002606	2952791	5321115
天津	17971392	3309027	137500	6200965	3091159		2067956
河北	58622699	4694820	413495	2388147	654838		1733309
山西	42689365	1226266	25244	804872	430123		374749
内蒙古	39015237	877311	14000				
辽宁	68324830	4500270	203860	42164193	17805829	994585	23017351
吉林	16247516	1319289	14620	3871800	2629957		1091843
黑龙江	17741220	1228491	14069	1021201	541221	60000	419980
上海	44940133	1763542		26476667	11727491	587583	14127478
江苏	159000282	9362669	260310	49455550	18464944	1489367	28565082
浙江	102280564	1887543	50000	23808201	9129370		14194705
安徽	67558108	4637468	1352917	7098868	2475697		4136171
福建	47677160	2128996	185000	17990167	9552399	413750	7399018
江西	21515821	1992984	57000	3607802	2043994		1563808
山东	86130385	7971812	289654	15749727	7306824	842480	7525464
河南	49649358	5314582	359055	2951724	928100	179856	1497281
湖北	46949709	3091038	7200	12029754	3187366	1212000	7130388
湖南	44549519	4070963	114534	8349651	2335868		6013783
广东	91534829	7478184	163385	67928180	17872467	16109615	33161119
广西	39822307	1898842	504097	5882907	1725511	384571	3772825
海南	10202244	589256	86506	10960841	2180675		5930325
重庆	58652204	2871407	24000	24667378	8034420	1013520	15619438
四川	53110452	2879537	450884	12660698	2876812		9336725
贵州	27954436	2242526	24000	3327466	822300	81700	2423466
云南	35047634	4389595	455922	4063079	1454976		2608103
西藏	969026						
陕西	34941961	2603048	14362	4159021	487650	400000	3271371
甘肃	12948619	326606	93000	236835	186835		50000
青海	6812649	765449		14000			14000
宁夏	18578774	2085494		560000	560000		
新疆	20441941	611127	12000	173365	163000		10365

2-2　续表 3　　　　单位：万元

地　区	港澳台商投资		外商投资					
	股份有限	其　他		合资经营	合作经营	独　资	股份有限	其　他
全国总计	**8519452**	**588651**	**167506176**	**56620339**	**15957933**	**85858736**	**7042338**	**2026830**
北　京			6304423	2461225	1986563	1562740	293895	
天　津	1041850		6235283	2190308		2953118	701757	390100
河　北			2539606	158000		2381606		
山　西			524997	59879		465118		
内蒙古			230494	72187		52480		105827
辽　宁	346428		22374620	9946696	2217614	9514078	696232	
吉　林	150000		229000	229000				
黑龙江			1088829	58829		1030000		
上　海	34115		12720181	4261285	2667257	5358022	433617	
江　苏	936157		22838646	9808556	1317680	11712410		
浙　江	484126		8535771	2305491	356936	5873344		
安　徽	487000		3857867	748505	255674	1903688	650000	300000
福　建	625000		5615889	687997		4192892	623000	112000
江　西			1680495	1232381		320114	128000	
山　东	74959		6431337	2781599	926650	2723088		
河　南	238000	108487	2621855	370885	45500	2015530	189940	
湖　北	500000		3703463	1364164		1655200	306045	378054
湖　南			2161407	1190863		960544	10000	
广　东	378160	406819	27118875	9380010	2232374	13795486	1078759	632246
广　西			2672600	342841	15500	2214259	100000	
海　南	2821496	28345	2307044	193954	363027	1750063		
重　庆			9151128	2087793	1234517	4699122	1021093	108603
四　川	402161	45000	11452820	3112589	960000	7380231		
贵　州			269695	62240	207455			
云　南			1184494	119500	400000	24994	640000	
西　藏								
陕　西			2955736	977162	771186	1037388	170000	
甘　肃			224400	218400		6000		
青　海								
宁　夏			463221	186000		277221		
新　疆			12000	12000				

2-3 各地区按资质等级分的房地产开发企业计划总投资

单位：万元

地区	总计	一级	二级	三级	四级	暂定	其他
全国总计	**4930664950**	**256605996**	**872044422**	**875620906**	**541764311**	**2124732040**	**259897275**
北京	217523690	30027696	29479612	16802027	71436779	60560359	9217217
天津	131900916	6317405	19508498	12617827	59777111	30771654	2908421
河北	168135552	12417072	24390834	25327823	42616687	59582624	3800512
山西	69697982	1483574	12707363	10980156	27873398	15752269	901222
内蒙古	79388769	5648748	13258199	11114393	35446958	11341415	2579056
辽宁	260882757	8021643	24648401	51227818	1169645	156582700	19232550
吉林	63322686	1127419	17787735	11298325	6016936	26917723	174548
黑龙江	64563657	4637448	17684984	28682009	1048185	10997097	1513934
上海	206178190	3571958	19510810	16806159	324167	151696017	14269079
江苏	469676960	23907450	172964786	29079309	708216	209546837	33470362
浙江	326280740	13802432	38261203	60198868	15931319	161958511	36128407
安徽	226434561	5021901	33205008	50841342	7377923	121836540	8151847
福建	200412364	8428594	24823905	48439609	22752370	90786583	5181303
江西	73075310	1526389	11031102	16652211	5279117	36383771	2202720
山东	320680408	14091950	39932861	44717424	35023621	169246185	17668367
河南	214852858	10005939	39641699	20576941	9650694	125497423	9480162
湖北	176105284	12662749	36985027	25657120	15380747	80763482	4656159
湖南	161817213	8001726	24158658	65786327	10544634	50614264	2711604
广东	440958675	31477429	34172649	111637403	66948269	165221304	31501621
广西	102846814	4725966	16701622	18126145	6130297	51703632	5459152
海南	81696667	108900	4753034	10311918	6127201	50145439	10250175
重庆	192913963	13892078	76789918	16529936	953951	83176513	1571567
四川	186212218	11785054	32630383	91749292	1416514	39452865	9178110
贵州	116827045	634543	28306461	15806482	12938294	55091624	4049641
云南	120544769	5405322	23381395	9139901	29384495	44995262	8238394
西藏	1432290		136597	730568	90000	395125	80000
陕西	128622165	6569019	25402166	26996522	31719748	25060018	12874692
甘肃	34902853	1514229	6910743	12016698	5282867	8880181	298135
青海	13345513	1359500	5297050	3213123	1715638	1663202	97000
宁夏	33150543	5086436	10629620	5478310	3863793	7723857	368527
新疆	46281538	3345427	6952099	7078920	6834737	20387564	1682791

2-4　各地区按登记注册类型分的房地产开发企业完成投资

单位：万元

地　区	总　计	内　资	国　有	集　体	股份合作	国有联营	集体联营
全国总计	**950356144**	**865928850**	**14096552**	**1720747**	**478960**	**80589**	**78207**
北　京	37153341	35190945	641488	224075			
天　津	16996496	15118350	359594	22492		30102	
河　北	40597194	39854098	132804		13476		
山　西	14035549	13862621	409170	32860			
内蒙古	13708803	13651568	110385		120		
辽　宁	53013051	42429179	696714	98723	6716		
吉　林	10301285	9703186	5831		300		
黑龙江	13240875	13079643	186845	50	4000		
上　海	32064773	25986854	160231	109017			4000
江　苏	82402166	70705829	1899425	80921	14352	20006	
浙　江	72623829	64948175	416056	30133	17550	28558	
安　徽	43389603	41363895	673626	11287			
福　建	45674028	40808678	876058	101606			
江　西	13224909	12564120	156925	2503			
山　东	58179538	54606532	900403	91453	55932		
河　南	43757143	42851276	1725922	59852	98636		
湖　北	39837900	37054181	409782	139407			
湖　南	28835662	27552701	507026	17214	4767		
广　东	76384530	64046615	390707	605972	29435		74207
广　西	18384942	17106534	354275	2314	8100		
海　南	14316515	12496182	321218		5600		
重　庆	36302331	31540375	338520		2479		
四　川	43800919	40396963	313377	48508	115583		
贵　州	21876698	21411238	142046		1490		
云　南	28466541	27185951	516535				
西　藏	529087	529087	40400				
陕　西	24264914	23026222	774237	28090	92257		
甘　肃	7214717	7205724	297516	14270	1000		
青　海	3082702	3082702	98849		4167	1923	
宁　夏	6547995	6468068	101776				
新　疆	10148108	10101358	138811		3000		

2-4 续表 1

单位：万元

地区	内资						
	国有与集体联营	其他联营	国有独资公司	其他有限责任公司	股份有限公司	私营独资	私营合伙
全国总计	**5750**	**36910**	**32118208**	**484530716**	**33447500**	**1319057**	**245485**
北京			568931	30035181	1406606		
天津			1259507	10382770	591234		
河北			401425	21200294	1746776	66844	14300
山西			389635	4158386	105194		
内蒙古			692090	5771362	468404	31948	1000
辽宁			1143182	21939818	2035906	66436	
吉林			213410	5474431	550056	17591	160
黑龙江			390397	8000418	608987		6000
上海			1885090	15305148	520198	31654	
江苏			2532408	31789585	2591839	163757	6775
浙江	3060		3238635	35541822	765024	24144	25768
安徽			1980230	23016011	1261934	45819	4505
福建			2555117	25456149	846426	2850	
江西			367158	6815756	716593	4343	2110
山东			2960234	31123226	2899569	50170	7995
河南			377930	27570559	2345680	79663	4693
湖北			846695	20831133	2534925	47204	500
湖南		36910	716181	15396070	1232929	53410	6595
广东			1168915	38332093	2591907	300475	15237
广西			590134	7912765	752364	53701	139141
海南	2690		1067467	8309355	691790	52518	
重庆			2225322	14293094	1433649	20980	
四川			656868	23146350	1483512	53148	
贵州			332489	14818492	412865	16612	5420
云南			834649	15006768	1102685	25737	
西藏			4731	128397	100		
陕西			1010553	12342322	1399328	41002	
甘肃			416933	3741079	116530	5680	
青海			381040	714600	72777		
宁夏			440315	1343114	27672	59671	
新疆			470537	4634168	134041	3700	5286

2-4 续表 2

单位：万元

地区	内资			港澳台商投资			
	私营有限责任公司	私营股份有限公司	其他内资企业		合资经营	合作经营	独资
全国总计	**280569153**	**16077626**	**1123390**	**60279020**	**22052819**	**2561809**	**34300709**
北京	2285841	28823		1427481	412479	166374	848628
天津	2292231	176100	4320	1103719	482892		459624
河北	15093428	1149732	35019	501928	134643		367285
山西	8580622	173654	13100	104622	81890		22732
内蒙古	6365285	208644	2330				
辽宁	15601307	799479	40898	8114038	3318742	184682	4537166
吉林	3260545	172562	8300	564053	353023		208030
黑龙江	3676701	205027	1218	139132	95362	19317	24453
上海	7652242	319274		4304987	1811810	46423	2436098
江苏	30092637	1478564	35560	8211381	2424079	135810	5518434
浙江	24559653	276565	21207	5830742	2072092		3615584
安徽	13262891	818699	288893	1472380	509759		778624
福建	10325788	584813	59871	3335382	1902989	25927	1312428
江西	4195217	289730	13785	510498	305662		204836
山东	15415891	1055320	46339	2667680	1324908	86195	1252329
河南	9510222	1051934	26185	587129	245278	170	320181
湖北	11702449	537586	4500	2165154	559517	82848	1492147
湖南	8729283	823603	28713	1032183	281461		750722
广东	19579061	938321	20285	8306557	2477016	1339474	4327852
广西	6711878	441364	140498	1006120	270249	77046	658825
海南	1867272	150559	27713	1413005	528358		622970
重庆	12488049	737482	800	3545463	1110368	350317	2084778
四川	13576655	853327	149635	1732032	554530		1096567
贵州	5192801	477023	12000	434785	211119	27700	195966
云南	8606367	982857	110353	998368	426109		572259
西藏	355459						
陕西	6786634	548799	3000	654109	42514	19526	592069
甘肃	2540875	44093	27748	5002	5002		
青海	1721149	88197					
宁夏	3967590	527930		70150	70150		
新疆	4573130	137565	1120	40940	40818		122

2-4 续表 3

单位：万元

地区	港澳台商投资		外商投资					
	股份有限	其他		合资经营	合作经营	独资	股份有限	其他
全国总计	**1292571**	**71112**	**24148274**	**7565458**	**2586537**	**12622837**	**725491**	**647951**
北京			534915	105030	206391	220655	2839	
天津	161203		774427	167066		499043	90818	17500
河北			241168	19330		221838		
山西			68306	1000		67306		
内蒙古			57235	10284		550		46401
辽宁	73448		2469834	1026954	384682	973253	84945	
吉林	3000		34046	34046				
黑龙江			22100			22100		
上海	10656		1772932	757189	384544	616099	15100	
江苏	133058		3484956	1473082	116305	1895569		
浙江	143066		1844912	448347	41257	1355308		
安徽	183997		553328	57382	37073	398662	9970	50241
福建	94038		1529968	93556		1323119	92693	20600
江西			150291	100392		45799	4100	
山东	4248		905326	335657	177839	391830		
河南	18100	3400	318738	56882	37537	218168	6151	
湖北	30642		618565	177660		226050	900	213955
湖南			250778	110330		138248	2200	
广东	106228	55987	4031358	1493168	379128	1723213	163795	272054
广西			272288	58842	2340	210150	956	
海南	251677	10000	407328	52942	85337	269049		
重庆			1216493	253973	291241	607963	36116	27200
四川	79210	1725	1671924	576164	212953	882807		
贵州			30675	7302	23373			
云南			282222	5380	109935	5868	161039	
西藏								
陕西			584583	128078	96602	306034	53869	
甘肃			3991	3754		237		
青海								
宁夏			9777	5858		3919		
新疆			5810	5810				

2-5　各地区按资质等级分的房地产开发企业完成投资

单位：万元

地　区	总　计	一　级	二　级	三　级	四　级	暂　定	其　他
全国总计	**950356144**	**38469600**	**143119479**	**156556351**	**97329152**	**456065016**	**58816546**
北　京	37153341	4422768	3804986	1927387	9670940	15946969	1380291
天　津	16996496	532120	1593724	1433210	8589190	4492389	355863
河　北	40597194	2245561	5712725	5973694	9879567	15867464	918183
山　西	14035549	415436	2040167	2209073	5789305	3365556	216012
内蒙古	13708803	374518	1617163	2013617	6152351	2692257	858897
辽　宁	53013051	1071705	4455215	8247797	331160	33921902	4985272
吉　林	10301285	138065	2275695	1899897	1338574	4629516	19538
黑龙江	13240875	354545	2759115	6424232	334501	2874870	493612
上　海	32064773	508561	2526829	1787934	110676	24109096	3021677
江　苏	82402166	3765278	25198991	4326389	154791	40865120	8091597
浙　江	72623829	2372022	6497053	11342358	3021287	40288383	9102726
安　徽	43389603	788079	5304363	8526214	1135079	25552392	2083476
福　建	45674028	1351294	3793820	8867192	3878984	26483123	1299615
江　西	13224909	193196	1529375	2612456	943249	7512732	433901
山　东	58179538	2378815	6365726	7163527	5276132	33118258	3877080
河　南	43757143	1519345	6816591	3720626	2229623	27475028	1995930
湖　北	39837900	1694519	7251364	5625439	3328500	20579209	1358869
湖　南	28835662	1136315	3787619	10419852	2739890	10174286	577700
广　东	76384530	4598970	4925962	14665173	10865477	34909791	6419157
广　西	18384942	805788	2550750	3037538	893671	9800636	1296559
海　南	14316515	8349	752633	1887249	809589	9342938	1515757
重　庆	36302331	2163939	13356067	3502176	172264	16639431	468454
四　川	43800919	1693856	6883891	23262978	345410	9789636	1825148
贵　州	21876698	95360	6369625	2799444	2137935	9759601	714733
云　南	28466541	1047902	4861998	2534222	7102620	11046177	1873622
西　藏	529087		77567	291422	4790	135308	20000
陕　西	24264914	1182447	3858167	4586407	6365745	5370500	2901648
甘　肃	7214717	102164	1422541	2238239	1229224	2148139	74410
青　海	3082702	203853	1139780	537408	434340	743928	23393
宁　夏	6547995	873330	2082590	1248903	684295	1485936	172941
新　疆	10148108	431500	1507387	1444298	1379993	4944445	440485

2-6 各地区按隶属关系分的房地产开发企业完成投资

单位：万元

地 区	合 计	中央属	地方属				
				省 属	地市属	县 属	其 他
全国总计	**950356144**	**17865484**	**932490660**	**29526302**	**111574869**	**82222601**	**709166888**
北 京	37153341	2081645	35071696	6536683	5349478	364827	22820708
天 津	16996496	882479	16114017	2424202	4073921	1312804	8303090
河 北	40597194	521920	40075274	307763	4163484	3817862	31786165
山 西	14035549	682135	13353414	439246	1168350	370220	11375598
内 蒙 古	13708803	133113	13575690	115158	1591979	1475456	10393097
辽 宁	53013051	790344	52222707	226240	4884562	3558496	43553409
吉 林	10301285	67532	10233753	103870	1211570	708794	8209519
黑 龙 江	13240875	159451	13081424	476175	2370211	2062758	8172280
上 海	32064773	729982	31334791	2255194	3957050	440985	24681562
江 苏	82402166	726754	81675412	633753	4815028	5945782	70280849
浙 江	72623829	194813	72429016	485258	3144195	3360561	65439002
安 徽	43389603	404196	42985407	2001345	6713658	3620991	30649413
福 建	45674028	72363	45601665	540149	7046362	6168263	31846891
江 西	13224909	265023	12959886	454131	1166038	1653491	9686226
山 东	58179538	1247528	56932010	1992007	6267830	8621121	40051052
河 南	43757143	120069	43637074	624836	7334146	4489045	31189047
湖 北	39837900	919781	38918119	692102	6363208	3461865	28400944
湖 南	28835662	569369	28266293	822300	3747651	2307225	21389117
广 东	76384530	1990833	74393697	310195	11269208	4971977	57842317
广 西	18384942	576424	17808518	344854	3035015	866875	13561774
海 南	14316515	232026	14084489	832896	2842684	2555638	7853271
重 庆	36302331	1169215	35133116	3077443	4454723	1080719	26520231
四 川	43800919	621608	43179311	425745	3426550	5922605	33404411
贵 州	21876698	731962	21144736	230278	1070395	2424673	17419390
云 南	28466541	339195	28127346	1315777	2064825	5553311	19193433
西 藏	529087		529087	17500	62824		448763
陕 西	24264914	816858	23448056	1009057	5210271	2117580	15111148
甘 肃	7214717	157656	7057061	286632	1023454	1041473	4705502
青 海	3082702		3082702	106804	451370	371666	2152862
宁 夏	6547995	97609	6450386	306873	348292	220428	5574793
新 疆	10148108	563601	9584507	131836	946537	1355110	7151024

2-7 各地区按构成分的房地产开发企业完成投资

单位：万元

地区	本年完成投资	建筑工程	安装工程	设备工器具购置	其他费用	#土地购置费
全国总计	**950356144**	**631151638**	**74459503**	**13069081**	**231675922**	**174585288**
北京	37153341	15621280	390501	473386	20668174	13789448
天津	16996496	10935846	872920	108781	5078949	2813748
河北	40597194	28457618	4199807	903655	7036114	5113949
山西	14035549	9468744	1960307	228140	2378358	1604992
内蒙古	13708803	10422927	1255583	173258	1857035	1544806
辽宁	53013051	39678415	5571367	1103095	6660174	5351452
吉林	10301285	7497536	721955	128112	1953682	1552022
黑龙江	13240875	10006189	1007777	249453	1977456	1671406
上海	32064773	18472626	2293304	170492	11128351	8736124
江苏	82402166	55332437	4926345	1294105	20849279	17459295
浙江	72623829	34992319	4358423	679946	32593141	26805913
安徽	43389603	29048736	4118362	516025	9706480	8328848
福建	45674028	29227264	2728360	348266	13370138	11704938
江西	13224909	9411069	1241277	176563	2396000	1796430
山东	58179538	39577756	7059449	649280	10893053	8895522
河南	43757143	36797905	247757	870486	5840995	3527989
湖北	39837900	27423371	3501574	677813	8235142	5092811
湖南	28835662	20063387	2775845	507291	5489139	3385088
广东	76384530	47824354	6447411	780292	21332473	15913482
广西	18384942	13195187	1460095	414220	3315440	2553674
海南	14316515	9321523	1555532	214189	3225271	1856302
重庆	36302331	22467307	3535098	407396	9892530	6496387
四川	43800919	29371781	3586671	783548	10058919	8235392
贵州	21876698	17095524	1229088	191541	3360545	1403286
云南	28466541	20055768	1782897	321455	6306421	5084638
西藏	529087	397840	18922	15581	96744	79580
陕西	24264914	18364472	2588584	292058	3019800	1853103
甘肃	7214717	5368234	1110194	123034	613255	396302
青海	3082702	2246803	414600	32679	388620	270228
宁夏	6547995	5205886	588555	50825	702729	398788
新疆	10148108	7801534	910943	184116	1251515	869345

2-8 各地区按用途分的房地产开发企业完成投资

单位：万元

地区	本年完成投资	住宅	#别墅、高档公寓	办公楼	商业营业用房	其他
全国总计	**950356144**	**643521513**	**38447180**	**56411890**	**143462517**	**106960224**
北京	37153341	18460805	1637493	7129843	3808433	7754260
天津	16996496	11222553	590322	1235819	2179330	2358794
河北	40597194	30103548	559795	1538486	5020161	3934999
山西	14035549	10106901	102442	692123	1913124	1323401
内蒙古	13708803	9367598	203746	510090	2544407	1286708
辽宁	53013051	38442622	2493355	1792155	9507965	3270309
吉林	10301285	7324687	420190	301565	1867173	807860
黑龙江	13240875	9460270	317875	252529	2368761	1159315
上海	32064773	17246467	3600136	5347709	4579197	4891400
江苏	82402166	59245083	4627275	3784732	12867085	6505266
浙江	72623829	45941730	3841605	4876203	9493384	12312512
安徽	43389603	28476344	851465	1689593	9305558	3918108
福建	45674028	29171687	2200077	3585835	6548765	6367741
江西	13224909	9719227	338386	539721	1986456	979505
山东	58179538	41843316	1526072	3585761	8050743	4699718
河南	43757143	32891963	289015	1988379	5312195	3564606
湖北	39837900	27554186	966552	1716497	6391974	4175243
湖南	28835662	19985121	854047	1106505	4273885	3470151
广东	76384530	51873184	4622397	4894379	9584250	10032717
广西	18384942	12926348	516180	708981	2540032	2209581
海南	14316515	11221374	1939486	105140	1375700	1614301
重庆	36302331	24513660	1743018	1769621	5340012	4679038
四川	43800919	28478207	991627	1951111	7770626	5600975
贵州	21876698	13503388	357556	1519696	4439789	2413825
云南	28466541	18300705	1508102	1337792	5331371	3496673
西藏	529087	294421	31542	34903	101288	98475
陕西	24264914	18696850	479339	1051474	2857338	1659252
甘肃	7214717	4963706	89190	266463	1346607	637941
青海	3082702	1906743	37865	273158	642797	260004
宁夏	6547995	4115773	154284	211681	1441999	778542
新疆	10148108	6163046	556746	613946	2672112	699004

2-9 各地区按控股情况分的房地产开发企业完成投资

单位：万元

地区	总计	国有控股	集体控股	私人控股	港澳台控股	外商控股	其他
全国总计	**950356144**	**140352299**	**22556971**	**575772422**	**58855704**	**23513225**	**129305523**
北京	37153341	16558044	2199488	15847386	1454520	554321	539582
天津	16996496	6313371	641327	4451873	872480	850621	3866824
河北	40597194	1808594	404503	31097364	424271	354636	6507826
山西	14035549	2888559	135308	10073661	51622	68306	818093
内蒙古	13708803	1560980	411334	10602660		95326	1038503
辽宁	53013051	4794068	844281	30580933	8008192	1850027	6935550
吉林	10301285	874766	159828	8129301	564053	34046	539291
黑龙江	13240875	2267198	367441	8012078	112932	123000	2358226
上海	32064773	10770862	1479549	10285434	3869127	1762064	3897737
江苏	82402166	12480237	1456156	46237607	8170420	3503924	10553822
浙江	72623829	7056572	1708689	49040606	5408050	1752119	7657793
安徽	43389603	6142518	636841	27821251	1117039	735934	6936020
福建	45674028	6859485	523688	26409642	3781290	1611409	6488514
江西	13224909	1456988	164083	9081937	470836	189750	1861315
山东	58179538	8764366	1955455	33078920	2762529	563461	11054807
河南	43757143	3599779	1134291	31387108	562627	327986	6745352
湖北	39837900	5553902	1517531	23304517	2117375	830888	6513687
湖南	28835662	3866092	842147	18927794	1030544	333163	3835922
广东	76384530	7985641	2019241	40079163	8269045	3856620	14174820
广西	18384942	2183347	120696	12580965	960147	327651	2212136
海南	14316515	2050540	419947	7369320	1132273	342087	3002348
重庆	36302331	5915278	696828	20559532	3706403	972007	4452283
四川	43800919	3615219	546826	28880194	1779197	1554505	7424978
贵州	21876698	2189318	141763	17560145	446749	23373	1515350
云南	28466541	4236418	862397	17695707	979421	428222	4264376
西藏	529087	53307	3500	469530			2750
陕西	24264914	4196075	685565	15981589	702688	456297	2242700
甘肃	7214717	1265648	179859	5349938	31602	453	387217
青海	3082702	612094	123053	2185386			162169
宁夏	6547995	767095	71664	5598646	70150	5219	35221
新疆	10148108	1665938	103692	7092235	122	5810	1280311

2-10 各地区按投资规模分房地产开发企业完成投资

单位：万元

地　区	500万元以下	500-1000万元	1000-3000万元	3000-5000万元	5000万-1亿元	1-5亿元	5-10亿元	10亿元及以上
全国总计	**24581**	**185819**	**2661907**	**5505103**	**22820775**	**216907331**	**204048022**	**498202606**
北　京		1148	9607	26992	83772	1723690	3284378	32023754
天　津	2		3478	10980	73726	2057832	3273433	11577045
河　北	463	3609	107201	211969	1116575	11865743	9139817	18151817
山　西		5368	132431	165902	800739	5063346	2663921	5203842
内蒙古	501	12088	178384	396247	646696	3382003	2506618	6586266
辽　宁	922	7053	75913	170566	779372	10205442	12427891	29345892
吉　林	550	5212	59178	115582	363952	2995851	2928244	3832716
黑龙江		10266	132024	233491	847535	3823468	2167726	6026365
上　海		5	13589	20415	98248	2040465	4777213	25114838
江　苏	27	1878	52919	210999	1018885	16737051	21358687	43021720
浙　江	421	2755	64865	196466	819179	14083643	17493356	39963144
安　徽	1065	7564	83769	185251	820675	9093389	11444837	21753053
福　建	1049	3248	60771	132967	625352	7597824	8821076	28431741
江　西	110	5125	47361	127799	500294	4948085	4090178	3505957
山　东	1816	9309	153848	362202	2011784	15697897	13615625	26327057
河　南	330	2855	61196	186835	1178529	13747763	10527227	18052408
湖　北	1460	10674	153455	347888	1192115	9726062	6678396	21727850
湖　南	2747	14979	196702	333149	1435274	9503244	5983229	11366338
广　东	2664	17052	193046	306943	1210327	13969012	14019098	46666388
广　西	1642	8068	78513	188335	745767	5693738	3783785	7885094
海　南	390	50	5650	46299	220327	2634185	2878661	8530953
重　庆	645	5095	67068	218478	750801	6284293	6355729	22620222
四　川	1057	8326	151196	244256	1396190	13975762	15106821	12917311
贵　州	806	1840	79054	150204	611541	6105345	3765986	11161922
云　南	60	10494	108695	221975	889072	7534461	4755686	14946098
西　藏	19		4712		5600	240321	184826	93609
陕　西	877	5406	53022	105786	602299	4642878	4094709	14759937
甘　肃	763	7308	124000	191233	650156	2936466	1808655	1496136
青　海		1371	4426	10813	110507	945660	568573	1441352
宁　夏		1180	14622	55429	218631	3009874	1732678	1515581
新　疆	4195	16493	191212	329652	996855	4642538	1810963	2156200

2-11 各地区按登记注册类型分的房地产开发企业住宅完成投资

单位：万元

地区	总计	内资					
			国有	集体	股份合作	国有联营	集体联营
全国总计	**643521513**	**590574714**	**10436304**	**1320576**	**387241**	**59281**	**61480**
北京	18460805	17870477	237801	185649			
天津	11222553	10255431	314936	18398		14449	
河北	30103548	29578626	111547		13326		
山西	10106901	10059063	354119	23483			
内蒙古	9367598	9310363	73261		120		
辽宁	38442622	31046593	628687	91512	6711		
吉林	7324687	6878164	5300		300		
黑龙江	9460270	9338176	157946	30	3220		
上海	17246467	14724000	86448	73406			3600
江苏	59245083	50776538	1562467	58746	10162	20006	
浙江	45941730	41315330	280189	23095	11496	23659	
安徽	28476344	26872879	441433	2820			
福建	29171687	25998229	589790	68978			
江西	9719227	9229274	123149	1828			
山东	41843316	39122966	644492	67377	48805		
河南	32891963	32303279	1376323	57207	98636		
湖北	27554186	25882200	363891	101902			
湖南	19985121	19204287	390813	6136	4134		
广东	51873184	44526608	204572	471235	22123		57880
广西	12926348	12077696	243991	1604	7300		
海南	11221374	9712259	162915		5600		
重庆	24513660	22139650	243399		1539		
四川	28478207	26632600	204830	30303	95962		
贵州	13503388	13134102	97121		1010		
云南	18300705	17570624	398890				
西藏	294421	294421					
陕西	18696850	17665888	683362	26090	50022		
甘肃	4963706	4958575	191137	10777	1000		
青海	1906743	1906743	66511		3775	1167	
宁夏	4115773	4048246	91772				
新疆	6163046	6141427	105212		2000		

2-11 续表 1

单位：万元

地　　区	内资						
	国有与集体联　营	其他联营	国有独资公　司	其他有限责任公司	股份有限公　司	私营独资	私营合伙
全国总计	**1724**	**34326**	**22456368**	**329486650**	**22988235**	**919895**	**212042**
北　京			157539	15724039	293793		
天　津			823691	7192368	249011		
河　北			238994	16037201	1124928	64574	4800
山　西			270525	2979253	87142		
内蒙古			420787	4148809	279129	29776	850
辽　宁			885495	15705774	1552199	42706	
吉　林			184293	3772590	318966	12756	160
黑龙江			298827	5726370	420395		4000
上　海			1361925	8962746	219276		
江　苏			1753729	23183949	1933580	123720	3980
浙　江			2094535	22272592	505714	11565	21659
安　徽			1639618	14672973	772479	26642	
福　建			1892676	15756174	625434	2800	
江　西			316788	5082593	540502	2711	2110
山　东			1570074	22628543	2123408	43055	6759
河　南			305731	20697785	1983507	64881	3663
湖　北			458856	14817745	1672097	38034	
湖　南		34326	556239	10565129	887931	37003	6503
广　东			859311	26551303	1806015	228474	13919
广　西			412993	5371351	549805	8690	136783
海　南	1724		853005	6654862	511776	48118	
重　庆			1857970	10010996	1061603	16428	
四　川			368697	15516831	941407	44743	
贵　州			184483	9022235	313376	15448	4820
云　南			620396	9998253	803487	18102	
西　藏			3638	90510	100		
陕　西			810050	9537289	1131202	17597	
甘　肃			229199	2615151	86599	5680	
青　海			355176	426430	66558		
宁　夏			301423	903142	21842	16392	
新　疆			369705	2861664	104974		2036

2-11　续表 2　　　　单位：万元

地　　区	内资			港澳台商投资			
	私营有限责任公司	私营股份有限公司	其他内资企业		合资经营	合作经营	独　资
全国总计	**190187380**	**11141096**	**882116**	**37382484**	**13663765**	**1422425**	**21355089**
北　京	1252091	19565		436290	185877	82743	167670
天　津	1469479	168779	4320	474640	190044		211588
河　北	11044575	910711	27970	376533	119545		256988
山　西	6213764	120387	10390	19454			19454
内蒙古	4220469	137099	63				
辽　宁	11499302	599552	34655	5725847	2367517	66700	3229333
吉　林	2474461	106038	3300	426700	279333		145267
黑龙江	2556887	169333	1168	99994	59887	17286	22821
上　海	3819479	197120		1436582	437036	33055	955835
江　苏	20985753	1106291	34155	5783568	1557294	97424	4016412
浙　江	15941664	115502	13660	3575181	1195326		2305946
安　徽	8597682	485531	233701	1262176	445952		659537
福　建	6561318	452343	48716	2136044	1344354	10747	722937
江　西	2948531	198948	12114	373571	251594		121977
山　东	11246761	700797	42895	2041070	1010346	48237	979962
河　南	6809426	881865	24255	348168	180560		165808
湖　北	8004838	422337	2500	1233207	530311	62096	610268
湖　南	6132446	560479	23148	589832	233749		356083
广　东	13793523	509023	9230	4735622	1243279	749283	2612337
广　西	4892214	321447	131518	672470	204115	73399	394956
海　南	1322335	124411	27513	1171624	510203		506054
重　庆	8492136	455179	400	1911897	335115	162752	1414030
四　川	8852287	496867	80673	972187	315094		585936
贵　州	3151391	336218	8000	346983	195628		151355
云　南	4993973	654199	83324	580467	366248		214219
西　藏	200173						
陕　西	5034697	373694	1885	571098	24175	18703	528220
甘　肃	1761992	34837	22203	1620	1620		
青　海	949416	37710					
宁　夏	2335277	378398		58040	58040		
新　疆	2629040	66436	360	21619	21523		96

2-11 续表 3

单位：万元

地区	港澳台商投资		外商投资					
	股份有限	其他		合资经营	合作经营	独资	股份有限	其他
全国总计	**896614**	**44591**	**15564315**	**5150620**	**1355639**	**8234530**	**416838**	**406688**
北京			154038	36188	117850			
天津	73008		492482	122898		339237	19347	11000
河北			148389	17160		131229		
山西			28384	1000		27384		
内蒙古			57235	10284		550		46401
辽宁	62297		1670182	784395	207216	614594	63977	
吉林	2100		19823	19823				
黑龙江			22100			22100		
上海	10656		1085885	590020	111192	375873	8800	
江苏	112438		2684977	1114539	107184	1463254		
浙江	73909		1051219	261091	20424	769704		
安徽	156687		341289	35775	34073	226171	6580	38690
福建	58006		1037414	52255		963757	5265	16137
江西			116382	80979		31303	4100	
山东	2525		679280	230804	113477	334999		
河南		1800	240516	56185	22932	155248	6151	
湖北	30532		438779	91455		144424	900	202000
湖南			191002	72240		118762		
广东	98908	31815	2610954	839596	212104	1347167	121867	90220
广西			176182	52225	1086	122871		
海南	145367	10000	337491	43129	85244	209118		
重庆			462113	171791	106782	159761	21539	2240
四川	70181	976	873420	348683	107482	417255		
贵州			22303	1500	20803			
云南			149614	1930	36278	4068	107338	
西藏								
陕西			459864	105556	51512	251822	50974	
甘肃			3511	3511				
青海								
宁夏			9487	5608		3879		
新疆								

2-12　各地区按资质等级分的房地产开发企业住宅完成投资

单位：万元

地　区	总　计	一　级	二　级	三　级	四　级	暂　定	其　他
全国总计	**643521513**	**26427525**	**100200716**	**110727828**	**67274192**	**302341318**	**36549934**
北　京	18460805	2145517	1658094	968602	4867496	8300211	520885
天　津	11222553	382819	1203934	1135482	5358302	2827445	314571
河　北	30103548	1861905	4134906	4540665	7455130	11326764	784178
山　西	10106901	282986	1530442	1671748	4161583	2391490	68652
内蒙古	9367598	272140	1017302	1590324	4108407	1728296	651129
辽　宁	38442622	742722	3130971	6428741	265928	24705134	3169126
吉　林	7324687	109292	1588994	1363117	1063891	3179955	19438
黑龙江	9460270	272089	1939800	4656285	246585	1974432	371079
上　海	17246467	286866	1732047	920784	110653	12576258	1619859
江　苏	59245083	3055124	18176335	3347067	132808	29327884	5205865
浙　江	45941730	1704365	4308404	7532515	2108729	25195481	5092236
安　徽	28476344	406364	3890397	6038648	793088	15954686	1393161
福　建	29171687	810413	2686287	6131799	2360791	16577115	605282
江　西	9719227	165827	1154115	2061615	733325	5315271	289074
山　东	41843316	1713783	4924841	5229525	4077247	23150239	2747681
河　南	32891963	1135512	5193369	2784228	1889890	20679623	1209341
湖　北	27554186	1199726	5173043	3655710	2545731	14429432	550544
湖　南	19985121	808446	2699466	7865361	1989809	6233569	388470
广　东	51873184	3177093	3595256	10195376	8074851	22795903	4034705
广　西	12926348	548823	1898123	2256754	713515	6583509	925624
海　南	11221374	8347	579442	1614016	696919	7108147	1214503
重　庆	24513660	1461929	8820776	2406991	159669	11387853	276442
四　川	28478207	1238370	4804737	15292889	240964	5994822	906425
贵　州	13503388	54077	4064935	1950731	1323745	5789281	320619
云　南	18300705	711296	3115220	1539410	4407414	7452855	1074510
西　藏	294421		30657	196625	4200	49709	13230
陕　西	18696850	844294	2954023	3738993	4891776	3918578	2349186
甘　肃	4963706	64265	989078	1517130	891003	1431461	70769
青　海	1906743	158762	682003	306224	320483	422931	16340
宁　夏	4115773	499113	1399789	804345	444089	833334	135103
新　疆	6163046	305260	1123930	986128	836171	2699650	211907

2-13 各地区按资质等级分的房地产开发企业 90平方米及以下住宅完成投资

单位：万元

地区	总计	一级	二级	三级	四级	暂定	其他
全国总计	**203349064**	**8048641**	**31902837**	**35203067**	**19854954**	**96184601**	**12154964**
北京	9473896	1391705	859151	369625	2566048	4094000	193367
天津	3771271	28488	803052	261918	1632096	993409	52308
河北	11267315	801176	1434039	1552194	2339623	4697215	443068
山西	2458693	56853	408393	570635	842236	566024	14552
内蒙古	2824224	22627	258308	533420	1467944	372109	169816
辽宁	19528060	236521	1690077	3597106	93383	12125432	1785541
吉林	3834335	17056	640823	751785	774851	1649525	295
黑龙江	4548230	33913	883051	2030129	194110	1194018	213009
上海	6398976	131099	711587	282906	28554	4567457	677373
江苏	12936200	572708	4544452	688082	17588	5957170	1156200
浙江	12624960	348777	1092823	1637796	426843	7677768	1440953
安徽	7451876	123723	1268790	1654714	185587	3831975	387087
福建	6882881	188478	423064	1502624	538666	4124266	105783
江西	1857806	45771	350046	349303	126876	908443	77367
山东	9753755	242333	1004716	1296931	936891	5553894	718990
河南	10284985	431837	1589294	575757	380384	7055103	252610
湖北	7443483	354983	1219869	882583	497412	4387276	101360
湖南	3740286	172686	536956	1415037	397772	1121715	96120
广东	14529136	926267	1035799	2373102	2440094	6305722	1448152
广西	4081979	143948	485798	695927	238154	2076456	441696
海南	5181365	8347	163827	805148	205430	3307922	690691
重庆	11255667	605518	4292607	1217471	42188	5017703	80180
四川	13157295	547637	1866847	7177039	88979	2982052	494741
贵州	3547017	12118	1657678	416710	272891	1119130	68490
云南	4767794	216269	1001893	224793	1167627	1843512	313700
西藏	72252		200	43054	70	27191	1737
陕西	4945380	254430	654286	1248999	1199296	1061280	527089
甘肃	1700722	4048	300501	523174	320961	505348	46690
青海	513517	3577	136699	76865	66793	218623	10960
宁夏	945766	66137	285018	195448	139982	159892	99289
新疆	1569942	59611	303193	252792	225625	682971	45750

2-14　各地区按资质等级分的房地产开发企业144平方米以上住宅完成投资

单位：万元

地　区	总　计	一　级	二　级	三　级	四　级	暂　定	其　他
全国总计	**96431246**	**4239931**	**14802968**	**16393487**	**10380005**	**46148069**	**4466786**
北　京	4277603	399738	313650	143340	1263058	2086031	71786
天　津	1193506	38125	77727	153481	415660	500906	7607
河　北	2791060	340967	427890	404264	838071	766845	13023
山　西	1638148	32566	247999	237722	879582	237151	3128
内蒙古	1424067	146918	210536	268058	530526	216582	51447
辽　宁	5233735	176547	262998	683434	4705	3849707	256344
吉　林	984570	2961	323561	159266	46660	452122	
黑龙江	1213861	53656	312905	722334	2870	117096	5000
上　海	3935093	50251	331250	225743		3010018	317831
江　苏	10348815	368589	2929291	456981	53696	5893360	646898
浙　江	11723507	544822	1203409	2132022	490337	6185395	1167522
安　徽	1346538	12097	181016	367049	26552	720459	39365
福　建	5424063	145539	542798	1179341	733972	2785528	36885
江　西	1032557	25617	151306	216050	65205	555366	19013
山　东	6275377	261646	658776	585748	525508	3849440	394259
河　南	3756486	104564	687589	319569	122008	2442773	79983
湖　北	2120349	33817	618850	224409	155593	1043632	44048
湖　南	3292550	128928	454718	1227419	354564	1063034	63887
广　东	10942485	855245	1048841	3265396	1617504	3776478	379021
广　西	1594322	28627	309779	199348	54024	912901	89643
海　南	1163747		13080	180915	51626	744916	173210
重　庆	2084788	71929	804714	119623	78478	978861	31183
四　川	2278899	52024	402766	1278090	56438	411056	78525
贵　州	2110838	12996	871402	204077	173116	832186	17061
云　南	3880767	90579	598218	547222	907487	1420202	317059
西　藏	60855		14523	19920	30	15889	10493
陕　西	2443581	123273	467230	503817	717509	500886	130866
甘　肃	464002	5267	97425	134375	40849	167948	18138
青　海	133030	5300	18798	33528	10631	63843	930
宁　夏	396133	96081	89727	64910	64009	81406	
新　疆	865914	31262	130196	136036	99737	466052	2631

2-15 各地区按资质等级分的房地产开发企业别墅、高档公寓完成投资

单位：万元

地区	总计	一级	二级	三级	四级	暂定	其他
全国总计	**38447180**	**1431403**	**4241706**	**6658216**	**3622613**	**20291475**	**2201767**
北京	1637493	155181	25090	134452	587411	724117	11242
天津	590322	45171	4534	150297	115795	249125	25400
河北	559795	39512	120544	32277	246667	117290	3505
山西	102442		19231	7299	40863	35049	
内蒙古	203746	3145	8907	48401	110104	33189	
辽宁	2493355	80335	48251	320558		1770549	273662
吉林	420190		164816	78003	3650	173721	
黑龙江	317875	17943	19463	246370		34099	
上海	3600136	25367	297239	276909		2546614	454007
江苏	4627275	291077	868554	307402	102	2926605	233535
浙江	3841605	75718	378913	912000	264234	1806960	403780
安徽	851465	5060	27995	216866	10360	538320	52864
福建	2200077	32227	177746	384987	245864	1345387	13866
江西	338386	10633	9007	94471	6745	217490	40
山东	1526072	45787	77958	110918	81997	1102159	107253
河南	289015	30010	32957	7115	300	218633	
湖北	966552	11317	399373	156706	36653	362503	
湖南	854047	62094	123686	320318	91276	238273	18400
广东	4622397	324959	345136	1248918	851263	1593963	258158
广西	516180		70048	69046	53500	321986	1600
海南	1939486		115964	484527	122006	1068002	148987
重庆	1743018	52693	319493	79670	70004	1211158	10000
四川	991627	18175	155071	574901	12238	178903	52339
贵州	357556	7747	19698	8708	7462	309843	4098
云南	1508102	66058	175999	76467	488427	649578	51573
西藏	31542			18512		800	12230
陕西	479339	11591	138856	95691	88508	94565	50128
甘肃	89190	300	10	17375		71505	
青海	37865		3700	6000	1000	27165	
宁夏	154284	16462	28257	62452	10498	36615	
新疆	556746	2841	65210	110600	75686	287309	15100

2-16　各地区按登记注册类型分的房地产开发企业办公楼完成投资

单位：万元

地　区	总　计	内　资					
			国　有	集　体	股份合作	国有联营	集体联营
全国总计	**56411890**	**49133850**	**492880**	**29380**	**891**	**9332**	
北　京	7129843	6857107	41333	9013			
天　津	1235819	1088547	8274			9332	
河　北	1538486	1436023	5100				
山　西	692123	622073	2320				
内蒙古	510090	510090					
辽　宁	1792155	1338109		140			
吉　林	301565	297408					
黑龙江	252529	241529	2153				
上　海	5347709	3618551	21082	1582			
江　苏	3784732	3246927	43669	1750			
浙　江	4876203	4231208	10095	1	330		
安　徽	1689593	1581853	20166				
福　建	3585835	3258545	60023				
江　西	539721	515869					
山　东	3585761	3404177	26184	4393	1		
河　南	1988379	1920282	21500	55			
湖　北	1716497	1443337	348	490			
湖　南	1106505	1048419	31422	70	130		
广　东	4894379	3654906	113328	7438			
广　西	708981	648065	4718		200		
海　南	105140	93911	17675				
重　庆	1769621	1227744	252				
四　川	1951111	1618215	2625	3948			
贵　州	1519696	1493127	1045				
云　南	1337792	1301365	18882				
西　藏	34903	34903					
陕　西	1051474	1037702	11314	500	230		
甘　肃	266463	265073	24856				
青　海	273158	273158	3852				
宁　夏	211681	211681					
新　疆	613946	613946	664				

2-16 续表 1

单位：万元

地区	内资						
	国有与集体联营	其他联营	国有独资公司	其他有限责任公司	股份有限公司	私营独资	私营合伙
全国总计			**2486626**	**30463477**	**2110454**	**72142**	**210**
北京			119653	5657896	584613		
天津			59272	848428	51298		
河北			10333	809188	107949		
山西			21390	217068	614		
内蒙古			41503	184254	21623		
辽宁			67589	770738	83460	600	
吉林			1	233795	14967		
黑龙江			4	131756	17180		
上海			100816	2076786	139670	24312	
江苏			142448	1726448	101015	12362	
浙江			156279	2616835	61207	2138	
安徽			17420	886584	90392		
福建			207477	2238058	22414		
江西			10622	365731	25983		
山东			810821	1683914	54958		200
河南			2565	1384536	49522	4000	
湖北			122013	843597	203007		
湖南			27322	792110	33635		
广东			111555	2098361	221104	9850	
广西			43514	412537	33008	12500	10
海南			3253	27125	18229		
重庆			140237	566284	9991	385	
四川			65157	883085	67215	500	
贵州			59526	1249391	4129		
云南			3882	679713	34317	322	
西藏				7927			
陕西			38695	587013	53620	3063	
甘肃			66870	75898	3314		
青海			7040	21577	1400		
宁夏			14150	34393		410	
新疆			15219	352451	620	1700	

2-16 续表 2

单位：万元

地区	内资			港澳台商投资			
	私营有限责任公司	私营股份有限公司	其他内资企业		合资经营	合作经营	独资
全国总计	**12887706**	**555447**	**25305**	**5473525**	**2531017**	**255701**	**2614103**
北京	444034	565		179340	105136	41358	32846
天津	111341	602		80499	40768		24933
河北	477467	23839	2147	34537	100		34437
山西	380541	140		53050	53000		50
内蒙古	259469	2133	1108				
辽宁	415266	316		343117	146542		196375
吉林	42081	6564		2157			2157
黑龙江	88099	2337		11000	11000		
上海	1251746	2557		1519080	711625		807455
江苏	1178556	40579	100	443523	193141	14376	236006
浙江	1354602	29721		486050	185857		295348
安徽	551581	4660	11050	10594	5000		5594
福建	703916	26256	401	218236	121231	2428	64073
江西	99566	13965	2	21247	6747		14500
山东	811027	12310	369	89464	44420	3571	41473
河南	442695	15239	170	56967	11150		31917
湖北	267226	6656		210534	5875		204659
湖南	155879	6051	1800	58086	341		57745
广东	911368	178880	3022	1011278	606838	117468	286922
广西	137607	3971		52862			52862
海南	27540	89		11229			3833
重庆	506759	3686	150	388182	226059	55800	106323
四川	562735	32150	800	163641	51428		111202
贵州	156287	22749		24069	3369	20700	
云南	519376	43433	1440				
西藏	26976						
陕西	325700	17562	5	3393			3393
甘肃	90753	641	2741	1390	1390		
青海	210907	28382					
宁夏	153908	8820					
新疆	222698	20594					

2-16 续表 3

单位：万元

地 区	港澳台商投资		外商投资					
	股份有限	其 他		合资经营	合作经营	独 资	股份有限	其 他
全国总计	**72493**	**211**	**1804515**	**573456**	**350662**	**820134**	**55306**	**4957**
北 京			93396	24078	28998	40320		
天 津	14798		66773	16914		29455	20404	
河 北			67926			67926		
山 西			17000			17000		
内 蒙 古								
辽 宁	200		110929	1467	34982	61480	13000	
吉 林			2000	2000				
黑 龙 江								
上 海			210078	75815	88774	44389	1100	
江 苏			94282	50423		43859		
浙 江	4845		158945	45803	2287	110855		
安 徽			97146	10221		86925		
福 建	30504		109054	12100		78210	18744	
江 西			2605	2605				
山 东			92120	57650	5988	28482		
河 南	13900		11130			11130		
湖 北			62626	57669				4957
湖 南								
广 东	50		228195	161910	34771	29514	2000	
广 西			8054	1006		7000	48	
海 南	7396							
重 庆			153695	11585	85310	56790	10	
四 川	800	211	169255	25884	36572	106799		
贵 州			2500	2500				
云 南			36427	3447	32980			
西 藏								
陕 西			10379	10379				
甘 肃								
青 海								
宁 夏								
新 疆								

2-17　各地区按资质等级分的房地产开发企业办公楼完成投资

单位：万元

地　区	总　计	一　级	二　级	三　级	四　级	暂　定	其　他
全国总计	**56411890**	**2870029**	**7084428**	**6327293**	**5745497**	**29887041**	**4497602**
北　京	7129843	1067714	373881	271512	1723976	3357363	335397
天　津	1235819	7392	144716	18813	570649	489038	5211
河　北	1538486	34084	285371	170267	372103	674640	2021
山　西	692123	19042	58847	78065	267564	140605	128000
内蒙古	510090	19364	87587	25240	301756	64793	11350
辽　宁	1792155	76850	78155	115001	213	1379607	142329
吉　林	301565		44960	49821	7325	199459	
黑龙江	252529	4000	52389	124760	3432	62838	5110
上　海	5347709	44741	174239	212747		4325875	590107
江　苏	3784732	145695	1222604	76829	3800	1727635	608169
浙　江	4876203	93910	239460	636642	106256	3027304	772631
安　徽	1689593	171714	197685	375891	11042	881584	51677
福　建	3585835	98217	275139	556195	427058	2071737	157489
江　西	539721	4166	17716	34832	34105	418729	30173
山　东	3585761	114550	442438	285145	208063	2268358	267207
河　南	1988379	71166	311998	82488	45831	1333607	143289
湖　北	1716497	82991	348155	216329	36463	1020963	11596
湖　南	1106505	76250	121912	235626	48282	601698	22737
广　东	4894379	405203	192898	950300	466394	2422228	457356
广　西	708981	19731	31069	45128	2660	474764	135629
海　南	105140		2075	7969	2650	90016	2430
重　庆	1769621	118316	752338	91761		772705	34501
四　川	1951111	22532	213456	1087136	16920	394571	216496
贵　州	1519696	11925	609580	57061	218981	438221	183928
云　南	1337792	31150	320332	146881	418351	324984	96094
西　藏	34903			7600		27303	
陕　西	1051474	74557	193387	113287	367447	255690	47106
甘　肃	266463	512	40527	104020	22871	98533	
青　海	273158	2978	142612	38824	10514	77430	800
宁　夏	211681	47257	46253	53552	16638	47981	
新　疆	613946	4022	62649	57571	34153	416782	38769

2-18 各地区按登记注册类型分的房地产开发企业商业营业用房完成投资

单位：万元

地区	总计	内资					
			国有	集体	股份合作	国有联营	集体联营
全国总计	**143462517**	**130099488**	**1183318**	**195040**	**26711**	**3058**	**12880**
北京	3808433	3109618	10819	14196			
天津	2179330	1797746	14548	3631		2107	
河北	5020161	4979739	5900		150		
山西	1913124	1873310	23186	1913			
内蒙古	2544407	2544407	20775				
辽宁	9507965	7325949	44813	6222	5		
吉林	1867173	1771643	531				
黑龙江	2368761	2358879	18309	20	580		
上海	4579197	3614331	25211	17605			200
江苏	12867085	11166319	174748	16626	4190		
浙江	9493384	8298123	28627	4109	2380	615	
安徽	9305558	9086167	133730	7370			
福建	6548765	5866826	83832	14698			
江西	1986456	1897885	22589	675			
山东	8050743	7689439	59931	12046	1614		
河南	5312195	5148220	29115	2548			
湖北	6391974	5840316	33610	18710			
湖南	4273885	4137136	39856	10998	358		
广东	9584250	7954283	19213	51454	5758		12680
广西	2540032	2402910	41455	310	600		
海南	1375700	1267476	76556				
重庆	5340012	4520998	35066		273		
四川	7770626	7192380	52814	6916	4933		
贵州	4439789	4406565	18137		380		
云南	5331371	4922255	23489				
西藏	101288	101288	5500				
陕西	2857338	2744204	46621	1500	4190		
甘肃	1346607	1346248	60902	3493			
青海	642797	642797	21312		300	336	
宁夏	1441999	1438873	3290				
新疆	2672112	2653158	8833		1000		

2-18　续表 1

单位：万元

地　区	内资						
	国有与集体联营	其他联营	国有独资公司	其他有限责任公司	股份有限公司	私营独资	私营合伙
全国总计	**581**	**2584**	**3017898**	**68678546**	**5527788**	**208950**	**27388**
北　京			72085	2407695	331917		
天　津			212323	900595	241824		
河　北			125871	2192536	361512	1850	9500
山　西			68055	551373	5502		
内蒙古			117873	968235	131167	1283	150
辽　宁			87911	4123995	258306	8800	
吉　林			26027	978538	165013	4735	
黑龙江			34970	1442405	124911		2000
上　海			109060	1854268	81174	7342	
江　苏			342587	4300997	372226	14552	2065
浙　江			261279	4418178	55809	4931	1090
安　徽			82887	5211029	273768	13434	4505
福　建			144326	3822313	100540		
江　西			10205	877469	105545	593	
山　东			215212	4146232	552615	2950	620
河　南			13283	3416404	202966	7190	1030
湖　北			172933	3047112	514954	9170	500
湖　南		2584	66324	2169575	185876	10563	92
广　东			63119	4887283	275742	35893	1238
广　西			48809	1143287	72701	31656	748
海　南	581		199234	652093	103349	130	
重　庆			103942	1986142	280708	2315	
四　川			111599	3827049	275704	5134	
贵　州			37654	2965892	77116	235	600
云　南			52054	2561833	141823	2168	
西　藏			1082	20630			
陕　西			65770	1463184	177894	2342	
甘　肃			73297	688876	23332		
青　海			8370	172474	2133		
宁　夏			48625	310606	5830	41184	
新　疆			41132	1170248	25831	500	3250

2-18 续表 2 单位：万元

地　区	内　资			港澳台商投　资			
	私营有限责任公司	私营股份有限公司	其他内资企　业		合资经营	合作经营	独　资
全国总计	**48080285**	**2987956**	**146505**	**10096473**	**3082714**	**484879**	**6329028**
北　京	270638	2268		492237	43792	27032	421413
天　津	419479	3239		249995	84259		137916
河　北	2144131	137300	989	36180	8804		27376
山　西	1203110	17621	2550	23803	20675		3128
内蒙古	1258621	45446	857				
辽　宁	2660123	134915	859	1781147	670908	117982	981831
吉　林	548223	48576		89419	38915		50014
黑龙江	716178	19506		9882	7049	1711	1122
上　海	1439235	80236		704446	280638	12300	411508
江　苏	5701585	235818	925	1376657	472433	20720	870798
浙　江	3419411	98704	2990	812074	278796		496074
安　徽	3035899	282113	41432	153609	36371		112485
福　建	1634102	64048	2967	489517	154194	1435	332744
江　西	819534	61275		63585	38523		25062
山　东	2403222	292049	2948	293663	152944	23495	115501
河　南	1373515	102158	11	135646	45160	170	87116
湖　北	1980633	61694	1000	513997	15505	5017	493365
湖　南	1499481	148281	3148	111431	23131		88300
广　东	2492783	104391	4729	1213776	283782	200215	706930
广　西	1016188	41856	5300	114166	12699	3364	98103
海　南	211334	23999	200	98078	891		21558
重　庆	1897055	215247	250	586218	267267	66167	252784
四　川	2627840	219007	61384	336278	101425		233055
贵　州	1219659	82892	4000	28454	2868	5000	20586
云　南	1920245	214228	6415	321036	17030		304006
西　藏	74076						
陕　西	884754	96844	1105	44806	8297	271	36238
甘　肃	486669	7643	2036	143	143		
青　海	423729	14143					
宁　夏	940981	88357		3086	3086		
新　疆	1357852	44102	410	13144	13129		15

2-18 续表 3

单位：万元

地 区	港澳台商投资		外商投资					
	股份有限	其 他		合资经营	合作经营	独 资	股份有限	其 他
全国总计	**181632**	**18220**	**3266556**	**955221**	**382517**	**1677095**	**195248**	**56475**
北 京			206578	26976	25803	153799		
天 津	27820		131589	12447		78580	34062	6500
河 北			4242	1100		3142		
山 西			16011			16011		
内蒙古								
辽 宁	10426		400869	141908	38634	213457	6870	
吉 林	490		6111	6111				
黑龙江								
上 海			260420	60753	95991	99026	4650	
江 苏	12706		324109	119406	3750	200953		
浙 江	37204		383187	83786	6307	293094		
安 徽	4753		65782	6183	3000	44647	1940	10012
福 建	1144		192422	3651		134893	53805	73
江 西			24986	12910		12076		
山 东	1723		67641	25758	21588	20295		
河 南	2100	1100	28329	421	1050	26858		
湖 北	110		37661	20723		12019		4919
湖 南			25318	22623		995	1700	
广 东	5741	17108	416191	245038	13042	99406	32655	26050
广 西			22956	4147	992	16909	908	
海 南	75629		10146	7813		2333		
重 庆			232796	47430	72237	95642	8566	8921
四 川	1786	12	241968	88998	21716	131254		
贵 州			4770	2200	2570			
云 南			88080	2	40677		47401	
西 藏								
陕 西			68328	8811	35160	21666	2691	
甘 肃			216	216				
青 海								
宁 夏			40			40		
新 疆			5810	5810				

2-19 各地区按资质等级分的房地产开发企业商业营业用房完成投资

单位：万元

地 区	总 计	一 级	二 级	三 级	四 级	暂 定	其 他
全国总计	**143462517**	**3860289**	**20163834**	**22712231**	**13910454**	**72456705**	**10359004**
北 京	3808433	245273	445893	123349	962725	1801509	229684
天 津	2179330	102772	145244	128369	1270769	513270	18906
河 北	5020161	195883	600623	806273	1282403	2062588	72391
山 西	1913124	85008	249477	253313	819375	496482	9469
内蒙古	2544407	57734	335532	267034	1163181	546346	174580
辽 宁	9507965	157876	837434	1203137	57879	5828023	1423616
吉 林	1867173	1967	448441	337617	188806	890292	50
黑龙江	2368761	19730	513902	1168408	69217	528904	68600
上 海	4579197	65660	248783	314179	23	3523829	426723
江 苏	12867085	265097	3957084	661955	16098	6476738	1490113
浙 江	9493384	118937	655384	1199313	457584	5513538	1548628
安 徽	9305558	132052	842343	1479403	288030	6089809	473921
福 建	6548765	137691	357121	1061263	547908	4197657	247125
江 西	1986456	20442	294003	328232	129069	1140363	74347
山 东	8050743	235470	604557	1031163	697662	4772394	709497
河 南	5312195	209985	707599	503495	197550	3335207	358359
湖 北	6391974	232942	1154381	1015434	547742	3174781	266694
湖 南	4273885	145147	461518	1249221	412209	1882459	123331
广 东	9584250	340638	500919	1553035	1162065	5151968	875625
广 西	2540032	105346	272166	361375	78184	1538874	184087
海 南	1375700		62843	191840	75055	989722	56240
重 庆	5340012	299711	1965361	682492	5679	2324266	62503
四 川	7770626	206718	965659	4223296	38083	2033570	303300
贵 州	4439789	9856	1310980	473654	345985	2170987	128327
云 南	5331371	72533	713153	437949	1465888	2128107	513741
西 藏	101288		12010	49461	590	39227	
陕 西	2857338	150821	434097	491351	760106	695695	325268
甘 肃	1346607	9567	255542	404470	257519	418654	855
青 海	642797	21536	204396	154695	61674	196096	4400
宁 夏	1441999	123768	414733	275900	144689	453785	29124
新 疆	2672112	90129	192656	281555	406707	1541565	159500

2-20　各地区按资质等级分的房地产开发企业本年新增固定资产

单位：万元

地　区	总　计	一　级	二　级	三　级	四　级	暂　定	其　他
全国总计	**412510312**	**27176229**	**80793696**	**93441238**	**54235554**	**142189101**	**14674494**
北　京	14783822	3779077	1183316	991412	5750904	2468204	610909
天　津	10613125	522736	1251099	1365267	5127073	2137601	209349
河　北	16762659	1054431	2649712	3693756	3979045	5009826	375889
山　西	7165446	595988	1132510	1347986	3377578	689984	21400
内蒙古	6540590	344187	827787	1011561	3488909	627313	240833
辽　宁	24549766	303744	2948952	5317968	287872	13156433	2534797
吉　林	5140347	87499	1249104	911235	941068	1939389	12052
黑龙江	9527092	107804	3516859	4412623	310671	851693	327442
上　海	15839309	744126	2228146	1757953	161863	10287410	659811
江　苏	42720723	2880812	18827604	3532913	55224	15596893	1827277
浙　江	31016103	2162308	3895133	9817790	1863974	11379189	1897709
安　徽	19250298	483355	2796887	5630494	773736	9220389	345437
福　建	12506288	805968	1662470	4139754	1695575	4160417	42104
江　西	6043879	250108	863125	1947908	703890	2065874	212974
山　东	24245256	1615994	3601626	4019069	3680634	10271071	1056862
河　南	20083660	1784436	3969105	2371379	1198262	10113376	647102
湖　北	12681621	709831	2520594	2549573	2092777	4714544	94302
湖　南	13171670	230089	1935724	6020565	1170518	3612482	202292
广　东	33838569	2868553	3525819	10638863	6522730	8732434	1550170
广　西	5888753	218394	1104818	1167478	627034	2414663	356366
海　南	7680151	40255	133920	1042161	1003970	5172335	287510
重　庆	15604016	1948904	6219730	2580874	13505	4826780	14223
四　川	19446207	1299667	4363953	9561149	124985	3957834	138619
贵　州	8675815	313023	1480773	1601508	2155809	2887242	237460
云　南	7939731	219458	1199054	731213	3215862	2366090	208054
西　藏	153525			59660		93865	
陕　西	7268348	681405	1895062	1881462	1735783	753588	321048
甘　肃	2391904	19606	464524	814880	693378	387681	11835
青　海	1773035	190851	984659	397271	145142	55112	
宁　夏	3661703	547075	1298413	740890	587205	479995	8125
新　疆	5546901	366545	1063218	1384623	750578	1759394	222543

2-21 各地区房地产开发企业实际到位资金情况

单位：万元

地区	本年实际到位资金合计	上年末结余资金	本年实际到位资金小计	国内贷款	#银行贷款
全国总计	**1567312262**	**347397419**	**1219914843**	**212426108**	**180537511**
北京	94079874	27859725	66220149	21580291	16302105
天津	37284408	9049601	28234807	8171550	7040375
河北	50942678	6557860	44384818	3124712	2871740
山西	17631940	3697059	13934881	1236311	1046775
内蒙古	16462736	2071049	14391687	1456220	1080456
辽宁	72853090	13943352	58909738	7207044	6669127
吉林	14514985	2220760	12294225	1261902	894725
黑龙江	16956270	2872261	14084009	978225	778478
上海	74221873	21522848	52699025	16388433	14975610
江苏	157128683	36127041	121001642	22496812	19396908
浙江	126320097	36756995	89563102	18177735	14971744
安徽	65742052	13430373	52311679	5679346	4630713
福建	71140522	13879192	57261330	7526197	6491327
江西	26038375	6579895	19458480	2559744	2327578
山东	86586118	16674286	69911832	9958261	8264191
河南	56235453	9345743	46889710	5270148	4651343
湖北	54857175	11634784	43222391	7375424	6975232
湖南	45724498	10064588	35659910	5842797	5076137
广东	152784857	39518835	113266022	24326141	21722696
广西	29353920	5246449	24107471	3400275	2993491
海南	24420260	5111604	19308656	3859090	3481047
重庆	67627353	14177520	53449833	11907732	8648649
四川	72505071	13873969	58631102	8178753	6981185
贵州	28077801	4711619	23366182	2426237	2233586
云南	36563659	7389354	29174305	4149022	3467843
西藏	586444	107414	479030	8000	8000
陕西	33703493	6855693	26847800	3912758	2982493
甘肃	11015283	2468809	8546474	1205125	1099786
青海	4288484	777789	3510695	515589	493089
宁夏	8549377	1120322	7429055	1200423	1069913
新疆	13115433	1750630	11364803	1045811	911169

2-21　续表 1

单位：万元

地　区	#非银行金融机构贷款	利用外资	#外商直接投资	自筹资金	#自有资金
全国总计	**31888597**	**6392613**	**5989082**	**504198031**	**209779467**
北　京	5278186	77763	77763	18154136	4344819
天　津	1131175	71887	13782	8752250	2557369
河　北	252972	263350	234300	28195336	13163702
山　西	189536			7433185	2876143
内蒙古	375764			10223861	5019730
辽　宁	537917	706300	618171	33685015	19474561
吉　林	367177	5000		6589198	3121591
黑龙江	199747	27000	27000	9099429	4669849
上　海	1412823	696144	677332	15608290	6762619
江　苏	3099904	807874	793289	41548646	14646567
浙　江	3205991	716767	716092	32023064	8630507
安　徽	1048633	27810	27810	22038512	8155673
福　建	1034870	233194	233194	24791897	12291630
江　西	232166	3885	3885	6065001	2223512
山　东	1694070	141320	138016	31050030	12351560
河　南	618805	6700	6700	26015500	11016681
湖　北	400192	196279	196279	19716253	8176241
湖　南	766660	47802	14802	13504202	6212332
广　东	2603445	636491	570652	37055697	15097321
广　西	406784	2056	2056	9016015	3498880
海　南	378043	6150	5550	8866557	4414759
重　庆	3259083	1131313	1130813	18244123	6444393
四　川	1197568	393355	317528	25136809	14235091
贵　州	192651	34130	30530	9648609	3521507
云　南	681179	160043	153538	15494568	5241980
西　藏				350322	194352
陕　西	930265			12745677	4870446
甘　肃	105339			4114519	1885926
青　海	22500			1393612	782331
宁　夏	130510			2754745	1384792
新　疆	134642			4882973	2512603

2-21 续表 2

单位：万元

地区	其他资金来源	#定金及预收款	#个人按揭贷款	本年各项应付款合计	#工程款
全国总计	**496898091**	**302375058**	**136654525**	**255841260**	**142645803**
北京	26407959	17515898	6129922	2577604	1850679
天津	11239120	8483397	690735	8693338	3744021
河北	12801420	7635786	2987644	9719307	4696907
山西	5265385	3802588	962059	3819579	2104880
内蒙古	2711606	1755819	571617	3403069	2090808
辽宁	17311379	10962875	3664636	13736772	7869738
吉林	4438125	2796930	1227932	2638519	1321014
黑龙江	3979355	2715966	812378	2491895	1431685
上海	20006158	14694573	2783971	9630580	5029244
江苏	56148310	33286858	17709672	29662229	17604580
浙江	38645536	24148870	10826281	15472028	9098880
安徽	24566011	13249303	9016215	12518873	7145176
福建	24710042	12982623	8266684	7099627	3757579
江西	10829850	5494382	3554048	4342864	2793280
山东	28762221	17974773	6949026	14173607	7966924
河南	15597362	9016320	4450428	9340931	5148816
湖北	15934435	8522664	5253686	10474512	5222134
湖南	16265109	10005540	4931802	10008436	5313644
广东	51247693	31757511	15338399	22169261	12711361
广西	11689125	6412197	3602152	5137492	3105042
海南	6576859	4551745	292294	5338464	2460042
重庆	22166665	12524173	7100844	13866787	6700913
四川	24922185	15732841	7211012	11440282	6904003
贵州	11257206	5459757	3706622	5388049	3212954
云南	9370672	5754170	2498922	8518339	5009141
西藏	120708	62036	28133	220402	59092
陕西	10189365	6296876	2688855	6188153	3352913
甘肃	3226830	2315085	703786	2415880	1626792
青海	1601494	1089654	276690	829050	528682
宁夏	3473887	2246624	683793	1904880	1130894
新疆	5436019	3127224	1734287	2620451	1653985

2-22　各地区按登记注册类型分的房地产开发企业本年实际到位资金小计

单位：万元

地　区	总　计	内　资					
			国　有	集　体	股份合作	国有联营	集体联营
全国总计	**1219914843**	**1102442135**	**16758573**	**2533888**	**684267**	**246423**	**148069**
北　京	66220149	62343413	1315295	238246			
天　津	28234807	25350691	645664	51702		28553	
河　北	44384818	43439410	111114		13500		
山　西	13934881	13762814	357394	33448			
内蒙古	14391687	14339767	95530		120		
辽　宁	58909738	47025953	790951	98723	159744		
吉　林	12294225	11705867	5831		6771		
黑龙江	14084009	13769888	160880	50	4000		
上　海	52699025	43350790	217043	252976			3500
江　苏	121001642	104301573	2061092	607197	33600	32447	
浙　江	89563102	80901707	374503	38939	15755	181894	
安　徽	52311679	49696680	981946	3615			
福　建	57261330	50200344	1023990	91768			
江　西	19458480	18130628	182444	2555			
山　东	69911832	64881855	1090883	121248	78700		
河　南	46889710	45883728	1313328	65901	88930		
湖　北	43222391	40931228	491603	132670			
湖　南	35659910	34085592	455553	15447	4796		
广　东	113266022	93181607	469456	699056	35070		144569
广　西	24107471	22301920	693095	2013	1671		
海　南	19308656	15937617	341838		30000		
重　庆	53449833	45971571	1290889		6310		
四　川	58631102	53869861	485903	34644	95324		
贵　州	23366182	22857264	174869		1102		
云　南	29174305	28095373	338773				
西　藏	479030	479030	5500				
陕　西	26847800	25123562	691770	28880	96949		
甘　肃	8546474	8442342	323921	14810	1000		
青　海	3510695	3510695	90894		5282	3529	
宁　夏	7429055	7248401	38200				
新　疆	11364803	11320964	138421		5643		

2-22 续表 1

单位：万元

地区	内资						
	国有与集体联营	其他联营	国有独资公司	其他有限责任公司	股份有限公司	私营独资	私营合伙
全国总计	**3855**	**50058**	**41179759**	**627095490**	**47145093**	**1731313**	**305903**
北京			1329480	50121672	5293789		
天津			2692964	16278184	1343834		
河北			382268	23632256	1770390	43180	21130
山西			327723	4150802	100547		
内蒙古			750082	6267916	680039	33512	700
辽宁			1034015	23925893	2171945	66540	
吉林			79880	7174371	714175	19552	
黑龙江			439114	8275676	606414		5500
上海			2440812	26179771	848254	81654	
江苏			4251427	49046719	4105719	297508	12060
浙江	3060		3474539	45940229	1004317	64555	22888
安徽			2278848	27656740	1513178	114066	6598
福建			3074847	30703181	1759063	2850	
江西			441401	9871987	867738	4563	2810
山东			3883289	36535800	3457683	53835	7260
河南			399883	29953713	2542039	85058	4292
湖北			1135717	23545334	2425449	23821	600
湖南		36910	881354	19555942	1418250	66218	8055
广东			1744306	57055988	5094091	386345	15700
广西			912709	9953582	847691	58431	185809
海南	795		1186197	10984148	781398	96648	
重庆			3750517	20935727	1875605	20590	
四川			766536	32738435	2208235	49675	
贵州			325644	15447170	508557	9800	5520
云南			705344	15480933	1397206	18666	
西藏		13148	3630	134321	5969		
陕西			1030621	13819428	1410997	82300	
甘肃			318953	4156272	179978	5680	
青海			264690	828312	72238		
宁夏			434082	1648744	26860	42566	
新疆			438887	5096244	113445	3700	6981

2-22　续表 2

单位：万元

地　　区	内资			港澳台商投　　资			
	私营有限责任公司	私营股份有限公司	其他内资企　　业		合资经营	合作经营	独　资
全国总计	**342560802**	**20159849**	**1838793**	**82747250**	**29763738**	**4271917**	**46988813**
北　　京	3995861	49070		2811375	985921	586703	1238751
天　　津	4150139	142265	17386	1892852	787684		955586
河　　北	16100690	1217877	147005	743516	295384		448132
山　　西	8612096	177904	2900	107349	84117		23232
内 蒙 古	6266417	243121	2330				
辽　　宁	17823888	918926	35328	9126401	3748196	205534	5092483
吉　　林	3485437	216050	3800	548397	385905		159492
黑 龙 江	4060734	216302	1218	250867	179909	45000	25958
上　　海	12959359	367421		6625075	3099513	86024	3421448
江　　苏	40324882	2931024	597898	11499107	3367664	124442	7887929
浙　　江	29446656	314372	20000	6948393	2647792		4129424
安　　徽	15833154	931332	377203	1753640	627030		946809
福　　建	12684503	794828	65314	5287963	2864730	9554	2313888
江　　西	6348754	385993	22383	1019203	686104		333099
山　　东	17912924	1650658	89575	3802731	1895501	163612	1739281
河　　南	10203283	1201993	25308	544340	204479	11661	303500
湖　　北	12534286	637748	4000	1836066	483096	86390	1237776
湖　　南	10589688	1025218	28161	1216354	270910		945444
广　　东	26119415	1364240	53371	12411863	2760685	2259796	7246266
广　　西	9044249	546272	56398	1420115	289870	118149	1012096
海　　南	2349903	120133	46557	2845301	1390245		905650
重　　庆	17190691	899642	1600	5279752	1138765	460407	3680580
四　　川	16329681	1017273	144155	2145698	529861		1466119
贵　　州	5813247	560855	10500	470249	249552	29155	191542
云　　南	9177415	923833	53203	900163	478229		421934
西　　藏	316462						
陕　　西	7452186	509381	1050	1028689	85843	85490	857356
甘　　肃	3351466	60262	30000	25112	20804		4308
青　　海	2166813	78937					
宁　　夏	4558300	499649		169149	169149		
新　　疆	5358223	157270	2150	37530	36800		730

2-22 续表 3

单位：万元

地　区	港澳台商投资		外商投资					
	股份有限	其　他		合资经营	合作经营	独　资	股份有限	其　他
全国总计	**1641601**	**81181**	**34725458**	**11595280**	**3727574**	**17544731**	**980284**	**877589**
北　京			1065361	278782	437044	304472	45063	
天　津	149582		991264	289805		484090	96530	120839
河　北			201892	19650		182242		
山　西			64718	1276		63442		
内蒙古			51920	7749		570		43601
辽　宁	80188		2757384	1301042	272193	1117626	66523	
吉　林	3000		39961	39961				
黑龙江			63254	29522		33732		
上　海	18090		2723160	831653	772449	1112658	6400	
江　苏	119072		5200962	2199094	191825	2810043		
浙　江	171177		1713002	532689	151985	1028328		
安　徽	179801		861359	38840	90626	578096	11080	142717
福　建	99791		1773023	77665		1500139	146433	48786
江　西			308649	222127		86522		
山　东	4337		1227246	567397	166282	493567		
河　南	18100	6600	461642	76033	37537	337793	10279	
湖　北	28804		455097	128663		194202	20625	111607
湖　南			357964	177659		178255	2050	
广　东	111974	33142	7672552	3018583	876352	3057820	381430	338367
广　西			385436	74027	4056	303547	3806	
海　南	521406	28000	525738	75911	71445	378382		
重　庆			2198510	730011	261065	1089018	46744	71672
四　川	136279	13439	2615543	569408	189670	1856465		
贵　州			38669	7702	30967			
云　南			178769	6786	102227	2446	67310	
西　藏								
陕　西			695549	199374	71851	348313	76011	
甘　肃			79020	78835		185		
青　海								
宁　夏			11505	8727		2778		
新　疆			6309	6309				

2-23　各地区按资质等级分的房地产开发企业本年实际到位资金小计

单位：万元

地　区	总　计	一　级	二　级	三　级	四　级	暂　定	其　他
全国总计	**1219914843**	**63070191**	**193049478**	**196388449**	**124125316**	**571996194**	**71285215**
北　京	66220149	10015444	8803763	3650067	17081534	24173479	2495862
天　津	28234807	1544407	2914246	2023682	13321552	7906677	524243
河　北	44384818	2499034	5990014	6508370	11226484	17119746	1041170
山　西	13934881	407972	2288410	2136324	5676570	3216695	208910
内蒙古	14391687	443121	2198548	2083351	6019761	2851275	795631
辽　宁	58909738	1196848	5311146	9214771	305923	37729503	5151547
吉　林	12294225	340857	2901409	1903866	1395648	5732587	19858
黑龙江	14084009	443874	2970632	6576959	354579	3289188	448777
上　海	52699025	528498	4845994	3972948	249486	39155085	3947014
江　苏	121001642	6949494	37884407	6799443	245854	58212932	10909512
浙　江	89563102	3670720	8236157	13924220	3566130	49682392	10483483
安　徽	52311679	861837	6395009	10843988	1502518	30157194	2551133
福　建	57261330	3212634	5333338	10858701	6352499	29826227	1677931
江　西	19458480	257065	2463180	3741350	1264638	11246802	485445
山　东	69911832	3233133	8547425	8319369	6325399	39229415	4257091
河　南	46889710	1900841	8087513	4172092	2317700	28323634	2087930
湖　北	43222391	2294990	7401836	6487992	3753441	22131407	1152725
湖　南	35659910	1439272	5005307	13285217	3127356	12119118	683640
广　东	113266022	8319964	7984865	23198604	16849761	48049660	8863168
广　西	24107471	981165	3639918	4216552	1174580	12244189	1851067
海　南	19308656	11477	2071161	2165576	992416	11860303	2207723
重　庆	53449833	4247229	18966782	3889762	195439	25630214	520407
四　川	58631102	2699073	9585926	29641621	406969	13852296	2445217
贵　州	23366182	257407	6249933	3222522	2608241	10257209	770870
云　南	29174305	1325158	5518296	2354016	7067407	11198183	1711245
西　藏	479030		48081	261949	10659	143841	14500
陕　西	26847800	1802487	4565504	4762578	6776947	5745954	3194330
甘　肃	8546474	345701	1534964	2581784	1342226	2666250	75549
青　海	3510695	321552	1329435	652569	366863	798745	41531
宁　夏	7429055	1008231	2327058	1300953	816343	1880975	95495
新　疆	11364803	510706	1649221	1637253	1430393	5565019	572211

2-24 各地区按登记注册类型分的房地产开发企业国内贷款

单位：万元

地区	总计	内资	国有	集体	股份合作	国有联营	集体联营
全国总计	**212426108**	**189694451**	**3991012**	**230449**	**107762**	**75405**	
北京	21580291	20041309	597335				
天津	8171550	7916051	147636			7805	
河北	3124712	3051522	8000		13500		
山西	1236311	1179811	7900				
内蒙古	1456220	1456220	10565				
辽宁	7207044	5742331	104450		57700		
吉林	1261902	1253902			1895		
黑龙江	978225	968225	4215				
上海	16388433	13333317	28825	39700			
江苏	22496812	20149189	1021510	74310	20377	10000	
浙江	18177735	16341684	52885		3390	57600	
安徽	5679346	5556258	39705				
福建	7526197	6342259	237003				
江西	2559744	2388144	55300				
山东	9958261	8892482	125450	1160			
河南	5270148	5153376	767263	2125	10000		
湖北	7375424	6979192	175378	32700			
湖南	5842797	5579897	44842		150		
广东	24326141	19123306	54092	72354			
广西	3400275	3128695	127361	100			
海南	3859090	3179888	88016				
重庆	11907732	10726735	83719				
四川	8178753	7296211	33180				
贵州	2426237	2361737	12500				
云南	4149022	3999776	10120				
西藏	8000	8000					
陕西	3912758	3662488	91615	3000	450		
甘肃	1205125	1195125	26947	5000			
青海	515589	515589			300		
宁夏	1200423	1125921	35200				
新疆	1045811	1045811					

2-24　续表 1

单位：万元

地　区	内资						
	国有与集体联营	其他联营	国有独资公司	其他有限责任公司	股份有限公司	私营独资	私营合伙
全国总计	**132**		**12491459**	**109121076**	**11916532**	**291835**	**28410**
北　京			160000	14010920	3823103		
天　津			1423841	5065388	333616		
河　北			17000	1528305	199399	60	8400
山　西			19328	541237	32400		
内蒙古			223103	577920	93148		
辽　宁			137180	2779189	258703	10400	
吉　林			15000	839790	62266	7018	
黑龙江			44532	700681	50193		
上　海			1097157	7078435	328931	10879	
江　苏			1352637	10698485	855953	50850	3000
浙　江			1369795	9779456	153220	30927	
安　徽			579050	3167273	122896	18500	
福　建			303429	3663550	343260		
江　西			47482	1481394	87682		500
山　东			1503435	4808034	400190		7260
河　南			211327	2963669	207269	7900	
湖　北			316108	4303795	452085	1000	
湖　南			361393	3384007	232167	10700	
广　东			419798	10366151	2310742	97631	8550
广　西			501106	1157897	55962	3500	
海　南	132		263720	1929512	180490		
重　庆			1315348	5061414	762191	450	
四　川			215348	4817978	198564	4000	
贵　州			50099	1629234	19900	4000	
云　南			184292	2503018	200625		
西　藏							
陕　西			105095	2587201	101395	30020	
甘　肃			31000	721124	18430		
青　海			5000	64673	31752		
宁　夏			114085	308512		4000	
新　疆			104771	602834			700

2-24 续表 2

单位：万元

地区	内资			港澳台商投资			
	私营有限责任公司	私营股份有限公司	其他内资企业		合资经营	合作经营	独资
全国总计	**49109536**	**2196901**	**133942**	**15765308**	**6291729**	**1043035**	**8175385**
北京	1440951	9000		1239836	159569	432800	647467
天津	937765			114299	65000		49299
河北	1200937	65921	10000	46108	45628		480
山西	554654	23592	700	56500	56500		
内蒙古	538924	12560					
辽宁	2305209	71000	18500	1211257	422699		788558
吉林	326545	1388		8000			8000
黑龙江	167604	1000		10000		10000	
上海	4546412	202978		2022781	789016		1233765
江苏	5764008	298059		1662502	531459		1131043
浙江	4884776	9635		1520945	631898		859047
安徽	1487641	91893	49300	111900	28600		63300
福建	1690602	103400	1015	983183	598922	2560	381701
江西	664875	47676	3235	154100	106000		48100
山东	1826134	219748	1071	853309	679727	56550	117032
河南	894835	88988		62439	15000		46799
湖北	1634847	59279	4000	273412	41909		231503
湖南	1394062	149555	3021	177400	48900		128500
广东	5733278	60710		2886581	1019653	473125	1304125
广西	1217869	58900	6000	165080	17180		147900
海南	688218	19000	10800	586807	399953		72013
重庆	3365282	138331		850797	288284	43000	519513
四川	1846796	154545	25800	307604	133200		174404
贵州	576501	69503		64500	51500		13000
云南	1015471	86250		149246	77400		71846
西藏	8000						
陕西	722922	20290	500	172220	9230	25000	137990
甘肃	387724	4900					
青海	413864						
宁夏	541524	122600		74502	74502		
新疆	331306	6200					

2-24 续表 3

单位：万元

地区	港澳台商投资		外商投资					
	股份有限	其他		合资经营	合作经营	独资	股份有限	其他
全国总计	**252519**	**2640**	**6966349**	**2879604**	**1008589**	**2731016**	**117472**	**229668**
北京			299146	61900	24340	200003	12903	
天津			141200	43300		17000		80900
河北			27082			27082		
山西								
内蒙古								
辽宁			253456	196336		57033	87	
吉林								
黑龙江								
上海			1032335	242263	515725	269247	5100	
江苏			685121	294100		391021		
浙江	30000		315106	86957	33669	194480		
安徽	20000		11188	3000		1388		6800
福建			200755	12200		98173	87382	3000
江西			17500	10500		7000		
山东			212470	75300	49500	87670		
河南		640	54333	15200		39133		
湖北			122820	52285		31567		38968
湖南			85500	7000		78500		
广东	89678		2316254	1504517	271355	480382		60000
广西			106500			106500		
海南	112841	2000	92395	3700		88695		
重庆			330200	107000	50000	121200	12000	40000
四川			574938	118046	29000	427892		
贵州								
云南								
西藏								
陕西			78050	36000	35000	7050		
甘肃			10000	10000				
青海								
宁夏								
新疆								

2-25 各地区按资质等级分的房地产开发企业国内贷款

单位：万元

地区	总计	一级	二级	三级	四级	暂定	其他
全国总计	**212426108**	**17949252**	**36222636**	**27973653**	**18629614**	**99291083**	**12359870**
北京	21580291	4775101	3271979	1001641	4457678	7832822	241070
天津	8171550	928610	1373275	352659	3635165	1743202	138639
河北	3124712	406913	477900	473997	834482	861520	69900
山西	1236311	32100	128723	153884	255737	589867	76000
内蒙古	1456220	72400	193993	113045	590970	373812	112000
辽宁	7207044	104112	571744	1106511	50000	4645904	728773
吉林	1261902	2000	393312	69405	126870	670315	
黑龙江	978225	53000	221196	354537	6260	314522	28710
上海	16388433	219184	1969103	1161091	96500	11649725	1292830
江苏	22496812	1575839	7333280	825822	29666	10730983	2001222
浙江	18177735	1092207	1507843	2687002	464667	10432484	1993532
安徽	5679346	121100	1134169	1463295	108161	2599730	252891
福建	7526197	903912	550346	1224851	744728	3876315	226045
江西	2559744	52285	389421	423479	98831	1542548	53180
山东	9958261	586402	1650237	756314	421136	6225834	318338
河南	5270148	172436	883259	320939	224682	3545201	123631
湖北	7375424	885684	1713697	910511	445291	3261094	159147
湖南	5842797	440413	895771	1935103	270131	2216267	85112
广东	24326141	2390615	1561219	5205209	3245707	9455617	2467774
广西	3400275	295819	405883	657807	129272	1689969	221525
海南	3859090		563566	750316	176896	2113124	255188
重庆	11907732	814990	4132178	373587	25542	6473620	87815
四川	8178753	408110	1222905	3944036	27658	1876552	699492
贵州	2426237	23690	603894	318733	293181	1126681	60058
云南	4149022	570182	1081014	185789	779269	1317968	214800
西藏	8000					8000	
陕西	3912758	614918	896227	549591	652705	858569	340748
甘肃	1205125	72362	366898	281850	160014	320781	3220
青海	515589	110029	158927	106757	15696	124180	
宁夏	1200423	138443	270863	148429	144536	461652	36500
新疆	1045811	86396	299814	117463	118183	352225	71730

2-26 各地区按登记注册类型分的房地产开发企业利用外资

单位：万元

地 区	总 计	内 资	国 有	集 体	股份合作	国有联营	集体联营
全国总计	**6392613**	**58092**					
北 京	77763	1050					
天 津	71887						
河 北	263350	50					
山 西							
内蒙古							
辽 宁	706300	1000					
吉 林	5000	5000					
黑龙江	27000						
上 海	696144						
江 苏	807874	14200					
浙 江	716767						
安 徽	27810						
福 建	233194						
江 西	3885						
山 东	141320						
河 南	6700						
湖 北	196279						
湖 南	47802	1000					
广 东	636491	28187					
广 西	2056						
海 南	6150	600					
重 庆	1131313	500					
四 川	393355						
贵 州	34130						
云 南	160043	6505					
西 藏							
陕 西							
甘 肃							
青 海							
宁 夏							
新 疆							

2-26 续表 1

单位：万元

地区	内资						
	国有与集体联营	其他联营	国有独资公司	其他有限责任公司	股份有限公司	私营独资	私营合伙
全国总计			**26600**	**21636**	**1050**		
北京					1050		
天津							
河北							
山西							
内蒙古							
辽宁							
吉林							
黑龙江							
上海							
江苏				14000			
浙江							
安徽							
福建							
江西							
山东							
河南							
湖北							
湖南							
广东			26600	31			
广西							
海南				600			
重庆				500			
四川							
贵州							
云南				6505			
西藏							
陕西							
甘肃							
青海							
宁夏							
新疆							

2-26　续表 2　　　　　　　　　　　　　　　　　　　　　　　　　单位：万元

地　区	内　资			港澳台商投资			
	私营有限责任公司	私营股份有限公司	其他内资企业		合资经营	合作经营	独　资
全国总计	**8806**			**4650950**	**654519**	**314453**	**3640380**
北　京				76713			76713
天　津				64415	58105		6310
河　北	50			263300			263300
山　西							
内蒙古							
辽　宁	1000			576457	28850	136010	411597
吉　林	5000						
黑龙江				27000		27000	
上　海				606456	318983		287473
江　苏	200			562495	15301		547194
浙　江				646926	83852		526476
安　徽				7810	7810		
福　建				6837	1160		5677
江　西				3885			3885
山　东				130279	5000		125279
河　南				6700	1700		
湖　北				196279			196279
湖　南	1000			32090	90		32000
广　东	1556			602281	102718	40303	459260
广　西				2056			2056
海　南				5550			5550
重　庆				575275	30950	111140	433185
四　川				76524			76524
贵　州				30530			30530
云　南				151092			151092
西　藏							
陕　西							
甘　肃							
青　海							
宁　夏							
新　疆							

2-26 续表 3

单位：万元

地区	港澳台商投资		外商投资					
	股份有限	其他		合资经营	合作经营	独资	股份有限	其他
全国总计	**36598**	**5000**	**1683571**	**99767**	**75876**	**1507028**	**900**	
北京								
天津			7472			7472		
河北								
山西								
内蒙古								
辽宁			128843	27762		100181	900	
吉林								
黑龙江								
上海			89688		58776	30912		
江苏			231179	16357		214822		
浙江	36598		69841	36836		33005		
安徽			20000			20000		
福建			226357	500		225857		
江西								
山东			11041			11041		
河南		5000						
湖北								
湖南			14712	14712				
广东			6023		1800	4223		
广西								
海南								
重庆			555538		15300	540238		
四川			316831			316831		
贵州			3600	3600				
云南			2446			2446		
西藏								
陕西								
甘肃								
青海								
宁夏								
新疆								

2-27　各地区按资质等级分的房地产开发企业利用外资

单位：万元

地　区	总　计	一　级	二　级	三　级	四　级	暂　定	其　他
全国总计	**6392613**	**103223**	**431514**	**413199**	**138238**	**3715096**	**1591343**
北　京	77763	1050	37702		39011		
天　津	71887				13782	39105	19000
河　北	263350			50	29000	234300	
山　西							
内蒙古							
辽　宁	706300			49960		520330	136010
吉　林	5000				5000		
黑龙江	27000					27000	
上　海	696144			58776		322368	315000
江　苏	807874		78020	18000		260614	451240
浙　江	716767				21510	616975	78282
安　徽	27810					27810	
福　建	233194			4417		14478	214299
江　西	3885			3885			
山　东	141320					111331	29989
河　南	6700		5000			1700	
湖　北	196279					96540	99739
湖　南	47802		14712	90		32000	1000
广　东	636491	26600		28486	29935	471439	80031
广　西	2056					2056	
海　南	6150					5550	600
重　庆	1131313		265550	6000		859763	
四　川	393355	75573		243535		59186	15061
贵　州	34130		30530			3600	
云　南	160043					8951	151092
西　藏							
陕　西							
甘　肃							
青　海							
宁　夏							
新　疆							

2-28 各地区按资质等级分的房地产开发企业自筹资金

单位：万元

地区	总计	一级	二级	三级	四级	暂定	其他
全国总计	**504198031**	**13522287**	**60621293**	**75244537**	**55380997**	**261022527**	**38406390**
北京	18154136	962753	1931920	1013907	5287153	7535555	1422848
天津	8752250	156044	670276	433017	4904909	2356518	231486
河北	28195336	698091	3208704	4282757	6896394	12376294	733096
山西	7433185	149486	824023	1043552	3114622	2196736	104766
内蒙古	10223861	235582	1330473	1515951	4350423	2193655	597777
辽宁	33685015	205344	2145494	4294852	213179	23170104	3656042
吉林	6589198	4084	1155538	1023400	961887	3424431	19858
黑龙江	9099429	288368	1384249	4397388	297607	2358502	373315
上海	15608290	275706	1283305	837128	10444	12035513	1166194
江苏	41548646	1836504	10137910	2193479	141588	21655174	5583991
浙江	32023064	618607	1977703	4584653	1363153	18184055	5294893
安徽	22038512	201368	1626507	3752105	689107	14442288	1327137
福建	24791897	336328	2854652	3224330	2152154	15350611	873822
江西	6065001	36383	586275	991480	522055	3688334	240474
山东	31050030	854113	2425474	3646351	2939085	18413324	2771683
河南	26015500	583205	3183479	2578897	1517057	16388469	1764393
湖北	19716253	479233	2719950	2526960	1974767	11307164	708179
湖南	13504202	219808	1501139	3910313	1613294	5831638	428010
广东	37055697	2291077	2302402	4831104	4923348	19160074	3547692
广西	9016015	131079	873461	1262656	434509	5368448	945862
海南	8866557	11447	450906	480363	329527	6027691	1566623
重庆	18244123	1129474	5618190	1685894	56360	9465596	288609
四川	25136809	622717	4035806	12804027	236478	6651378	786403
贵州	9648609	49336	908650	1231662	1140231	5972786	345944
云南	15494568	185910	1996216	1312249	3445213	7524200	1030780
西藏	350322		41281	156215	4690	133636	14500
陕西	12745677	359815	1328402	2338309	3925887	2671421	2121843
甘肃	4114519	60213	500586	1262033	792009	1428299	71379
青海	1393612	118741	584295	151619	156849	361767	20341
宁夏	2754745	291429	637934	758512	279210	754132	33528
新疆	4882973	130042	396093	719374	707808	2594734	334922

2-29　各地区按资质等级分的房地产开发企业定金及预收款

单位：万元

地　区	总　计	一　级	二　级	三　级	四　级	暂　定	其　他
全国总计	**302375058**	**20060991**	**55654652**	**56579275**	**31168542**	**127166325**	**11745273**
北　京	17515898	3221587	2391267	723067	4808400	5767091	604486
天　津	8483397	341355	528564	1117816	3740940	2634651	120071
河　北	7635786	828595	1348952	1018793	2200273	2101899	137274
山　西	3802588	192021	993339	675441	1625782	287861	28144
内蒙古	1755819	86703	445484	322842	668795	188815	43180
辽　宁	10962875	539875	1633613	2398947	23098	6034905	332437
吉　林	2796930	319517	792005	655972	199859	829577	
黑龙江	2715966	69298	967643	1232798	40946	372480	32801
上　海	14694573	23497	815759	1323812	90840	11429751	1010914
江　苏	33286858	2157797	11905884	2113182	40723	15286332	1782940
浙　江	24148870	1322321	2640775	4465396	1058932	12804292	1857154
安　徽	13249303	251392	1709968	3090725	385909	7314463	496846
福　建	12982623	992840	1047926	3006322	2003327	5764193	168015
江　西	5494382	115667	889335	1191062	343092	2835061	120165
山　东	17974773	1049528	2943102	2562601	1691690	8935370	792482
河　南	9016320	748498	2072290	733451	350172	4975616	136293
湖　北	8522664	657254	1417150	1683089	692727	3967360	105084
湖　南	10005540	544300	1702341	4494714	752603	2420117	91465
广　东	31757511	2058503	2364584	8268213	5093070	12264621	1708520
广　西	6412197	343746	1298596	1127957	305552	2870183	466163
海　南	4551745		138817	808315	406364	2944051	254198
重　庆	12524173	1480564	5217541	1023866	62873	4684390	54939
四　川	15732841	818867	2842014	8046898	99485	3419202	506375
贵　州	5459757	71048	2115506	820392	627221	1560794	264796
云　南	5754170	458307	1483761	600289	1785794	1273279	152740
西　藏	62036		6800	52416	1962	858	
陕　西	6296876	605684	1411405	1239951	1198514	1434148	407174
甘　肃	2315085	146739	552120	688324	236663	691089	150
青　海	1089654	35403	499368	322314	93205	125984	13380
宁　夏	2246624	387002	914361	270390	241814	421241	11816
新　疆	3127224	193083	564382	499920	297917	1526651	45271

2-30 各地区按资质等级分的房地产开发企业个人按揭贷款

单位：万元

地 区	总 计	一 级	二 级	三 级	四 级	暂 定	其 他
全国总计	**136654525**	**8492366**	**26975966**	**26969481**	**13213872**	**56010883**	**4991957**
北 京	6129922	1005650	583448	371740	1601488	2362455	205141
天 津	690735	5445	105367	40897	309431	214548	15047
河 北	2987644	477310	457171	452121	891480	652498	57064
山 西	962059	28141	209530	161273	481818	81297	
内蒙古	571617	48436	104441	93163	274156	48776	2645
辽 宁	3664636	166454	616446	792327	11593	1979183	98633
吉 林	1227932	15256	413893	97122	75653	626008	
黑龙江	812378	33208	279878	341883	6504	136994	13911
上 海	2783971	10111	224967	443772	51702	1903360	150059
江 苏	17709672	1150630	6462087	1324224	23976	8076038	672717
浙 江	10826281	559133	1188191	1814605	514403	5843408	906541
安 徽	9016215	271825	1263411	2185166	279118	4601786	414909
福 建	8266684	642971	585118	2299126	1184746	3361386	193337
江 西	3554048	52730	469640	999309	225335	1769819	37215
山 东	6949026	368296	926632	926835	864290	3629548	233425
河 南	4450428	325918	1124474	311782	152225	2502686	33343
湖 北	5253686	250987	1081905	1061110	449896	2348906	60882
湖 南	4931802	232369	780194	2311998	343064	1212378	51799
广 东	15338399	1152369	1246739	3858144	2780813	5348458	951876
广 西	3602152	83189	716765	744292	235682	1634501	187723
海 南	292294		12341	31258	37372	197688	13635
重 庆	7100844	605860	3131424	576723	48606	2696809	41422
四 川	7211012	488513	1288792	3762156	38606	1441633	191312
贵 州	3706622	36547	1534274	600990	457635	1004151	73025
云 南	2498922	69773	649218	232985	799529	679033	68384
西 藏	28133			23318	3987	828	
陕 西	2688855	189666	745224	515251	644928	394477	199309
甘 肃	703786	66295	114980	237326	96017	188368	800
青 海	276690	38323	57509	67679	33104	72265	7810
宁 夏	683793	48119	297656	97895	111410	115062	13651
新 疆	1734287	68842	304251	193011	185305	886536	96342

2-31　各地区按资质等级分的房地产开发企业各项应付款合计

单位：万元

地　区	总　计	一　级	二　级	三　级	四　级	暂　定	其　他
全国总计	**255841260**	**9027658**	**41479478**	**45989100**	**30449148**	**114080089**	**14815787**
北　京	2577604	128063	354189	120236	1142414	725814	106888
天　津	8693338	296973	1072400	692445	3793549	2723661	114310
河　北	9719307	551296	1607894	1674292	2809404	2991224	85197
山　西	3819579	176677	490689	677175	1737520	709975	27543
内蒙古	3403069	30725	400862	558523	1889761	452365	70833
辽　宁	13736772	421759	1364231	2562256	83698	8184689	1120139
吉　林	2638519	51	610616	724004	355515	948333	
黑龙江	2491895	17353	466878	1215477	101026	534145	157016
上　海	9630580	110705	586083	843962	36184	7356132	697514
江　苏	29662229	957691	10784905	1983719	46215	13213648	2676051
浙　江	15472028	416685	1215697	3211747	1095364	7759510	1773025
安　徽	12518873	253692	1901995	2375542	442015	6915013	630616
福　建	7099627	41190	284929	1594915	789950	4260383	128260
江　西	4342864	7277	532342	929993	263912	2444409	164931
山　东	14173607	506698	1740674	2063392	1698524	7228577	935742
河　南	9340931	208386	1464456	899435	412939	5977121	378594
湖　北	10474512	393129	1647620	1472424	1090136	5759716	111487
湖　南	10008436	194449	1211350	4022734	847562	3449806	282535
广　东	22169261	679709	1098453	3942385	4826413	9256113	2366188
广　西	5137492	470939	538653	825679	264702	2606201	431318
海　南	5338464	6307	812153	963190	452022	2677499	427293
重　庆	13866787	1711576	4831404	1283133	35104	5659577	345993
四　川	11440282	358128	1684248	6658496	169807	2141604	427999
贵　州	5388049	33604	899165	801423	702661	2808017	143179
云　南	8518339	338647	1444756	544990	2609965	3116460	463521
西　藏	220402		40430	149138		30834	
陕　西	6188153	433385	946372	1416914	1644913	1178255	568314
甘　肃	2415880	96924	343987	668678	532137	766159	7995
青　海	829050	34173	286224	293766	118670	83236	12981
宁　夏	1904880	112085	564992	445304	185244	558836	38419
新　疆	2620451	39382	250831	373733	271822	1562777	121906

第三章

房地产开发开竣工面积（2014）

3-1 各地区按用途分的房地产开发企业房屋施工面积

单位：平方米

地 区	房屋施工面 积	住 宅	#别 墅、高档公寓	办公楼	商业营业用房	其 他
全国总计	**7264823380**	**5150964458**	**212663737**	**299275431**	**943200500**	**871382991**
北 京	135880771	69779888	4853713	22539816	12785188	30775879
天 津	106523679	72044627	3549169	8646379	12171539	13661134
河 北	316283855	244561488	4670099	6767929	34222032	30732406
山 西	154768857	114717670	1195011	4622923	18715308	16712956
内蒙古	184741712	123869382	2858578	6419020	34783675	19669635
辽 宁	386168838	285245446	9945963	8160841	60957863	31804688
吉 林	122684388	90670951	3637990	3497798	17593493	10922146
黑龙江	142180884	104241125	1306026	2505387	20862869	14571503
上 海	146901763	85258520	15759662	17790426	17519929	26332888
江 苏	576377193	415797920	26680668	23105326	79290235	58183712
浙 江	421443525	258744942	18531210	29254555	50734337	82709691
安 徽	334791055	231936804	5423574	10849742	59632457	32372052
福 建	300517652	197184323	7659348	18100205	36221687	49011437
江 西	133326437	99757330	3381267	4717754	17073356	11777997
山 东	545084463	406488150	10237534	19780082	68105570	50710661
河 南	388576044	298312616	2574817	14890205	42204474	33168749
湖 北	263219893	196100893	4016370	7868718	33471278	25779004
湖 南	277477488	205679616	5673846	7028340	32534276	32235256
广 东	539774681	382900626	30053955	21370235	54415897	81087923
广 西	174721500	130656462	2694344	4456455	19136343	20472240
海 南	75571473	60089088	7507997	1334040	6725798	7422547
重 庆	286239291	202944938	8407518	10722226	33166714	39405413
四 川	364993538	247323501	9044371	13007085	48809096	55853856
贵 州	203693569	137929369	2310465	7221538	31234463	27308199
云 南	200345801	136077771	10977212	7358272	30062256	26847502
西 藏	2731742	1777852	169262	175132	443508	335250
陕 西	194661007	154751028	2909724	7051492	19352035	13506452
甘 肃	76602991	56443536	467378	1789451	11147636	7222368
青 海	25459023	17119879	103103	1224683	4347763	2766698
宁 夏	70193728	46229440	1304222	2481615	13443571	8039102
新 疆	112886539	76329277	4759341	4537761	22035854	9983647

3-2 各地区按资质等级分的房地产开发企业房屋施工面积

单位：平方米

地 区	总 计	一 级	二 级	三 级	四 级	暂 定	其 他
全国总计	**7264823380**	**334646398**	**1318017127**	**1506518913**	**903492998**	**2891005955**	**311141989**
北 京	135880771	17652901	15343294	8115589	48711034	38640868	7417085
天 津	106523679	4939822	14607262	9819427	47608343	27638445	1910380
河 北	316283855	21634585	52540329	58384159	87815795	89352491	6556496
山 西	154768857	4434621	27030780	30454430	65717744	25673691	1457591
内蒙古	184741712	11325697	30530028	27809027	85584551	24699970	4792439
辽 宁	386168838	10112387	42269912	80145665	2740890	222759394	28140590
吉 林	122684388	2628807	33632218	22124907	15133214	48922528	242714
黑龙江	142180884	9551227	34655881	66913777	4440849	23041632	3577518
上 海	146901763	3541134	18089736	11052164	270348	103384276	10564105
江 苏	576377193	28094080	210078309	43527135	1182049	255751894	37743726
浙 江	421443525	15875835	55434886	90929174	24961163	193996238	40246229
安 徽	334791055	6956853	47755408	78187165	11736597	180156242	9998790
福 建	300517652	10994384	34169284	83001877	31549427	134884796	5917884
江 西	133326437	2056555	16973285	34733655	11000251	64861434	3701257
山 东	545084463	26461679	74970817	82730612	76784672	258102696	26033987
河 南	388576044	18745311	83124595	45739504	24962879	200572959	15430796
湖 北	263219893	12126943	46713225	48576287	38085899	113022019	4695520
湖 南	277477488	9421222	38109709	121688956	25830658	77942513	4484430
广 东	539774681	26981792	36932010	122807848	102035962	218997331	32019738
广 西	174721500	5931008	25131587	37425036	11847572	84739404	9646893
海 南	75571473	110550	4235559	7855019	7594850	47925482	7850013
重 庆	286239291	20088111	106766410	34105819	1323967	121590109	2364875
四 川	364993538	21103818	73047988	189973011	4888093	66254163	9726465
贵 州	203693569	1629414	44058397	37457292	31125607	83663457	5759402
云 南	200345801	11135589	39253515	18191573	52253241	69776918	9734965
西 藏	2731742		232288	1705032	37555	626559	130308
陕 西	194661007	10046525	43592199	47158575	47023102	31024257	15816349
甘 肃	76602991	2411824	15315792	25630710	14167863	18241130	835672
青 海	25459023	1514666	10674296	6450461	3212200	3242907	364493
宁 夏	70193728	7511653	25021124	14043672	8375695	14074710	1166874
新 疆	112886539	9627405	17727004	19781355	15490928	47445442	2814405

3-3　各地区按资质等级分的房地产开发企业住宅施工面积

单位：平方米

地　区	总　计	一　级	二　级	三　级	四　级	暂　定	其　他
全国总计	**5150964458**	**242732623**	**960124267**	**1109178651**	**652316844**	**1982932384**	**203679689**
北　京	69779888	10704020	8707262	4491946	25286284	17433554	3156822
天　津	72044627	4167023	10662301	7604899	28132766	20049770	1427868
河　北	244561488	16825038	39015628	47422209	68148281	67258393	5891939
山　西	114717670	3395649	20318084	22844086	48613530	18516400	1029921
内蒙古	123869382	6747278	19224057	19425791	58711093	16446257	3314906
辽　宁	285245446	7049343	30774340	63168713	2092452	163964484	18196114
吉　林	90670951	1887792	24516360	16831884	12509903	34696733	228279
黑龙江	104241125	8123727	25448048	48654707	3409662	15860230	2744751
上　海	85258520	1989265	11940314	6189735	263323	58671779	6204104
江　苏	415797920	22624237	153149906	34062291	929944	178589803	26441739
浙　江	258744942	11091937	37009767	58647810	17349019	113313931	21332478
安　徽	231936804	4283759	35136315	55875573	8926235	121179733	6535189
福　建	197184323	7687117	23986757	59002235	20720220	82725406	3062588
江　西	99757330	1681996	12995325	27484067	8702816	46396621	2496505
山　东	406488150	19896964	58548605	64958272	60252389	184013682	18818238
河　南	298312616	14199778	64458272	36901983	20541597	151353824	10857162
湖　北	196100893	10185682	34565945	36472910	29848478	82934601	2093277
湖　南	205679616	6348720	28090898	94952507	20098083	52826308	3363100
广　东	382900626	18977275	27944535	89376128	75529047	150148924	20924717
广　西	130656462	4469590	19499191	29062528	9389926	61336500	6898727
海　南	60089088	94083	2716642	6628933	6479695	37897867	6271868
重　庆	202944938	13043868	75884469	24212645	1092702	87025317	1685937
四　川	247323501	15187811	53254628	127599343	4067386	41474278	5740055
贵　州	137929369	881289	31125847	26647263	21787063	54184844	3303063
云　南	136077771	7857221	27387193	13387257	33927020	47809624	5709456
西　藏	1777852		109977	1287911	30855	252803	96306
陕　西	154751028	7741583	34586372	38946931	36635857	24328083	12512202
甘　肃	56443536	1927842	11427907	19200115	10339104	12924963	623605
青　海	17119879	1166850	7255537	4110946	2352290	2045210	189046
宁　夏	46229440	5016001	17125692	9490792	5743378	7906668	946909
新　疆	76329277	7479885	13258093	14236241	10406446	29365794	1582818

3-4 各地区按用途分的房地产开发企业房屋新开工面积

单位：平方米

地 区	房屋新开工面积	住 宅	#别 墅、高档公寓	办公楼	商业营业用房	其 他
全国总计	**1795924926**	**1248770021**	**42750064**	**73490989**	**250477269**	**223186647**
北 京	24493867	12822801	658607	4213732	2081676	5375658
天 津	28152697	19865621	682487	1323764	2750793	4212519
河 北	82390309	63614176	740937	1604108	9598424	7573601
山 西	38875081	27399888	160969	1695940	4839721	4939532
内蒙古	31139981	21514497	516802	724710	4834790	4065984
辽 宁	81921696	61376896	1828070	1541603	12675478	6327719
吉 林	32575990	22838172	505727	790584	5338020	3609214
黑龙江	32813806	23272674	228818	700375	5237809	3602948
上 海	27820242	15472870	2769019	3652529	3880318	4814525
江 苏	142203474	103779107	6022966	5029543	18733180	14661644
浙 江	96761435	56027660	3832578	7765923	13592612	19375240
安 徽	87367695	59294730	1507709	1984921	17381959	8706085
福 建	67540619	41938086	1804474	4951995	8639325	12011213
江 西	33484181	25597697	698015	768291	4384781	2733412
山 东	133280690	98213670	1964254	4565519	16613827	13887674
河 南	105865402	80793542	813892	3423331	12912270	8736259
湖 北	75986905	58178901	925158	1788457	9587998	6431549
湖 南	80670497	57355992	1287974	1931679	11423705	9959121
广 东	133843360	91740843	5948382	6361149	13999957	21741411
广 西	41384343	29582591	469295	1510645	5801466	4489641
海 南	15836400	12007421	684754	90215	2339828	1398936
重 庆	62540397	42759579	1483600	2641668	7747256	9391894
四 川	113280360	73359801	1354264	4525084	17434583	17960892
贵 州	46164891	28292994	620016	1877993	8498788	7495116
云 南	54584273	36542886	2600492	1838635	8266067	7936685
西 藏	1914885	1184330	153737	100919	355093	274543
陕 西	39431606	29339428	217721	2088848	4827890	3175440
甘 肃	20503561	14868819	207751	518550	3627042	1489150
青 海	6947681	4066592	25253	531106	1493862	856121
宁 夏	20537708	13962449	344932	783732	3157719	2633808
新 疆	35610894	21705308	1691411	2165441	8421032	3319113

3-5　各地区按资质等级分的房地产开发企业房屋新开工面积

单位：平方米

地　区	总　计	一　级	二　级	三　级	四　级	暂　定	其　他
全国总计	**1795924926**	**54960987**	**240690609**	**322577697**	**208542321**	**864207361**	**104945951**
北　京	24493867	2759524	1510107	1391297	6581797	11468421	782721
天　津	28152697	1311991	2199788	1831986	13812909	8216977	779046
河　北	82390309	4150871	7798866	13665142	25512244	29254667	2008519
山　西	38875081	1125401	3937287	6252374	17269033	9902115	388871
内蒙古	31139981	205658	2654275	4126018	14987361	8353864	812805
辽　宁	81921696	2368559	9348617	14495036	1128305	47202119	7379060
吉　林	32575990	388262	5154868	6899913	4193220	15939727	
黑龙江	32813806	274508	7201402	15030986	1326411	8039593	940906
上　海	27820242	578802	2750079	1399954	102755	20226907	2761745
江　苏	142203474	5719308	33924175	8219017	254923	76545415	17540636
浙　江	96761435	1312179	6771035	12762725	4710547	57063965	14140984
安　徽	87367695	804570	10280840	16104240	3122181	53317010	3738854
福　建	67540619	635927	4089711	12180684	4888414	42442421	3303462
江　西	33484181	265852	4144615	6474050	2436791	19309201	853672
山　东	133280690	5547025	16873386	15221699	15823561	70066195	9748824
河　南	105865402	3090856	14628550	8100663	6386395	66079873	7579065
湖　北	75986905	722314	10701069	11410561	11587235	40334680	1231046
湖　南	80670497	1872942	8691206	29842827	9171558	29085696	2006268
广　东	133843360	5191049	8846912	22150236	19061859	70325020	8268284
广　西	41384343	1598425	4705727	6950874	1886519	23750041	2492757
海　南	15836400	61712	490432	1506356	641178	10635181	2501541
重　庆	62540397	3385363	18712891	7509189	185547	31817597	929810
四　川	113280360	4649128	16309370	61306562	670747	26249514	4095039
贵　州	46164891	174456	7687020	6518331	5098923	25522633	1163528
云　南	54584273	1666036	7014720	6847883	15362906	21759860	1932868
西　藏	1914885		224990	1106654	16700	436233	130308
陕　西	39431606	1455181	6656127	6255009	11346684	8186685	5531920
甘　肃	20503561	379807	2860898	5740281	3956899	7463360	102316
青　海	6947681	235913	2036346	1595422	884267	2072609	123124
宁　夏	20537708	1499676	8145405	4174069	1983740	4411485	323333
新　疆	35610894	1529692	4339895	5507659	4150712	18728297	1354639

3-6 各地区按资质等级分的房地产开发企业住宅新开工面积

单位：平方米

地区	总计	一级	二级	三级	四级	暂定	其他
全国总计	**1248770021**	**40000755**	**174211506**	**237277444**	**151568536**	**581219761**	**64492019**
北京	12822801	1588870	491868	984214	3726975	5596218	434656
天津	19865621	1002868	1355816	1441785	8871625	6562481	631046
河北	63614176	3054373	5776780	11186700	20121807	21854038	1620478
山西	27399888	966693	3177978	4409166	12137864	6579493	128694
内蒙古	21514497	151270	1560584	3146016	10577935	5457166	621526
辽宁	61376896	1958552	7095404	11851745	1042646	35134343	4294206
吉林	22838172	285498	3505559	5164357	3536720	10346038	
黑龙江	23272674	252348	4336783	11866124	986316	5370608	460495
上海	15472870	270441	1925425	380491	102755	11422837	1370921
江苏	103779107	4366957	25663358	6743653	158907	54942868	11903364
浙江	56027660	969314	4173777	7976274	3210028	33170637	6527630
安徽	59294730	552887	7692082	11561079	2266688	35063080	2158914
福建	41938086	400031	2803741	8898560	3255584	25177148	1403022
江西	25597697	209877	3155498	5223185	1956770	14422335	630032
山东	98213670	4051806	13114191	12037746	12901736	49549747	6558444
河南	80793542	2265179	11353474	6855284	5130321	50152681	5036603
湖北	58178901	489218	8837190	8899020	9368846	30098240	486387
湖南	57355992	1218271	6662482	23029553	6953249	18023724	1468713
广东	91740843	4199761	6497679	16306135	14109273	45754804	4873191
广西	29582591	1298674	3676650	5292779	1492915	16249029	1572544
海南	12007421	61712	448275	1210276	518481	7849683	1918994
重庆	42759579	2436880	12489717	5678203	156480	21299002	699297
四川	73359801	3162302	11111800	40449765	409988	15573513	2652433
贵州	28292994	97544	3911870	4526548	3522525	15574994	659513
云南	36542886	1220626	5206746	5446694	9431512	14397464	839844
西藏	1184330		109977	801127	10000	166920	96306
陕西	29339428	946881	5180004	4822755	8075431	6142312	4172045
甘肃	14868819	280110	2140188	3865557	2838298	5659232	85434
青海	4066592	189420	1132892	887332	625101	1151123	80724
宁夏	13962449	994751	6245702	2697770	1433962	2395794	194470
新疆	21705308	1057641	3378016	3637551	2637798	10082209	912093

3-7　各地区按用途分的房地产开发企业房屋竣工面积

单位：平方米

地　区	房屋竣工面　　积	住　宅	#别　　墅、高档公寓	办公楼	商业营业用房	其　他
全国总计	**1074590455**	**808682570**	**28301980**	**31441759**	**120840762**	**113625364**
北　京	30541222	18043430	524840	3874545	2162384	6460863
天　津	29248176	21302486	1529979	1171517	2677462	4096711
河　北	40375633	31951105	444482	631328	4391400	3401800
山　西	21824825	17016427	215156	299684	2577140	1931574
内蒙古	20120840	14966623	384426	340225	3111258	1702734
辽　宁	61469634	49404849	1033056	741138	7411435	3912212
吉　林	15738605	13092601	132097	112706	1725400	807898
黑龙江	30009026	22957015	170104	534876	3607919	2909216
上　海	23132920	15355468	1800999	1650317	2083550	4043585
江　苏	96204748	72591105	3890549	2695262	12130958	8787423
浙　江	63901724	41583005	2836784	3707135	7084447	11527137
安　徽	51963666	38296022	789336	1209666	8346289	4111689
福　建	35835672	25680236	659456	1455072	3085544	5614820
江　西	18717917	15112659	510046	254473	2494671	856114
山　东	77873097	60907374	1240405	1829328	8376723	6759672
河　南	73243360	57671751	176272	2284859	6527684	6759066
湖　北	34311751	28123513	276027	361177	3899143	1927918
湖　南	40228880	31768662	616957	714776	4352302	3393140
广　东	73279861	54424875	4092998	2112579	6843837	9898570
广　西	18659759	14418352	191445	407816	2046326	1787265
海　南	12038951	10519037	1964174	65363	640179	814372
重　庆	37177755	27715505	1145900	1150254	3405934	4906062
四　川	53344510	38712831	984388	1443130	6539260	6649289
贵　州	28423153	20464343	649768	736888	3640342	3581580
云　南	17886220	12552036	938797	373003	2832512	2128669
西　藏	524737	294456	9762	67821	58288	104172
陕　西	21889122	18630064	51000	229522	1835534	1194002
甘　肃	8132186	6520353	62108	114977	1002322	494534
青　海	5594868	4475045	87989	140986	661712	317125
宁　夏	12036831	8188593	138950	283475	2145566	1419197
新　疆	20860806	15942749	753730	447861	3143241	1326955

3-8 各地区按资质等级分的房地产开发企业房屋竣工面积

单位：平方米

地区	总计	一级	二级	三级	四级	暂定	其他
全国总计	**1074590455**	**65001218**	**215765837**	**261905601**	**152121400**	**344588872**	**35207527**
北京	30541222	6754001	3580194	2357890	11187805	5220529	1440803
天津	29248176	1450227	3805612	4124509	12410552	6987366	469910
河北	40375633	2100217	6639881	10404632	10299276	9542522	1389105
山西	21824825	1466736	4532412	5197110	8620186	1911449	96932
内蒙古	20120840	655539	2841005	3460541	10510439	2033076	620240
辽宁	61469634	883315	7686010	14672942	1368886	32631097	4227384
吉林	15738605	261109	3911392	2827331	3286650	5403178	48945
黑龙江	30009026	466476	8936790	15014106	1528855	2888656	1174143
上海	23132920	647429	4140199	2615700	124101	14799396	806095
江苏	96204748	6171180	40847420	8619665	145249	34611696	5809538
浙江	63901724	4298053	9246976	20535021	4413465	21890092	3518117
安徽	51963666	1314810	8293603	15590454	2592288	23331114	841397
福建	35835672	3018484	3913670	12088999	4699332	11935432	179755
江西	18717917	947067	2819344	6508387	1948521	5938089	556509
山东	77873097	5419372	11623174	14040176	13442717	30721802	2625856
河南	73243360	5752134	14678317	9208646	4973271	35717366	2913626
湖北	34311751	1680843	6156094	6889969	7242593	12131728	210524
湖南	40228880	670024	5628284	18964575	4095273	10166413	704311
广东	73279861	3425098	7179406	24538251	15864010	19653259	2619837
广西	18659759	854858	2533253	4554116	2012569	7493099	1211864
海南	12038951	73838	342811	1687529	2210248	7035305	689220
重庆	37177755	4417255	16395523	5641074	54678	10637427	31798
四川	53344510	4655102	13841585	27301881	449774	6698559	397609
贵州	28423153	565256	5108751	5835159	8201330	8141815	570842
云南	17886220	482722	2472158	1433512	7108177	6030138	359513
西藏	524737			290346		234391	
陕西	21889122	2073398	5694057	5665891	5517111	1866209	1072456
甘肃	8132186	94407	1352845	2781163	2754426	1114445	34900
青海	5594868	582630	3360906	1032987	429709	188636	
宁夏	12036831	1875981	4441007	2713711	1472916	1500714	32502
新疆	20860806	1943657	3763158	5309328	3156993	6133874	553796

3-9　各地区按资质等级分的房地产开发企业住宅竣工面积

单位：平方米

地　区	总　计	一　级	二　级	三　级	四　级	暂　定	其　他
全国总计	**808682570**	**47792365**	**162932771**	**200538431**	**115451769**	**254807450**	**27159784**
北　京	18043430	4133028	2398283	1264971	6033948	3205131	1008069
天　津	21302486	1273379	2665612	3045714	7942927	6001298	373556
河　北	31951105	1475189	4484840	8294998	8435944	7989187	1270947
山　西	17016427	1070536	3546680	4142118	6689295	1505829	61969
内蒙古	14966623	458142	1945023	2668541	7985518	1508395	401004
辽　宁	49404849	720628	6242305	12434970	1181629	25346759	3478558
吉　林	13092601	206963	3377685	2378186	2747774	4342475	39518
黑龙江	22957015	320268	6814566	11590803	1172261	2038254	1020863
上　海	15355468	325731	3206799	1781136	117076	9336068	588658
江　苏	72591105	5009980	30252506	6409442	65174	26094044	4759959
浙　江	41583005	2954143	6180086	13199611	3147364	13970328	2131473
安　徽	38296022	698419	6250368	11742354	1989774	16993553	621554
福　建	25680236	2151472	2579334	9150072	3207212	8473434	118712
江　西	15112659	871137	1920807	5435146	1693151	4816467	375951
山　东	60907374	3770859	9459623	10996776	10787247	23842122	2050747
河　南	57671751	4505467	11490684	7801184	4308440	27044212	2521764
湖　北	28123513	1366406	4816696	5685875	6208340	9842513	203683
湖　南	31768662	466260	4408509	15400344	3354638	7540526	598385
广　东	54424875	2715122	5524791	17921206	12540715	13864020	1859021
广　西	14418352	555729	2055968	3810695	1643656	5519151	833153
海　南	10519037	57371	300124	1474008	1824885	6278356	584293
重　庆	27715505	2980720	12598701	4276595	43437	7788721	27331
四　川	38712831	3568768	10557525	19665615	351775	4271315	297833
贵　州	20464343	381267	3627001	4368087	6461281	5268112	358595
云　南	12552036	328224	1874377	1043743	4799487	4263213	242992
西　藏	294456			217405		77051	
陕　西	18630064	1695493	4817668	5019285	4798448	1496041	803129
甘　肃	6520353	88751	1103039	2294325	2153020	846318	34900
青　海	4475045	486205	2663165	781781	363047	180847	
宁　夏	8188593	1527261	2907022	1918980	1025796	777032	32502
新　疆	15942749	1629447	2862984	4324465	2378510	4286678	460665

3-10 各地区按资质等级分的房地产开发企业90平方米及以下住宅竣工面积

单位：平方米

地　区	总　计	一　级	二　级	三　级	四　级	暂　定	其　他
全国总计	**236242787**	**14850392**	**45628550**	**59050803**	**31814082**	**75297353**	**9601607**
北　京	10850388	3267805	1562968	582514	3244919	1833592	358590
天　津	7083047	800000	1067501	1150647	2062048	1852340	150511
河　北	9938737	533297	1212656	2945020	2235829	2882374	129561
山　西	4153726	85485	898850	1259793	1713935	195663	
内蒙古	5004123	400	385975	1047193	3005435	492519	72601
辽　宁	29268247	384224	3607949	6954592	346427	15220790	2754265
吉　林	8670809	170100	2104743	1515213	2033427	2814380	32946
黑龙江	12212001	3706	2322685	6626462	1018405	1219880	1020863
上　海	7314935	43664	1530661	837187	44230	4456049	403144
江　苏	12851256	941484	6241471	1134493	13903	3638960	880945
浙　江	9563438	422325	1739171	2487066	521658	3667154	726064
安　徽	9052610	131143	1399712	2676288	564827	4276463	4177
福　建	5899056	526746	526695	2152025	670372	1986185	37033
江　西	2774136	244095	467407	1255441	240196	477252	89745
山　东	13510645	438145	1891200	2684832	2678083	5090649	727736
河　南	13929757	1534380	2915623	1378499	641699	7077554	382002
湖　北	4501265	179083	704971	962514	774869	1772039	107789
湖　南	4671213	13840	731133	2301741	484969	1009988	129542
广　东	10492788	263149	1014865	3451139	2374027	2893550	496058
广　西	3922288	190920	548001	681263	271715	2003605	226784
海　南	4007526	57371	126445	537227	577409	2508168	200906
重　庆	11846570	1360358	5252978	2048667	13065	3159671	11831
四　川	13651110	1543136	3493984	7149338	112536	1215103	137013
贵　州	3655031	69134	487076	904863	1568898	595645	29415
云　南	2661660	61553	477175	384445	884671	820422	33394
西　藏	131566			98660		32906	
陕　西	6497639	1154492	1032695	1657654	1817207	421899	413692
甘　肃	2154714	53548	247016	647670	878703	327777	
青　海	501243	4842	303004	68017	111662	13718	
宁　夏	1815108	256696	610233	518817	296686	132676	
新　疆	3656155	115271	723707	951523	612272	1208382	45000

3-11 各地区按资质等级分的房地产开发企业别墅、高档公寓竣工面积

单位：平方米

地 区	总 计	一 级	二 级	三 级	四 级	暂 定	其 他
全国总计	**28301980**	**1025916**	**4820866**	**6607221**	**3981671**	**11237068**	**629238**
北 京	524840	32039		52426	394227	46148	
天 津	1529979	112144		139057	508979	769799	
河 北	444482	74391	136667	64364	92483	76577	
山 西	215156		5200	4200	104429	101327	
内蒙古	384426		44596	112637	190430	9662	27101
辽 宁	1033056	23476	52780	428462		474759	53579
吉 林	132097		55601		35000	41496	
黑龙江	170104	3941	76946	39454		49763	
上 海	1800999	42212	96113	138396		1414254	110024
江 苏	3890549	144682	1373754	291919		2018652	61542
浙 江	2836784	118764	411264	722854	362689	1109306	111907
安 徽	789336		33190	368644	29281	358221	
福 建	659456	29142	104677	138404	103445	283788	
江 西	510046		99574	218256	22777	169439	
山 东	1240405	29940	260333	155966	212272	529084	52810
河 南	176272		73870	14694		87708	
湖 北	276027		55461	46784	6924	166858	
湖 南	616957		95413	271927	18643	225408	5566
广 东	4092998	196621	561255	1628016	592776	987537	126793
广 西	191445		32340	22326	10204	126575	
海 南	1964174		9982	643067	382718	874391	54016
重 庆	1145900	34304	373460	173566		564570	
四 川	984388		327177	536007		121204	
贵 州	649768	64736	64723	9000	323254	162155	25900
云 南	938797	87237	182308	60692	432614	175946	
西 藏	9762			9762			
陕 西	51000		46000		5000		
甘 肃	62108	3400		38394		20314	
青 海	87989			74250	13739		
宁 夏	138950	12226	34392	49678	29948	12706	
新 疆	753730	16661	213790	154019	109839	259421	

3-12 各地区按用途分的房地产开发企业不可销售面积

单位：平方米

地区	不可销售面积	住宅	#别墅、高档公寓	办公楼	商业营业用房	其他
全国总计	**71013132**	**30799504**	**455001**	**1754599**	**9682370**	**28776659**
北京	4906771	2057012	10969	49303	494504	2305952
天津	237388	99381	7671		442	137565
河北	2110281	1171302		12527	331816	594636
山西	1631332	843104		6248	187643	594337
内蒙古	1485121	1114499	5210	9514	144856	216252
辽宁	2913196	1872816	5381	23667	239401	777312
吉林	1605393	1210717	7812	46239	188825	159612
黑龙江	3315358	1997512		12950	548599	756297
上海	1779261	231188	22294	25887	164110	1358076
江苏	8328181	4101390	92701	147341	1093631	2985819
浙江	7603420	1386765	11844	410295	1282635	4523725
安徽	3459313	1621488	6630	36164	613773	1187888
福建	2104427	866154		46858	283526	907889
江西	446889	137504	1153	6383	33049	269953
山东	1767734	649423	750	32156	209638	876517
河南	5996336	2812404		230723	469483	2483726
湖北	1473628	461170		7042	428938	576478
湖南	1359366	473114		28854	135033	722365
广东	3475655	592510	77452	41622	291337	2550186
广西	925575	155700		151953	150311	467611
海南	421510	210043	149609	2673	14710	194084
重庆	871344	160621	571	128996	116016	465711
四川	2696603	950507		21572	646302	1078222
贵州	1833509	646080		10312	188285	988832
云南	925918	241872	43	54234	285247	344565
西藏	63671	60000	400		3000	671
陕西	2867604	2171707		8809	424903	262185
甘肃	399231	156151		58308	44611	140161
青海	61137	33048		1467	4186	22436
宁夏	1682622	799597	6506	43043	311517	528465
新疆	2265358	1514725	48005	99459	352043	299131

3-13　各地区按资质等级分的房地产开发企业不可销售面积

单位：平方米

地　区	总　计	一　级	二　级	三　级	四　级	暂　定	其　他
全国总计	**71013132**	**4793257**	**15083145**	**17222650**	**10343072**	**19740414**	**3830594**
北　京	4906771	546024	152853	657800	2336338	458318	755438
天　津	237388		55691	64594	61508	55595	
河　北	2110281	78800	708727	327219	745253	203913	46369
山　西	1631332		527222	377624	603394	123092	
内蒙古	1485121	2600	96298	104134	1191429	5760	84900
辽　宁	2913196	250475	376580	1069501	5058	1104937	106645
吉　林	1605393		627058	53703	248185	676447	
黑龙江	3315358		1672688	847064	17651	184414	593541
上　海	1779261	89406	323090	95195	14489	1243822	13259
江　苏	8328181	317919	3663618	953241		2379739	1013664
浙　江	7603420	541726	1146369	3195353	435518	2056832	227622
安　徽	3459313	99910	390800	1673743	64087	774783	455990
福　建	2104427	98275	223663	746426	317077	717097	1889
江　西	446889	270	82951	112947	77910	172558	253
山　东	1767734	167466	242046	479992	149125	694150	34955
河　南	5996336	276698	1129914	432881	68525	4087098	1220
湖　北	1473628	100944	560685	324908	199830	287261	
湖　南	1359366	513	136699	752593	56292	405000	8269
广　东	3475655	237413	135593	1023750	786116	1071755	221028
广　西	925575	155438	30858	95469	53680	411204	178926
海　南	421510			108001	71576	218502	23431
重　庆	871344	111646	192167	175777	3094	384374	4286
四　川	2696603	751019	610169	955347	20833	359235	
贵　州	1833509		520291	659081	173521	480601	15
云　南	925918	16029	131588	19480	454678	301976	2167
西　藏	63671			63671			
陕　西	2867604	672777	227135	502131	1184044	225805	55712
甘　肃	399231		23206	96359	202052	77614	
青　海	61137	15088	24379	11547	7809	2314	
宁　夏	1682622	257257	619340	447606	233323	125096	
新　疆	2265358	5564	451467	795513	560677	451122	1015

3-14 各地区按用途分的房地产开发企业住宅竣工套数

单位：套

地区	住宅	#90平方米及以下住宅	#别墅、高档公寓
全国总计	**7659418**	**3127939**	**145182**
北京	200971	146822	1550
天津	219038	93769	10379
河北	303316	125405	1622
山西	148916	52832	616
内蒙古	150505	64441	3758
辽宁	557811	389910	7247
吉林	156008	118970	601
黑龙江	266432	169822	924
上海	157460	97851	8830
江苏	625539	161925	15290
浙江	329661	123803	10900
安徽	359269	111630	4074
福建	232693	81608	1698
江西	135631	35070	3184
山东	546478	177128	6144
河南	520871	180850	1157
湖北	261049	58690	1196
湖南	274082	65004	3217
广东	467506	147885	17305
广西	137760	55009	958
海南	115559	60315	15633
重庆	295698	161683	7671
四川	396474	179151	4586
贵州	177448	47363	4290
云南	103660	35162	3651
西藏	2694	1755	47
陕西	183774	79423	418
甘肃	64187	25983	155
青海	44228	6815	994
宁夏	77305	23628	1376
新疆	147395	48237	5711

3-15　各地区按资质等级分的房地产开发企业住宅竣工套数

单位：套

地　区	总　计	一　级	二　级	三　级	四　级	暂　定	其　他
全国总计	**7659418**	**468172**	**1559474**	**1902843**	**1083969**	**2373043**	**271917**
北　京	200971	51457	27768	12342	61779	35906	11719
天　津	219038	13891	27487	29116	86709	58196	3639
河　北	303316	13915	42719	78304	79827	77047	11504
山　西	148916	8342	31240	38131	57643	13058	502
内蒙古	150505	2660	25887	29011	75162	14532	3253
辽　宁	557811	9309	67261	136263	12949	289099	42930
吉　林	156008	2663	38379	28902	33295	52297	472
黑龙江	266432	2376	74060	136757	14776	24005	14458
上　海	157460	2411	34081	18522	1067	94524	6855
江　苏	625539	50604	266784	57551	654	205174	44772
浙　江	329661	21676	54047	102441	24136	108828	18533
安　徽	359269	6555	60052	113390	19146	153524	6602
福　建	232693	18497	22808	85216	27772	77186	1214
江　西	135631	7753	19169	48754	15464	40966	3525
山　东	546478	33391	80467	102000	99346	210899	20375
河　南	520871	43719	104144	70022	38078	243733	21175
湖　北	261049	13975	42668	51395	58697	92379	1935
湖　南	274082	4090	40393	133056	28952	62515	5076
广　东	467506	21522	49143	152414	109050	118414	16963
广　西	137760	4864	20845	32898	14661	57235	7257
海　南	115559	894	3606	14423	20603	68181	7852
重　庆	295698	32344	135239	47407	462	79899	347
四　川	396474	41493	106209	200831	3524	41317	3100
贵　州	177448	7747	30479	39032	53676	43569	2945
云　南	103660	2481	16137	10525	37847	34569	2101
西　藏	2694			1928		766	
陕　西	183774	16725	44966	46429	49905	17268	8481
甘　肃	64187	820	11687	21225	21698	8459	298
青　海	44228	4351	28411	6181	3592	1693	
宁　夏	77305	14662	26930	17789	10559	7079	286
新　疆	147395	12985	26408	40588	22940	40726	3748

3-16 各地区按资质等级分的房地产开发企业90平方米及以下住宅竣工套数

单位：套

地区	总计	一级	二级	三级	四级	暂定	其他
全国总计	**3127939**	**198047**	**604094**	**778353**	**419485**	**1000706**	**127254**
北京	146822	44113	21829	7641	42849	25871	4519
天津	93769	10150	12851	13991	30669	24192	1916
河北	125405	6565	16618	34888	29342	36354	1638
山西	52832	1086	11374	15603	21873	2896	
内蒙古	64441	5	5400	15259	36652	6275	850
辽宁	389910	6290	47239	87782	4759	206724	37116
吉林	118970	1890	28873	21546	27980	38260	421
黑龙江	169822	50	33223	91830	13263	16998	14458
上海	97851	601	20371	11131	500	59791	5457
江苏	161925	11319	79557	14575	201	45286	10987
浙江	123803	5207	24689	32016	7643	44747	9501
安徽	111630	1486	16952	32702	6940	53501	49
福建	81608	6677	7036	30810	8864	27737	484
江西	35070	3260	5376	15413	3539	6454	1028
山东	177128	6074	24141	34925	35897	66446	9645
河南	180850	20037	39366	19160	8065	89777	4445
湖北	58690	2385	8767	12703	10476	23149	1210
湖南	65004	177	10994	32465	6644	13015	1709
广东	147885	5067	14470	49615	31894	40025	6814
广西	55009	2237	7442	8761	3761	29854	2954
海南	60315	894	1980	7785	8422	37739	3495
重庆	161683	17692	70725	29140	179	43743	204
四川	179151	23902	45272	91261	1509	15585	1622
贵州	47363	1085	5967	12310	19024	8631	346
云南	35162	733	6173	5554	11284	10711	707
西藏	1755			1222		533	
陕西	79423	13553	13239	19511	23052	4889	5179
甘肃	25983	602	3057	7765	10776	3783	
青海	6815	203	4324	821	1312	155	
宁夏	23628	3309	7903	6558	4268	1590	
新疆	48237	1398	8886	13610	7848	15995	500

3-17　各地区按资质等级分的房地产开发企业别墅、高档公寓竣工套数

单位：套

地　区	总　计	一　级	二　级	三　级	四　级	暂　定	其　他
全国总计	**145182**	**5616**	**25428**	**35411**	**21551**	**53620**	**3556**
北　京	1550	65		206	1075	204	
天　津	10379	871		682	4637	4189	
河　北	1622	250	498	75	531	268	
山　西	616		20	12	304	280	
内蒙古	3758		421	1577	1551	33	176
辽　宁	7247	62	264	2868		3705	348
吉　林	601		303		180	118	
黑龙江	924	13	417	323		171	
上　海	8830	120	300	994		6608	808
江　苏	15290	440	5934	1210		7368	338
浙　江	10900	972	1155	3129	1478	3831	335
安　徽	4074		159	2368	113	1434	
福　建	1698	126	255	344	323	650	
江　西	3184		672	1259	327	926	
山　东	6144	282	1306	1274	620	2509	153
河　南	1157		565	93		499	
湖　北	1196		314	116	19	747	
湖　南	3217		505	1344	45	1308	15
广　东	17305	799	3825	6018	2502	3796	365
广　西	958		61	113	34	750	
海　南	15633		34	4837	2236	7585	941
重　庆	7671	252	3512	1179		2728	
四　川	4586		1224	2987		375	
贵　州	4290	636	422	26	2101	1028	77
云　南	3651	402	773	237	1614	625	
西　藏	47			47			
陕　西	418		400		18		
甘　肃	155	7		73		75	
青　海	994			752	242		
宁　夏	1376	204	364	182	590	36	
新　疆	5711	115	1725	1086	1011	1774	

3-18 各地区按用途分的房地产开发企业房屋竣工价值

单位：万元

地区	房屋竣工价值	住宅	#别墅、高档公寓	办公楼	商业营业用房	其他
全国总计	**302619873**	**220791656**	**13197486**	**11874068**	**39277437**	**30676712**
北京	9839955	5006293	288471	1699636	947910	2186116
天津	7594222	5566491	391897	294935	692950	1039846
河北	11384128	8412843	214100	243934	1821001	906350
山西	6553049	5077121	127353	108110	888447	479371
内蒙古	5387879	3959797	103799	111213	895966	420903
辽宁	15484701	11979457	410062	210637	2278791	1015816
吉林	3275365	2668129	39976	27420	406919	172897
黑龙江	7300060	5249423	51352	141448	1149769	759420
上海	10584155	6444691	1067338	1339558	1236189	1563717
江苏	29781718	22612565	1997395	1063606	3882575	2222972
浙江	22915578	15031735	1428177	1468664	3004920	3410259
安徽	14161897	10185423	406681	396079	2649677	930718
福建	8836296	6229527	195964	420553	847540	1338676
江西	4475375	3595359	140846	74402	609032	196582
山东	17860203	13739569	288676	500651	1991504	1628479
河南	14175164	10961813	44326	407463	1397812	1408076
湖北	9581092	7776066	134337	148081	1164335	492610
湖南	10062313	7722854	209200	243971	1211554	883934
广东	26344077	19361480	1791374	980638	2842475	3159484
广西	4560135	3388647	40874	125180	610767	435541
海南	6826916	5903613	1961703	16971	452733	453599
重庆	12433320	8962150	575996	479430	1584134	1407606
四川	14391678	9988903	345279	545057	2092260	1765458
贵州	6254807	4351530	171053	175305	1050616	677356
云南	5206189	3523890	466693	177433	1033867	470999
西藏	149595	78632	9380	23801	21542	25620
陕西	5958825	4914016	9680	90438	630898	323473
甘肃	1747961	1394535	18080	26334	222803	104289
青海	1601984	1248140	33820	37839	229482	86523
宁夏	2993267	1920676	51391	94460	614382	363749
新疆	4897969	3536288	182213	200821	814587	346273

3-19　各地区按资质等级分的房地产开发企业房屋竣工价值

单位：万元

地　区	总　计	一　级	二　级	三　级	四　级	暂　定	其　他
全国总计	**302619873**	**20097037**	**60723178**	**72308881**	**42305377**	**97468279**	**9717121**
北　京	9839955	1783738	857161	744546	4508388	1496165	449957
天　津	7594222	411953	973771	1089132	3210515	1771014	137837
河　北	11384128	574156	1983576	2793875	2847272	2843311	341938
山　西	6553049	489465	1056599	1324870	3162367	498348	21400
内蒙古	5387879	266824	768345	737323	2996517	439920	178950
辽　宁	15484701	199290	1682196	3525928	287378	8688266	1101643
吉　林	3275365	24973	816257	530284	755170	1137306	11375
黑龙江	7300060	107804	2737133	3245327	248434	664642	296720
上　海	10584155	405239	1654752	1227718	59071	6845457	391918
江　苏	29781718	2612420	13059448	2420196	34526	10341054	1314074
浙　江	22915578	1501676	2844003	8005955	1507885	7808745	1247314
安　徽	14161897	468082	2262213	4517914	676356	6039743	197589
福　建	8836296	729052	836686	3007394	1453562	2773435	36167
江　西	4475375	220956	677910	1469804	414641	1548524	143540
山　东	17860203	1277318	2754797	3452212	2935193	6864178	576505
河　南	14175164	1328263	3095328	1896538	863104	6478199	513732
湖　北	9581092	616604	2048897	1818192	1503809	3540959	52631
湖　南	10062313	187037	1504603	4899694	860867	2459342	150770
广　东	26344077	1681381	2674997	8691431	5205691	6820986	1269591
广　西	4560135	201217	673251	1047682	475366	1899815	262804
海　南	6826916	40255	107136	1038525	974597	4424798	241605
重　庆	12433320	1780600	5155896	1533940	9905	3945269	7710
四　川	14391678	1183409	3581130	7404559	106002	2031938	84640
贵　州	6254807	134916	1276998	1239682	1670314	1802824	130073
云　南	5206189	160039	601553	359697	2529729	1435033	120138
西　藏	149595			56530		93065	
陕　西	5958825	639316	1671230	1406484	1358356	590993	292446
甘　肃	1747961	19606	312165	630889	528719	246810	9772
青　海	1601984	168980	948600	323748	111691	48965	
宁　夏	2993267	523214	1113471	607351	345315	395791	8125
新　疆	4897969	359254	993076	1261461	664637	1493384	126157

3-20 各地区按资质等级分的房地产开发企业住宅竣工价值

单位：万元

地　区	总　计	一　级	二　级	三　级	四　级	暂　定	其　他
全国总计	**220791656**	**14469161**	**44528576**	**53036330**	**30565159**	**71013339**	**7179091**
北　京	5006293	992912	525178	358840	1935986	898321	295056
天　津	5566491	337331	689737	831808	2081543	1514982	111090
河　北	8412843	395000	1207282	2051588	2153937	2292883	312153
山　西	5077121	283476	836996	1029526	2525067	388380	13676
内蒙古	3959797	220974	509701	526482	2276961	324231	101448
辽　宁	11979457	158959	1295221	2910578	247088	6526795	840816
吉　林	2668129	17130	687718	431917	614236	908026	9102
黑龙江	5249423	76226	1854847	2411740	188450	482477	235683
上　海	6444691	168020	1251488	744148	57285	3969446	254304
江　苏	22612565	2324573	9496158	1784379	19694	7925255	1062506
浙　江	15031735	1091514	1766270	5185137	1087010	5138867	762937
安　徽	10185423	214706	1619033	3198816	517089	4486850	148929
福　建	6229527	508813	591905	2238499	960290	1906278	23742
江　西	3595359	203173	509375	1189261	353405	1230499	109646
山　东	13739569	840764	2236562	2624978	2347239	5217559	472467
河　南	10961813	1028945	2371637	1494513	734222	4903853	428643
湖　北	7776066	480755	1600371	1418205	1255886	2969929	50920
湖　南	7722854	128365	1096539	3860817	704646	1813551	118936
广　东	19361480	1328027	2079908	6189664	4084488	4793871	885522
广　西	3388647	123360	546496	828306	381116	1335701	173668
海　南	5903613	29043	94143	901836	704146	3963382	211063
重　庆	8962150	1065773	4002774	1133815	7822	2745120	6846
四　川	9988903	876981	2644146	5052759	82907	1263599	68511
贵　州	4351530	87611	864715	896085	1302225	1120081	80813
云　南	3523890	110222	433162	246223	1612679	1048145	73459
西　藏	78632			47519		31113	
陕　西	4914016	529271	1390173	1246030	1130684	401420	216438
甘　肃	1394535	18179	253137	522688	408702	182057	9772
青　海	1248140	136777	724196	247753	91988	47426	
宁　夏	1920676	391912	663100	415559	226023	215957	8125
新　疆	3536288	300369	686608	1016861	472345	967285	92820

3-21 各地区房地产开发企业建造的房屋面积和造价

地　区	房屋施工面　积(平方米)	房屋竣工面　积(平方米)	房屋建筑面积竣工率(%)	房屋竣工价　值(万元)	房屋竣工造　价(元/平方米)
全国总计	**7264823380**	**1074590455**	**14.8**	**302619873**	**2816**
北　京	135880771	30541222	22.5	9839955	3222
天　津	106523679	29248176	27.5	7594222	2596
河　北	316283855	40375633	12.8	11384128	2820
山　西	154768857	21824825	14.1	6553049	3003
内蒙古	184741712	20120840	10.9	5387879	2678
辽　宁	386168838	61469634	15.9	15484701	2519
吉　林	122684388	15738605	12.8	3275365	2081
黑龙江	142180884	30009026	21.1	7300060	2433
上　海	146901763	23132920	15.7	10584155	4575
江　苏	576377193	96204748	16.7	29781718	3096
浙　江	421443525	63901724	15.2	22915578	3586
安　徽	334791055	51963666	15.5	14161897	2725
福　建	300517652	35835672	11.9	8836296	2466
江　西	133326437	18717917	14.0	4475375	2391
山　东	545084463	77873097	14.3	17860203	2294
河　南	388576044	73243360	18.8	14175164	1935
湖　北	263219893	34311751	13.0	9581092	2792
湖　南	277477488	40228880	14.5	10062313	2501
广　东	539774681	73279861	13.6	26344077	3595
广　西	174721500	18659759	10.7	4560135	2444
海　南	75571473	12038951	15.9	6826916	5671
重　庆	286239291	37177755	13.0	12433320	3344
四　川	364993538	53344510	14.6	14391678	2698
贵　州	203693569	28423153	14.0	6254807	2201
云　南	200345801	17886220	8.9	5206189	2911
西　藏	2731742	524737	19.2	149595	2851
陕　西	194661007	21889122	11.2	5958825	2722
甘　肃	76602991	8132186	10.6	1747961	2149
青　海	25459023	5594868	22.0	1601984	2863
宁　夏	70193728	12036831	17.1	2993267	2487
新　疆	112886539	20860806	18.5	4897969	2348

3-22 各地区房地产开发企业建造的住宅面积和造价

地　　区	住宅施工面　　积(平方米)	住宅竣工面　　积(平方米)	住宅建筑面积竣　工　率(%)	住宅竣工价　　值(万元)	住宅竣工造　　价(元/平方米)
全国总计	**5150964458**	**808682570**	**15.7**	**220791656**	**2730**
北　　京	69779888	18043430	25.9	5006293	2775
天　　津	72044627	21302486	29.6	5566491	2613
河　　北	244561488	31951105	13.1	8412843	2633
山　　西	114717670	17016427	14.8	5077121	2984
内 蒙 古	123869382	14966623	12.1	3959797	2646
辽　　宁	285245446	49404849	17.3	11979457	2425
吉　　林	90670951	13092601	14.4	2668129	2038
黑 龙 江	104241125	22957015	22.0	5249423	2287
上　　海	85258520	15355468	18.0	6444691	4197
江　　苏	415797920	72591105	17.5	22612565	3115
浙　　江	258744942	41583005	16.1	15031735	3615
安　　徽	231936804	38296022	16.5	10185423	2660
福　　建	197184323	25680236	13.0	6229527	2426
江　　西	99757330	15112659	15.1	3595359	2379
山　　东	406488150	60907374	15.0	13739569	2256
河　　南	298312616	57671751	19.3	10961813	1901
湖　　北	196100893	28123513	14.3	7776066	2765
湖　　南	205679616	31768662	15.4	7722854	2431
广　　东	382900626	54424875	14.2	19361480	3557
广　　西	130656462	14418352	11.0	3388647	2350
海　　南	60089088	10519037	17.5	5903613	5612
重　　庆	202944938	27715505	13.7	8962150	3234
四　　川	247323501	38712831	15.7	9988903	2580
贵　　州	137929369	20464343	14.8	4351530	2126
云　　南	136077771	12552036	9.2	3523890	2807
西　　藏	1777852	294456	16.6	78632	2670
陕　　西	154751028	18630064	12.0	4914016	2638
甘　　肃	56443536	6520353	11.6	1394535	2139
青　　海	17119879	4475045	26.1	1248140	2789
宁　　夏	46229440	8188593	17.7	1920676	2346
新　　疆	76329277	15942749	20.9	3536288	2218

第四章

房地产市场（2014）

4-1 各地区按用途分的房地产开发企业房屋出租面积

单位：平方米

地区	房屋出租面积	住宅	#别墅、高档公寓	办公楼	商业营业用房	其他
全国总计	**32690788**	**2395782**	**760376**	**8590477**	**16810619**	**4893910**
北京	5613825	222926	130278	2262821	2168256	959822
天津	120540			86501	10416	23623
河北	305185	2794			187661	114730
山西	51798				51006	792
内蒙古	29450	500			28950	
辽宁	732260	210828		20	370096	151316
吉林	308977	301		32345	276331	
黑龙江	244987	41854			203133	
上海	11424556	721629	603861	5026498	3739869	1936560
江苏	1704465	187217	2753	125442	1347279	44527
浙江	1006608	18469		202884	711501	73754
安徽	820274	139596		53547	614972	12159
福建	1195006	81336		89680	813613	210377
江西	136573	50530			85293	750
山东	791552			31672	659303	100577
河南	806627	16204		1441	691617	97365
湖北	607858	52133		30362	475355	50008
湖南	344556	81561		56740	148447	57808
广东	2474999	146882	23098	395231	1367874	565012
广西	126470	19880		1040	91211	14339
海南	68688	1306	386	488	66264	630
重庆	1470486	127857		58869	1064089	219671
四川	580219			57967	404099	118153
贵州	171344	3100		2045	148875	17324
云南	363644	109683		14344	231558	8059
西藏						
陕西	87285	1536		3384	36983	45382
甘肃	132720	21104		5751	105765	100
青海	32505	2996		15842	13667	
宁夏	252987	19573		15318	203446	14650
新疆	684344	113987		20245	493690	56422

4-2 各地区按资质等级分的房地产开发企业房屋出租面积

单位：平方米

地 区	总 计	一 级	二 级	三 级	四 级	暂 定	其 他
全国总计	**32690788**	**3145896**	**6342343**	**6504547**	**4066078**	**8958555**	**3673369**
北 京	5613825	687151	616565	669396	2346237	573689	720787
天 津	120540		23623	695		96222	
河 北	305185		186907		37006	78478	2794
山 西	51798		10135	16000	20760	4903	
内蒙古	29450			29450			
辽 宁	732260	4316		184344	29500	451219	62881
吉 林	308977		191473	99282	12822	5400	
黑龙江	244987		34640	171463	35467	3417	
上 海	11424556	1290484	2082680	1121615	6955	4725951	2196871
江 苏	1704465	127192	670505	154583		678606	73579
浙 江	1006608	12135	285346	280727	64085	285000	79315
安 徽	820274		387763	271308	1863	159340	
福 建	1195006	125304	49901	655249	286599	60445	17508
江 西	136573		59198	21707	9330	46338	
山 东	791552	1390	212751	26049	186568	286787	78007
河 南	806627	198499	128800	355062	4267	113214	6785
湖 北	607858	12929	45405	154844	125874	167117	101689
湖 南	344556	14525	40236	207820	68844	13131	
广 东	2474999	176530	158632	985857	355771	540491	257718
广 西	126470		14081	14304	7603	87422	3060
海 南	68688			4353	386	39010	24939
重 庆	1470486	313794	569137	381506	3535	202514	
四 川	580219	9671	225729	298725		13804	32290
贵 州	171344		43284	24808	59146	42183	1923
云 南	363644		26050	25887	290484	21223	
西 藏							
陕 西	87285		15577	58054	3431	5000	5223
甘 肃	132720	6016	61750		46812	18142	
青 海	32505		2564	23387	6122	432	
宁 夏	252987	9420	147467	6000	8745	81355	
新 疆	684344	156540	52144	262072	47866	157722	8000

4-3　各地区按资质等级分的房地产开发企业住宅出租面积

单位：平方米

地　区	总　计	一　级	二　级	三　级	四　级	暂　定	其　他
全国总计	**2395782**	**229531**	**511701**	**341430**	**415461**	**625046**	**272613**
北　京	222926	15396	15544	2239	57254	81784	50709
天　津							
河　北	2794						2794
山　西							
内蒙古	500			500			
辽　宁	210828				29500	181328	
吉　林	301			301			
黑龙江	41854		11031	30823			
上　海	721629	213674	120289	48913	5596	136917	196240
江　苏	187217		149529	11860		15828	10000
浙　江	18469			11605	3870	686	2308
安　徽	139596		134766	4830			
福　建	81336				81171	165	
江　西	50530		39780	1209	9330	211	
山　东							
河　南	16204			572		11847	3785
湖　北	52133	131	11501	288	9300	30913	
湖　南	81561			39332	41379	850	
广　东	146882	330	3240	56723	57809	22003	6777
广　西	19880				2862	17018	
海　南	1306				386	920	
重　庆	127857		835	127022			
四　川							
贵　州	3100			3100			
云　南	109683			1971	101922	5790	
西　藏							
陕　西	1536		686		850		
甘　肃	21104		2164		13940	5000	
青　海	2996		2564			432	
宁　夏	19573		19573				
新　疆	113987		199	142	292	113354	

4-4 各地区房地产开发企业90平方米及以下住房开发规模及竣工情况

地　　区	施工面积(平方米)	新开工面积(平方米)	竣工面积(平方米)	不可销售面积(平方米)	竣工套数(套)	出租面积(平方米)
全国总计	**1482734485**	**344563731**	**236242787**	**13684706**	**3127939**	**911179**
北　京	37550467	7038337	10850388	1280524	146822	31845
天　津	27482114	7372316	7083047		93769	
河　北	80957525	17183514	9938737	419797	125405	
山　西	25637381	5834799	4153726	328983	52832	
内蒙古	35525131	7431240	5004123	489198	64441	500
辽　宁	140704626	31825449	29268247	1231015	389910	181328
吉　林	43790593	11595681	8670809	1055590	118970	
黑龙江	51102931	13829138	12212001	1045799	169822	6482
上　海	38005337	6132442	7314935	170037	97851	139177
江　苏	77968460	17024103	12851256	1008150	161925	135046
浙　江	63715803	14293994	9563438	365022	123803	14882
安　徽	60354027	12349657	9052610	262433	111630	10800
福　建	45539155	8127022	5899056	229511	81608	69663
江　西	17694962	3871670	2774136	57272	35070	34
山　东	95629608	21391354	13510645	158606	177128	
河　南	79174210	20065376	13929757	2005118	180850	12789
湖　北	45320409	13687899	4501265	254871	58690	888
湖　南	32388599	8548626	4671213	105326	65004	14590
广　东	89881654	20273005	10492788	75648	147885	32285
广　西	36368440	8944699	3922288	37453	55009	17779
海　南	27520012	7536441	4007526	37581	60315	920
重　庆	87443755	19161138	11846570	85385	161683	7468
四　川	94634362	29596349	13651110	743331	179151	
贵　州	30531892	5439578	3655031	12591	47363	
云　南	29963077	7876748	2661660	37708	35162	98701
西　藏	440225	351701	131566	40000	1755	
陕　西	37919555	6454761	6497639	1429320	79423	
甘　肃	17018668	3020025	2154714	89642	25983	3000
青　海	3505417	669090	501243		6815	
宁　夏	11232108	2815076	1815108	351886	23628	19573
新　疆	17733982	4822503	3656155	276909	48237	113429

4-5　各地区按用途分的房地产开发企业商品房销售面积

单位：平方米

地　区	商品房销售面积	住　宅	#别　墅、高档公寓	办公楼	商业营业用房	其　他
全国总计	**1206485414**	**1051877897**	**30473494**	**25054512**	**90769282**	**38783723**
北　京	14541935	11365281	482023	1368000	794977	1013677
天　津	16129827	14836367	613876	211048	676132	406280
河　北	57061916	50150585	450520	755444	4443347	1712540
山　西	15762660	14339080	134795	238884	811090	373606
内蒙古	24571804	19956765	319845	425044	2702388	1487607
辽　宁	57548137	49320770	1153228	711971	5228009	2287387
吉　林	15817211	13878655	374399	118308	1380355	439893
黑龙江	24757412	21314633	212268	153360	2395608	893811
上　海	20846637	17809092	2572362	1202800	1028615	806130
江　苏	98468369	88009347	3717184	2106857	6882511	1469654
浙　江	46768251	39414881	2209539	1852182	3338757	2162431
安　徽	62021807	53649404	909201	1110978	6479580	781845
福　建	41194778	33240982	925479	1810069	2869365	3274362
江　西	30671606	27752168	448937	427533	1960870	531035
山　东	91801182	79724856	1342940	1855285	6746927	3474114
河　南	78796655	70090894	327236	1816723	5546006	1343032
湖　北	56019833	50025978	956826	659121	4232499	1102235
湖　南	54395270	48523216	1151093	494716	4232947	1144391
广　东	93157629	81635572	4881629	2304480	4910601	4306976
广　西	31565463	28693160	448323	299132	1812339	760832
海　南	10039693	9428387	831912	54795	475316	81195
重　庆	51003870	44236751	1556410	981512	3484875	2300732
四　川	71424393	61765108	1010637	1410329	5614196	2634760
贵　州	31781235	27070894	595415	840804	3377560	491977
云　南	31941850	26180247	1720525	664991	3289932	1806680
西　藏	593270	536418	20137	15943	40909	
陕　西	30936432	28366946	423870	474780	1374270	720436
甘　肃	13255110	12125988	71577	130027	809324	189771
青　海	4157706	3629228	1060	80979	401800	45699
宁　夏	11294630	9393738	135594	88270	1324395	488227
新　疆	18158843	15412506	474654	390147	2103782	252408

4-6 各地区按资质等级分的房地产开发企业商品房销售面积

单位：平方米

地　　区	总　计	一　级	二　级	三　级	四　级	暂　定	其　他
全国总计	**1206485414**	**55237377**	**215601792**	**262187992**	**152428886**	**472580653**	**48448714**
北　京	14541935	2552191	2069809	989027	3195873	5359673	375362
天　津	16129827	1798106	1317115	2139880	6100594	4306702	467430
河　北	57061916	3619633	8645659	11107853	16817542	15654696	1216533
山　西	15762660	481964	2923873	3141749	7064251	2108427	42396
内蒙古	24571804	811539	3177340	4354604	12559707	3150091	518523
辽　宁	57548137	1395582	6588477	14993807	844219	29107169	4618883
吉　林	15817211	285604	3577516	2929197	3415103	5573735	36056
黑龙江	24757412	877016	7241302	11125163	1336188	3718323	459420
上　海	20846637	390950	2424090	1969476	90784	14584665	1386672
江　苏	98468369	5208420	36962213	7029201	148425	42715310	6404800
浙　江	46768251	2242953	5243262	8871889	2811897	23885505	3712745
安　徽	62021807	872873	8407153	14440206	2664774	34021559	1615242
福　建	41194778	2471490	3140696	10291066	4679237	19790101	822188
江　西	30671606	317396	3495626	8117920	2593967	15530745	615952
山　东	91801182	4907880	11949645	14587833	14616188	41440764	4298872
河　南	78796655	2790513	15506232	9424697	5453746	41433575	4187892
湖　北	56019833	2139317	9826090	11229483	8551795	23294785	978363
湖　南	54395270	1357275	7217176	23453647	5654241	15630736	1082195
广　东	93157629	5264123	5997842	20920164	19482986	36999858	4492656
广　西	31565463	755821	4810272	6324312	2469516	15263417	1942125
海　南	10039693	17372	679516	1172867	1267828	6111127	790983
重　庆	51003870	3487635	19807601	7446342	391845	19293747	576700
四　川	71424393	3325572	14555540	37979058	634460	13246591	1683172
贵　州	31781235	105260	6351939	6568706	4526868	13054437	1174025
云　南	31941850	1487572	5408229	3471643	9692469	10153713	1728224
西　藏	593270		20721	484498	15071	72980	
陕　西	30936432	1477419	6558452	7720025	8514972	4387846	2277718
甘　肃	13255110	431786	2381584	3931679	3029268	3360704	120089
青　海	4157706	372237	1736993	985629	529750	522219	10878
宁　夏	11294630	2328204	4450707	1842938	1062601	1512819	97361
新　疆	18158843	1663674	3129122	3143433	2212721	7294634	715259

4-7 各地区按用途分的房地产开发企业商品房现房销售面积

单位：平方米

地 区	现房销售面积	住 宅	#别墅、高档公寓	办公楼	商业营业用房	其 他
全国总计	**288695727**	**237119878**	**7526335**	**6346815**	**28919895**	**16309139**
北 京	4882020	3399140	196938	312640	381496	788744
天 津	5713935	5192661	171484	68011	241956	211307
河 北	14547148	12209747	160686	426246	1542360	368795
山 西	5496738	4666728	56099	66688	518483	244839
内蒙古	10021657	7800686	237682	85836	1617244	517891
辽 宁	17872165	14609663	292233	124721	2062670	1075111
吉 林	6648836	5486470	36881	53192	871771	237403
黑龙江	8021131	6711923	50525	53193	839723	416292
上 海	7677958	6204172	699276	364285	520333	589168
江 苏	22052788	18886451	951162	605273	1906232	654832
浙 江	8191750	5987272	514710	594172	1001439	608867
安 徽	9795577	8000061	226150	222619	1178180	394717
福 建	4286141	2923121	117179	143262	451184	768574
江 西	4781744	4217876	58858	23759	442710	97399
山 东	19456910	15913861	217342	544261	1966982	1031806
河 南	28909309	25285339	43879	413826	2433169	776975
湖 北	16360629	13398516	316295	241641	1897480	822992
湖 南	15921103	13797939	472790	115182	1412576	595406
广 东	21615095	16799187	1347333	699702	1725937	2390269
广 西	6166444	5502058	98726	18198	414663	231525
海 南	2128241	2054514	234637	2000	40181	31546
重 庆	8383199	5800915	115559	376824	939175	1266285
四 川	12010830	9303901	274877	292779	1279884	1134266
贵 州	4759522	3842090	27418	55153	611505	250774
云 南	6537109	5145460	447779	224761	746896	419992
西 藏	78194	62409	1298		15785	
陕 西	3755940	3431786	9815	16621	238937	68596
甘 肃	3861243	3560860		18767	208646	72970
青 海	1351419	1245507		13200	78004	14708
宁 夏	3026261	2322313	44908	22288	568986	112674
新 疆	4384691	3357252	103816	147715	765308	114416

4-8 各地区按资质等级分的房地产开发企业商品房现房销售面积

单位：平方米

地　区	总 计	一 级	二 级	三 级	四 级	暂 定	其 他
全国总计	**288695727**	**11506816**	**58574194**	**71986787**	**48825722**	**87092101**	**10710107**
北　京	4882020	1163650	1316608	600328	1314927	454904	31603
天　津	5713935	222213	523710	1006600	2682074	1101748	177590
河　北	14547148	248138	2317986	3194705	4053593	4578686	154040
山　西	5496738	151990	1122832	1383711	2483191	353119	1895
内蒙古	10021657	377637	1142004	1879090	5376536	1101490	144900
辽　宁	17872165	389364	2400674	5439215	482507	8194416	965989
吉　林	6648836	85107	1292158	967016	2218052	2069127	17376
黑龙江	8021131	441476	2433621	3542608	495327	892143	215956
上　海	7677958	175634	1275520	1231713	9099	4487530	498462
江　苏	22052788	1880121	10323230	1933785	85353	6494564	1335735
浙　江	8191750	650083	1146907	2357550	586327	2899540	551343
安　徽	9795577	142177	1816843	3848578	625670	3279280	83029
福　建	4286141	340596	465032	1762849	725174	959182	33308
江　西	4781744	108415	615490	1971859	484569	1482390	119021
山　东	19456910	982040	2502306	3488029	4554646	7088488	841401
河　南	28909309	404561	4951287	4314118	2605004	14455003	2179336
湖　北	16360629	367590	3361647	4746336	2988318	4364448	532290
湖　南	15921103	82573	2328270	7027095	2186978	3891707	404480
广　东	21615095	974092	2019529	5954530	6032912	5844111	789921
广　西	6166444	155859	506893	1426977	1011459	2684781	380475
海　南	2128241	17372	122061	248186	307686	1255271	177665
重　庆	8383199	673924	4300479	1685657	44756	1642743	35640
四　川	12010830	138601	3988162	5787117	250512	1753092	93346
贵　州	4759522	9834	569214	1285469	1266923	1415797	212285
云　南	6537109	275856	1432984	442979	1747141	2152012	486137
西　藏	78194			53819	15071	9304	
陕　西	3755940	56949	1156627	989344	1085472	268511	199037
甘　肃	3861243	126282	705714	1213695	1420950	391082	3520
青　海	1351419	151002	544285	338687	233898	83547	
宁　夏	3026261	469279	1167502	770595	420712	186198	11975
新　疆	4384691	244401	724619	1094547	1030885	1257887	32352

4-9　各地区按用途分的房地产开发企业商品房期房销售面积

单位：平方米

地　　区	期房销售面　　积	住　宅	#别　墅、高档公寓	办公楼	商业营业用房	其　他
全国总计	**917789687**	**814758019**	**22947159**	**18707697**	**61849387**	**22474584**
北　京	9659915	7966141	285085	1055360	413481	224933
天　津	10415892	9643706	442392	143037	434176	194973
河　北	42514768	37940838	289834	329198	2900987	1343745
山　西	10265922	9672352	78696	172196	292607	128767
内蒙古	14550147	12156079	82163	339208	1085144	969716
辽　宁	39675972	34711107	860995	587250	3165339	1212276
吉　林	9168375	8392185	337518	65116	508584	202490
黑龙江	16736281	14602710	161743	100167	1555885	477519
上　海	13168679	11604920	1873086	838515	508282	216962
江　苏	76415581	69122896	2766022	1501584	4976279	814822
浙　江	38576501	33427609	1694829	1258010	2337318	1553564
安　徽	52226230	45649343	683051	888359	5301400	387128
福　建	36908637	30317861	808300	1666807	2418181	2505788
江　西	25889862	23534292	390079	403774	1518160	433636
山　东	72344272	63810995	1125598	1311024	4779945	2442308
河　南	49887346	44805555	283357	1402897	3112837	566057
湖　北	39659204	36627462	640531	417480	2335019	279243
湖　南	38474167	34725277	678303	379534	2820371	548985
广　东	71542534	64836385	3534296	1604778	3184664	1916707
广　西	25399019	23191102	349597	280934	1397676	529307
海　南	7911452	7373873	597275	52795	435135	49649
重　庆	42620671	38435836	1440851	604688	2545700	1034447
四　川	59413563	52461207	735760	1117550	4334312	1500494
贵　州	27021713	23228804	567997	785651	2766055	241203
云　南	25404741	21034787	1272746	440230	2543036	1386688
西　藏	515076	474009	18839	15943	25124	
陕　西	27180492	24935160	414055	458159	1135333	651840
甘　肃	9393867	8565128	71577	111260	600678	116801
青　海	2806287	2383721	1060	67779	323796	30991
宁　夏	8268369	7071425	90686	65982	755409	375553
新　疆	13774152	12055254	370838	242432	1338474	137992

4-10 各地区按资质等级分的房地产开发企业商品房期房销售面积

单位：平方米

地区	总计	一级	二级	三级	四级	暂定	其他
全国总计	**917789687**	**43730561**	**157027598**	**190201205**	**103603164**	**385488552**	**37738607**
北京	9659915	1388541	753201	388699	1880946	4904769	343759
天津	10415892	1575893	793405	1133280	3418520	3204954	289840
河北	42514768	3371495	6327673	7913148	12763949	11076010	1062493
山西	10265922	329974	1801041	1758038	4581060	1755308	40501
内蒙古	14550147	433902	2035336	2475514	7183171	2048601	373623
辽宁	39675972	1006218	4187803	9554592	361712	20912753	3652894
吉林	9168375	200497	2285358	1962181	1197051	3504608	18680
黑龙江	16736281	435540	4807681	7582555	840861	2826180	243464
上海	13168679	215316	1148570	737763	81685	10097135	888210
江苏	76415581	3328299	26638983	5095416	63072	36220746	5069065
浙江	38576501	1592870	4096355	6514339	2225570	20985965	3161402
安徽	52226230	730696	6590310	10591628	2039104	30742279	1532213
福建	36908637	2130894	2675664	8528217	3954063	18830919	788880
江西	25889862	208981	2880136	6146061	2109398	14048355	496931
山东	72344272	3925840	9447339	11099804	10061542	34352276	3457471
河南	49887346	2385952	10554945	5110579	2848742	26978572	2008556
湖北	39659204	1771727	6464443	6483147	5563477	18930337	446073
湖南	38474167	1274702	4888906	16426552	3467263	11739029	677715
广东	71542534	4290031	3978313	14965634	13450074	31155747	3702735
广西	25399019	599962	4303379	4897335	1458057	12578636	1561650
海南	7911452		557455	924681	960142	4855856	613318
重庆	42620671	2813711	15507122	5760685	347089	17651004	541060
四川	59413563	3186971	10567378	32191941	383948	11493499	1589826
贵州	27021713	95426	5782725	5283237	3259945	11638640	961740
云南	25404741	1211716	3975245	3028664	7945328	8001701	1242087
西藏	515076		20721	430679		63676	
陕西	27180492	1420470	5401825	6730681	7429500	4119335	2078681
甘肃	9393867	305504	1675870	2717984	1608318	2969622	116569
青海	2806287	221235	1192708	646942	295852	438672	10878
宁夏	8268369	1858925	3283205	1072343	641889	1326621	85386
新疆	13774152	1419273	2404503	2048886	1181836	6036747	682907

4-11　各地区按资质等级分的房地产开发企业商品住宅销售面积

单位：平方米

地　区	总　计	一　级	二　级	三　级	四　级	暂　定	其　他
全国总计	**1051877897**	**48309999**	**189456258**	**229557783**	**132364272**	**410432475**	**41757110**
北　京	11365281	1943228	1614326	685085	2329644	4479422	313576
天　津	14836367	1794104	1113790	2087836	5455153	3952263	433221
河　北	50150585	3035911	7314827	9616373	14821085	14171794	1190595
山　西	14339080	453237	2777811	2716216	6356702	1992718	42396
内蒙古	19956765	742246	2625980	3407789	10441209	2287180	452361
辽　宁	49320770	1226190	5826911	13111109	721476	24159389	4275695
吉　林	13878655	180825	3184852	2506156	3027687	4948756	30379
黑龙江	21314633	831089	6471540	9630092	1074565	2979476	327871
上　海	17809092	342393	2142629	1582106	90317	12406169	1245478
江　苏	88009347	4834686	33217347	6263637	109570	37961404	5622703
浙　江	39414881	1962215	4387225	7345487	2325579	20309637	3084738
安　徽	53649404	691080	7823186	12732838	2241521	28696905	1463874
福　建	33240982	1959749	2333989	8603372	3231140	16439171	673561
江　西	27752168	304370	3145950	7357599	2366701	14052790	524758
山　东	79724856	4366868	10825059	12813966	12543665	35957784	3217514
河　南	70090894	2494476	14074290	8599181	5004473	36362105	3556369
湖　北	50025978	1885665	8585775	10161842	7933351	20645253	814092
湖　南	48523216	1064688	6626659	21186229	5088962	13558104	998574
广　东	81635572	4546587	5083427	17764935	17646943	32770192	3823488
广　西	28693160	696490	4161245	5890367	2316174	13861125	1767759
海　南	9428387	17372	603373	1147894	1238499	5645349	775900
重　庆	44236751	2954795	16924305	6002595	354505	17485695	514856
四　川	61765108	2932279	12702120	32707765	564868	11442898	1415178
贵　州	27070894	69409	5349856	6039282	3753847	11021067	837433
云　南	26180247	1347447	4339537	3155084	7647728	8167660	1522791
西　藏	536418		20721	457242	8590	49865	
陕　西	28366946	1334196	5851374	7247597	7876673	3982189	2074917
甘　肃	12125988	386865	2317250	3662210	2665077	2974497	120089
青　海	3629228	368502	1568202	850335	486751	346200	9238
宁　夏	9393738	2011177	3741584	1532350	809875	1223758	74994
新　疆	15412506	1531860	2701118	2693214	1831942	6101660	552712

4-12 各地区按资质等级分的房地产开发企业90平方米及以下住宅销售面积

单位：平方米

地区	总计	一级	二级	三级	四级	暂定	其他
全国总计	**308446047**	**14051349**	**56203624**	**69376697**	**34322297**	**120599642**	**13892438**
北京	6434100	1374947	849206	280172	1094244	2687390	148141
天津	6111194	796101	249100	514940	2095427	2195706	259920
河北	18257610	1425671	2372621	3411035	4377699	5987001	683583
山西	2561560	22310	440336	636217	1146654	308687	7356
内蒙古	6346358	35735	432035	1263696	3723857	754001	137034
辽宁	29406491	360412	3228870	7646147	598083	14405836	3167143
吉林	7616355	54268	1613919	1258297	2113427	2552637	23807
黑龙江	11634239	72997	2780605	5892875	991244	1629608	266910
上海	8620258	208224	990836	523400	36439	6225388	635971
江苏	17557105	1131217	7931945	941894	22967	6440326	1088756
浙江	9313419	410814	1011655	1418576	441246	5319820	711308
安徽	14277445	173875	2221172	4204995	374058	6898303	405042
福建	7956933	664408	612583	2369360	705123	3540078	65381
江西	3181408	73279	527164	884683	216297	1428476	51509
山东	17974501	586134	2301452	3050048	2446977	8805981	783909
河南	14925495	657575	3490701	1728551	745781	7626928	675959
湖北	10345877	629835	1745963	1897057	1024982	4762862	285178
湖南	6367336	118510	928707	2505764	671961	1947253	195141
广东	19528467	738217	1156207	3665078	3883723	8856981	1228261
广西	7766610	245775	1165101	1375053	648865	3778358	553458
海南	5465669	17372	218071	627230	659482	3472346	471168
重庆	21991683	1195709	8999422	2890319	120327	8613710	172196
四川	26343095	1482805	4587816	14682051	176199	4724262	689962
贵州	5312378	2618	1518690	1021748	582797	2025717	160808
云南	5849232	456615	1355020	422940	1664428	1773582	176647
西藏	195171		1800	164674	3692	25005	
陕西	7632526	448932	1644233	1753942	1811585	1224179	749655
甘肃	3898500	55119	610160	1196222	1257268	768610	11121
青海	500232	27462	200057	149359	88696	34658	
宁夏	1544976	485817	439540	295482	121152	188479	14506
新疆	3529824	98596	578637	704892	477617	1597474	72608

4-13　各地区按资质等级分的房地产开发企业144平方米以上住宅销售面积

单位：平方米

地　区	总　计	一　级	二　级	三　级	四　级	暂　定	其　他
全国总计	**139935761**	**8847466**	**24516628**	**30477730**	**19312665**	**51962969**	**4818303**
北　京	1776549	190224	247353	112568	600609	518384	107411
天　津	1920750	221330	196092	327274	525306	604951	45797
河　北	4909502	357995	938647	1009955	1446238	1121068	35599
山　西	3256799	71087	722015	536760	1401415	524642	880
内蒙古	3451469	499322	544748	514817	1496811	235206	160565
辽　宁	4500902	137936	561759	888097	14047	2617627	281436
吉　林	1505028	2628	298280	347777	190985	665358	
黑龙江	2785583	424646	1226462	896591	11276	221608	5000
上　海	2479747	22538	314917	304460	280	1670715	166837
江　苏	11423844	472377	4227152	818780	4278	5474376	426881
浙　江	9235902	704834	1036840	1950495	536263	4395361	612109
安　徽	2303027	11377	333665	807868	75635	1052236	22246
福　建	4736828	288380	409595	1239812	791413	1979015	28613
江　西	2732806	55936	219984	583621	105306	1718040	49919
山　东	11359923	774127	1779229	1367942	1840961	5146092	451572
河　南	10165679	238798	2517110	1061371	642429	5011437	694534
湖　北	3163301	81696	426861	697138	385162	1559517	12927
湖　南	9130822	216606	1183169	3674894	873433	2990929	191791
广　东	18539662	1803222	1482405	5305607	4105699	5310113	532616
广　西	3530684	87461	594825	651765	320047	1663947	212639
海　南	1160729		190683	126634	90315	662299	90798
重　庆	3347163	360239	1095288	332653	84561	1467809	6613
四　川	4148931	210882	776915	2154977	149219	731495	125443
贵　州	2807881	43325	599148	936098	421690	772450	35170
云　南	7478475	491579	847435	1677556	1895220	2222529	344156
西　藏	73378		14718	51731	1929	5000	
陕　西	3649458	278827	740914	1066721	915645	523038	124313
甘　肃	1132233	30393	205366	357043	152488	353571	33372
青　海	553563	173571	172945	151741	49668	5638	
宁　夏	1026346	412961	319016	128164	57649	108556	
新　疆	1648797	183169	293092	396820	126688	629962	19066

4-14 各地区按资质等级分的房地产开发企业别墅、高档公寓销售面积

单位：平方米

地　区	总　计	一　级	二　级	三　级	四　级	暂　定	其　他
全国总计	**30473494**	**1776408**	**4509287**	**6175505**	**2985837**	**14035474**	**990983**
北　京	482023	82820	13971	26616	240053	117403	1160
天　津	613876	27666	38792	86888	90630	352305	17595
河　北	450520	6543	139039	57791	135250	111897	
山　西	134795	3984	8435	5084	117292		
内蒙古	319845		23626	105895	155961	19374	14989
辽　宁	1153228	41567	86667	174492		804871	45631
吉　林	374399		116792	135303	20284	102020	
黑龙江	212268		31409	150151	275	30433	
上　海	2572362	34030	188386	329459	5055	1808599	206833
江　苏	3717184	155833	1047018	383316		1983845	147172
浙　江	2209539	71252	232936	540618	221084	948783	194866
安　徽	909201	13082	84156	384676	4315	397149	25823
福　建	925479	12143	106350	194054	66942	545411	579
江　西	448937	2556	16868	145372	24903	249078	10160
山　东	1342940	7334	190879	97140	220507	770272	56808
河　南	327236	29325	44565	16241		237105	
湖　北	956826	14947	140499	276315	64669	460396	
湖　南	1151093	130020	272254	462398	27773	258648	
广　东	4881629	608240	268157	1364286	855651	1632432	152863
广　西	448323	5928	62001	89841	52319	237634	600
海　南	831912		75011	128513	58108	517129	53151
重　庆	1556410	67213	383601	100039	47393	958164	
四　川	1010637	121958	145416	490030	11964	213312	27957
贵　州	595415	23348	114511	11099	9156	429752	7549
云　南	1720525	301016	231010	165082	445777	561971	15669
西　藏	20137			20137			
陕　西	423870	5547	273674	103036	28390	9645	3578
甘　肃	71577			559		71018	
青　海	1060		1060				
宁　夏	135594	5878	60282	20242	20509	28683	
新　疆	474654	4178	111922	110832	61577	178145	8000

4-15 各地区按资质等级分的房地产开发企业办公楼销售面积

单位：平方米

地 区	总 计	一 级	二 级	三 级	四 级	暂 定	其 他
全国总计	**25054512**	**1051155**	**4409322**	**4156626**	**2916403**	**11084394**	**1436612**
北 京	1368000	162952	82350	147092	405927	538991	30688
天 津	211048	1820	3360	3767	67346	117014	17741
河 北	755444	21857	211150	85606	287365	138245	11221
山 西	238884	16000	13515	28110	175701	5558	
内蒙古	425044	1091	16661	88864	197334	119453	1641
辽 宁	711971	21002	8543	58894		584630	38902
吉 林	118308		24725	21724	5775	66084	
黑龙江	153360		24419	83735	6483	38723	
上 海	1202800	1210	56634	37915		1027723	79318
江 苏	2106857	60451	818020	61527		932467	234392
浙 江	1852182	52717	124191	444984	106192	920407	203691
安 徽	1110978	74016	51802	356847	29121	599192	
福 建	1810069	2590	245188	301129	496279	740551	24332
江 西	427533	166	16170	38338	3557	346584	22718
山 东	1855285	73646	133097	256972	395965	794998	200607
河 南	1816723	111242	440381	56159	11400	1168680	28861
湖 北	659121	51498	139535	123826	18134	247938	78190
湖 南	494716	34200	53040	187947	31344	188185	
广 东	2304480	204903	104955	575673	172782	1192079	54088
广 西	299132		4439	15097	2058	235228	42310
海 南	54795		38644	2082		14069	
重 庆	981512	43118	635193	67994		235207	
四 川	1410329	17516	267355	854333	2169	236312	32644
贵 州	840804		311621	28121	118717	195870	186475
云 南	664991	20559	215107	73125	285695	65497	5008
西 藏	15943					15943	
陕 西	474780	43732	184399	29007	75963	56649	85030
甘 肃	130027		8645	41717	2925	76740	
青 海	80979		42124	37386	1469		
宁 夏	88270	14904	40084	16907	1723	14652	
新 疆	390147	19965	93975	31748	14979	170725	58755

4-16 各地区按资质等级分的房地产开发企业商业营业用房销售面积

单位：平方米

地　区	总 计	一 级	二 级	三 级	四 级	暂 定	其 他
全国总计	**90769282**	**3006537**	**14032050**	**19557739**	**11498815**	**38660263**	**4013878**
北　京	794977	223518	100498	96098	184272	176774	13817
天　津	676132	1151	70849	32929	370947	189508	10748
河　北	4443347	271227	758832	1133057	1162463	1108523	9245
山　西	811090	8453	83445	275996	366406	76790	
内蒙古	2702388	55157	327370	588911	1184651	513222	33077
辽　宁	5228009	121013	574029	1461345	112990	2733224	225408
吉　林	1380355	25669	321270	297093	326331	405073	4919
黑龙江	2395608	27242	476072	1041310	184671	556690	109623
上　海	1028615	4080	60373	264366	467	670195	29134
江　苏	6882511	166631	2306961	561512	35355	3314170	497882
浙　江	3338757	47293	369253	602319	284503	1732059	303330
安　徽	6479580	75835	443151	1158430	340101	4311082	150981
福　建	2869365	41448	137201	711106	319428	1606884	53298
江　西	1960870	12860	263563	495036	181910	940835	66666
山　东	6746927	230309	528514	1045684	938542	3204116	799762
河　南	5546006	129426	767758	521610	362349	3397996	366867
湖　北	4232499	193660	774786	710985	502040	1977682	73346
湖　南	4232947	199442	350625	1555510	419633	1628795	78942
广　东	4910601	337660	328633	1092164	886012	1970300	295832
广　西	1812339	36267	476544	276096	87814	851288	84330
海　南	475316		32502	9938	22282	398507	12087
重　庆	3484875	227945	1308943	766686	16680	1110119	54502
四　川	5614196	199855	924362	3145383	67027	1080278	197291
贵　州	3377560	31517	623786	400798	518347	1671554	131558
云　南	3289932	79036	437119	167753	1294465	1130335	181224
西　藏	40909			27256	6481	7172	
陕　西	1374270	60809	280151	299005	409279	222034	102992
甘　肃	809324	40154	48480	122991	311865	285834	
青　海	401800	3735	94201	90227	36051	175946	1640
宁　夏	1324395	68172	516836	249858	222570	244592	22367
新　疆	2103782	86973	245943	356287	342883	968686	103010

4-17　各地区按用途分的房地产开发企业商品房销售额

单位：万元

地　区	商品房销售额	住　宅	#别　墅、高档公寓	办公楼	商业营业用房	其　他
全国总计	**762924097**	**624109534**	**39508568**	**29629279**	**89106215**	**20079069**
北　京	27387371	21024647	1844535	3593214	2020333	749177
天　津	14869373	13097031	776093	358194	1059549	354599
河　北	29280006	25016246	406656	487798	3191335	584627
山　西	7461404	6398253	154560	315800	612291	135060
内蒙古	10648151	7650415	194733	271641	1955034	771061
辽　宁	30920972	25188711	961239	414546	4173247	1144468
吉　林	8085844	6676190	357190	82995	1083099	243560
黑龙江	12085441	9626924	252725	119604	1919667	419246
上　海	34995289	29234429	8595427	3004300	2264416	492144
江　苏	68984158	59695955	4776167	1853592	6833870	600741
浙　江	49229999	41725801	2900549	2059220	4495880	949098
安　徽	33451894	26917964	800471	758422	5516254	259254
福　建	37635183	29395788	1299337	2014817	3735116	2489462
江　西	16217649	13794952	334164	388425	1764317	269955
山　东	48796627	40094832	1232720	1796947	5548848	1356000
河　南	34405811	27397066	295756	1644013	4376385	988347
湖　北	30883061	25437588	756103	690070	4197054	558349
湖　南	22991111	18585771	766884	488823	3432831	483686
广　东	84618358	69602590	5921181	4287529	7455664	3272575
广　西	15320544	12745691	404927	294751	1834663	445439
海　南	9352137	8732200	1411052	126624	443623	49690
重　庆	28149910	22532816	1471530	1094100	3737467	785527
四　川	39973726	31450212	1034198	1095149	6376514	1051851
贵　州	13703112	10000070	480702	570212	2922540	210290
云　南	15963711	11653878	1164998	789850	2910197	609786
西　藏	342528	285541	15036	21751	35236	
陕　西	15980360	13681219	422745	437401	1477739	384001
甘　肃	6023393	5134670	104790	111317	681697	95709
青　海	2112694	1558318	1208	66418	470249	17709
宁　夏	4649623	3520283	86671	64071	889894	175375
新　疆	8404657	6253483	284221	327685	1691206	132283

4-18 各地区按资质等级分的房地产开发企业商品房销售额

单位：万元

地区	总计	一级	二级	三级	四级	暂定	其他
全国总计	**762924097**	**44529257**	**129449066**	**148899018**	**85011487**	**320325362**	**34709907**
北京	27387371	4437570	3452951	1582535	6291138	10618392	1004785
天津	14869373	1220808	1315007	1751897	5947669	4227463	406529
河北	29280006	2500129	4552063	4862859	7952314	8860958	551683
山西	7461404	225726	1463110	1321237	3488494	942896	19941
内蒙古	10648151	424543	1439239	1811748	5455077	1290268	227276
辽宁	30920972	821871	3379550	7874458	321867	16384041	2139185
吉林	8085844	202375	2052869	1378604	1440781	2999038	12177
黑龙江	12085441	432766	3948785	5144638	470863	1853733	234656
上海	34995289	537349	3554925	3159237	177486	24737789	2828503
江苏	68984158	3566043	24874208	4497949	67834	31486742	4491382
浙江	49229999	2483477	4936802	8406334	2113408	27094676	4195302
安徽	33451894	581182	4343110	8003502	1145518	18233051	1145531
福建	37635183	2838117	2933454	8183669	6826939	16062449	790555
江西	16217649	204001	2079564	3945888	1139517	8552558	296121
山东	48796627	2489395	6034777	6959563	6247573	24319808	2745511
河南	34405811	1580370	7052051	3805164	1821924	18552902	1593400
湖北	30883061	1638807	6570627	5571549	2878298	13485199	738581
湖南	22991111	816492	3374819	9727717	1944296	6801571	326216
广东	84618358	9373181	5644274	20312639	13402897	31020700	4864667
广西	15320544	442210	2530778	2749510	959772	7741900	896374
海南	9352137	14739	780404	1302670	745603	5823266	685455
重庆	28149910	2057161	11206150	3261307	247947	11059314	318031
四川	39973726	1938454	7386587	21197725	273835	7927528	1249597
贵州	13703112	63374	3100304	2634836	1815233	5544673	544692
云南	15963711	718149	3074392	1192774	5146877	5170734	660785
西藏	342528		19555	251643	10291	61039	
陕西	15980360	880994	3126981	3779066	4090876	2764660	1337783
甘肃	6023393	262200	1075718	1633743	1043695	1963612	44425
青海	2112694	207308	824853	494506	216250	365694	4083
宁夏	4649623	901807	1812189	709975	437536	749722	38394
新疆	8404657	668659	1508970	1390076	889679	3628986	318287

4-19　各地区按用途分的房地产开发企业商品房现房销售额

单位：万元

地　区	现房销售额	住　宅	#别墅、高档公寓	办公楼	商业营业用房	其　他
全国总计	**160821471**	**120946474**	**9941635**	**6919035**	**24437876**	**8518086**
北　京	6848562	4874428	718168	594858	746751	632525
天　津	4440431	3793299	205835	74968	423734	148430
河　北	6978178	5376492	121015	275233	1146119	180334
山　西	2040235	1557194	61182	81006	324675	77360
内蒙古	4361047	3000490	142799	65030	1053352	242175
辽　宁	9266782	7097440	227452	110965	1539868	518509
吉　林	2848253	2175412	38779	25342	551104	96395
黑龙江	3695288	2773573	56355	35608	704734	181373
上　海	9488750	7675268	2436528	664520	811057	337905
江　苏	12681725	10306554	1161123	512570	1661428	201173
浙　江	8075814	6200253	624619	585243	1020528	269790
安　徽	4733387	3598079	162023	170213	844705	120390
福　建	2873083	1926072	178802	131596	462106	353309
江　西	2313996	1914778	30950	19962	314272	64984
山　东	9468075	7237548	217065	433340	1370842	426345
河　南	10720635	8155167	29994	275133	1637261	653074
湖　北	8252935	5797549	240292	251470	1778060	425856
湖　南	5674218	4375863	296947	77410	959700	261245
广　东	18478845	13005510	1550792	1424437	2200963	1847935
广　西	2441333	1997364	93509	12832	327159	103978
海　南	2120887	2053733	487558	2073	47207	17874
重　庆	4461739	2903084	127147	427332	703414	427909
四　川	6406873	4400315	275486	241987	1292169	472402
贵　州	1906150	1240274	15146	21936	538448	105492
云　南	3453705	2432230	358746	208105	670993	142377
西　藏	40835	26224	639		14611	
陕　西	1566838	1254856	3700	14431	238279	59272
甘　肃	1422743	1235448		14513	129082	43700
青　海	616273	523686		8753	78390	5444
宁　夏	1264810	856826	27277	19012	342996	45976
新　疆	1879046	1181465	51707	139157	503869	54555

4-20 各地区按资质等级分的房地产开发企业商品房现房销售额

单位：万元

地 区	总 计	一 级	二 级	三 级	四 级	暂 定	其 他
全国总计	**160821471**	**8934926**	**33909611**	**39161741**	**23730822**	**48988461**	**6095910**
北 京	6848562	1585252	1637173	985562	2064222	540600	35753
天 津	4440431	238818	605036	608424	1986772	911840	89541
河 北	6978178	106113	1398909	1418742	1859013	2142111	53290
山 西	2040235	82318	431910	557298	859634	108316	759
内蒙古	4361047	176362	487122	885910	2264369	481478	65806
辽 宁	9266782	257540	1235242	2834714	199923	4274306	465057
吉 林	2848253	61220	622799	387773	829151	943539	3771
黑龙江	3695288	245109	1427478	1444870	169768	315989	92074
上 海	9488750	132231	1327835	1534409	13895	5901026	579354
江 苏	12681725	911669	5912895	1039665	35352	4193706	588438
浙 江	8075814	669288	1168144	2152064	428793	3162947	494578
安 徽	4733387	87805	914075	1954985	262318	1464658	49546
福 建	2873083	245161	396588	1238444	488742	472205	31943
江 西	2313996	62180	434738	791998	188060	778410	58610
山 东	9468075	485860	1129732	1637827	1968132	3792530	453994
河 南	10720635	184690	2062905	1840735	818069	5103356	710880
湖 北	8252935	280710	2156264	2443445	964478	1944247	463791
湖 南	5674218	47252	963371	2575238	709802	1271285	107270
广 东	18478845	1764692	1743487	5773805	3858795	4318408	1019658
广 西	2441333	64204	227661	563926	394050	1065575	125917
海 南	2120887	14739	173010	289092	260494	1230887	152665
重 庆	4461739	446546	2522280	642948	17750	800298	31917
四 川	6406873	64936	2024435	3006242	98435	1116543	96282
贵 州	1906150	10401	263116	520632	516627	529987	65387
云 南	3453705	184480	803424	159201	1022496	1141818	142286
西 藏	40835			18999	10291	11545	
陕 西	1566838	39649	413839	504553	366714	148877	93206
甘 肃	1422743	59404	301097	439031	465812	145079	12320
青 海	616273	103216	247267	173538	72182	20070	
宁 夏	1264810	232175	503648	291426	164418	69719	3424
新 疆	1879046	90906	374131	446245	372265	587106	8393

4-21 各地区按用途分的房地产开发企业商品房期房销售额

单位：万元

地区	期房销售额	住宅	#别墅、高档公寓	办公楼	商业营业用房	其他
全国总计	**602102626**	**503163060**	**29566933**	**22710244**	**64668339**	**11560983**
北京	20538809	16150219	1126367	2998356	1273582	116652
天津	10428942	9303732	570258	283226	635815	206169
河北	22301828	19639754	285641	212565	2045216	404293
山西	5421169	4841059	93378	234794	287616	57700
内蒙古	6287104	4649925	51934	206611	901682	528886
辽宁	21654190	18091271	733787	303581	2633379	625959
吉林	5237591	4500778	318411	57653	531995	147165
黑龙江	8390153	6853351	196370	83996	1214933	237873
上海	25506539	21559161	6158899	2339780	1453359	154239
江苏	56302433	49389401	3615044	1341022	5172442	399568
浙江	41154185	35525548	2275930	1473977	3475352	679308
安徽	28718507	23319885	638448	588209	4671549	138864
福建	34762100	27469716	1120535	1883221	3273010	2136153
江西	13903653	11880174	303214	368463	1450045	204971
山东	39328552	32857284	1015655	1363607	4178006	929655
河南	23685176	19241899	265762	1368880	2739124	335273
湖北	22630126	19640039	515811	438600	2418994	132493
湖南	17316893	14209908	469937	411413	2473131	222441
广东	66139513	56597080	4370389	2863092	5254701	1424640
广西	12879211	10748327	311418	281919	1507504	341461
海南	7231250	6678467	923494	124551	396416	31816
重庆	23688171	19629732	1344383	666768	3034053	357618
四川	33566853	27049897	758712	853162	5084345	579449
贵州	11796962	8759796	465556	548276	2384092	104798
云南	12510006	9221648	806252	581745	2239204	467409
西藏	301693	259317	14397	21751	20625	
陕西	14413522	12426363	419045	422970	1239460	324729
甘肃	4600650	3899222	104790	96804	552615	52009
青海	1496421	1034632	1208	57665	391859	12265
宁夏	3384813	2663457	59394	45059	546898	129399
新疆	6525611	5072018	232514	188528	1187337	77728

4-22 各地区按资质等级分的房地产开发企业商品房期房销售额

单位：万元

地区	总计	一级	二级	三级	四级	暂定	其他
全国总计	**602102626**	**35594331**	**95539455**	**109737277**	**61280665**	**271336901**	**28613997**
北京	20538809	2852318	1815778	596973	4226916	10077792	969032
天津	10428942	981990	709971	1143473	3960897	3315623	316988
河北	22301828	2394016	3153154	3444117	6093301	6718847	498393
山西	5421169	143408	1031200	763939	2628860	834580	19182
内蒙古	6287104	248181	952117	925838	3190708	808790	161470
辽宁	21654190	564331	2144308	5039744	121944	12109735	1674128
吉林	5237591	141155	1430070	990831	611630	2055499	8406
黑龙江	8390153	187657	2521307	3699768	301095	1537744	142582
上海	25506539	405118	2227090	1624828	163591	18836763	2249149
江苏	56302433	2654374	18961313	3458284	32482	27293036	3902944
浙江	41154185	1814189	3768658	6254270	1684615	23931729	3700724
安徽	28718507	493377	3429035	6048517	883200	16768393	1095985
福建	34762100	2592956	2536866	6945225	6338197	15590244	758612
江西	13903653	141821	1644826	3153890	951457	7774148	237511
山东	39328552	2003535	4905045	5321736	4279441	20527278	2291517
河南	23685176	1395680	4989146	1964429	1003855	13449546	882520
湖北	22630126	1358097	4414363	3128104	1913820	11540952	274790
湖南	17316893	769240	2411448	7152479	1234494	5530286	218946
广东	66139513	7608489	3900787	14538834	9544102	26702292	3845009
广西	12879211	378006	2303117	2185584	565722	6676325	770457
海南	7231250		607394	1013578	485109	4592379	532790
重庆	23688171	1610615	8683870	2618359	230197	10259016	286114
四川	33566853	1873518	5362152	18191483	175400	6810985	1153315
贵州	11796962	52973	2837188	2114204	1298606	5014686	479305
云南	12510006	533669	2270968	1033573	4124381	4028916	518499
西藏	301693		19555	232644		49494	
陕西	14413522	841345	2713142	3274513	3724162	2615783	1244577
甘肃	4600650	202796	774621	1194712	577883	1818533	32105
青海	1496421	104092	577586	320968	144068	345624	4083
宁夏	3384813	669632	1308541	418549	273118	680003	34970
新疆	6525611	577753	1134839	943831	517414	3041880	309894

4-23 各地区按资质等级分的房地产开发企业商品住宅销售额

单位：万元

地区	总计	一级	二级	三级	四级	暂定	其他
全国总计	**624109534**	**36780447**	**107325422**	**121639860**	**68237551**	**262108148**	**28018106**
北京	21024647	3343391	2786396	1206536	4387482	8437664	863178
天津	13097031	1215655	1129934	1691858	5140380	3555504	363700
河北	25016246	2047448	3731999	4142236	6795110	7766560	532893
山西	6398253	197742	1353016	1057489	2883498	886567	19941
内蒙古	7650415	374653	1111542	1192925	4004811	776719	189765
辽宁	25188711	617234	2835930	6564248	238254	13014494	1918551
吉林	6676190	96684	1716391	1096655	1243728	2512851	9881
黑龙江	9626924	376014	3278087	4164743	344699	1337463	125918
上海	29234429	500563	3159316	2691314	175656	20167065	2540515
江苏	59695955	3244401	21401584	3960552	54345	27220496	3814577
浙江	41725801	2258643	4181084	7092166	1734591	23056670	3402647
安徽	26917964	430118	3831622	6350856	918318	14404048	983002
福建	29395788	2460459	2260101	6426704	4864748	12771542	612234
江西	13794952	171374	1776100	3404744	981662	7227245	233827
山东	40094832	2178183	5356296	5853115	5068994	20025134	1613110
河南	27397066	1291512	5929082	2934638	1602608	14496260	1142966
湖北	25437588	1274539	5298045	4546135	2515785	11320265	482819
湖南	18585771	550412	2884700	8044844	1598768	5238027	269020
广东	69602590	7503080	4487855	16349001	11518063	25641264	4103327
广西	12745691	371178	2130968	2380729	848268	6286145	728403
海南	8732200	14739	645495	1285686	722192	5403314	660774
重庆	22532816	1584239	8713161	2490071	232896	9257191	255258
四川	31450212	1592919	5942060	16557151	229384	6217969	910729
贵州	10000070	32194	2183348	2185694	1231465	4080634	286735
云南	11653878	608059	2290204	946517	3468815	3811023	529260
西藏	285541		19555	232260	4630	29096	
陕西	13681219	734266	2673429	3333791	3448391	2370925	1120417
甘肃	5134670	233090	1019367	1451744	878193	1507851	44425
青海	1558318	198277	691983	364304	180810	120173	2771
宁夏	3520283	730721	1353454	551238	305598	552317	26955
新疆	6253483	548660	1153318	1089916	615409	2615672	230508

4-24 各地区按资质等级分的房地产开发企业90平方米及以下住宅销售额

单位：万元

地区	总计	一级	二级	三级	四级	暂定	其他
全国总计	**178509861**	**9574385**	**29750138**	**35866587**	**17556570**	**76399301**	**9362880**
北京	7850299	1746652	881825	283450	1171462	3480110	286800
天津	4180319	545679	180465	387036	1510038	1432904	124197
河北	9662404	925115	1142656	1444717	2063234	3771961	314721
山西	972948	7046	222336	228058	402994	108622	3892
内蒙古	2205967	23589	172137	450628	1274852	227839	56922
辽宁	13792229	157959	1391964	3655633	201504	7025968	1359201
吉林	3226861	30373	785224	449422	821244	1133674	6924
黑龙江	4283409	32108	1189508	2012969	322252	629770	96802
上海	9330557	177976	956418	556505	70170	6719372	850116
江苏	11479580	678120	4775968	581448	7652	4627373	809019
浙江	9776611	414668	869470	1282277	285281	6106186	818729
安徽	7066411	123653	1112394	2071941	151553	3352798	254072
福建	5858563	488221	485905	1565135	610239	2659787	49276
江西	1675657	39191	317362	439801	98394	754773	26136
山东	9354053	299654	1150290	1502561	1052246	4932098	417204
河南	6645051	349128	1555731	641215	258888	3588906	251183
湖北	5837756	467045	1139217	893737	322515	2910710	104532
湖南	2738966	64976	424355	1068819	263837	850217	66762
广东	18409403	892157	1138552	4040438	3348096	7376154	1614006
广西	3736402	113269	560255	647793	255427	1868556	291102
海南	4188721	14739	205544	551293	329584	2675269	412292
重庆	10305264	620505	4159950	1236615	77720	4123930	86544
四川	13532168	722631	2186267	7432125	79763	2694632	416750
贵州	1957016	878	627346	357846	191463	721850	57633
云南	2800772	186101	642592	161881	815121	912185	82892
西藏	106057		1800	83849	2033	18375	
陕西	3905369	225530	733800	913900	917018	650300	464821
甘肃	1505391	25901	236635	481011	423246	334685	3913
青海	202808	18037	93629	53986	23718	13438	
宁夏	527547	142161	161818	92434	42963	82858	5313
新疆	1395302	41323	248725	298064	162063	614001	31126

4-25 各地区按资质等级分的房地产开发企业144平方米以上住宅销售额

单位：万元

地区	总计	一级	二级	三级	四级	暂定	其他
全国总计	**122056347**	**10176120**	**20143474**	**23416408**	**14785909**	**48958487**	**4575949**
北京	6641288	704093	1004791	453266	2017647	2038081	423410
天津	2813513	208093	292181	435893	796414	997557	83375
河北	3296351	263966	624148	566979	1112079	711144	18035
山西	1980598	37174	429694	260127	1007058	246062	483
内蒙古	1613723	243441	255504	230006	719394	98360	67018
辽宁	3373429	82426	424114	606243	2983	2092715	164948
吉林	980941	1051	226213	209102	114107	430468	
黑龙江	1760938	190905	750491	676342	3117	136683	3400
上海	8772535	87233	999112	1138938	313	5977258	569681
江苏	11950187	572013	3959736	1054203	3955	5954897	405383
浙江	12783053	986258	1412977	2542900	574201	6394027	872690
安徽	1400029	10361	200772	497451	24049	652048	15348
福建	6898929	611813	714843	1284812	2067659	2198943	20859
江西	1529752	34628	144992	284532	50296	992599	22705
山东	7114425	426067	1041781	809492	807400	3776943	252742
河南	4540194	174207	1274981	380416	212690	2287657	210243
湖北	2058341	50010	414436	464949	112330	991769	24847
湖南	3504408	166625	461507	1476287	279113	1079369	41507
广东	20053700	3979413	1470412	5752242	2756086	5295047	800500
广西	1720148	52342	381532	276347	103245	847428	59254
海南	1964735		224372	267538	160159	1168142	144524
重庆	2658610	169427	934650	185284	90719	1275019	3511
四川	3375683	249951	611234	1679212	52837	654502	127947
贵州	1291658	22350	300679	372429	146232	435926	14042
云南	3423013	241278	584214	381081	949814	1139734	126892
西藏	50730		14819	27848	978	7085	
陕西	2340761	220936	522076	622281	472441	423376	79651
甘肃	547012	20062	104391	144553	46275	219729	12002
青海	290236	95846	79343	92054	19329	3664	
宁夏	498024	184422	142528	75905	30204	64965	
新疆	829403	89729	140951	167696	52785	367290	10952

4-26 各地区按资质等级分的房地产开发企业别墅、高档公寓销售额

单位：万元

地区	总计	一级	二级	三级	四级	暂定	其他
全国总计	**39508568**	**3030583**	**5100674**	**7016973**	**3315913**	**19105667**	**1938758**
北京	1844535	430155	33373	107908	798608	472433	2058
天津	776093	53168	39955	138777	104647	409170	30376
河北	406656	9692	126621	54048	117882	98413	
山西	154560	3455	6982	3229	140894		
内蒙古	194733		12214	82452	79406	8669	11992
辽宁	961239	27380	67684	144608		667042	54525
吉林	357190		126559	104184	16223	110224	
黑龙江	252725		47650	181920	82	23073	
上海	8595427	75293	771996	1210878	6947	5702739	827574
江苏	4776167	265418	1168601	467316		2616993	257839
浙江	2900549	121433	262679	724422	246666	1300993	244356
安徽	800471	13713	59480	314236	2071	381255	29716
福建	1299337	47818	173887	255055	101285	721042	250
江西	334164	3384	13405	102761	15735	195150	3729
山东	1232720	6458	179242	100273	151429	739112	56206
河南	295756	48859	55716	6320		184861	
湖北	756103	9619	201317	176438	20133	348596	
湖南	766884	54336	149061	361763	31021	170703	
广东	5921181	1466301	339462	1403082	758355	1699428	254553
广西	404927	9225	89522	62482	32031	211533	134
海南	1411052		102359	209549	135317	846617	117210
重庆	1471530	47189	357108	80042	63865	923326	
四川	1034198	164843	135961	468747	6527	235497	22623
贵州	480702	12050	52577	7190	2921	402287	3677
云南	1164998	145788	161956	59377	415569	368432	13876
西藏	15036			15036			
陕西	422745	8740	258879	99585	26838	25439	3264
甘肃	104790			306		104484	
青海	1208		1208				
宁夏	86671	4485	35491	17875	13354	15466	
新疆	284221	1781	69729	57114	28107	122690	4800

4-27　各地区按资质等级分的房地产开发企业办公楼销售额

单位：万元

地　区	总　计	一　级	二　级	三　级	四　级	暂　定	其　他
全国总计	**29629279**	**1810665**	**4426525**	**4434722**	**3807113**	**13552939**	**1597315**
北　京	3593214	427421	266653	225935	1184981	1414003	74221
天　津	358194	2975	3606	4959	97312	230508	18834
河　北	487798	22007	113704	48587	201301	95467	6732
山　西	315800	20400	10590	16177	261868	6765	
内蒙古	271641	964	14420	50352	138743	65663	1499
辽　宁	414546	21240	8850	41246		317726	25484
吉　林	82995		27398	8623	1441	45533	
黑龙江	119604		12833	76216	1805	28750	
上　海	3004300	1864	131045	79606		2609705	182080
江　苏	1853592	45634	776071	67391		734870	229626
浙　江	2059220	66311	130949	419573	71252	1125755	245380
安　徽	758422	51088	39343	284060	6812	377119	
福　建	2014817	5428	192143	454405	551425	778414	33002
江　西	388425	279	14340	25675	2830	321747	23554
山　东	1796947	53248	113997	242089	352712	883883	151018
河　南	1644013	95221	384328	40066	5188	1094896	24314
湖　北	690070	63861	141653	93359	6624	259649	124924
湖　南	488823	30413	48354	154633	17257	238166	
广　东	4287529	742206	210308	1165433	276003	1777809	115770
广　西	294751		5505	10346	918	240901	37081
海　南	126624		101405	5754		19465	
重　庆	1094100	44643	776132	35600		237725	
四　川	1095149	10863	192298	675061	1792	188367	26768
贵　州	570212		217260	25156	60752	110189	156855
云　南	789850	26453	185807	42201	465764	66813	2812
西　藏	21751					21751	
陕　西	437401	46474	141292	27674	87882	48428	85651
甘　肃	111317		10521	35185	1638	63973	
青　海	66418		25601	40269	548		
宁　夏	64071	9297	32831	13674	1079	7190	
新　疆	327685	22375	97288	25417	9186	141709	31710

4-28 各地区按资质等级分的房地产开发企业商业营业用房销售额

单位：万元

地区	总计	一级	二级	三级	四级	暂定	其他
全国总计	**89106215**	**4462453**	**14158959**	**18110266**	**9578586**	**38523761**	**4272190**
北京	2020333	538935	173327	121934	460480	676243	49414
天津	1059549	1899	111793	42841	561051	322103	19862
河北	3191335	369116	600001	554877	765719	891085	10537
山西	612291	7009	85501	208800	268089	42892	
内蒙古	1955034	43733	244434	454373	855208	338979	18307
辽宁	4173247	152607	436839	1110703	77687	2235934	159477
吉林	1083099	46672	286659	226765	169477	351530	1996
黑龙江	1919667	41746	521173	741186	96206	420203	99153
上海	2264416	12730	141835	356330	1830	1663842	87849
江苏	6833870	216441	2452408	410015	12486	3320497	422023
浙江	4495880	78012	479234	650681	273669	2524382	489902
安徽	5516254	92106	427112	1298139	202392	3334103	162402
福建	3735116	92422	200174	871122	562537	1937424	71437
江西	1764317	32348	256148	394058	139025	904436	38302
山东	5548848	171885	421004	701976	581963	2734390	937630
河南	4376385	162907	665883	394255	185641	2749785	217914
湖北	4197054	294679	911608	780476	321121	1762281	126889
湖南	3432831	215319	379725	1261990	285248	1234674	55875
广东	7455664	837079	546934	1720991	1125478	2821922	403260
广西	1834663	62383	281170	287473	79510	1005592	118535
海南	443623		31303	7917	21121	363995	19287
重庆	3737467	344858	1394491	561309	6222	1370856	59731
四川	6376514	256296	1000562	3474084	42561	1306444	296567
贵州	2922540	30057	663979	380131	476502	1276332	95539
云南	2910197	68889	476072	185125	1054376	1007976	117759
西藏	35236			19383	5661	10192	
陕西	1477739	85341	242459	332238	428265	265518	123918
甘肃	681697	26860	44750	97542	139260	373285	
青海	470249	9031	97560	83392	33509	245445	1312
宁夏	889894	86088	362192	130237	121868	178070	11439
新疆	1691206	85005	222629	249923	224424	853351	55874

4-29 各地区按用途分的房地产开发企业商品住宅销售套数

单位：套

地区	住宅	#90平方米及以下住宅	#144平方米以上住宅	#别墅、高档公寓
全国总计	**10104351**	**4052318**	**753347**	**167469**
北京	125951	89665	7858	1826
天津	156473	80792	9918	3687
河北	489542	224101	27462	1913
山西	123440	30995	18395	591
内蒙古	192573	81441	19334	3565
辽宁	539918	374902	24072	6173
吉林	172679	119598	8763	2307
黑龙江	237004	159053	16264	1249
上海	190501	116106	12114	17139
江苏	799894	222858	57480	16694
浙江	332946	116416	42320	7975
安徽	531732	180521	12172	5042
福建	314636	109845	24205	5473
江西	242095	40244	15236	2688
山东	726368	225517	64227	8168
河南	624792	185398	60687	1852
湖北	491879	154546	17482	5493
湖南	414492	85359	53550	4691
广东	739363	261442	96241	26157
广西	269316	100122	19549	2234
海南	113011	81949	6046	7550
重庆	491027	298465	17607	10820
四川	649550	342121	21507	5800
贵州	250053	70225	15930	2643
云南	223681	79351	37862	8291
西藏	5062	2426	409	99
陕西	272865	100038	21414	2621
甘肃	118740	47327	6724	447
青海	32808	6650	3371	2
宁夏	87380	20016	6043	1241
新疆	144580	44829	9105	3038

4-30 各地区按资质等级分的房地产开发企业商品住宅销售套数

单位：套

地 区	总 计	一 级	二 级	三 级	四 级	暂 定	其 他
全国总计	**10104351**	**455800**	**1837233**	**2201373**	**1237351**	**3968244**	**404350**
北 京	125951	22045	19272	7198	23033	51549	2854
天 津	156473	18332	10611	19545	61922	41325	4738
河 北	489542	30504	70698	93744	139019	142901	12676
山 西	123440	3807	23684	24718	54052	16784	395
内蒙古	192573	4302	23245	36351	101904	22774	3997
辽 宁	539918	12364	62520	141544	8711	266015	48764
吉 林	172679	1910	36123	28051	35008	71159	428
黑龙江	237004	6436	69868	109925	13759	33076	3940
上 海	190501	3864	23460	14996	845	133934	13402
江 苏	799894	45362	307056	55908	1043	336983	53542
浙 江	332946	15734	37547	60553	19509	173224	26379
安 徽	531732	7179	75739	128775	21068	284118	14853
福 建	314636	21077	22189	83412	28685	152967	6306
江 西	242095	2849	28690	64547	20773	120850	4386
山 东	726368	37003	97674	118298	112523	330855	30015
河 南	624792	23847	126709	76625	43760	323685	30166
湖 北	491879	21279	80219	93653	73387	215469	7872
湖 南	414492	8587	58256	180796	42871	115315	8667
广 东	739363	36285	44153	152823	156625	311657	37820
广 西	269316	6611	39063	53353	22462	131202	16625
海 南	113011	228	6226	13465	15273	68460	9359
重 庆	491027	31092	194300	65089	3521	191534	5491
四 川	649550	32219	127584	348007	5309	121391	15040
贵 州	250053	449	55793	52695	33535	99741	7840
云 南	223681	11946	41440	23333	66618	68837	11507
西 藏	5062		134	4251	81	596	
陕 西	272865	12978	58404	66863	73780	40849	19991
甘 肃	118740	3786	22299	35280	27946	28401	1028
青 海	32808	2948	14673	7483	4386	3241	77
宁 夏	87380	18080	34642	14657	7682	11599	720
新 疆	144580	12697	24962	25435	18261	57753	5472

4-31　各地区按用途分的房地产开发企业商品住宅现房销售套数

单位：套

地　区	住　宅	#90平方米及以下住宅	#144平方米以上住宅	#别墅、高档公寓
全国总计	**2262850**	**997113**	**224991**	**35196**
北　京	38442	28077	2301	732
天　津	57932	31140	3387	739
河　北	116499	47081	8921	595
山　西	40512	9652	4791	187
内蒙古	72829	32519	9564	2585
辽　宁	161435	121979	7863	1376
吉　林	62771	46970	3187	192
黑龙江	73393	49133	6236	277
上　海	66514	42678	4113	3363
江　苏	176658	70578	15036	3657
浙　江	46993	18365	10324	1758
安　徽	84504	49995	3035	926
福　建	32240	21884	2395	386
江　西	35623	6759	3072	317
山　东	144547	50132	15590	894
河　南	219539	56289	25929	241
湖　北	140834	53741	6756	1768
湖　南	109166	18245	23866	1425
广　东	140952	48621	28802	5594
广　西	50712	17902	5522	330
海　南	24887	19521	1958	2206
重　庆	65272	45942	3063	921
四　川	90033	39885	6336	1611
贵　州	34128	7384	2911	124
云　南	39879	11079	10081	1756
西　藏	609	199	30	6
陕　西	35354	13762	2720	24
甘　肃	35191	16002	2215	
青　海	11070	2498	1356	
宁　夏	21569	5826	1892	375
新　疆	32763	13275	1739	831

4-32 各地区按用途分的房地产开发企业商品住宅期房销售套数

单位：套

地区	住宅	#90平方米及以下住宅	#144平方米以上住宅	#别墅、高档公寓
全国总计	**7841501**	**3055205**	**528356**	**132273**
北京	87509	61588	5557	1094
天津	98541	49652	6531	2948
河北	373043	177020	18541	1318
山西	82928	21343	13604	404
内蒙古	119744	48922	9770	980
辽宁	378483	252923	16209	4797
吉林	109908	72628	5576	2115
黑龙江	163611	109920	10028	972
上海	123987	73428	8001	13776
江苏	623236	152280	42444	13037
浙江	285953	98051	31996	6217
安徽	447228	130526	9137	4116
福建	282396	87961	21810	5087
江西	206472	33485	12164	2371
山东	581821	175385	48637	7274
河南	405253	129109	34758	1611
湖北	351045	100805	10726	3725
湖南	305326	67114	29684	3266
广东	598411	212821	67439	20563
广西	218604	82220	14027	1904
海南	88124	62428	4088	5344
重庆	425755	252523	14544	9899
四川	559517	302236	15171	4189
贵州	215925	62841	13019	2519
云南	183802	68272	27781	6535
西藏	4453	2227	379	93
陕西	237511	86276	18694	2597
甘肃	83549	31325	4509	447
青海	21738	4152	2015	2
宁夏	65811	14190	4151	866
新疆	111817	31554	7366	2207

4-33　各地区按资质等级分的房地产开发企业90平方米及以下住宅销售套数

单位：套

地　区	总　计	一　级	二　级	三　级	四　级	暂　定	其　他
全国总计	**4052318**	**186255**	**747621**	**902329**	**445557**	**1594970**	**175586**
北　京	89665	18018	13227	3991	14873	37696	1860
天　津	80792	9305	3211	6481	30807	27785	3203
河　北	224101	16926	30381	42391	53533	72532	8338
山　西	30995	273	5315	8036	13666	3619	86
内蒙古	81441	401	5646	17721	46439	9587	1647
辽　宁	374902	5016	41321	95720	7618	185756	39471
吉　林	119598	732	22817	17306	27308	51058	377
黑龙江	159053	1346	39956	79630	13035	21712	3374
上　海	116106	2731	14074	6836	413	83445	8607
江　苏	222858	13967	101217	11868	305	81747	13754
浙　江	116416	5058	13089	18337	5964	65444	8524
安　徽	180521	2444	26874	54402	4570	87312	4919
福　建	109845	10080	8723	33066	9834	47305	837
江　西	40244	908	6820	11412	2833	17646	625
山　东	225517	7229	30137	38152	30476	109896	9627
河　南	185398	8594	43869	21778	9270	93752	8135
湖　北	154546	10396	22530	25279	14231	78808	3302
湖　南	85359	2132	12992	34134	8482	24819	2800
广　东	261442	10377	15728	48829	50404	119699	16405
广　西	100122	3384	15040	17138	8670	48970	6920
海　南	81949	228	3310	9428	10340	51547	7096
重　庆	298465	16172	126156	37862	1817	114063	2395
四　川	342121	19782	57622	192068	2196	61607	8846
贵　州	70225	31	22352	12926	7634	25214	2068
云　南	79351	6098	19178	5717	22413	23779	2166
西　藏	2426		25	1971	42	388	
陕　西	100038	6037	22951	21447	23114	17631	8858
甘　肃	47327	654	7090	14103	15973	9380	127
青　海	6650	381	2792	1857	1159	461	
宁　夏	20016	6297	5910	3663	1644	2339	163
新　疆	44829	1258	7268	8780	6494	19973	1056

4-34 各地区按资质等级分的房地产开发企业144平方米以上住宅销售套数

单位：套

地　区	总　计	一　级	二　级	三　级	四　级	暂　定	其　他
全国总计	**753347**	**45697**	**132508**	**165071**	**105274**	**278496**	**26301**
北　京	7858	778	1148	495	2475	2522	440
天　津	9918	1345	1075	1555	2801	2887	255
河　北	27462	2054	5184	5872	7627	6511	214
山　西	18395	372	3958	3279	7605	3175	6
内蒙古	19334	2247	3287	2884	8589	1300	1027
辽　宁	24072	551	2928	4887	95	13902	1709
吉　林	8763	17	1739	2075	960	3972	
黑龙江	16264	2606	7398	4879	72	1275	34
上　海	12114	104	1516	1306	1	8207	980
江　苏	57480	2510	21847	3828	29	26922	2344
浙　江	42320	3400	4887	8611	2182	20570	2670
安　徽	12172	33	1741	4249	454	5570	125
福　建	24205	1432	1763	6603	3964	10292	151
江　西	15236	338	1202	2931	553	9940	272
山　东	64227	4509	9688	7719	10654	28956	2701
河　南	60687	1270	14362	6621	3947	30361	4126
湖　北	17482	294	2222	3948	2339	8618	61
湖　南	53550	827	7169	21155	5315	18083	1001
广　东	96241	8294	7204	27687	22191	28107	2758
广　西	19549	479	3301	3496	1775	9279	1219
海　南	6046		1006	605	455	3511	469
重　庆	17607	2048	5690	1816	390	7620	43
四　川	21507	1190	3833	11654	950	3269	611
贵　州	15930	231	3792	5211	2484	4053	159
云　南	37862	2433	4511	8767	9541	10738	1872
西　藏	409		77	295	12	25	
陕　西	21414	1636	4095	6372	5588	3000	723
甘　肃	6724	177	1306	2228	947	1835	231
青　海	3371	1064	1082	941	254	30	
宁　夏	6043	2517	1883	721	323	599	
新　疆	9105	941	1614	2381	702	3367	100

4-35 各地区按资质等级分的房地产开发企业别墅、高档公寓销售套数

单位：套

地 区	总 计	一 级	二 级	三 级	四 级	暂 定	其 他
全国总计	**167469**	**8858**	**22706**	**32551**	**15327**	**82167**	**5860**
北 京	1826	245	45	63	836	630	7
天 津	3687	100	223	338	715	2208	103
河 北	1913	23	445	146	823	476	
山 西	591	10	30	20	531		
内蒙古	3565		425	1772	1185	70	113
辽 宁	6173	164	307	1036		4342	324
吉 林	2307		682	962	70	593	
黑龙江	1249		83	1059	2	105	
上 海	17139	283	1203	1825	22	12407	1399
江 苏	16694	1015	4238	1824		8729	888
浙 江	7975	323	728	2130	710	3443	641
安 徽	5042	37	309	2240	17	2044	395
福 建	5473	55	339	746	242	4089	2
江 西	2688	43	150	599	223	1625	48
山 东	8168	26	968	572	1001	5339	262
河 南	1852	416	228	127		1081	
湖 北	5493	63	751	1384	467	2828	
湖 南	4691	344	630	2132	91	1494	
广 东	26157	3039	1489	6276	4654	9765	934
广 西	2234	16	203	367	464	1182	2
海 南	7550		780	1183	300	4918	369
重 庆	10820	343	2451	769	195	7062	
四 川	5800	772	704	2968	49	1147	160
贵 州	2643	112	636	36	80	1748	31
云 南	8291	1291	1383	532	1926	3062	97
西 藏	99			99			
陕 西	2621	11	1931	466	133	27	53
甘 肃	447			2		445	
青 海	2		2				
宁 夏	1241	96	582	69	150	344	
新 疆	3038	31	761	809	441	964	32

4-36 各地区按用途分的房地产开发企业商品房平均销售价格

单位：元/平方米

地区	商品房平均销售价格	住宅	#别墅、高档公寓	办公楼	商业营业用房	其他
全国总计	**6324**	**5933**	**12965**	**11826**	**9817**	**5177**
北京	18833	18499	38267	26266	25414	7391
天津	9219	8828	12643	16972	15671	8728
河北	5131	4988	9026	6457	7182	3414
山西	4734	4462	11466	13220	7549	3615
内蒙古	4333	3833	6088	6391	7234	5183
辽宁	5373	5107	8335	5823	7982	5003
吉林	5112	4810	9540	7015	7847	5537
黑龙江	4882	4517	11906	7799	8013	4691
上海	16787	16415	33415	24978	22014	6105
江苏	7006	6783	12849	8798	9929	4088
浙江	10526	10586	13127	11118	13466	4389
安徽	5394	5017	8804	6827	8513	3316
福建	9136	8843	14040	11131	13017	7603
江西	5288	4971	7443	9085	8998	5084
山东	5315	5029	9179	9686	8224	3903
河南	4366	3909	9038	9049	7891	7359
湖北	5513	5085	7902	10470	9916	5066
湖南	4227	3830	6662	9881	8110	4227
广东	9083	8526	12130	18605	15183	7598
广西	4854	4442	9032	9854	10123	5855
海南	9315	9262	16962	23109	9333	6120
重庆	5519	5094	9455	11147	10725	3414
四川	5597	5092	10233	7765	11358	3992
贵州	4312	3694	8073	6782	8653	4274
云南	4998	4451	6771	11878	8846	3375
西藏	5774	5323	7467	13643	8613	
陕西	5166	4823	9973	9213	10753	5330
甘肃	4544	4234	14640	8561	8423	5043
青海	5081	4294	11396	8202	11704	3875
宁夏	4117	3747	6392	7259	6719	3592
新疆	4628	4057	5988	8399	8039	5241

4-37 各地区按资质等级分的房地产开发企业商品房平均销售价格

单位：元/平方米

地区	总计	一级	二级	三级	四级	暂定	其他
全国总计	**6324**	**8061**	**6004**	**5679**	**5577**	**6778**	**7164**
北京	18833	17387	16682	16001	19685	19812	26768
天津	9219	6789	9984	8187	9749	9816	8697
河北	5131	6907	5265	4378	4729	5660	4535
山西	4734	4683	5004	4205	4938	4472	4704
内蒙古	4333	5231	4530	4161	4343	4096	4383
辽宁	5373	5889	5129	5252	3813	5629	4631
吉林	5112	7086	5738	4706	4219	5381	3377
黑龙江	4882	4935	5453	4624	3524	4985	5108
上海	16787	13745	14665	16041	19550	16962	20398
江苏	7006	6847	6730	6399	4570	7371	7013
浙江	10526	11072	9416	9475	7516	11344	11300
安徽	5394	6658	5166	5543	4299	5359	7092
福建	9136	11483	9340	7952	14590	8116	9615
江西	5288	6427	5949	4861	4393	5507	4808
山东	5315	5072	5050	4771	4274	5869	6387
河南	4366	5663	4548	4037	3341	4478	3805
湖北	5513	7660	6687	4962	3366	5789	7549
湖南	4227	6016	4676	4148	3439	4351	3014
广东	9083	17806	9411	9710	6879	8384	10828
广西	4854	5851	5261	4348	3886	5072	4615
海南	9315	8484	11485	11107	5881	9529	8666
重庆	5519	5898	5657	4380	6328	5732	5515
四川	5597	5829	5075	5581	4316	5985	7424
贵州	4312	6021	4881	4011	4010	4247	4640
云南	4998	4828	5685	3436	5310	5092	3823
西藏	5774		9437	5194	6828	8364	
陕西	5166	5963	4768	4895	4804	6301	5873
甘肃	4544	6072	4517	4155	3445	5843	3699
青海	5081	5569	4749	5017	4082	7003	3753
宁夏	4117	3873	4072	3852	4118	4956	3943
新疆	4628	4019	4822	4422	4021	4975	4450

4-38 各地区按资质等级分的房地产开发企业90平方米及以下住宅平均销售价格

单位：元/平方米

地 区	总 计	一 级	二 级	三 级	四 级	暂 定	其 他
全国总计	**5787**	**6814**	**5293**	**5170**	**5115**	**6335**	**6740**
北 京	12201	12703	10384	10117	10706	12950	19360
天 津	6840	6854	7245	7516	7206	6526	4778
河 北	5292	6489	4816	4235	4713	6300	4604
山 西	3798	3158	5049	3585	3515	3519	5291
内蒙古	3476	6601	3984	3566	3423	3022	4154
辽 宁	4690	4383	4311	4781	3369	4877	4292
吉 林	4237	5597	4865	3572	3886	4441	2908
黑龙江	3682	4399	4278	3416	3251	3865	3627
上 海	10824	8547	9653	10632	19257	10793	13367
江 苏	6538	5995	6021	6173	3332	7185	7431
浙 江	10497	10094	8595	9039	6465	11478	11510
安 徽	4949	7112	5008	4927	4052	4860	6273
福 建	7363	7348	7932	6606	8654	7513	7537
江 西	5267	5348	6020	4971	4549	5284	5074
山 东	5204	5112	4998	4926	4300	5601	5322
河 南	4452	5309	4457	3710	3471	4706	3716
湖 北	5643	7415	6525	4711	3147	6111	3666
湖 南	4302	5483	4569	4265	3926	4366	3421
广 东	9427	12085	9847	11024	8621	8328	13141
广 西	4811	4609	4809	4711	3937	4945	5260
海 南	7664	8484	9426	8789	4998	7705	8750
重 庆	4686	5189	4622	4278	6459	4788	5026
四 川	5137	4873	4765	5062	4527	5704	6040
贵 州	3684	3354	4131	3502	3285	3563	3584
云 南	4788	4076	4742	3828	4897	5143	4693
西 藏	5434		10000	5092	5507	7349	
陕 西	5117	5024	4463	5211	5062	5312	6200
甘 肃	3861	4699	3878	4021	3366	4354	3519
青 海	4054	6568	4680	3615	2674	3877	
宁 夏	3415	2926	3682	3128	3546	4396	3663
新 疆	3953	4191	4298	4229	3393	3844	4287

4-39　各地区按资质等级分的房地产开发企业144平方米以上住宅平均销售价格

单位：元/平方米

地　区	总　计	一　级	二　级	三　级	四　级	暂　定	其　他
全国总计	**8722**	**11502**	**8216**	**7683**	**7656**	**9422**	**9497**
北　京	37383	37014	40622	40266	33593	39316	39420
天　津	14648	9402	14900	13319	15161	16490	18205
河　北	6714	7373	6649	5614	7689	6343	5066
山　西	6081	5229	5951	4846	7186	4690	5489
内蒙古	4675	4875	4690	4468	4806	4182	4174
辽　宁	7495	5976	7550	6826	2124	7995	5861
吉　林	6518	3999	7584	6013	5975	6470	
黑龙江	6322	4496	6119	7543	2764	6168	6800
上　海	35377	38705	31726	37408	11179	35777	34146
江　苏	10461	12109	9367	12875	9245	10878	9496
浙　江	13841	13993	13628	13037	10707	14547	14257
安　徽	6079	9107	6017	6158	3180	6197	6899
福　建	14564	21216	17452	10363	26126	11111	7290
江　西	5598	6191	6591	4875	4776	5778	4548
山　东	6263	5504	5855	5918	4386	7339	5597
河　南	4466	7295	5065	3584	3311	4565	3027
湖　北	6507	6121	9709	6669	2916	6359	19221
湖　南	3838	7693	3901	4017	3196	3609	2164
广　东	10817	22068	9919	10842	6713	9972	15030
广　西	4872	5985	6414	4240	3226	5093	2787
海　南	16927		11767	21127	17733	17638	15917
重　庆	7943	4703	8533	5570	10728	8687	5309
四　川	8136	11853	7867	7792	3541	8947	10200
贵　州	4600	5159	5018	3979	3468	5643	3993
云　南	4577	4908	6894	2272	5012	5128	3687
西　藏	6914		10069	5383	5070	14170	
陕　西	6414	7924	7046	5834	5160	8095	6407
甘　肃	4831	6601	5083	4049	3035	6215	3596
青　海	5243	5522	4588	6067	3892	6499	
宁　夏	4852	4466	4468	5922	5239	5984	
新　疆	5030	4899	4809	4226	4167	5830	5744

4-40 各地区按资质等级分的房地产开发企业别墅、高档公寓平均销售价格

单位：元/平方米

地区	总计	一级	二级	三级	四级	暂定	其他
全国总计	**12965**	**17060**	**11311**	**11363**	**11105**	**13612**	**19564**
北京	38267	51939	23887	40543	33268	40240	17741
天津	12643	19218	10300	15972	11547	11614	17264
河北	9026	14813	9107	9352	8716	8795	
山西	11466	8672	8277	6351	12012		
内蒙古	6088		5170	7786	5091	4475	8001
辽宁	8335	6587	7810	8287		8288	11949
吉林	9540		10836	7700	7998	10804	
黑龙江	11906		15171	12116	2982	7582	
上海	33415	22125	40979	36754	13743	31531	40012
江苏	12849	17032	11161	12191		13192	17520
浙江	13127	17043	11277	13400	11157	13712	12540
安徽	8804	10482	7068	8169	4800	9600	11508
福建	14040	39379	16350	13144	15130	13220	4318
江西	7443	13239	7947	7069	6319	7835	3670
山东	9179	8806	9390	10323	6867	9595	9894
河南	9038	16661	12502	3891		7797	
湖北	7902	6435	14329	6385	3113	7572	
湖南	6662	4179	5475	7824	11169	6600	
广东	12130	24107	12659	10284	8863	10410	16652
广西	9032	15562	14439	6955	6122	8902	2233
海南	16962		13646	16306	23287	16371	22052
重庆	9455	7021	9309	8001	13476	9636	
四川	10233	13516	9350	9566	5456	11040	8092
贵州	8073	5161	4591	6478	3190	9361	4871
云南	6771	4843	7011	3597	9322	6556	8856
西藏	7467			7467			
陕西	9973	15756	9459	9665	9453	26375	9122
甘肃	14640			5474		14712	
青海	11396		11396				
宁夏	6392	7630	5887	8831	6511	5392	
新疆	5988	4263	6230	5153	4565	6887	6000

4-41 各地区按用途分的房地产开发企业商品房待售面积

单位：平方米

地　区	商品房待售面积	住　宅	#别　墅、高档公寓	办公楼	商业营业用房	其　他
全国总计	**621693877**	**406841253**	**30866226**	**26273992**	**117734457**	**70844175**
北　京	20645949	8636646	2139549	3071625	4348946	4588732
天　津	11247955	7833716	971364	1180812	1338222	895205
河　北	20429759	16070604	617896	375085	2722203	1261867
山　西	14084894	10403600	134783	225994	2408180	1047120
内蒙古	10638119	7017908	256521	399516	2394220	826475
辽　宁	48115491	35839751	1326369	1005717	7829485	3440538
吉　林	15043576	10716916	209363	203340	3000162	1123158
黑龙江	20419490	14442509	118105	358601	3743565	1874815
上　海	20401609	9584830	3406555	2622724	3723603	4470452
江　苏	56527300	35928054	4857073	3175601	13179575	4244070
浙　江	34960054	20055255	2774716	3021722	7887033	3996044
安　徽	16367411	9838679	763136	456659	4880336	1191737
福　建	13126799	6161506	636062	475958	2931380	3557955
江　西	11799947	8611492	408099	151977	2532740	503738
山　东	33983868	23834803	944166	923527	6736922	2488616
河　南	36940582	28750511	162608	784856	5311173	2094042
湖　北	27460515	19342800	709365	838634	5315480	1963601
湖　南	29508711	20186182	1160221	964135	5222818	3135576
广　东	54679918	35458176	3710852	1986892	8183580	9051270
广　西	15074536	10243202	514891	195424	2562200	2073710
海　南	9556578	8175387	1234337	118212	652646	610333
重　庆	18153241	8022843	790314	904059	4281834	4944505
四　川	23075221	12459786	611849	790442	4365147	5459846
贵　州	10866825	6203689	182020	643568	2502399	1517169
云　南	14266710	9189255	1545237	623642	2701494	1752319
西　藏	706698	608822	35536	10424	55401	32051
陕　西	5394368	4031776	10480	54532	877768	430292
甘　肃	6593791	4875004		65203	1262008	391576
青　海	2064283	1607680	5000	39410	257931	159262
宁　夏	9671627	6270041	231017	264641	2314454	822491
新　疆	9888052	6439830	398742	341060	2211552	895610

4-42 各地区按资质等级分的房地产开发企业商品房待售面积

单位：平方米

地　区	总　计	一　级	二　级	三　级	四　级	暂　定	其　他
全国总计	**621693877**	**28247257**	**123396373**	**155248451**	**93729296**	**201902032**	**19170468**
北　京	20645949	4047770	2795851	3580059	7788292	1727362	706615
天　津	11247955	342404	1656487	1361143	4774754	2925961	187206
河　北	20429759	267546	3858992	3898821	6790754	5387512	226134
山　西	14084894	595224	3592200	3524716	5029897	1335657	7200
内蒙古	10638119	932889	1394759	1761973	5446320	1030279	71899
辽　宁	48115491	1226567	5723231	13642375	1031627	24637419	1854272
吉　林	15043576	63357	3900025	3229489	3277277	4560539	12889
黑龙江	20419490	858904	6739378	10101157	588876	1880233	250942
上　海	20401609	754744	3430142	2941090	45195	12221891	1008547
江　苏	56527300	3606267	23468638	5789590	191991	21206285	2264529
浙　江	34960054	2326863	4755618	10333541	3150593	11898749	2494690
安　徽	16367411	270083	2397941	5045380	1398210	6981108	274689
福　建	13126799	739643	1697002	4699311	1976624	3913827	100392
江　西	11799947	77212	1865072	3219694	1061754	5296875	279340
山　东	33983868	2413269	4968581	6832574	6593349	12194505	981590
河　南	36940582	982893	7596281	5569646	2914821	18895031	981910
湖　北	27460515	874413	3915559	7411323	5644470	9522450	92300
湖　南	29508711	399135	3952557	13955590	3538206	7122912	540311
广　东	54679918	1367285	4881133	14751756	14636631	15099270	3943843
广　西	15074536	441679	1752672	3507501	1993944	6576005	802735
海　南	9556578	30991	364992	1374777	1208145	6138425	439248
重　庆	18153241	1874425	8328213	2963262	97081	4657559	232701
四　川	23075221	886832	6045735	11274330	486441	4060859	321024
贵　州	10866825	117781	1815349	2709784	2484765	3565073	174073
云　南	14266710	232700	2894716	1542752	5477086	3770307	349149
西　藏	706698	35978		584587	22628	63505	
陕　西	5394368	270093	1823596	1506941	1124994	518347	150397
甘　肃	6593791	3415	1127988	2744307	1606070	1058236	53775
青　海	2064283	190389	981486	506680	378120	7608	
宁　夏	9671627	1451841	4040377	2173330	1205903	758550	41626
新　疆	9888052	564665	1631802	2710972	1764478	2889693	326442

4-43　各地区按用途分的房地产开发企业商品房待售1-3年面积

单位：平方米

地　区	待售1-3年面积	住　宅	#别　墅、高档公寓	办公楼	商业营业用房	其　他
全国总计	**323138437**	**210009866**	**17630728**	**13709785**	**62547070**	**36871716**
北　京	11203078	4571232	783684	1799036	2318305	2514505
天　津	6830077	4575085	560151	785383	878166	591443
河　北	9713056	7580267	388204	156235	1410378	566176
山　西	6298226	4666018	69548	129076	1122344	380788
内蒙古	4892181	3188496	208176	129885	1189272	384528
辽　宁	30128805	22809622	827386	536029	4654325	2128829
吉　林	6388966	4654461	132775	41824	1237675	455006
黑龙江	11095629	7989617	94795	190791	2038614	876607
上　海	8137191	3666667	1359886	992892	1768684	1708948
江　苏	29500977	18314115	3205528	1587392	7525481	2073989
浙　江	18163583	10584528	1673593	1594252	3952586	2032217
安　徽	8470874	5247626	364746	159141	2411748	652359
福　建	5641732	2357785	312217	269256	1252008	1762683
江　西	7269726	5337078	198016	94707	1508078	329863
山　东	16362117	11166277	632478	403100	3663676	1129064
河　南	12742981	9450171	54796	294752	2250053	748005
湖　北	14826203	10259521	391798	508964	2954624	1103094
湖　南	18446355	12056423	857260	753894	3372774	2263264
广　东	29116164	18656399	1891516	1080137	4511305	4868323
广　西	8421847	5605661	451097	139802	1477992	1198392
海　南	6317801	5559460	866888	66692	399333	292316
重　庆	10339634	4576409	443120	506923	2229696	3026606
四　川	13396437	7503737	423997	430128	2301896	3160676
贵　州	4395496	2348141	88820	375984	1137925	533446
云　南	7966673	5329458	1080127	366628	1400453	870134
西　藏	576479	558247	7440		18232	
陕　西	2275320	1785318	6824	29887	310166	149949
甘　肃	3237363	2334128		15751	665776	221708
青　海	1295435	1075561	5000	28003	156346	35525
宁　夏	4684275	3018085	115123	82669	1167106	416415
新　疆	5003756	3184273	135739	160572	1262053	396858

4-44 各地区按资质等级分的房地产开发企业商品房待售1-3年面积

单位：平方米

地　　区	总　计	一　级	二　级	三　级	四　级	暂　定	其　他
全国总计	**323138437**	**12395622**	**64063907**	**83357430**	**48429526**	**104891579**	**10000373**
北　京	11203078	2148534	1688815	2457640	3807189	939475	161425
天　津	6830077	164328	1126076	1000597	3202136	1271567	65373
河　北	9713056	174135	1232468	1905514	3679325	2656161	65453
山　西	6298226	340226	1824249	1333447	2523065	270039	7200
内蒙古	4892181	527975	636230	801330	2516628	355787	54231
辽　宁	30128805	618633	3149502	8885666	740896	15703391	1030717
吉　林	6388966	58411	932578	1512395	1687291	2185402	12889
黑龙江	11095629	305822	3946413	5332162	290814	1162243	58175
上　海	8137191	207940	980542	1364132		5357933	226644
江　苏	29500977	1327252	11969097	2832978	135710	11643941	1591999
浙　江	18163583	751937	2351594	5430854	1781631	6432410	1415157
安　徽	8470874	162035	1236562	2648692	851707	3473484	98394
福　建	5641732	233397	912685	2191872	971804	1289716	42258
江　西	7269726	77212	1380532	1881821	599136	3159136	171889
山　东	16362117	806481	1930297	4101209	3148914	5915479	459737
河　南	12742981	421175	2823265	1778818	1575735	5769312	374676
湖　北	14826203	696013	2409235	3967003	2164586	5550298	39068
湖　南	18446355	362293	2993211	8214168	1959182	4652251	265250
广　东	29116164	640259	3069211	8080135	7353269	7655577	2317713
广　西	8421847	148315	1082630	1691129	848844	4011134	639795
海　南	6317801	8620	236662	972849	759367	4122359	217944
重　庆	10339634	698690	4610147	1611370	46547	3202540	170340
四　川	13396437	530976	3306918	6387132	327549	2622176	221686
贵　州	4395496	111928	674352	1097929	1198162	1301175	11950
云　南	7966673	84018	2102794	872638	3152009	1692564	62650
西　藏	576479			569728	276	6475	
陕　西	2275320	131774	692099	645224	551040	235183	20000
甘　肃	3237363		891346	1080918	862648	372566	29885
青　海	1295435	121095	444926	367781	355712	5921	
宁　夏	4684275	237386	2450476	1065607	570075	331440	29291
新　疆	5003756	298762	978995	1274692	768279	1544444	138584

4-45　各地区按用途分的房地产开发企业商品房待售3年以上面积

单位：平方米

地　区	待售3年以上面　积	住　宅	#别　墅、高档公寓	办公楼	商业营业用房	其　他
全国总计	**34173642**	**15417206**	**3684941**	**2498777**	**10078632**	**6179027**
北　京	3741550	1410974	747805	501038	1005769	823769
天　津	674673	455725	29507	130447	83337	5164
河　北	826977	699113	30060	11214	98784	17866
山　西	370219	297885		6133	49553	16648
内蒙古	63092	56916			6007	169
辽　宁	1898131	1482920	185751	39196	253421	122594
吉　林	1125277	775847	43911	58160	235543	55727
黑龙江	604520	271900	3475	14842	261616	56162
上　海	3505452	1301921	652651	444445	833081	926005
江　苏	2583107	955695	282833	197628	1157631	272153
浙　江	2727758	907799	192323	255478	1100591	463890
安　徽	1007277	670592	240888	20354	256271	60060
福　建	1032189	261622	62899	32314	410342	327911
江　西	342815	129298	27147	18907	180356	14254
山　东	993506	526467	56516	109427	289718	67894
河　南	368403	162642		28015	90323	87423
湖　北	861135	364820	122428	16528	219271	260516
湖　南	1079914	430212	42277	16926	386944	245832
广　东	4641749	2055678	656600	288757	1281972	1015342
广　西	396257	183840	9104	4337	95610	112470
海　南	412827	305671	54483	740	71434	34982
重　庆	2051223	649157	84158	76517	764141	561408
四　川	749473	286535	41192	55818	154073	253047
贵　州	413481	133062	24003	5793	213702	60924
云　南	341058	129422	44545		106816	104820
西　藏	71077	40047	27206	3036	21644	6350
陕　西	74551	38001			13626	22924
甘　肃	192939	93027		10190	53487	36235
青　海	65559	35125		471	6814	23149
宁　夏	359442	150437	18662	19204	176247	13554
新　疆	598011	154856	4517	132862	200508	109785

4-46 各地区按资质等级分的房地产开发企业商品房待售3年以上面积

单位：平方米

地　区	总　计	一　级	二　级	三　级	四　级	暂　定	其　他
全国总计	**34173642**	**2737763**	**6877153**	**9006451**	**5839162**	**7784370**	**1928743**
北　京	3741550	684244	580834	407942	1490589	204943	372998
天　津	674673	40806	179947	256692	197228		
河　北	826977			69883	412841	344253	
山　西	370219			49773	320446		
内蒙古	63092		8242	35162	6783	12905	
辽　宁	1898131	288283	259429	575928		718238	56253
吉　林	1125277		202466	181197	305941	435673	
黑龙江	604520	50153	244802	292654			16911
上　海	3505452	139734	768882	769071	36193	1533599	257973
江　苏	2583107	163175	1021676	432448	3666	890894	71248
浙　江	2727758	155852	746030	791852	382265	416526	235233
安　徽	1007277	41119	281247	465248	16345	203318	
福　建	1032189	89144	39884	550886	173753	152788	25734
江　西	342815		93145	80909	58135	110626	
山　东	993506	104863	83253	260446	266939	264133	13872
河　南	368403	52473	197244	77873	3757	4236	32820
湖　北	861135	15166	176000	450875	25860	187048	6186
湖　南	1079914	1441	158420	579338	150324	187391	3000
广　东	4641749	251374	148721	1327939	1485707	805802	622206
广　西	396257	42589	50088	61359	37707	184363	20151
海　南	412827			50645	72816	232389	56977
重　庆	2051223	364984	927668	381003	19429	322500	35639
四　川	749473	11776	236833	322121	53517	72231	52995
贵　州	413481		155031	97493	67377	93437	143
云　南	341058		22801	59931	103639	151319	3368
西　藏	71077	35978		12747	22352		
陕　西	74551		37461	33580	3510		
甘　肃	192939		27708	95019	46231	23981	
青　海	65559	40881	12302	11628	748		
宁　夏	359442	8477	139521	111206	20895	67008	12335
新　疆	598011	155251	77518	113603	54169	164769	32701

4-47 各地区房地产开发企业90平方米及以下住宅待售情况

单位：平方米

地 区	待售面积	待售1-3年	待售3年以上
全国总计	**110060615**	**59561591**	**4158686**
北 京	2828192	1703449	231742
天 津	2642996	918334	234171
河 北	4692115	2170119	341243
山 西	2248532	1241511	1271
内蒙古	1404873	558509	22699
辽 宁	18584110	12517846	571952
吉 林	5565741	2612797	235456
黑龙江	6915529	3871706	136382
上 海	2683940	850260	288548
江 苏	5869273	2333012	87426
浙 江	2871945	1476593	148786
安 徽	2146998	1233095	269500
福 建	1503111	518316	113469
江 西	913313	522099	7743
山 东	6375763	3319655	123928
河 南	5117453	2070827	37684
湖 北	4004893	2292100	101307
湖 南	3502654	1821387	60941
广 东	6902767	3843960	405863
广 西	2582114	1558693	35604
海 南	4747222	3247883	170036
重 庆	3594859	1840131	352985
四 川	3748847	2445208	43322
贵 州	816273	406246	11429
云 南	1681745	971790	1069
西 藏	56392	42012	5736
陕 西	1063672	689683	1835
甘 肃	1573616	699055	16752
青 海	279459	247389	904
宁 夏	1266865	589384	51958
新 疆	1875353	948542	46945

第五章

土地开发与购置（2014）

5-1　各地区房地产开发企业土地开发及其购置情况

地　　区	待　开　发 土地面积 (平方米)	本年土地 购置面积 (平方米)	本年土地 成交价款 (万元)
全国总计	**421362835**	**333830332**	**100198754**
北　京	6176593	5807629	7636722
天　津	5830996	1227444	1210859
河　北	8545218	10817208	2329237
山　西	8185079	4317085	654614
内 蒙 古	5087652	5344826	871948
辽　宁	14708346	16708480	4112281
吉　林	3645960	9284006	1887529
黑 龙 江	3024129	4165769	688884
上　海	6481475	3131804	3956299
江　苏	53734121	34542666	10945523
浙　江	17704622	18879208	9644945
安　徽	30241701	30295843	7110157
福　建	10767949	12941606	4760465
江　西	6681726	9181964	2088656
山　东	28704921	22254998	5247291
河　南	13435695	11161606	2339382
湖　北	17174602	12449934	3348710
湖　南	22139722	11119826	2114284
广　东	47367670	19569868	8565839
广　西	7840192	6100127	1609370
海　南	14221430	2884735	577471
重　庆	24747349	18645896	6799874
四　川	15065080	15354299	4759654
贵　州	12436966	9363634	1110482
云　南	12724427	12182297	2145782
西　藏	24210	581011	69805
陕　西	6040247	4875203	1573073
甘　肃	3278722	5674866	584814
青　海	1042389	998678	133768
宁　夏	4578237	3327653	349975
新　疆	9725409	10640163	971061

5-2 各地区按资质等级分的房地产开发企业待开发土地面积

单位：平方米

地　区	总 计	一 级	二 级	三 级	四 级	暂 定	其 他
全国总计	**421362835**	**9669168**	**51412358**	**71293067**	**44184426**	**220010237**	**24793579**
北　京	6176593	263819	707955	253791	1979873	2470297	500858
天　津	5830996	67068	157773	240328	2960149	1963448	442230
河　北	8545218	295783	452901	376522	2224561	5030639	164812
山　西	8185079	31742	485901	1697657	4260584	1609511	99684
内蒙古	5087652		194647	1605331	3071318	216351	5
辽　宁	14708346	90213	1201635	1621362	18500	10768017	1008619
吉　林	3645960		891149	463704	747908	1543199	
黑龙江	3024129	20000	641831	1665463	34000	623831	39004
上　海	6481475	235410	750481	520957		4244528	730099
江　苏	53734121	1899687	15815087	2952585	467787	26738818	5860157
浙　江	17704622	811638	946680	3990105	1423785	8852378	1680036
安　徽	30241701	566807	1698013	5368116	1038180	19677389	1893196
福　建	10767949		142161	2734841	720277	6755785	414885
江　西	6681726		630329	1258353	823280	3712642	257122
山　东	28704921	391782	3256956	6394706	3933357	12775157	1952963
河　南	13435695	183667	1411894	853446	300387	10299778	386523
湖　北	17174602	50226	1226315	1629930	1794402	12051604	422125
湖　南	22139722	68828	905089	10885328	2201636	7698439	380402
广　东	47367670	2493920	2176264	7962848	7890981	24989080	1854577
广　西	7840192		1413683	1128080	142867	5075598	79964
海　南	14221430		667910	311743	169532	12485410	586835
重　庆	24747349	256668	6930683	3789418	89280	13436346	244954
四　川	15065080	672272	2206044	8110537	58178	3652497	365552
贵　州	12436966	22339	1856511	872578	1020340	8342047	323151
云　南	12724427	11945	1520031	855699	2577853	3965336	3793563
西　藏	24210					24210	
陕　西	6040247	58786	862254	1392806	1935165	1061183	730053
甘　肃	3278722		194129	941843	664177	1478573	
青　海	1042389		271312	156111	361993	194971	58002
宁　夏	4578237	654869	1253758	644819	426028	1531264	67499
新　疆	9725409	521699	542982	614060	848048	6741911	456709

5-3　各地区按资质等级分的房地产开发企业土地购置面积

单位：平方米

地　区	总　计	一　级	二　级	三　级	四　级	暂　定	其　他
全国总计	**333830332**	**5036816**	**28089330**	**37557619**	**29244858**	**208456963**	**25444746**
北　京	5807629	429314	305914	267481	2183760	2488811	132349
天　津	1227444		88093	103912	560381	465594	9464
河　北	10817208	558668	1008559	1110029	2968661	4854710	316581
山　西	4317085	49543	470977	284954	1877327	1486565	147719
内蒙古	5344826		404871	649181	2449409	1743629	97736
辽　宁	16708480	323221	789217	1372050	65991	12231868	1926133
吉　林	9284006	186560	1588052	1657783	1359211	4492400	
黑龙江	4165769		601757	1252187	209476	1749349	353000
上　海	3131804		281304	132144		1961382	756974
江　苏	34542666	803668	5091091	2069113	80215	19833889	6664690
浙　江	18879208	34730	598768	1596004	946691	13380265	2322750
安　徽	30295843	304885	933399	2028190	783446	23766830	2479093
福　建	12941606		180980	1010269	502476	10811861	436020
江　西	9181964		407684	885729	277338	7332533	278680
山　东	22254998	322826	1661968	2058876	2060211	14102931	2048186
河　南	11161606	2600	1214829	1247600	703785	7506414	486378
湖　北	12449934		748610	1101171	2263863	8236719	99571
湖　南	11119826	37570	796297	2268561	1319248	6351191	346959
广　东	19569868	314776	315262	1564516	1210177	14008627	2156510
广　西	6100127	160382	646900	587560	57190	4403319	244776
海　南	2884735		1158	86753	140881	2247487	408456
重　庆	18645896	16797	4503563	1996100		11858887	270549
四　川	15354299	457878	1499365	7589315	62531	4937550	807660
贵　州	9363634	49004	351397	349798	753206	7699250	160979
云　南	12182297	223370	1664562	742836	3231848	5411106	908575
西　藏	581011			312974		228806	39231
陕　西	4875203	225537	520521	757819	1365558	1317622	688146
甘　肃	5674866		172634	941053	689165	3872014	
青　海	998678	159661	168080	147498	47672	475767	
宁　夏	3327653	245514	691423	510744	132587	1747385	
新　疆	10640163	130312	382095	875419	942554	7452202	857581

5-4 各地区按资质等级分的房地产开发企业土地成交价款

单位：万元

地　区	总　计	一　级	二　级	三　级	四　级	暂　定	其　他
全国总计	**100198754**	**2191105**	**7905745**	**9538787**	**6881727**	**63946081**	**9735309**
北　京	7636722	736660	346976	148069	1685340	4711284	8393
天　津	1210859		15106	36105	411627	745303	2718
河　北	2329237	174214	293885	198236	546681	1002546	113675
山　西	654614	6914	80770	27098	272198	229383	38251
内蒙古	871948		60705	83019	424965	282960	20299
辽　宁	4112281	40934	150108	222159	8588	3215386	475106
吉　林	1887529	36089	275241	318182	182034	1075983	
黑龙江	688884		64227	172967	13293	385697	52700
上　海	3956299		445632	98665		2748815	663187
江　苏	10945523	146544	1023233	277279	11656	7162765	2324046
浙　江	9644945	17800	312017	756224	346950	6084022	2127932
安　徽	7110157	55633	197327	606035	164119	5339276	747767
福　建	4760465		65360	349052	184356	3816515	345182
江　西	2088656		68737	172772	73588	1723202	50357
山　东	5247291	48479	402739	373110	251888	3809116	361959
河　南	2339382	429	207341	214450	79102	1707296	130764
湖　北	3348710		319882	951230	230803	1829645	17150
湖　南	2114284	13388	180303	375340	185967	1259235	100051
广　东	8565839	83512	314533	525108	552434	5877787	1212465
广　西	1609370	86554	260455	134165	12244	1047142	68810
海　南	577471		101	30419	29165	428754	89032
重　庆	6799874	15300	1814506	379474		4547498	43096
四　川	4759654	454427	260298	2482042	11776	1366380	184731
贵　州	1110482	1455	35525	51643	92667	910239	18953
云　南	2145782	16194	324307	95093	646925	806511	256752
西　藏	69805			37471		16534	15800
陕　西	1573073	163786	230088	180667	307368	480900	210264
甘　肃	584814		32873	113711	63970	374260	
青　海	133768	21260	16130	8703	9674	78001	
宁　夏	349975	37190	58852	44851	9006	200076	
新　疆	971061	34343	48488	75448	73343	683570	55869

第六章

房地产开发企业经营状况（2014）

6-1 各地区房地产开发企业主要财务指标

单位：万元

地区	资产总计	负债合计	所有者权益合计	主营业务收入
全国总计	**4987499235**	**3840955254**	**1146543981**	**664638028**
北京	439214511	343756576	95457935	37577821
天津	204656622	148941008	55715613	15332528
河北	134253439	115374340	18879099	19579491
山西	61916566	54342380	7574186	6025464
内蒙古	65493306	54122519	11370787	7842357
辽宁	213070613	165715884	47354729	23276385
吉林	49435861	41646300	7789562	8009739
黑龙江	101241094	61424461	39816633	8919262
上海	411228716	282418649	128810067	42484101
江苏	428428606	320320106	108108500	75401181
浙江	357354556	278614501	78740055	49924989
安徽	154682918	119244864	35438054	25272198
福建	195308831	148051727	47257104	26139696
江西	73516078	54017194	19498884	12495439
山东	275864013	220428759	55435254	47097834
河南	149779271	119599889	30179382	25292238
湖北	152565978	116325746	36240232	24710785
湖南	112212124	85689170	26522953	19347201
广东	484183836	388514521	95669315	70640806
广西	84953092	62243490	22709602	9299579
海南	68078005	54177958	13900047	6179346
重庆	202601586	144711394	57890192	24252482
四川	186444438	145999696	40444742	30355967
贵州	71653538	59435300	12218239	7208166
云南	120636560	100711809	19924751	11469680
西藏	962014	695500	266514	230534
陕西	85493456	70599378	14894079	13838977
甘肃	28356197	23025138	5331060	4264896
青海	11506916	9830743	1676174	1529599
宁夏	24136601	19665263	4471338	3440939
新疆	38269897	31310997	6958899	7198348

6-1 续表 1

单位：万元

地　　区	土地转让收入	商品房销售收入	房屋出租收入	其他收入
全国总计	**5719549**	**625350619**	**14640992**	**18926869**
北　　京	1251497	31263919	2610587	2451819
天　　津	389266	13431778	276189	1235295
河　　北	154164	18942385	168191	314752
山　　西	9282	5587905	76167	352110
内 蒙 古	62470	7496773	28839	254275
辽　　宁	17870	22442900	362048	453567
吉　　林	35882	7668080	171702	134076
黑 龙 江	52206	8525899	88805	252353
上　　海	621090	35896795	3973163	1993053
江　　苏	554164	72405313	781969	1659735
浙　　江	81842	48639479	379651	824017
安　　徽	414692	23898302	162350	796855
福　　建	7201	25268881	241794	621820
江　　西	59544	12112860	52974	270061
山　　东	242457	45284310	382613	1188454
河　　南	67897	24247358	736829	240155
湖　　北	294098	23162793	370359	883535
湖　　南	170295	18377794	228724	570388
广　　东	400189	67380046	1654677	1205894
广　　西	43974	8869491	255666	130448
海　　南	264133	5658169	57721	199323
重　　庆	356781	22462896	548501	884304
四　　川	56517	29214572	381702	703176
贵　　州	18645	7036052	70665	82804
云　　南	41114	10717939	235823	474805
西　　藏		226841	3361	332
陕　　西	16217	13326922	117291	378548
甘　　肃	11360	4092239	54242	107055
青　　海	5511	1455773	20717	47598
宁　　夏	2952	3367924	38212	31851
新　　疆	16242	6888232	109464	184410

6-1 续表 2

单位：万元

地　区	主营业务成本	主营业务税金及附加	其他业务利润	销售费用
全国总计	**478272101**	**59684282**	**2027205**	**24034997**
北　京	24059708	3955116	430590	1209548
天　津	11220514	1246348	48091	564986
河　北	15105078	1752121	-24124	738063
山　西	4519499	456779	14265	210036
内蒙古	6200353	689404	6780	199862
辽　宁	17741178	1928645	75328	850639
吉　林	6170684	645678	18398	270460
黑龙江	6929111	767684	35064	312305
上　海	26933092	3750887	171973	1364922
江　苏	57791095	6209566	145933	2379848
浙　江	38486307	4299912	147627	1631341
安　徽	19417152	1987655	2904	859558
福　建	17582616	2825144	23716	960944
江　西	8860378	1100196	21719	429934
山　东	35391584	3731378	120461	1359001
河　南	17090017	2056709	94371	970454
湖　北	17112302	2249641	75319	875104
湖　南	14484034	1542230	16612	739396
广　东	45589596	8381402	241821	2864842
广　西	6593462	842956	33289	484394
海　南	3930545	661510	17734	538771
重　庆	17430609	2046459	88653	979803
四　川	22005803	2510355	65851	1340980
贵　州	6355658	637336	17140	383895
云　南	8391693	964624	53495	481779
西　藏	211542	19116	-45	5972
陕　西	10093567	1171371	31028	476220
甘　肃	3344348	320277	13820	103355
青　海	1221188	112158	3079	40785
宁　夏	2695832	226783	17180	120627
新　疆	5313559	594841	19132	287172

6-1 续表 3

单位：万元

地 区	管理费用	财务费用	营业利润	营业外收入
全国总计	**35205370**	**20268375**	**61431343**	**6153083**
北 京	2835218	2324489	6313093	735535
天 津	753253	713444	1292751	254118
河 北	1031400	465753	454458	143284
山 西	524308	164600	124104	16866
内 蒙 古	479332	233765	39059	92455
辽 宁	1391729	720618	1451044	214276
吉 林	555669	264786	84027	143619
黑 龙 江	473275	345536	150689	147223
上 海	2327549	1908293	8129081	414589
江 苏	3037632	1316967	5197025	696469
浙 江	2372078	1406905	2685225	377853
安 徽	1188714	658916	1111965	432282
福 建	1150072	580603	3871576	136603
江 西	524834	274255	1424380	130080
山 东	2113603	1034173	3688512	336655
河 南	1495052	759647	3004515	199887
湖 北	1092975	615524	3388053	148696
湖 南	1074569	446229	1157196	96716
广 东	3549725	2162174	11236465	316927
广 西	736697	245446	515468	105843
海 南	656360	302140	119280	64827
重 庆	1221252	1008342	1890607	356760
四 川	1469337	864409	2028631	156001
贵 州	561742	239014	258110	105463
云 南	864106	562001	-27366	177920
西 藏	10990	3370	-20704	3939
陕 西	629172	259998	1143425	24436
甘 肃	248920	131072	122860	14352
青 海	91101	28333	44980	15839
宁 夏	234924	86921	95225	36649
新 疆	509785	140649	457608	56920

6-1　续表 4　　　　单位：万元

地　区	营业外支出	利润总额	应交所得税	应付职工薪酬
全国总计	**3941048**	**64460595**	**17931847**	**19302825**
北　京	345524	6741672	1670925	1740986
天　津	60681	1488916	378002	444766
河　北	151775	441497	410801	540988
山　西	41621	99404	148535	235897
内蒙古	51618	79465	114587	271000
辽　宁	126221	1542985	384101	596103
吉　林	74701	150727	122476	337636
黑龙江	40594	257089	152133	229876
上　海	139076	9042915	1989970	1022831
江　苏	422492	5470825	1344868	1540222
浙　江	361556	2786228	940415	1168164
安　徽	98981	1440155	501562	607285
福　建	183385	3831934	964706	733971
江　西	28634	1526676	424367	312466
山　东	174530	3855358	979973	1229635
河　南	148803	3056275	646730	784814
湖　北	110850	3413792	724160	681380
湖　南	160637	1088767	337523	592922
广　东	462116	11129795	2857046	2016384
广　西	60593	560055	271628	385869
海　南	73859	110480	162745	299735
重　庆	183911	2083724	613433	758171
四　川	141413	2044185	749811	880002
贵　州	50915	309253	127187	369368
云　南	105479	52405	223296	490481
西　藏	1099	-17864	3686	9195
陕　西	60939	1107045	361151	454821
甘　肃	13276	123918	61720	168074
青　海	6355	54465	26303	46757
宁　夏	23979	109367	54234	111287
新　疆	35438	479090	183774	241741

6-2 各地区按登记注册类型分的房地产开发企业资产总计

单位：万元

地区	总计	内资					
			国有	集体	股份合作	国有联营	集体联营
全国总计	**4987499235**	**4410243296**	**126444341**	**9671100**	**2276215**	**1322621**	**133391**
北京	439214511	385118586	12923010	1454370	12800		
天津	204656622	188802800	10170257	170087		64160	
河北	134253439	130312256	532037		100		
山西	61916566	60553957	1496059	26325			
内蒙古	65493306	65050047	502822	4	9000		
辽宁	213070613	172579227	1417804	64081	451544		
吉林	49435861	47335928	12229	347	7915		
黑龙江	101241094	99241234	1042286	5957	2249		
上海	411228716	337484050	28511509	816442	1380	59646	18662
江苏	428428606	368546524	13589357	945015	140243	39859	
浙江	357354556	317456910	4503916	218093	215932	1142570	
安徽	154682918	146990305	6780687	31668			
福建	195308831	169423925	7475491	381517			
江西	73516078	67829425	684643	20144	73683		701
山东	275864013	256481725	5338128	1754528	209681		
河南	149779271	139812563	3943538	150468	17306		
湖北	152565978	141829050	3778156	501744			
湖南	112212124	106424125	1721513	16844	7866		
广东	484183836	367350629	4115689	2427518	107802		114029
广西	84953092	78868404	1359331	79012	11634		
海南	68078005	56630684	1233756		15568		
重庆	202601586	177972184	6966947	17924	30975		
四川	186444438	166756768	1332750	330915	694730		
贵州	71653538	69287467	637697	4604	34431		
云南	120636560	113761333	1531730	25824	4915		
西藏	962014	962014	12759				
陕西	85493456	78678058	3301093	182522	185183		
甘肃	28356197	27634313	826789	41159	1235		
青海	11506916	11483093	132106		27533	16385	
宁夏	24136601	23213605	325205				
新疆	38269897	36372111	245048	3989	12511		

6-2　续表 1　　　　单位：万元

地　区	内资						
	国有与集体联营	其他联营	国有独资公司	其他有限责任公司	股份有限公司	私营独资	私营合伙
全国总计	**27482**	**145011**	**428409385**	**2319274640**	**273588311**	**6089879**	**1002451**
北　京			18760168	291461692	36939759		
天　津			50761264	92942332	9280732	10951	151679
河　北			1414413	71146410	7758192	55384	53005
山　西			1825294	16245620	1170298		
内蒙古			2754795	28525625	2818599	74700	7627
辽　宁			12392799	78175294	23225391	200259	
吉　林			1217426	29019273	2420807	200422	9448
黑龙江			27496963	44849497	3412503	16673	2135
上　海	1229		36936267	150793258	42692707	306886	63902
江　苏			40217616	162622688	15689123	1444581	51821
浙　江	21023		26046907	173826443	8495041	186330	38238
安　徽			18572043	71758778	5305656	526680	21028
福　建	5174		23207403	89428664	5037063	21027	
江　西			11592876	32530493	3392492	18416	31270
山　东			23266910	138111321	14058075	200069	15943
河　南		8571	6318315	84435301	7239682	242053	36778
湖　北			11056389	70820532	12509488	190849	6144
湖　南		37572	5918473	62150196	4683769	207787	15132
广　东		4389	11386947	211150440	32168323	917557	62960
广　西		8715	15404632	29220968	2842876	159227	345356
海　南	56		9649983	34586313	3025795	49590	
重　庆			41194825	68961470	6237616	37060	
四　川			9068874	93726119	9660481	78483	9957
贵　州			4458086	42953506	2945126	2348	38960
云　南			4391388	67484352	6513946	50516	
西　藏		85764	126561	223169	3573		
陕　西			6095510	44699775	2745511	250067	
甘　肃			1032928	14309092	672540	5746	
青　海			1582614	2809113	182483		
宁　夏			1670532	5631846	141489	629569	
新　疆			2590183	14675065	319177	6650	41068

6-2 续表 2　　　　单位：万元

地　区	内　资			港澳台商投资			
	私营有限责任公司	私营股份有限公司	其他内资企业		合资经营	合作经营	独　资
全国总计	**1167197319**	**70774281**	**3886871**	**387462899**	**133492720**	**32210150**	**213519135**
北　京	22663064	903723		33367020	8477002	7980697	16909321
天　津	23186004	2013962	51374	9742547	3047072	482053	5398833
河　北	46438346	2639308	275062	1820363	834638		985725
山　西	38302787	1468058	19517	776484	381812		394672
内蒙古	29735125	560928	60823	13126	13126		
辽　宁	53976768	2505266	170022	25420683	10804662	610131	13824915
吉　林	13952976	488225	6860	1698859	669053		967729
黑龙江	21158263	1231612	23096	1275694	852503	43004	346761
上　海	72927389	4352274	2500	46254202	20501123	1183438	24449896
江　苏	124843294	8601306	361622	41562888	12723134	827167	27337482
浙　江	100954494	1761732	46192	24991218	9568768	327012	14484639
安　徽	39546922	3452673	994172	4952464	2004930	103997	2784664
福　建	41937262	1780680	149644	20667396	9343258	463865	10344348
江　西	17918845	1520459	45403	4506490	2412395	8453	2085642
山　东	68055828	5325049	146192	14294266	6704503	937326	6619577
河　南	34886649	2413325	120576	6854889	1407720	320889	4962602
湖　北	41037598	1825805	102346	8173891	2834182	377267	4496245
湖　南	28824722	2761882	78371	4161876	1121786	10436	3029654
广　东	95808513	8875217	211246	81462400	19679290	17368807	42783702
广　西	28020993	1100680	314980	4122110	1239740	479969	2402402
海　南	7478456	485955	105212	9626491	3940930		3373383
重　庆	51508584	3007066	9718	18458015	6822193	465548	11170273
四　川	49343833	2290888	219739	9549550	2584541	30646	6370497
贵　州	16303215	1899079	10416	1911307	1108600	27713	774994
云　南	30321817	3226990	209857	5670843	1497805		4173037
西　藏	510188						
陕　西	19462409	1643550	112437	3472113	328200	161734	2982179
甘　肃	10322289	386467	36068	307748	280653		27095
青　海	6292153	440705		11250	4905		6345
宁　夏	13448280	1366684		447150	447150		
新　疆	18030257	444736	3426	1889569	1857044		32524

6-2　续表 3

单位：万元

地　区	港澳台商投资		外商投资					
	股份有限	其　他		合资经营	合作经营	独　资	股份有限	其　他
全国总计	**7699950**	**540945**	**189793040**	**57182682**	**18231620**	**99282624**	**12922567**	**2173547**
北　京			20728905	6631945	4075228	5938972	4082761	
天　津	814590		6111275	1679585	330411	3570768	340361	190151
河　北			2120819	198623	10964	1842592	68640	
山　西			586125	177181		408944		
内蒙古			430134	74134		60999		295000
辽　宁	180976		15070703	5859311	2103517	6792350	315525	
吉　林	51723	10354	401075	347185	53890			
黑龙江	33426		724167	302399	16852	404916		
上　海	119745		27490463	7421874	1875363	13490359	4702867	
江　苏	675105		18319195	7160397	867042	10291756		
浙　江	610800		14906429	3513442	339468	11006822	26889	19807
安　徽	58873		2740149	683298	199909	1420142	201298	235504
福　建	515926		5217509	757694	4843	3780396	438329	236247
江　西			1180163	860121		237627	82416	
山　东	32860		5088022	2488454	807111	1792457		
河　南	60766	102911	3111819	529778	21958	2314605	245478	
湖　北	466197		2563037	957930		1029181	79480	496447
湖　南			1626122	875605		738770	11748	
广　东	1260829	369772	35370807	8800497	3724818	21494202	956796	394495
广　西			1962578	591455	227060	918859	137626	87577
海　南	2284455	27723	1820830	248384	158944	1407496	6007	
重　庆			6171388	2059946	887588	2656807	348726	218321
四　川	533681	30185	10138120	2894632	978412	6091062	174013	
贵　州			454765	260191	187250	7325		
云　南			1204384	149885	530217	25908	498374	
西　藏								
陕　西			3343286	1041584	830777	1265691	205234	
甘　肃			414136	389221		24915		
青　海			12573	12573				
宁　夏			475846	207142		268704		
新　疆			8217	8217				

6-3 各地区按资质等级分的房地产开发企业资产总计

单位：万元

地　区	总　计	一　级	二　级	三　级	四　级	暂　定	其　他
全国总计	**4987499235**	**525266463**	**1030427404**	**893179486**	**536873299**	**1728557798**	**273194786**
北　京	439214511	96214485	60332063	37116424	133517428	78106317	33927794
天　津	204656622	19167977	52143290	17007943	69826096	41548510	4962806
河　北	134253439	17666202	25175595	23644632	33306697	30984699	3475615
山　西	61916566	2311335	12798182	10778334	25118157	10440845	469714
内蒙古	65493306	7424840	13438745	10085507	25550028	8012103	982081
辽　宁	213070613	9752831	23578564	59174174	1381244	106872652	12311149
吉　林	49435861	1459946	14458569	8878587	4552574	19967873	118312
黑龙江	101241094	3829305	27170383	51528791	724863	16245281	1742472
上　海	411228716	78086843	69407970	36799333	491871	194853936	31588762
江　苏	428428606	37583607	163492484	29250901	654535	169112679	28334400
浙　江	357354556	33853466	51164505	68379268	15646448	150700653	37610217
安　徽	154682918	4021281	31811384	35843320	3732380	74871071	4403483
福　建	195308831	19219889	25943720	42594166	24048052	74797805	8705199
江　西	73516078	1250416	14730694	18140030	4732310	33091946	1570681
山　东	275864013	17289341	45598822	43315768	28644249	129621512	11394322
河　南	149779271	14110131	34868517	16787444	6103320	74108973	3800886
湖　北	152565978	19845678	36783974	25415220	10564619	55278390	4678098
湖　南	112212124	5344888	17258551	48396671	7441201	30663100	3107712
广　东	484183836	71194649	56983377	113320625	59853484	144079239	38752463
广　西	84953092	2768815	14705494	19387295	4641982	36008778	7440729
海　南	68078005	46541	12885865	7901129	5622597	33991446	7630427
重　庆	202601586	20726689	86628879	18294578	1720484	73656126	1574830
四　川	186444438	12373478	42100669	87627390	2083003	33068323	9191575
贵　州	71653538	2291176	17809171	11942710	10042894	26793446	2774142
云　南	120636560	11407635	32431132	8630791	24815534	39213346	4138121
西　藏	962014		56052	603005	111450	170596	20912
陕　西	85493456	6935111	18352649	19295117	19339801	14841911	6728868
甘　肃	28356197	1195336	7424636	8772206	3987468	6778077	198475
青　海	11506916	767376	6100971	2591614	1132040	837034	77881
宁　夏	24136601	3035157	8129657	4672402	2773555	5032340	493491
新　疆	38269897	4092042	6662842	7004113	4712935	14808795	989169

6-4　各地区按登记注册类型分的房地产开发企业负债合计

单位：万元

地　区	总　计	内　资					
			国　有	集　体	股份合作	国有联营	集体联营
全国总计	**3840955254**	**3470776091**	**82649579**	**8068759**	**1713362**	**930710**	**132939**
北　京	343756576	305274108	8469839	1344852	18505		
天　津	148941008	138498578	7389185	160842		52899	
河　北	115374340	112553521	536028				
山　西	54342380	53358430	1349603	21789			
内蒙古	54122519	53787285	484896	2	3000		
辽　宁	165715884	142882036	1182300	61864	317666		
吉　林	41646300	40083737	8121	189	7795		
黑龙江	61424461	60015892	635694	4410	28		
上　海	282418649	244736329	12936635	580096	656	20177	16303
江　苏	320320106	285726656	11014884	776317	49211	30721	
浙　江	278614501	255198309	2769184	163807	198960	812842	
安　徽	119244864	113728444	4080182	27097			
福　建	148051727	130308617	4161131	348680			
江　西	54017194	49748152	570829	16685	47810		501
山　东	220428759	207283638	4780883	1440081	154632		
河　南	119599889	112313338	2831072	87606	9764		
湖　北	116325746	109471627	3085993	450770			
湖　南	85689170	82096612	1476970	7646	3242		
广　东	388514521	302865648	2798671	1975996	62796		116135
广　西	62243490	57797242	1129427	62206	6039		
海　南	54177958	45332628	960532		14039		
重　庆	144711394	130798837	3351836	10311	23313		
四　川	145999696	135694540	1042701	331713	553879		
贵　州	59435300	57490770	504150	1931	34371		
云　南	100711809	95508971	1297833	24027	2188		
西　藏	695500	695500	13364				
陕　西	70599378	66100483	2580204	141830	173158		
甘　肃	23025138	22510525	617350	24673	826		
青　海	9830743	9812578	85916		25383	14072	
宁　夏	19665263	18885684	319110				
新　疆	31310997	30217376	185058	3339	6104		

6-4 续表 1

单位：万元

地区	内资						
	国有与集体联营	其他联营	国有独资公司	其他有限责任公司	股份有限公司	私营独资	私营合伙
全国总计	**24717**	**147341**	**271691495**	**1867268826**	**206608633**	**4693654**	**711128**
北京			11244026	237976783	25699733		
天津			34121789	70683675	6872689	1826	117579
河北			905188	61531312	6810858	44818	48010
山西			1540725	14202418	989908		
内蒙古			2656655	22082638	2496213	53392	3820
辽宁			9018393	66643725	16664049	166347	
吉林			939278	24802170	2079694	218563	7449
黑龙江			8789449	29607621	2764925	13108	166
上海	1109		25289706	112550957	34165050	132922	53175
江苏			25406216	127874154	11603353	1184178	37562
浙江	17960		19905640	140601913	4703205	177610	35480
安徽			10666660	58829118	4161791	468455	17057
福建	5598		15237918	71257340	3513158	12299	
江西			5661932	24977857	2645221	12293	23413
山东			16239392	112065552	11163077	182882	6593
河南		4285	3595738	69176079	5832196	215729	17977
湖北			8001439	54919696	9356199	159411	3566
湖南		39871	4190309	47640417	3715243	148695	14454
广东		5467	8920117	176752147	23059706	800560	67626
广西		8568	8237797	22197659	2124233	86370	169283
海南	50		7156480	28072156	2300835	45505	
重庆			23373721	54033142	4919649	31182	
四川			5586960	77314269	8280919	71076	7749
贵州			2310964	37426225	2057722	630	38356
云南			3093880	55269716	5073910	44076	
西藏		89150	105711	128059	2538		
陕西			4319443	38015755	2498995	200431	
甘肃			789150	11584200	553091	6188	
青海			1381127	2396964	156885		
宁夏			1341097	4351221	119506	209459	
新疆			1664595	12303892	224083	5650	41814

6-4　续表 2

单位：万元

地　区	内资			港澳台商投资			
	私营有限责任公司	私营股份有限公司	其他内资企业		合资经营	合作经营	独资
全国总计	**964687963**	**58163181**	**3283805**	**245613964**	**86878176**	**22998616**	**130429967**
北　京	19815707	704663		23867711	5449544	5615671	12802496
天　津	17497313	1559932	40850	6716813	1823473	452819	3893644
河　北	40239946	2174567	262794	1251699	611903		639796
山　西	33960810	1272216	20963	445334	227442		217892
内蒙古	25477355	470897	58419	1134	1134		
辽　宁	46593995	2082231	151467	14512722	6985991	441649	6976914
吉　林	11648143	366843	5492	1229680	476419		731781
黑龙江	17184953	999433	16107	866383	558828	8553	275108
上　海	55332978	3656565		22508847	9140762	683491	12627402
江　苏	100332788	7085462	331810	23770140	7895773	453862	15135332
浙　江	84323796	1451644	36270	13599267	6394505	201248	6779062
安　徽	31856382	2758130	863572	3441489	1327087	122427	1949907
福　建	34137906	1504826	129762	14459987	6889266	379505	6777263
江　西	14628494	1119361	43756	3467008	2028844	2125	1436039
山　东	56541721	4597110	111716	10021760	5132010	701910	4163180
河　南	28501272	1964321	77300	4551072	752353	221707	3504659
湖　北	32070647	1363967	59938	4997517	2044019	248001	2371931
湖　南	22751832	2050646	57288	2293440	835048	8892	1449500
广　东	81003274	7080882	222271	57857206	13582534	12623518	30571777
广　西	22723172	904670	147819	2806585	755391	415938	1635257
海　南	6225171	454703	103158	7575530	3710628		2093644
重　庆	42385080	2660955	9650	10762553	4641332	270003	5851219
四　川	40588968	1724232	192074	5124519	1654685	24107	3142991
贵　州	13521646	1586002	8773	1510024	1006257	20401	483366
云　南	27527979	2988866	186495	4213587	1092196		3121391
西　藏	356679						
陕　西	16698253	1365629	106785	2061735	183858	102787	1775091
甘　肃	8578374	320387	36286	242249	246486		-4236
青　海	5363990	388242		6275	1656		4619
宁　夏	11416574	1128718		362197	362197		
新　疆	15402767	377082	2993	1089504	1066558		22946

6-4 续表 3

单位：万元

地　　区	港澳台商投资		外商投资					
	股份有限	其　他		合资经营	合作经营	独　资	股份有限	其　他
全国总计	**4967727**	**339479**	**124565200**	**36349771**	**11760600**	**64386756**	**10114703**	**1953369**
北　　京			14614758	4249421	2824649	4261831	3278856	
天　　津	546877		3725617	759720	189778	2342252	301598	132270
河　　北			1569120	190739	9246	1318470	50665	
山　　西			538616	181684		356932		
内 蒙 古			334100	66865		62235		205000
辽　　宁	108167		8321126	3496989	961518	3739293	123325	
吉　　林	15480	6000	332883	288393	44491			
黑 龙 江	23893		542186	267137	5102	269948		
上　　海	57193		15173473	3042097	1009451	7464783	3657142	
江　　苏	285173		10823310	4718824	646639	5457847		
浙　　江	224451		9816925	1979835	143868	7650067	21215	21940
安　　徽	42068		2074931	540397	137162	982647	195953	218772
福　　建	413952		3283123	505574	3418	2275878	266293	231960
江　　西			802034	578673		195062	28298	
山　　东	24661		3123361	1564800	518515	1040046		
河　　南	766	71588	2735479	478464		1982610	274404	
湖　　北	333567		1856603	668913		634992	61239	491460
湖　　南			1299119	730431		559971	8717	
广　　东	855315	224063	27791667	6750408	2909200	16985173	770541	376346
广　　西			1639663	449359	193851	793737	111339	91377
海　　南	1747286	23972	1269800	199135	51853	1007319	11493	
重　　庆			3150004	1073231	404195	1223693	264641	184244
四　　川	288880	13856	5180637	2019876	331212	2678661	150889	
贵　　州			434506	228239	200222	6044		
云　　南			989251	117648	470218	5376	396009	
西　　藏								
陕　　西			2437159	743290	706014	845766	142089	
甘　　肃			272363	247682		24681		
青　　海			11890	11890				
宁　　夏			417382	195940		221442		
新　　疆			4118	4118				

6-5　各地区按资质等级分的房地产开发企业负债合计

单位：万元

地　区	总　计	一　级	二　级	三　级	四　级	暂　定	其　他
全国总计	**3840955254**	**393895001**	**789095266**	**688137055**	**434845616**	**1336844955**	**198137361**
北　京	343756576	75131669	46872882	28868173	109764521	60751504	22367827
天　津	148941008	14536985	35527556	12296693	52798465	30047847	3733463
河　北	115374340	15722735	20730951	20425981	28649972	26830896	3013804
山　西	54342380	1957922	11484389	9602412	22239446	8623744	434467
内蒙古	54122519	5777899	11595261	8677932	21117668	6269240	684520
辽　宁	165715884	7595843	18287808	46097900	1144236	82936782	9653315
吉　林	41646300	1385199	11992543	7331831	3696995	17145386	94346
黑龙江	61424461	3679203	20424985	28595077	505597	7283961	935638
上　海	282418649	53861204	47411700	25207536	410175	135132748	20395286
江　苏	320320106	25680821	125148881	22260853	550671	125559524	21119356
浙　江	278614501	24784260	40784220	52796186	12620405	119392208	28237223
安　徽	119244864	2937685	21818250	27163705	3052016	60776096	3497113
福　建	148051727	13135223	20024867	32801924	17386538	58817740	5885434
江　西	54017194	984767	10783600	12727420	3562050	24693148	1266209
山　东	220428759	13999979	34056034	35287060	23464325	104649394	8971967
河　南	119599889	11099665	27820160	13533257	4937360	59418813	2790634
湖　北	116325746	14608696	28240166	19153382	7952952	42811463	3559087
湖　南	85689170	4460917	13776711	37464546	5512252	23059776	1414969
广　东	388514521	54451856	47102058	90291573	48130255	119244675	29294103
广　西	62243490	2022077	10332799	13200264	3701786	28376339	4610226
海　南	54177958	32850	9891378	5878615	4793144	27734090	5847881
重　庆	144711394	13537800	62275436	14199319	725090	53084226	889524
四　川	145999696	9357286	33331651	70327842	1477805	25440932	6064181
贵　州	59435300	1546052	14819758	10268894	8545639	21797960	2456996
云　南	100711809	9260494	26808092	7515787	22327403	31665501	3134533
西　藏	695500		43008	453156	62369	120870	16096
陕　西	70599378	5605483	15335895	16339044	15212902	11994957	6111097
甘　肃	23025138	947001	5882829	7245846	3051251	5719565	178647
青　海	9830743	688311	5268155	2269237	960767	569536	74738
宁　夏	19665263	2498714	6319344	4074531	2228712	4063741	480222
新　疆	31310997	2606405	4903902	5781083	4262851	12832297	924461

6-6 各地区按登记注册类型分的房地产开发企业所有者权益

单位：万元

地 区	总 计	内 资					
			国 有	集 体	股份合作	国有联营	集体联营
全国总计	**1146543981**	**939467205**	**43794762**	**1602341**	**562853**	**391910**	**453**
北 京	95457935	79844478	4453171	109518	-5705		
天 津	55715613	50304222	2781072	9245		11262	
河 北	18879099	17758735	-3991		100		
山 西	7574186	7195527	146457	4536			
内蒙古	11370787	11262761	17926	2	6000		
辽 宁	47354729	29697191	235504	2217	133878		
吉 林	7789562	7252191	4107	158	121		
黑龙江	39816633	39225341	406592	1546	2221		
上 海	128810067	92747721	15574874	236345	724	39470	2359
江 苏	108108500	82819868	2574473	168697	91032	9138	
浙 江	78740055	62258601	1734732	54286	16972	329729	
安 徽	35438054	33261861	2700505	4571			
福 建	47257104	39115308	3314361	32838			
江 西	19498884	18081274	113814	3459	25873		200
山 东	55435254	49198087	557245	314447	55050		
河 南	30179382	27499225	1112467	62862	7542		
湖 北	36240232	32357424	692163	50974			
湖 南	26522953	24327513	244543	9198	4625		
广 东	95669315	64484981	1317019	451522	45006		-2106
广 西	22709602	21071162	229904	16806	5595		
海 南	13900047	11298056	273224		1530		
重 庆	57890192	47173346	3615110	7613	7661		
四 川	40444742	31062228	290049	-798	140851		
贵 州	12218239	11796697	133547	2673	60		
云 南	19924751	18252362	233897	1797	2727		
西 藏	266514	266514	-605				
陕 西	14894079	12577574	720889	40692	12025		
甘 肃	5331060	5123787	209439	16486	409		
青 海	1676174	1670515	46190		2150	2312	
宁 夏	4471338	4327921	6096				
新 疆	6958899	6154735	59991	650	6408		

6-6　续表 1

单位：万元

地　　区	内		资				
	国有与集体联　　营	其他联营	国有独资公　　司	其他有限责任公司	股份有限公　　司	私营独资	私营合伙
全国总计	**2765**	**-2330**	**156717889**	**452005815**	**66979678**	**1396224**	**291323**
北　　京			7516142	53484910	11240026		
天　　津			16639475	22258656	2408043	9126	34099
河　　北			509225	9615098	947333	10566	4995
山　　西			284569	2043201	180391		
内 蒙 古			98140	6442987	322386	21308	3807
辽　　宁			3374406	11531569	6561342	33911	
吉　　林			278148	4217104	341113	-18141	1999
黑 龙 江			18707514	15241877	647579	3565	1969
上　　海	120		11646561	38242301	8527657	173963	10727
江　　苏			14811400	34748533	4085770	260403	14259
浙　　江	3063		6141267	33224530	3791836	8721	2757
安　　徽			7905383	12929660	1143864	58225	3971
福　　建	-424		7969486	18171324	1523905	8728	
江　　西			5930944	7552637	747271	6123	7858
山　　东			7027519	26045769	2894999	17187	9350
河　　南		4286	2722578	15259222	1407486	26324	18802
湖　　北			3054950	15900836	3153288	31438	2578
湖　　南		-2300	1728164	14509779	968526	59092	679
广　　东		-1077	2466830	34398293	9108616	116996	-4666
广　　西		146	7166836	7023309	718643	72857	176073
海　　南	6		2493503	6514157	724960	4086	
重　　庆			17821104	14928328	1317967	5879	
四　　川			3481914	16411850	1379562	7406	2208
贵　　州			2147122	5527281	887404	1718	604
云　　南			1297508	12214636	1440035	6439	
西　　藏		-3385	20850	95110	1035		
陕　　西			1776067	6684021	246516	49635	
甘　　肃			243778	2724891	119449	-442	
青　　海			201488	412149	25598		
宁　　夏			329435	1280625	21983	420110	
新　　疆			925588	2371173	95094	1000	-746

6-6 续表 2

单位：万元

地　　区	内资 私营有限责任公司	内资 私营股份有限公司	内资 其他内资企业	港澳台商投资	合资经营	合作经营	独　资
全国总计	**202509356**	**12611100**	**603066**	**141848935**	**46614544**	**9211534**	**83089168**
北　京	2847358	199060		9499310	3027458	2365026	4106825
天　津	5688690	454030	10523	3025734	1223599	29234	1505189
河　北	6198400	464741	12268	568665	222735		345930
山　西	4341977	195842	-1446	331150	154371		176780
内蒙古	4257771	90031	2404	11992	11992		
辽　宁	7382773	423035	18556	10907962	3818671	168481	6848001
吉　林	2304833	121382	1368	469179	192633		235948
黑龙江	3973310	232179	6989	409311	293675	34452	71652
上　海	17594412	695709	2500	23745355	11360361	499948	11822494
江　苏	24510506	1515844	29812	17792748	4827360	373304	12202151
浙　江	16630697	310088	9922	11391951	3174262	125763	7705577
安　徽	7690539	694542	130600	1510975	677843	-18430	834757
福　建	7799355	275854	19882	6207410	2453991	84360	3567085
江　西	3290350	401098	1647	1039481	383551	6327	649603
山　东	11514107	727939	34476	4272506	1572493	235416	2456397
河　南	6385377	449004	43276	2303817	655368	99183	1457944
湖　北	8966952	461838	42407	3176374	790164	129265	2124314
湖　南	6072890	711236	21083	1868437	286738	1544	1580155
广　东	14805239	1794335	-11025	23605193	6096757	4745288	12211926
广　西	5297821	196010	167162	1315525	484349	64031	767145
海　南	1253285	31252	2055	2050961	230303		1279738
重　庆	9123504	346111	68	7695461	2180862	195545	5319054
四　川	8754865	566657	27665	4425031	929856	6538	3227507
贵　州	2781568	313077	1643	401283	102344	7311	291628
云　南	2793838	238124	23362	1457256	405609		1051647
西　藏	153509						
陕　西	2764157	277921	5653	1410378	144343	58947	1207088
甘　肃	1743915	66080	-217	65499	34168		31331
青　海	928164	52464		4975	3250		1726
宁　夏	2031706	237966		84953	84953		
新　疆	2627491	67653	433	800065	790487		9578

6-6　续表 3　　　　单位：万元

地　　区	港澳台商投资		外商投资					
	股份有限	其　他		合资经营	合作经营	独　资	股份有限	其　他
全国总计	**2732223**	**201467**	**65227840**	**20832911**	**6471020**	**34895867**	**2807864**	**220178**
北　京			6114148	2382524	1250578	1677140	803905	
天　津	267713		2385658	919865	140633	1228516	38763	57880
河　北			551699	7884	1718	524122	17976	
山　西			47509	-4503		52012		
内蒙古			96034	7269		-1236		90000
辽　宁	72809		6749577	2362322	1141999	3053057	192200	
吉　林	36243	4354	68192	58792	9400			
黑龙江	9533		181981	35263	11750	134968		
上　海	62552		12316991	4379776	865913	6025576	1045726	
江　苏	389932		7495885	2441573	220403	4833909		
浙　江	386348		5089503	1533607	195600	3356755	5675	-2133
安　徽	16805		665219	142901	62747	437494	5345	16732
福　建	101974		1934386	252120	1425	1504518	172036	4287
江　西			378129	281447		42565	54118	
山　东	8199		1964661	923654	288596	752411		
河　南	60000	31324	376340	51313	21958	331995	-28926	
湖　北	132631		706435	289017		394189	18241	4987
湖　南			327004	145174		178799	3031	
广　东	405514	145709	7579141	2050089	815618	4509030	186255	18149
广　西			322915	142097	33209	125122	26287	-3800
海　南	537169	3751	551030	49249	107091	400177	-5486	
重　庆			3021384	986716	483393	1433113	84086	34077
四　川	244801	16329	4957483	874757	647200	3412401	23125	
贵　州			20259	31951	-12973	1280		
云　南			215134	32237	59999	20533	102365	
西　藏								
陕　西			906127	298295	124763	419925	63145	
甘　肃			141773	141539		234		
青　海			683	683				
宁　夏			58464	11202		47262		
新　疆			4100	4100				

6-7 各地区按资质等级分的房地产开发企业所有者权益

单位：万元

地区	总计	一级	二级	三级	四级	暂定	其他
全国总计	**1146543981**	**131371462**	**241332138**	**205042431**	**102027682**	**391712843**	**75057425**
北京	95457935	21082816	13459181	8248251	23752908	17354813	11559967
天津	55715613	4630992	16615734	4711250	17027631	11500664	1229342
河北	18879099	1943466	4444644	3218651	4656725	4153802	461811
山西	7574186	353412	1313793	1175922	2878711	1817101	35247
内蒙古	11370787	1646942	1843485	1407576	4432360	1742863	297561
辽宁	47354729	2156987	5290756	13076274	237008	23935870	2657833
吉林	7789562	74747	2466026	1546756	855579	2822486	23967
黑龙江	39816633	150102	6745399	22933714	219266	8961320	806834
上海	128810067	24225639	21996271	11591798	81696	59721188	11193476
江苏	108108500	11902786	38343603	6990047	103864	43553155	7215044
浙江	78740055	9069206	10380284	15583083	3026043	31308445	9372994
安徽	35438054	1083595	9993134	8679615	680364	14094975	906371
福建	47257104	6084666	5918853	9792242	6661514	15980065	2819765
江西	19498884	265649	3947095	5412611	1170260	8398798	304473
山东	55435254	3289362	11542788	8028708	5179925	24972118	2422355
河南	30179382	3010466	7048357	3254188	1165961	14690160	1010252
湖北	36240232	5236982	8543809	6261838	2611666	12466927	1119011
湖南	26522953	883971	3481840	10932125	1928949	7603325	1692744
广东	95669315	16742793	9881319	23029052	11723228	24834564	9458360
广西	22709602	746738	4372695	6187031	940195	7632440	2830504
海南	13900047	13691	2994487	2022514	829452	6257357	1782546
重庆	57890192	7188889	24353443	4095259	995394	20571900	685306
四川	40444742	3016192	8769019	17299548	605199	7627392	3127394
贵州	12218239	745124	2989413	1673816	1497255	4995485	317146
云南	19924751	2147141	5623041	1115004	2488131	7547845	1003588
西藏	266514		13043	149849	49081	49726	4816
陕西	14894079	1329628	3016754	2956073	4126899	2846954	617771
甘肃	5331060	248335	1541807	1526360	936217	1058512	19828
青海	1676174	79066	832816	322377	171274	267498	3143
宁夏	4471338	536443	1810313	597871	544843	968599	13270
新疆	6958899	1485637	1758940	1223030	450084	1976499	64708

6-8 各地区按登记注册类型分的房地产开发企业营业利润

单位：万元

地区	总计	内资					
			国有	集体	股份合作	国有联营	集体联营
全国总计	**61431343**	**49705429**	**967262**	**139158**	**29732**	**-7778**	**447**
北京	6313093	5378344	180169	19242	-718		
天津	1292751	910636	15498	10467		-303	
河北	454458	413695	-4767		0		
山西	124104	116485	-7956	295			
内蒙古	39059	4395	-5236		1320		
辽宁	1451044	1036389	-10939	-421	-3709		
吉林	84027	34640	-442	0	-435		
黑龙江	150689	118957	-919	-11	360		
上海	8129081	6140101	167160	-7719	-79	1038	451
江苏	5197025	3886935	-85744	4510	3907	-782	
浙江	2685225	2121058	34188	20323	17058	-9360	
安徽	1111965	819434	52022	-392			
福建	3871576	3091064	42533	1358			
江西	1424380	1189405	-18551	-213	-2012		-4
山东	3688512	3336888	69745	4445	4021		
河南	3004515	2784024	63473	9491	11860		
湖北	3388053	3095780	35388	731			
湖南	1157196	1067071	23349	540	301		
广东	11236465	9224670	139033	77618	1246		
广西	515468	422100	39736	-1220	-223		
海南	119280	212685	18969		-242		
重庆	1890607	1159921	36618	241	-238		
四川	2028631	1670244	12015	-581	772		
贵州	258110	266957	-787	-38	-546		
云南	-27366	-66473	18427	-592	60		
西藏	-20704	-20704	264				
陕西	1143425	639344	128780	880	-2567		
甘肃	122860	105821	6206	206	-11		
青海	44980	45148	665		98	1629	
宁夏	95225	72978	-376				
新疆	457608	427439	18739	-3	-492		

6-8 续表 1　　单位：万元

地　区	内资						
	国有与集体联营	其他联营	国有独资公司	其他有限责任公司	股份有限公司	私营独资	私营合伙
全国总计	**-120**	**257**	**2505855**	**31663929**	**5919680**	**59046**	**-3168**
北　京			443274	3928340	860650		
天　津			214077	457293	118398	-35	60
河　北			12308	173658	54577	622	-495
山　西			13771	141874	2521		
内蒙古			8732	66174	11330	1344	488
辽　宁			-86930	294068	789375	-969	
吉　林			-5321	-61059	8261	-848	-115
黑龙江			-86610	38689	99644	-201	-31
上　海	2		367854	4029811	522287	-3960	-1062
江　苏			47670	2162164	355802	25796	-1255
浙　江	-135		-8789	1353524	422058	-1322	-50
安　徽			140987	235881	-13380	252	-1178
福　建	68		357539	2183357	229349	1359	
江　西			24230	803476	95543	-1367	-143
山　东			96343	2091970	275707	-3408	-418
河　南		928	-24870	1571688	283526	15394	3994
湖　北			143940	1823244	459030	4504	336
湖　南		-2989	27081	809215	49319	1248	-172
广　东		50	329886	6339185	863271	1518	-1706
广　西		-174	31716	190778	46645	4241	-418
海　南	-55		33804	-11640	117651	-1182	
重　庆			224789	593361	83773	623	
四　川			34407	1288182	36678	4167	15
贵　州			12743	205870	106366		-512
云　南			-9102	296282	9711	-386	
西　藏		2443	191	9960	121		
陕　西			23653	370207	22799	12580	
甘　肃			21294	40770	5048	-41	
青　海			35349	-22399	-6773		
宁　夏			21778	26164	-1634	-707	
新　疆			60059	233843	12028	-174	-506

6-8 续表 2

单位：万元

地　区	内资			港澳台商投资			
	私营有限责任公司	私营股份有限公司	其他内资企业		合资经营	合作经营	独资
全国总计	**7984072**	**467755**	**-20696**	**7907665**	**2849444**	**382660**	**4555382**
北　京	-53702	1089		501281	212622	-16480	305139
天　津	86503	10051	-1373	31085	39925	5170	8374
河　北	146899	33404	-2511	-967	-7011		6044
山　西	-46791	13602	-830	10961	-1100		12061
内蒙古	-94843	15472	-385	-52	-52		
辽　宁	92346	-36787	354	270569	177607	-3357	100820
吉　林	93223	1550	-174	49118	-7124		54490
黑龙江	75861	-7793	-33	34816	26264	-548	10880
上　海	963434	100884		1066915	777316	37253	245719
江　苏	1298000	112583	-35716	788222	301386	7852	442005
浙　江	241647	52372	-457	344486	8599	-871	316808
安　徽	394542	-2332	13032	265175	41732	-4681	226582
福　建	254902	20062	537	734036	342825	2238	397418
江　西	275886	8473	4086	158064	127472	-26	30617
山　东	718231	76758	3495	114618	4026	9069	102298
河　南	811113	43598	-6169	216694	20663	21619	172785
湖　北	625122	3650	-163	218221	77157	65631	64234
湖　南	162172	-3608	616	79652	28539	-37	51150
广　东	1509257	-30578	-4110	1652482	453385	232636	907696
广　西	112078	-326	-733	117890	36676	33366	47849
海　南	69619	-12870	-1370	-110757	-78446		41874
重　庆	214960	6017	-221	542490	134897	-6509	414101
四　川	262459	25785	6345	289142	58420	103	136814
贵　州	-63647	7889	-381	-8062	-23153	-160	15251
云　南	-376159	-11639	6924	39299	56591		-17292
西　藏	-33683						
陕　西	68507	14648	-143	456325	2749	393	453183
甘　肃	30613	2947	-1213	1336	-1393		2729
青　海	35215	1363		-99	-119		19
宁　夏	15001	12753		14452	14452		
新　疆	95310	8740	-105	30275	24540		5735

6-8 续表 3 单位：万元

地　区	港澳台商投资		外商投资					
	股份有限	其　他		合资经营	合作经营	独　资	股份有限	其　他
全国总计	**55624**	**64555**	**3818249**	**1250861**	**403164**	**1928741**	**215856**	**19627**
北　京			433469	222540	91772	90289	28869	
天　津	-22384		351031	86222	-8272	242434	15180	15467
河　北			41730	-105		42414	-579	
山　西			-3342	-2386		-956		
内蒙古			34716	-1365		12587		23494
辽　宁	-4501		144086	42848	42813	55795	2630	
吉　林	1446	307	268	467	-199			
黑龙江	-1779		-3084	-388	-245	-2452		
上　海	6627		922065	286030	130620	399273	106143	
江　苏	36979		521868	160964	15895	345009		
浙　江	19950		219681	43521	34215	147298	-5153	-200
安　徽	1543		27356	3511	15287	14669	-859	-5252
福　建	-8445		46477	-7474	-1	53087	60	805
江　西			76912	22992		5676	48245	
山　东	-776		237006	130375	49980	56652		
河　南		1627	3797	-2738	5865	2603	-1933	
湖　北	11200		74051	38824		38987	2275	-6034
湖　南			10474	9361		1205	-93	
广　东	4015	54750	359314	126581	-10565	223414	24556	-4672
广　西			-24523	15805	-13102	-17182	-4587	-5457
海　南	-73460	-724	17353	-4231	980	20719	-116	
重　庆			188196	75957	36943	85182	-11363	1477
四　川	85209	8596	69245	-34942	27734	77343	-891	
贵　州			-784	506	-1135	-155		
云　南			-192	-1264	-7010	-693	8775	
西　藏								
陕　西			47756	25577	-8410	25893	4697	
甘　肃			15703	16103		-400		
青　海			-68	-68				
宁　夏			7795	-2257		10052		
新　疆			-106	-106				

6-9 各地区按资质等级分的房地产开发企业营业利润

单位：万元

地区	总计	一级	二级	三级	四级	暂定	其他
全国总计	**61431343**	**12485921**	**13556647**	**12263927**	**5441940**	**15358163**	**2324745**
北京	6313093	2363403	1108094	151288	1323013	1187453	179843
天津	1292751	165391	322999	163491	477081	158712	5077
河北	454458	200470	65140	122811	219809	-112906	-40866
山西	124104	49898	9884	54159	46211	-29382	-6667
内蒙古	39059	13069	78977	88468	-64780	-78077	1403
辽宁	1451044	-27028	151300	1206630	1513	70608	48021
吉林	84027	-17165	127317	28451	-47474	-7252	151
黑龙江	150689	-172441	232475	179961	7978	-103088	5803
上海	8129081	1181650	1292637	988933	26607	3993572	645682
江苏	5197025	1132487	2002095	567155	9913	1346166	139209
浙江	2685225	936937	544348	782547	-7080	411152	17322
安徽	1111965	163817	210249	611872	40134	157553	-71660
福建	3871576	842009	644864	999894	750536	519602	114670
江西	1424380	9723	342460	358582	53358	639144	21114
山东	3688512	381526	278396	548963	497569	1873467	108591
河南	3004515	400724	926348	303812	145353	1221592	6687
湖北	3388053	621630	961254	718802	181927	689090	215349
湖南	1157196	88453	288865	536830	54288	188298	463
广东	11236465	2773468	1215661	2601308	1295386	2593194	757448
广西	515468	84688	185213	74540	-606	136498	35135
海南	119280	-6	-83438	49718	107806	13640	31562
重庆	1890607	530138	824834	210850	8361	301713	14711
四川	2028631	257506	610145	757707	-31644	289549	145367
贵州	258110	98162	304381	31543	43316	-196643	-22649
云南	-27366	81895	74734	-47820	89636	-210839	-14972
西藏	-20704		-528	-20281	-1493	1664	-67
陕西	1143425	143923	521164	91800	202188	193520	-9169
甘肃	122860	8671	68904	32095	15545	915	-3269
青海	44980	9875	42471	11220	-15465	-1581	-1540
宁夏	95225	74029	43394	934	10731	-31040	-2823
新疆	457608	89021	162011	57665	2223	141870	4818

6-10 各地区按登记注册类型分的房地产开发企业利润总额

单位：万元

地　区	总　计	内　资					
			国　有	集　体	股份合作	国有联营	集体联营
全国总计	**64460595**	**52647737**	**1501469**	**155696**	**28507**	**857**	**448**
北　京	6741672	5824739	191094	26340	-718		
天　津	1488916	1101057	18643	10457		-299	
河　北	441497	385949	-4837		0		
山　西	99404	91960	-6480	581			
内 蒙 古	79465	44824	-4923		1320		
辽　宁	1542985	1112874	-10946	-432	-3752		
吉　林	150727	103415	329	0	-87		
黑 龙 江	257089	219492	-354	-11	360		
上　海	9042915	6968484	301879	-5716	-79	7638	452
江　苏	5470825	4185806	76739	3941	3563	-676	
浙　江	2786228	2212738	37023	18852	16721	-7106	
安　徽	1440155	1149652	81103	-392			
福　建	3831934	3098674	86281	1503			
江　西	1526676	1288972	-18851	-215	-2007		-4
山　东	3855358	3457666	67204	4458	4061		
河　南	3056275	2839727	100748	9492	11860		
湖　北	3413792	3113023	38376	468			
湖　南	1088767	998220	25902	597	301		
广　东	11129795	9143176	177827	86276	1363		
广　西	560055	471411	40613	-807	-37		
海　南	110480	203572	43927		-243		
重　庆	2083724	1341721	74138	-65	-468		
四　川	2044185	1679036	12688	-445	-315		
贵　州	309253	318519	-246	-38	-546		
云　南	52405	10590	16668	-628	60		
西　藏	-17864	-17864	99				
陕　西	1107045	602355	129572	1252	-2482		
甘　肃	123918	106639	7266	231	-11		
青　海	54465	54633	735		135	1301	
宁　夏	109367	88035	290				
新　疆	479090	448641	18962	0	-495		

6-10 续表 1

单位：万元

地区	内资						
	国有与集体联营	其他联营	国有独资公司	其他有限责任公司	股份有限公司	私营独资	私营合伙
全国总计	**-65**	**719**	**3570994**	**32596340**	**5998211**	**63866**	**-4216**
北京			542376	4326806	874526		
天津			330157	528554	119133	-35	60
河北			11883	184517	55602	600	-496
山西			14685	132023	2453		
内蒙古			1488	98531	11186	1270	488
辽宁			-50128	297206	792090	-838	
吉林			-6962	2221	10526	-2124	-115
黑龙江			-52995	104198	100282	-201	-31
上海	2		389641	4145657	546685	-3960	-1062
江苏			217623	2197246	343794	25681	-1077
浙江	-135		69845	1386903	426186	-1353	-50
安徽			370298	319025	-13855	7421	-1201
福建	68		357923	2174769	230246	1349	
江西			52794	870171	96489	-1367	-143
山东			143871	2158796	278444	-3882	-419
河南		928	-9655	1584815	282395	15093	3990
湖北			151128	1855010	459703	4295	336
湖南		-2989	33041	720204	50145	1259	-182
广东		-368	328790	6237386	861637	969	-2686
广西		-174	62644	202781	47725	4257	-419
海南			43499	-47264	115489	-1689	
重庆			344266	605308	90233	1933	
四川			41682	1292344	33483	4143	15
贵州			7782	212544	147258		-717
云南			2203	349442	5062	-429	
西藏		3322	1728	9710	121		
陕西			25898	336385	21751	12462	
甘肃			21268	43473	4990	-41	
青海			41591	-19666	-7358		
宁夏			21900	42538	-465	-772	
新疆			60731	244712	12259	-174	-505

6-10 续表 2

单位：万元

地区	内资			港澳台商投资			
	私营有限责任公司	私营股份有限公司	其他内资企业		合资经营	合作经营	独资
全国总计	**8270449**	**486767**	**-22305**	**7967472**	**2867601**	**395588**	**4585307**
北京	-136427	743		487962	210365	-16037	293633
天津	84222	11540	-1373	36869	39699	4620	14873
河北	108982	31667	-1968	-2211	-7764		5554
山西	-62348	11908	-861	10939	-1111		12050
内蒙古	-78415	14576	-697	-52	-52		
辽宁	128621	-39276	329	266378	175795	-3529	98638
吉林	96763	3044	-180	47297	-8836		54393
黑龙江	76999	-8721	-33	32341	26161	-548	8508
上海	1484435	102914		1127939	776428	39292	305585
江苏	1242695	113227	-36949	771262	294297	8602	431945
浙江	215208	51104	-460	347514	11789	324	314905
安徽	372685	1728	12841	263107	40899	-4681	225337
福建	227572	18490	475	689813	334942	2194	361080
江西	280074	7532	4500	161515	126461	-25	35080
山东	732765	68915	3454	161570	38841	8958	114567
河南	804276	41999	-6212	214893	20795	21599	170923
湖北	597255	6617	-163	227222	76485	65649	73891
湖南	170589	-1228	581	80329	28133	-37	52234
广东	1467712	-11002	-4729	1644823	440699	240078	904942
广西	115208	255	-636	117797	37183	33511	47103
海南	63029	-11806	-1369	-110357	-75277		40572
重庆	224137	2460	-221	554763	144497	-4772	415038
四川	262499	26784	6160	296981	60999	162	142084
贵州	-61200	14064	-382	-8192	-23471	-160	15439
云南	-357000	-11835	7047	43575	59216		-15641
西藏	-32844						
陕西	63150	14508	-143	456863	2624	390	453850
甘肃	27762	2915	-1213	1593	-1136		2729
青海	36351	1543		-99	-119		19
宁夏	10723	13823		14483	14483		
新疆	104973	8282	-103	30556	24579		5977

6-10　续表 3

单位：万元

地　区	港澳台商投资		外商投资					
	股份有限	其　他		合资经营	合作经营	独　资	股份有限	其　他
全国总计	**54243**	**64732**	**3845387**	**1262721**	**396142**	**1937931**	**229041**	**19552**
北　京			428972	219611	88841	91952	28569	
天　津	-22323		350989	85782	-8205	242773	15180	15460
河　北			57759	-383		42402	15740	
山　西			-3495	-2408		-1088		
内 蒙 古			34693	-1387		12587		23493
辽　宁	-4526		163733	43535	42815	74567	2815	
吉　林	1446	295	14	207	-193			
黑 龙 江	-1779		5256	-364	-229	5849		
上　海	6634		946493	304045	131147	404868	106434	
江　苏	36418		513757	161765	14439	337553		
浙　江	20496		225976	46873	34117	150580	-5394	-199
安　徽	1553		27396	3484	15372	14498	-845	-5113
福　建	-8403		43446	-9423	-1	52076	105	689
江　西			76189	22560		5607	48022	
山　东	-796		236121	129237	52822	54063		
河　南		1576	1655	-738	5865	-1551	-1922	
湖　北	11197		73547	38317		39009	2225	-6005
湖　南			10217	9715		582	-80	
广　东	4029	55074	341796	122606	-10676	213290	21238	-4662
广　西			-29153	15350	-17583	-16791	-4471	-5658
海　南	-74926	-726	17264	-3958	881	20457	-116	
重　庆			187240	75629	37446	83732	-11114	1547
四　川	85223	8513	68168	-33780	26381	76458	-891	
贵　州			-1074	618	-1537	-155		
云　南			-1761	-2661	-7003	-935	8839	
西　藏								
陕　西			47827	25409	-8556	26267	4708	
甘　肃			15685	16079		-394		
青　海			-68	-68				
宁　夏			6850	-2824		9674		
新　疆			-106	-106				

6-11 各地区按资质等级分的房地产开发企业利润总额

单位：万元

地　区	总　计	一　级	二　级	三　级	四　级	暂　定	其　他
全国总计	**64460595**	**12800665**	**14139624**	**13255043**	**5607843**	**16158323**	**2499097**
北　京	6741672	2408372	1105301	202842	1382210	1459276	183671
天　津	1488916	210087	386765	183314	524217	170388	14146
河　北	441497	187950	68856	137251	229887	-138902	-43543
山　西	99404	49223	11685	50035	29696	-34535	-6700
内蒙古	79465	31236	83129	93596	-73365	-56476	1344
辽　宁	1542985	-27022	182557	1218065	16132	115582	37671
吉　林	150727	-17300	133272	28492	26465	-20108	-94
黑龙江	257089	-174374	271750	243591	11090	-106740	11773
上　海	9042915	1200038	1410112	1616024	26440	4132365	657936
江　苏	5470825	1208344	2150511	608854	9423	1337793	155901
浙　江	2786228	954898	614850	814732	-85	385275	16558
安　徽	1440155	171686	264244	633737	38922	252020	79548
福　建	3831934	860283	645832	982857	748503	493120	101338
江　西	1526676	12783	362187	362728	53348	713815	21814
山　东	3855358	385625	291796	571726	532723	1963917	109572
河　南	3056275	389768	918777	308508	139429	1296432	3361
湖　北	3413792	625086	963315	757878	150872	700307	216334
湖　南	1088767	88111	190950	544501	55854	207741	1609
广　东	11129795	2757336	1215572	2576123	1260071	2568718	751975
广　西	560055	84550	194960	80334	3624	148767	47821
海　南	110480	-2	-87586	52624	102035	6853	36557
重　庆	2083724	551777	917694	234509	3020	362004	14720
四　川	2044185	285837	604685	774218	-32924	277701	134667
贵　州	309253	130364	316912	31384	39827	-187111	-22122
云　南	52405	96713	73217	-36476	132485	-197279	-16256
西　藏	-17864		-765	-17274	-1979	2221	-67
陕　西	1107045	144047	515494	83250	188555	189108	-13409
甘　肃	123918	8030	70041	32563	16777	-375	-3117
青　海	54465	11519	51325	10333	-15745	-1983	-984
宁　夏	109367	75258	47924	9680	9298	-30603	-2189
新　疆	479090	90444	164262	65044	1041	149035	9263

6-12　各地区按登记注册类型分的房地产开发企业主营业务收入

单位：万元

地　区	总　计	内　资					
			国　有	集　体	股份合作	国有联营	集体联营
全国总计	**664638028**	**589524166**	**9906488**	**1265313**	**409974**	**61071**	**4880**
北　京	37577821	33591168	929416	40547			
天　津	15332528	13055981	561187	77723		6137	
河　北	19579491	19098633	108748				
山　西	6025464	5933704	62786	13471			
内蒙古	7842357	7718165	7403		8000		
辽　宁	23276385	17004196	180771	1220	45910		
吉　林	8009739	7651158	3887	2	1305		
黑龙江	8919262	8535873	79320		4000		
上　海	42484101	35434553	401744	148019		1114	4870
江　苏	75401181	64048207	1333518	103081	19713		
浙　江	49924989	44465692	199612	80919	118152	51027	
安　徽	25272198	23688617	498331	625			
福　建	26139696	22553779	451703	34915			
江　西	12495439	11374526	74408	8730	321		11
山　东	47097834	43725529	947956	132237	65529		
河　南	25292238	24679688	527229	38179	63275		
湖　北	24710785	22727934	290502	63967			
湖　南	19347201	18357663	248714	9042	1790		
广　东	70640806	57680971	506955	480572	18224		
广　西	9299579	8513435	308931	2422	1795		
海　南	6179346	5295715	116805				
重　庆	24252482	20249450	247519	608	1237		
四　川	30355967	27799167	165049	4587	47466		
贵　州	7208166	7029797	37445	136	5365		
云　南	11469680	11210985	461410	298	345		
西　藏	230534	230534	5531				
陕　西	13838977	11861343	729821	9973	3335		
甘　肃	4264896	4168879	288032	13940			
青　海	1529599	1526286	34488		4214	2792	
宁　夏	3440939	3257971					
新　疆	7198348	7054569	97270	102			

6-12 续表 1

单位：万元

地区	内资						
	国有与集体联营	其他联营	国有独资公司	其他有限责任公司	股份有限公司	私营独资	私营合伙
全国总计	**657**	**47657**	**22569682**	**335384749**	**31184972**	**902591**	**49456**
北京			1478768	27286704	2350937		
天津			1702306	7080567	1507829	3	20
河北			155543	11030324	699984	22026	11351
山西			119605	2150045	64385		
内蒙古			160660	3798702	263146	21486	978
辽宁			229849	9234366	1021698	9082	
吉林			106501	4552640	652618	13393	3255
黑龙江			1044850	4178439	702954	1232	
上海	321		1941489	22007811	866066	1984	
江苏			2339380	28467753	2973610	301849	8929
浙江			946418	27682293	1617974	3659	
安徽			1209637	12729930	695063	79003	1839
福建	136		1289840	14683121	752913	5350	
江西			343083	6127270	1018644	4334	
山东			2055528	23841362	3021575	8986	
河南		4322	165122	15038730	1838911	57579	7710
湖北			838147	12280141	2076594	37477	3181
湖南			299779	10881455	889713	40671	311
广东		230	1416866	34893781	3787310	133993	1954
广西		874	342396	3392395	433115	47642	9623
海南	200		403618	3296325	449290	7555	
重庆			1611151	8694973	1091583	9321	
四川			590302	16730607	1157383	32898	248
贵州			146714	4403360	228792		60
云南			372427	7099460	448204	4872	
西藏		42231	9083	110172	6688		
陕西			522275	6914597	415329	54217	
甘肃			107029	2139524	59776		
青海			149723	441762	27974		
宁夏			242247	906205	14343	3409	
新疆			229347	3309937	50573	571	

6-12　续表 2　　　　单位：万元

地　区	内资			港澳台商投资			
	私营有限责任公司	私营股份有限公司	其他内资企业		合资经营	合作经营	独资
全国总计	**176173980**	**10881378**	**681318**	**51157694**	**19408621**	**3051093**	**27450933**
北　京	1468532	36264		2700766	1071480	353493	1275793
天　津	1930766	186644	2799	639457	266406	12501	225685
河　北	6589794	447746	33118	214110	81920		132189
山　西	3432745	90666		85522	4744		80778
内蒙古	3358667	98473	650	196	196		
辽　宁	6053132	210700	17468	4195065	2087589	5958	2100440
吉　林	2236370	80410	778	341840	49656		246655
黑龙江	2462426	62653		242895	180456		62358
上　海	9517833	543301		3669540	2213743	130626	1301737
江　苏	26828162	1553505	118709	7741549	2690256	125163	4714210
浙　江	13163316	602322		4099594	2051472	13053	1922582
安　徽	7993121	365667	115401	1215096	346087	68183	776934
福　建	5070715	256171	8915	3115885	1289455	21836	1803843
江　西	3400670	363602	33455	801309	521153	683	279473
山　东	12376472	1222716	53169	1945790	815848	186588	943355
河　南	6317625	594817	26190	475388	116758	97722	256296
湖　北	6741163	396763		1580695	663584	192638	649127
湖　南	5242167	688599	55424	773063	296322		476742
广　东	15681619	734841	24625	9144206	2432062	1646121	4851562
广　西	3752906	195631	25706	598014	172023	162208	263783
海　南	956085	65837		669842	190492		440124
重　庆	8251229	341813	16	2908726	933509		1975217
四　川	8471003	506649	92976	1837990	468116	2459	1008046
贵　州	1885817	322109		168584	5793		162791
云　南	2432257	321276	70437	223515	168898		54617
西　藏	56830						
陕　西	2979569	230745	1482	1467367	31706	31863	1403798
甘　肃	1485981	74598		27740	10804		16936
青　海	827752	37582		2964	5		2960
宁　夏	1939625	152142		127210	127210		
新　疆	3269633	97135		143778	120879		22900

6-12 续表 3

单位：万元

地 区	港澳台商投资		外商投资					
	股份有限	其 他		合资经营	合作经营	独 资	股份有限	其 他
全国总计	**1053591**	**193456**	**23956168**	**8106576**	**2959190**	**11846188**	**884502**	**159713**
北 京			1285887	496561	465408	294122	29797	
天 津	134865		1637090	448530	4099	1004335	110747	69380
河 北			266748	896		265852		
山 西			6238	1318		4920		
内 蒙 古			123996			58196		65800
辽 宁	1077		2077124	864081	392865	707676	112501	
吉 林	44297	1232	16742	16742				
黑 龙 江	81		140494	28281	15	112199		
上 海	23433		3380008	1103858	591562	1551686	132902	
江 苏	211920		3611425	1271324	198345	2141756		
浙 江	112487		1359703	461502	201033	696207		961
安 徽	23892		368486	53303	92625	207074	15483	
福 建	751		470032	97066		347680	13500	11786
江 西			319604	166919		52067	100618	
山 东			1426515	650426	286465	489625		
河 南		4613	137162	64090	21958	51114		
湖 北	75346		402155	205547		176592	19997	19
湖 南			216476	110005		106136	334	
广 东	78996	135464	3815630	920993	331424	2322281	240933	
广 西			188130	148878	11633	27619		
海 南	39226		213789	8754	14814	189460	761	
重 庆			1094307	514562	175587	385467	6923	11768
四 川	307221	52148	718810	204159	155100	359551		
贵 州			9785	1609	7814	363		
云 南			35180	3034			32146	
西 藏								
陕 西			510267	195504	8442	238461	67860	
甘 肃			68277	68277				
青 海			348	348				
宁 夏			55759	8		55751		
新 疆								

6-13　各地区按资质等级分的房地产开发企业主营业务收入

单位：万元

地　区	总　计	一　级	二　级	三　级	四　级	暂　定	其　他
全国总计	**664638028**	**54094066**	**136176680**	**135694571**	**74482295**	**237700655**	**26489761**
北　京	37577821	7044147	6141456	3525935	10894744	8406116	1565423
天　津	15332528	1403752	2011613	1819698	6463380	3368680	265406
河　北	19579491	2184867	3829782	3349851	5213786	4491282	509923
山　西	6025464	417882	1230347	1173244	2475580	725239	3172
内蒙古	7842357	606715	1107239	1454325	3480031	1012014	182033
辽　宁	23276385	544141	3197506	6131653	131853	12035073	1236160
吉　林	8009739	103895	2343184	1537340	775144	3214162	36015
黑龙江	8919262	962070	2855209	4112738	238575	669496	81175
上　海	42484101	1820481	5276417	4554579	181116	27501498	3150009
江　苏	75401181	5071635	30668063	6032479	149841	29705326	3773837
浙　江	49924989	3666455	7254706	11843761	2653569	20481907	4024591
安　徽	25272198	1208533	4163808	7122654	793366	11818877	164960
福　建	26139696	2541006	3205168	7204438	3904521	8524540	760024
江　西	12495439	194168	2274863	3423447	998899	5356912	247150
山　东	47097834	3560492	5721837	7469504	6240032	22616090	1489879
河　南	25292238	1816268	6550328	3396014	1466673	11422979	639976
湖　北	24710785	2549522	5610337	5025525	2602153	8324841	598409
湖　南	19347201	930023	3369571	8563786	1528800	4737957	217063
广　东	70640806	8202579	6043672	18414942	12145862	21706088	4127664
广　西	9299579	357016	1617736	2097563	698129	4089089	440047
海　南	6179346	1220	267478	910148	754603	3651083	594814
重　庆	24252482	2797601	10457706	3147244	96974	7638983	113974
四　川	30355967	2057967	7825917	13979463	242487	5075526	1174607
贵　州	7208166	107492	1788177	1513569	1437235	2212491	149202
云　南	11469680	841231	3441927	983539	3218005	2761108	223870
西　藏	230534		5984	192094	8079	24376	
陕　西	13838977	1336841	3647058	2742700	3324886	2210396	577098
甘　肃	4264896	127597	1019627	1609816	795598	702173	10085
青　海	1529599	200370	622618	268458	241217	184444	12491
宁　夏	3440939	710014	1182382	639015	432215	457221	20091
新　疆	7198348	728089	1444966	1455048	894943	2574688	100614

第二部分

35 个大中城市篇

第七章　35 个大中城市房地产综合（2014）

7-1　35个大中城市按登记注册类型分的房地产开发企业个数

单位：个

地　区	总　计	内　资					
			国　有	集　体	股份合作	国有联营	集体联营
总　计	**32400**	**29385**	**627**	**134**	**29**	**6**	**1**
北　京	2811	2560	61	19	1		
天　津	1246	1142	59	7		2	
石家庄	443	431	2		1		
太　原	730	717	12	1			
呼和浩特	283	282	1				
沈　阳	790	637	3				
大　连	969	833	10	2	1		
长　春	556	532	2	1			
哈尔滨	873	849	31	1			
上　海	2938	2486	68	17	1	2	1
南　京	606	529	20				
杭　州	1528	1405	11			1	
宁　波	860	776	5	6			
合　肥	625	576	16	2			
福　州	566	465	19	10			
厦　门	513	387	11	3			
南　昌	511	459	13	2			
济　南	524	490	24	3	1		
青　岛	982	887	13	7	3		
郑　州	1161	1107	13	1			
武　汉	1133	1054	29	7			
长　沙	809	778	12				
广　州	1346	968	33	24	1		
深　圳	453	368	9		3		
南　宁	507	459	15				
海　口	457	418	21		1		
重　庆	2695	2560	35	2	2		
成　都	1597	1469	13	6	7		
贵　阳	823	786	15	2			
昆　明	830	800	10	2	2		
西　安	784	751	19	2	4		
兰　州	561	543	14	7			
西　宁	198	195	3		1	1	
银　川	295	291	1				
乌鲁木齐	397	395	4				

7-1 续表 1 单位：个

地 区	内资						
	国有与集体联营	其他联营	国有独资公司	其他有限责任公司	股份有限公司	私营独资	私营合伙
总 计	**3**	**2**	**848**	**14673**	**880**	**33**	**6**
北 京			54	1790	62		
天 津			75	591	51	1	1
石家庄			2	190	13		
太 原			21	104	5		
呼和浩特			3	85	9		
沈 阳			5	327	24		
大 连			6	306	23	2	
长 春			5	305	24		
哈尔滨			13	397	28		
上 海	1		142	1145	52	4	1
南 京			13	250	23	4	
杭 州	1		36	870	23	1	
宁 波			33	242	15	1	
合 肥			14	306	22	3	
福 州	1		10	237	9		
厦 门			34	206	10		
南 昌			19	261	33		1
济 南			18	271	26		
青 岛			30	396	42	3	
郑 州			11	731	38		
武 汉			32	580	59	1	
长 沙		1	19	485	25	2	
广 州		1	27	493	13		
深 圳			11	148	24	1	1
南 宁			8	147	11		2
海 口			9	259	15	2	
重 庆			80	972	52	3	
成 都			30	815	71	4	
贵 阳			19	577	11		
昆 明			16	324	34		
西 安			18	417	14	1	
兰 州			7	237	13		
西 宁			10	52	4		
银 川			8	64			
乌鲁木齐			10	93	2		

7-1 续表 2

单位：个

地　区	内资			港澳台商投资			
	私营有限责任公司	私营股份有限公司	其他内资企业		合资经营	合作经营	独资
总　计	**11567**	**547**	**29**	**2061**	**743**	**259**	**1034**
北　京	550	23		149	54	56	39
天　津	336	16	3	59	29	1	26
石家庄	212	11		8	4		4
太　原	554	20		8	5		3
呼和浩特	182	2					
沈　阳	269	9		87	34	6	47
大　连	458	23	2	98	44	2	51
长　春	192	3		19	8	1	9
哈尔滨	352	25	2	15	10	1	4
上　海	1005	46	1	303	111	15	175
南　京	207	12		53	22		30
杭　州	449	12	1	92	28		60
宁　波	462	12		52	25	1	26
合　肥	200	10	3	31	15	1	14
福　州	173	6		76	25	1	50
厦　门	116	7		96	18	8	69
南　昌	119	10	1	40	17	1	22
济　南	134	13		25	10	2	13
青　岛	377	15	1	62	32	8	22
郑　州	301	12		34	17	2	14
武　汉	326	19	1	59	22	2	33
长　沙	218	16		24	9	1	14
广　州	361	15		305	53	139	110
深　圳	166	4	1	63	26	2	33
南　宁	272	4		21	9	1	11
海　口	103	6	2	32	9		22
重　庆	1323	90	1	96	32	3	61
成　都	498	19	6	67	23	2	40
贵　阳	144	18		29	18	1	10
昆　明	391	20	1	26	16	1	9
西　安	266	8	2	15	4	1	10
兰　州	246	18	1	12	10		2
西　宁	111	13		2	1		1
银　川	214	4		1	1		
乌鲁木齐	280	6		2	2		

7-1 续表 3

单位：个

地　区	港澳台商投资		外商投资					
	股份有限	其　他		合资经营	合作经营	独　资	股份有限	其　他
总　计	**21**	**4**	**954**	**371**	**107**	**431**	**36**	**9**
北　京			102	40	37	22	3	
天　津	3		45	21	3	17	3	1
石家庄			4	1		3		
太　原			5	3		2		
呼和浩特			1			1		
沈　阳			66	26	6	33	1	
大　连	1		38	25		12	1	
长　春		1	5	4	1			
哈尔滨			9	4	1	4		
上　海	2		149	50	9	85	5	
南　京	1		24	10	2	12		
杭　州	4		31	16	2	13		
宁　波			32	11		20	1	
合　肥	1		18	4	1	13		
福　州			25	8		15	1	1
厦　门	1		30	6	1	20	2	1
南　昌			12	7		4	1	
济　南			9	5		4		
青　岛			33	16	8	9		
郑　州	1		20	7		12	1	
武　汉	2		20	10		7	1	2
长　沙			7	4		2	1	
广　州	1	2	73	18	18	30	6	1
深　圳	2		22	8	7	7		
南　宁			27	9	1	15	1	1
海　口	1		7	2		4	1	
重　庆			39	15	2	16	4	2
成　都	1	1	61	22	3	35	1	
贵　阳			8	4	2	2		
昆　明			4	2	1		1	
西　安			18	6	2	9	1	
兰　州			6	4		2		
西　宁			1	1				
银　川			3	2		1		
乌鲁木齐								

7-2 35个大中城市按资质等级分的房地产开发企业个数

单位：个

地区	总计	一级	二级	三级	四级	暂定	其他
总计	**32400**	**676**	**4068**	**7784**	**4590**	**12436**	**2846**
北京	2811	111	190	237	1200	563	510
天津	1246	27	104	139	684	249	43
石家庄	443	4	36	55	107	239	2
太原	730	4	79	107	302	224	14
呼和浩特	283	4	35	44	150	30	20
沈阳	790	12	61	159	3	486	69
大连	969	19	52	282	10	506	100
长春	556	3	99	107	104	241	2
哈尔滨	873	9	179	504	16	135	30
上海	2938	53	267	361	7	1823	427
南京	606	23	170	179	6	172	56
杭州	1528	48	146	247	71	705	311
宁波	860	23	59	315	72	309	82
合肥	625	16	84	196	41	278	10
福州	566	14	41	141	68	278	24
厦门	513	12	30	35	169	104	163
南昌	511	5	83	140	51	217	15
济南	524	11	50	116	37	267	43
青岛	982	11	60	159	69	584	99
郑州	1161	23	178	206	33	649	72
武汉	1133	36	258	311	13	472	43
长沙	809	11	94	362	73	257	12
广州	1346	14	124	584	78	468	78
深圳	453	29	27	109	69	71	148
南宁	507	9	48	101	59	257	33
海口	457		18	55	71	270	43
重庆	2695	54	712	756	76	1049	48
成都	1597	22	200	909	71	291	104
贵阳	823	4	61	144	198	350	66
昆明	830	16	142	113	274	235	50
西安	784	21	114	156	223	165	105
兰州	561	5	67	225	56	203	5
西宁	198	4	88	62	21	20	3
银川	295	11	64	73	51	93	3
乌鲁木齐	397	8	48	95	57	176	13

7-3 35个大中城市按登记注册类型分的房地产开发企业从业人数

单位：人

地区	总计	内资					
			国有	集体	股份合作	国有联营	集体联营
总计	**1039256**	**912632**	**31627**	**2417**	**707**	**142**	**14**
北京	93685	80413	2604	314	50		
天津	39010	34144	2355	149		46	
石家庄	17703	16834	93		2		
太原	18774	18426	521	25			
呼和浩特	8747	8677	71				
沈阳	25312	18832	49				
大连	26098	21084	188	6	93		
长春	17246	15564	140	11			
哈尔滨	19690	19196	714	5			
上海	68573	51246	1583	373	8	52	14
南京	23394	20199	658				
杭州	33429	29089	274			26	
宁波	18991	16331	187	70			
合肥	20343	17847	621	13			
福州	21939	18952	853	165			
厦门	14165	11366	445	25			
南昌	13872	11789	395	14			
济南	19298	17849	1507	42	7		
青岛	26982	23476	270	224	68		
郑州	36986	35142	766				
武汉	45512	41934	1191	76			
长沙	28948	26934	548				
广州	46841	31698	735	463	37		
深圳	24638	19545	465		88		
南宁	17229	15467	580				
海口	14002	12585	955		14		
重庆	99612	92729	1532	26	34		
成都	52596	46503	866	199	173		
贵阳	22615	21304	398	9			
昆明	27224	25793	476	29	20		
西安	45714	43307	8269	97	78		
兰州	17241	16117	676	82			
西宁	7480	7410	242		35	18	
银川	11972	11714	23				
乌鲁木齐	13395	13136	377				

7-3 续表 1

单位：人

地 区	内资						
	国有与集体联营	其他联营	国有独资公司	其他有限责任公司	股份有限公司	私营独资	私营合伙
总 计	**51**	**42**	**40632**	**465653**	**41726**	**960**	**165**
北 京			2923	61180	3650		
天 津			3385	16233	2463	1	
石家庄			94	7123	652		
太 原			676	4535	41		
呼和浩特			295	2725	430		
沈 阳			763	11035	860		
大 连			188	8508	1747	54	
长 春			167	9685	748		
哈尔滨			546	9512	572		
上 海	8		3311	22512	2466	116	7
南 京			395	11397	901	160	
杭 州	33		814	19320	909	17	
宁 波			787	5424	490	44	
合 肥			475	9881	901	116	
福 州	10		669	10901	522		
厦 门			2984	4608	270		
南 昌			749	6585	640		12
济 南			1251	10106	891		
青 岛			1665	10471	1383	92	
郑 州			658	22695	1092		
武 汉			3846	20572	4504	38	
长 沙		35	624	17236	1134	66	
广 州		7	2338	15534	722		
深 圳			517	6941	3145		66
南 宁			290	5331	532		80
海 口			464	7976	432	39	
重 庆			3630	36180	2388	83	
成 都			1233	26263	3967	76	
贵 阳			488	16179	545		
昆 明			884	11023	1397		
西 安			1007	21313	848	58	
兰 州			372	7756	346		
西 宁			405	2527	71		
银 川			917	2768			
乌鲁木齐			822	3618	67		

7-3 续表 2

单位：人

地　区	内资			港澳台商投资			
	私营有限责任公司	私营股份有限公司	其他内资企业		合资经营	合作经营	独资
总　计	**312136**	**15615**	**745**	**81935**	**28150**	**8681**	**43968**
北　京	9284	408		8117	2132	2933	3052
天　津	8731	720	61	2810	1109	42	1209
石家庄	8660	210		236	144		92
太　原	12179	449		146	88		58
呼和浩特	5101	55					
沈　阳	5931	194		3152	1413	212	1527
大　连	9798	465	37	3901	1366	8	2492
长　春	4724	89		1436	509	2	902
哈尔滨	7392	388	67	352	187	53	112
上　海	19873	923		11543	5525	692	5272
南　京	6518	170		2144	748		1394
杭　州	7582	107	7	2964	737		2163
宁　波	9090	239		1728	913	15	800
合　肥	5458	294	88	1669	456	33	1105
福　州	5719	113		2452	975	9	1468
厦　门	2806	228		2371	602	138	1625
南　昌	3008	350	36	1234	427	40	767
济　南	3649	396		1277	222	31	1024
青　岛	8941	360	2	2131	1271	155	705
郑　州	9414	517		1145	294	136	692
武　汉	11260	412	35	2582	757	113	1625
长　沙	6864	427		1398	477	28	893
广　州	10675	1187		9692	1490	3675	4405
深　圳	8233	68	22	2901	1308	117	1439
南　宁	8540	114		965	394	8	563
海　口	2467	148	90	1065	262		711
重　庆	45181	3650	25	4816	1504	119	3193
成　都	13167	473	86	3379	867	38	2408
贵　阳	3415	270		1122	644	38	440
昆　明	10910	994	60	1315	347	1	967
西　安	11336	249	52	998	186	45	767
兰　州	6497	311	77	488	404		84
西　宁	3757	355		34	20		14
银　川	7875	131		113	113		
乌鲁木齐	8101	151		259	259		

7-3　续表 3　　　　单位：人

地　区	港澳台商投资		外商投资					
	股份有限	其　他		合资经营	合作经营	独　资	股份有限	其　他
总　计	**984**	**152**	**44689**	**14283**	**5167**	**23167**	**1659**	**413**
北　京			5155	1476	1598	1608	473	
天　津	450		2056	687	107	1082	84	96
石家庄			633	36		597		
太　原			202	120		82		
呼和浩特			70			70		
沈　阳			3328	967	406	1915	40	
大　连	35		1113	681		421	11	
长　春		23	246	218	28			
哈尔滨			142	50	8	84		
上　海	54		5784	2001	261	3265	257	
南　京	2		1051	322	47	682		
杭　州	64		1376	394	36	946		
宁　波			932	200		704	28	
合　肥	75		827	116	40	671		
福　州			535	213		192	79	51
厦　门	6		428	39	2	310	61	16
南　昌			849	714		105	30	
济　南			172	72		100		
青　岛			1375	545	482	348		
郑　州	23		699	127		518	54	
武　汉	87		996	415		418	44	119
长　沙			616	57		557	2	
广　州	5	117	5451	1323	609	3299	210	10
深　圳	37		2192	398	520	1274		
南　宁			797	137	72	546	10	32
海　口	92		352	36		312	4	
重　庆			2067	854	116	896	112	89
成　都	54	12	2714	880	213	1527	94	
贵　阳			189	68	107	14		
昆　明			116	56	46		14	
西　安			1409	331	469	557	52	
兰　州			636	595		41		
西　宁			36	36				
银　川			145	119		26		
乌鲁木齐								

7-4 35个大中城市按资质等级分的房地产开发企业从业人数

单位：人

地 区	总 计	一 级	二 级	三 级	四 级	暂 定	其 他
总 计	**1039256**	**79799**	**212700**	**231463**	**117500**	**335271**	**62523**
北 京	93685	13152	13200	9164	32777	15043	10349
天 津	39010	2306	5807	5188	16890	7664	1155
石家庄	17703	1119	3393	2254	3470	7444	23
太 原	18774	207	5350	3043	6427	3591	156
呼和浩特	8747	268	1423	1508	4174	782	592
沈 阳	25312	448	5622	4885	38	12779	1540
大 连	26098	922	1782	7637	108	13393	2256
长 春	17246	302	5844	3294	1746	6055	5
哈尔滨	19690	914	5127	9872	342	2332	1103
上 海	68573	3948	8320	9252	143	37283	9627
南 京	23394	2161	9796	3855	49	5793	1740
杭 州	33429	3219	4439	5234	944	14724	4869
宁 波	18991	1227	1702	6712	1025	7003	1322
合 肥	20343	852	3741	6246	771	8489	244
福 州	21939	1463	2684	5680	1651	10058	403
厦 门	14165	1917	1942	1297	4223	2955	1831
南 昌	13872	529	2572	3228	1040	6234	269
济 南	19298	863	2854	3679	727	10093	1082
青 岛	26982	1145	3320	4028	1206	15084	2199
郑 州	36986	2490	9124	5216	495	18659	1002
武 汉	45512	6573	13563	9279	372	14735	990
长 沙	28948	862	6454	11922	1637	7736	337
广 州	46841	5034	6675	19350	1663	12886	1233
深 圳	24638	4109	1939	6329	3476	2767	6018
南 宁	17229	447	3054	3304	1196	8276	952
海 口	14002		1055	1693	2273	7952	1029
重 庆	99612	7942	35169	21731	1234	32195	1341
成 都	52596	3156	8769	28888	954	8192	2637
贵 阳	22615	531	5865	3714	3493	8301	711
昆 明	27224	2168	8012	2851	6520	6752	921
西 安	45714	6116	8735	7234	12447	7174	4008
兰 州	17241	925	4534	6574	708	4302	198
西 宁	7480	297	4466	1613	543	506	55
银 川	11972	1363	3321	2662	1683	2840	103
乌鲁木齐	13395	824	3047	3047	1055	5199	223

7-5　35个大中城市房地产开发企业投资规模与完成情况

单位：万元

地　区	计划总投资	自开始建设至本年底累计完成投资	本年完成投资
总　计	**2495970699**	**1717687893**	**463179684**
北　京	217523690	163818478	37153341
天　津	131900916	79142783	16996496
石家庄	38120124	26966208	10253286
太　原	29253262	19231265	4696758
呼和浩特	28827937	19335127	5631305
沈　阳	95905202	73669646	19758182
大　连	71959984	53919026	14293353
长　春	34467533	23564085	5325677
哈尔滨	36442029	26068200	6866631
上　海	206178190	147286864	32064773
南　京	70502173	46262249	11254900
杭　州	104081980	76532404	23019788
宁　波	51860821	35865660	13281390
合　肥	59850596	39759156	11273511
福　州	61242354	50628076	14550729
厦　门	39622988	27676248	7040636
南　昌	27003030	18991762	4140682
济　南	47164834	32374227	9175398
青　岛	54490936	38256880	11177297
郑　州	78539716	49269914	17435127
武　汉	104072550	73475666	23536263
长　沙	85098556	51764310	13136182
广　州	118722298	83601321	18161529
深　圳	54726372	35644840	10694855
南　宁	33967382	22003877	5518214
海　口	19375833	11348149	3004725
重　庆	192913963	133532714	36302331
成　都	112566291	81694565	22155331
贵　阳	59472234	38321201	10103750
昆　明	68652559	40802930	14926246
西　安	94048846	56752992	17422800
兰　州	18022606	11143862	3170837
西　宁	10916743	7009195	2468649
银　川	20689371	12482952	3888952
乌鲁木齐	17786800	9491061	3299760

7-6 35个大中城市按用途分的房地产开发企业完成投资

单位：万元

地　区	本年完成投资	住　宅	#别　墅、高档公寓	办公楼	商业营业用房	其　他
总　计	**463179684**	**294450863**	**19746238**	**41762352**	**64851474**	**62114995**
北　京	37153341	18460805	1637493	7129843	3808433	7754260
天　津	16996496	11222553	590322	1235819	2179330	2358794
石家庄	10253286	6853256	54768	769087	1505825	1125118
太　原	4696758	3410800	78975	421736	428749	435473
呼和浩特	5631305	4100748	46534	242438	812293	475826
沈　阳	19758182	14163406	1249855	714983	3991005	888788
大　连	14293353	10647027	732017	725835	1930690	989801
长　春	5325677	3592106	410107	260153	936902	536516
哈尔滨	6866631	4938115	232092	190108	1091674	646734
上　海	32064773	17246467	3600136	5347709	4579197	4891400
南　京	11254900	7962697	695396	719849	1468333	1104021
杭　州	23019788	13379181	521369	2534270	2696717	4409620
宁　波	13281390	7732540	879891	1014591	1843337	2690922
合　肥	11273511	7150365	234114	726082	1970629	1426435
福　州	14550729	9265800	446732	1369490	2219297	1696142
厦　门	7040636	3846244	245548	925624	793635	1475133
南　昌	4140682	3046738	134662	369896	441062	282986
济　南	9175398	6138580	237862	1267961	1115138	653719
青　岛	11177297	7311090	588661	978669	1327878	1559660
郑　州	17435127	11769295	167293	1383031	2150019	2132782
武　汉	23536263	15605526	718997	1403893	3582305	2944539
长　沙	13136182	8582584	509074	872560	1894820	1786218
广　州	18161529	9949024	462783	2229031	2935615	3047859
深　圳	10694855	7302764	793346	1042173	1182235	1167683
南　宁	5518214	3682290	245912	410936	608181	816807
海　口	3004725	2078974	177484	71739	327843	526169
重　庆	36302331	24513660	1743018	1769621	5340012	4679038
成　都	22155331	13494131	800515	1494584	3543794	3622822
贵　阳	10103750	6271857	263787	1156955	1562683	1112255
昆　明	14926246	9349316	474398	1122104	2403200	2051626
西　安	17422800	13219132	348163	840013	2087773	1275882
兰　州	3170837	2125264	85215	201041	499083	345449
西　宁	2468649	1516744	36595	267303	448324	236278
银　川	3888952	2390099	78793	173980	685208	639665
乌鲁木齐	3299760	2131685	224331	379245	460255	328575

7-7 35个大中城市房地产开发企业实际到位资金情况

单位：万元

地区	本年实际到位资金合计	上年末结余资金	本年实际到位资金小计	国内贷款	#银行贷款
总计	**835974953**	**205244093**	**630730860**	**137237399**	**114571965**
北京	94079874	27859725	66220149	21580291	16302105
天津	37284408	9049601	28234807	8171550	7040375
石家庄	11689313	954019	10735294	963568	855471
太原	7193896	1839600	5354296	812209	724993
呼和浩特	6159267	843459	5315808	664727	481177
沈阳	26142511	4773737	21368774	1195220	1081075
大连	21785029	5191296	16593733	4407328	4128573
长春	8501756	1668433	6833323	852616	594819
哈尔滨	9792307	2210316	7581991	701676	533569
上海	74221873	21522848	52699025	16388433	14975610
南京	27849187	6369653	21479534	5330131	4660656
杭州	50172892	19051542	31121350	7939559	6511544
宁波	18531690	3809190	14722500	3556098	3034303
合肥	20909611	5049727	15859884	2178315	1718334
福州	21864431	3434360	18430071	2654234	2137462
厦门	15860082	4420939	11439143	1617545	1525283
南昌	9500076	2859934	6640142	1052272	963002
济南	13648986	2028281	11620705	1916921	1116791
青岛	20372152	5716879	14655273	3632322	3093356
郑州	23307772	4703684	18604088	2800871	2387666
武汉	32586240	7748174	24838066	5051536	4773380
长沙	22688079	6016581	16671498	3465813	2826187
广州	33296507	8948482	24348025	5019913	4610424
深圳	22832549	6513530	16319019	5380234	4507654
南宁	10404061	1884556	8519505	1411387	1199470
海口	6099369	870756	5228613	1046735	1016063
重庆	67627353	14177520	53449833	11907732	8648649
成都	43801428	10018978	33782450	5718632	4909636
贵阳	12795409	2371654	10423755	1211471	1158082
昆明	19858897	4108272	15750625	2913200	2403420
西安	25143005	5409624	19733381	3155906	2363244
兰州	6071497	1905232	4166265	726689	658487
西宁	3500883	617370	2883513	452766	430266
银川	5730867	841974	4888893	901487	789777
乌鲁木齐	4671696	454167	4217529	458012	411062

7-7 续表 1

单位：万元

地区	#非银行金融机构贷款	利用外资	#外商直接投资	自筹资金	#自有资金
总计	**22665434**	**4579605**	**4301447**	**231170767**	**98767290**
北京	5278186	77763	77763	18154136	4344819
天津	1131175	71887	13782	8752250	2557369
石家庄	108097			7778081	2529384
太原	87216			2136955	899396
呼和浩特	183550			3910961	2121773
沈阳	114145	354590	298930	14173130	10169015
大连	278755	172819	165769	7092513	3027581
长春	257797			2544275	1142281
哈尔滨	168107	27000	27000	4182888	2089289
上海	1412823	696144	677332	15608290	6762619
南京	669475	123481	123281	5802129	2732949
杭州	1428015	567416	567416	8858638	1896769
宁波	521795	26680	26680	6656941	2611039
合肥	459981	7810	7810	4198887	1622727
福州	516772	5523	5523	8641106	5324924
厦门	92262	214299	214299	3808277	2129121
南昌	89270			1375076	589325
济南	800130	2056	2056	4356538	1855937
青岛	538966	50496	47192	5047351	2088753
郑州	413205			8373998	3329358
武汉	278156	169739	169739	10749287	4948447
长沙	639626	32000		5397408	2568903
广州	409489	69057	68957	7538569	3074605
深圳	872580	204555	177955	5456498	3111372
南宁	211917			2418326	911456
海口	30672			1700508	645149
重庆	3259083	1131313	1130813	18244123	6444393
成都	808996	393355	317528	13324335	8176556
贵阳	53389	30530	30530	2415437	883369
昆明	509780	151092	151092	8085649	2288123
西安	792662			8867486	3040483
兰州	68202			1644764	685590
西宁	22500			1040528	586929
银川	111710			1441111	895970
乌鲁木齐	46950			1394318	681517

7-7 续表 2

单位：万元

地区	其他资金来源	#定金及预收款	#个人按揭贷款	本年各项应付款合计	#工程款
总计	**257743089**	**160399758**	**66771234**	**110113878**	**59052470**
北京	26407959	17515898	6129922	2577604	1850679
天津	11239120	8483397	690735	8693338	3744021
石家庄	1993645	985631	344662	1431479	625622
太原	2405132	1710176	520397	1049166	605679
呼和浩特	740120	485259	140374	1103646	688461
沈阳	5645834	3937995	1099312	3772957	2353344
大连	4921073	3062650	1209039	4463038	2479678
长春	3436432	2204412	988495	626491	494175
哈尔滨	2670427	1871667	547400	1061614	628581
上海	20006158	14694573	2783971	9630580	5029244
南京	10223793	5962646	3868751	2054374	1320801
杭州	13755737	8678580	4245376	2569167	1785494
宁波	4482781	2804653	1342146	3220782	1808625
合肥	9474872	5017224	3943611	2512743	1428033
福州	7129208	3707860	2570489	1323214	588866
厦门	5799022	2981309	1683933	1152457	278037
南昌	4212794	2401214	1175562	1257523	808739
济南	5345190	3101636	1325858	1543518	937995
青岛	5925104	4285964	1036279	3536325	2052705
郑州	7429219	4124501	2393067	3466103	2223248
武汉	8867504	4700926	2709210	6068078	2337708
长沙	7776277	4689244	2495075	4360152	2137118
广州	11720486	8109214	2164728	2710614	1755261
深圳	5277732	3032219	1752618	3388815	1803447
南宁	4689792	2678698	1512253	1555716	851473
海口	2481370	1040735	214178	2126724	743047
重庆	22166665	12524173	7100844	13866787	6700913
成都	14346128	9250006	3724124	5395306	3424637
贵阳	6766317	3295801	2075856	1811916	933381
昆明	4600684	2964459	1118125	4097965	2171625
西安	7709989	4857698	2054131	4351954	2377892
兰州	1794812	1328764	396720	938190	588522
西宁	1390219	922716	237753	672546	391272
银川	2546295	1627373	448954	1022695	683590
乌鲁木齐	2365199	1360487	727286	700301	420557

7-8 35个大中城市按用途分的房地产开发企业房屋施工面积

单位：平方米

地　区	房屋施工面积	住宅	#别墅、高档公寓	办公楼	商业营业用房	其他
总　计	**2833139162**	**1870194000**	**94360033**	**197878357**	**342538320**	**422528485**
北　京	135880771	69779888	4853713	22539816	12785188	30775879
天　津	106523679	72044627	3549169	8646379	12171539	13661134
石家庄	49678741	36100275	1429580	2747404	7233065	3597997
太　原	46361809	34812459	718259	2610341	4308582	4630427
呼和浩特	58604657	40544180	719636	2056859	10323269	5680349
沈　阳	114957829	82108076	3950566	3931913	19853928	9063912
大　连	62796574	46406735	2803109	1942503	7928530	6518806
长　春	60584896	42093494	2908291	3160099	8524743	6806560
哈尔滨	60863130	42202535	751260	1957850	9222985	7479760
上　海	146901763	85258520	15759662	17790426	17519929	26332888
南　京	65402311	44010647	2911733	3904529	7196897	10290238
杭　州	105065281	57825641	2425966	12848479	11079938	23311223
宁　波	74221626	39507551	3200007	5990839	10471623	18251613
合　肥	69868077	44856423	1498610	4212685	11417601	9381368
福　州	75989084	51084522	1540249	4908691	8070753	11925118
厦　门	42198564	22743224	1039438	5567936	3757772	10129632
南　昌	42447388	29969048	1283357	3379167	4476161	4623012
济　南	52656583	35074489	1209434	4405154	6222876	6954064
青　岛	81706655	53335101	3453474	5407627	10188388	12775539
郑　州	105741511	69889186	1017410	9207055	10960761	15684509
武　汉	102384320	73054271	2382808	5501893	11884766	11943390
长　沙	96886037	65627776	3169840	5025656	11219661	15012944
广　州	93699270	57695908	3506745	8603419	11340098	16059845
深　圳	44921847	28699951	2268845	3373168	4817830	8030898
南　宁	45193571	31078393	863130	2414733	4029608	7670837
海　口	22520444	15908300	2016809	1079080	1891570	3641494
重　庆	286239291	202944938	8407518	10722226	33166714	39405413
成　都	172028925	106979309	6069337	10467644	22107930	32474042
贵　阳	68157910	47327932	1291804	4637905	6575494	9616579
昆　明	87727213	55254164	2557096	6136344	11958684	14378021
西　安	123321867	96615086	2153166	5679802	11964082	9062897
兰　州	32845639	24253335	382084	1296157	3551973	3744174
西　宁	18082662	11571479	89364	1125194	2960805	2425184
银　川	42089206	26524992	878818	2093921	7375870	6094423
乌鲁木齐	38590031	27011545	1299746	2505463	3978707	5094316

7-9　35个大中城市按用途分的房地产开发企业房屋新开工面积

单位：平方米

地　区	房屋新开工面积	住　宅	#别　墅、高档公寓	办公楼	商业营业用房	其　他
总　计	**626054320**	**400584291**	**17318542**	**46960387**	**80021460**	**98488182**
北　京	24493867	12822801	658607	4213732	2081676	5375658
天　津	28152697	19865621	682487	1323764	2750793	4212519
石家庄	13880065	10776717	94805	464343	1973617	665388
太　原	7307906	4518749	33021	1194541	800975	793641
呼和浩特	7084440	5106840	326266	189116	735560	1052924
沈　阳	23165501	16650086	705179	691440	4184527	1639448
大　连	12221826	9392384	578058	269602	1203086	1356754
长　春	13959792	8869384	430519	736295	2462260	1891853
哈尔滨	10694329	7084335	163060	527623	1485695	1596676
上　海	27820242	15472870	2769019	3652529	3880318	4814525
南　京	12173435	9064233	861629	493289	1046022	1569891
杭　州	24117234	12256709	304901	3560838	3151845	5147842
宁　波	14682100	7957427	508927	991683	2004611	3728379
合　肥	20507837	12310602	371748	897009	4429884	2870342
福　州	17463271	10302438	244545	1500147	2326896	3333790
厦　门	7395846	3042603	77691	1496222	873667	1983354
南　昌	6369341	5033632	208034	329803	533134	472772
济　南	12949415	9183006	183772	752216	1253741	1760452
青　岛	20442384	13336934	606998	1594539	2163436	3347475
郑　州	27493228	19547324	174584	1780838	2431953	3733113
武　汉	23186644	16789799	418063	1273495	2252976	2870374
长　沙	26033229	16518872	493228	1572533	3615648	4326176
广　州	24076677	14663323	659205	2148263	2904780	4360311
深　圳	9326762	5495031	878063	913032	1179996	1738703
南　宁	10510314	6691241	83872	1169530	1077359	1572184
海　口	3591423	2088315	19744	24813	1068868	409427
重　庆	62540397	42759579	1483600	2641668	7747256	9391894
成　都	46096676	26856452	1147168	3353383	6414774	9472067
贵　阳	11496215	6297344	396210	1287961	1248341	2662569
昆　明	20647413	12331082	600707	1447797	3148835	3719699
西　安	24382958	17943475	134060	1584201	2924408	1930874
兰　州	6243607	4707783	207751	348615	694061	493148
西　宁	4612104	2416863	11514	492200	1006819	696222
银　川	12062274	7746640	213218	722147	1592028	2001459
乌鲁木齐	8872871	4683797	588289	1321180	1371615	1496279

7-10 35个大中城市按用途分的房地产开发企业房屋竣工面积

单位：平方米

地区	房屋竣工面积	住宅	#别墅、高档公寓	办公楼	商业营业用房	其他
总计	**407462987**	**287105827**	**12235180**	**21156096**	**38026106**	**61174958**
北京	30541222	18043430	524840	3874545	2162384	6460863
天津	29248176	21302486	1529979	1171517	2677462	4096711
石家庄	5895685	4423777	216239	173375	930011	368522
太原	5857949	4910378	205756	92982	383717	470872
呼和浩特	4618700	3451104	91290	186103	472866	508627
沈阳	12258701	9938777	161735	208855	1561052	550017
大连	7263244	5771808	183893	24675	795722	671039
长春	7725788	6344319	29325	70763	859418	451288
哈尔滨	13698330	10078956	86138	498589	1478876	1641909
上海	23132920	15355468	1800999	1650317	2083550	4043585
南京	9674028	7222911	178319	250393	636630	1564094
杭州	15016440	9280090	447642	1097573	1140434	3498343
宁波	12710855	7122105	493068	1212732	1384198	2991820
合肥	10551336	7006786	315240	570801	1138071	1835678
福州	8338556	6001156	229271	456464	352597	1528339
厦门	5854767	3496778	51659	584962	375519	1397508
南昌	5109699	4268088	334424	207470	346226	287915
济南	5167564	3845349	60375	104237	388162	829816
青岛	11357440	8098615	225640	621735	904359	1732731
郑州	18893625	11228689	20389	1621088	1754591	4289257
武汉	7654176	6459842	94407	168107	530868	495359
长沙	14120527	10423394	306650	532498	1460187	1704448
广州	19194584	12205074	620500	1355900	2584965	3048645
深圳	4253080	2692617	64742	109725	392177	1058561
南宁	4654313	3297833	42544	228834	503309	624337
海口	3936635	3261140	850622	12374	151042	512079
重庆	37177755	27715505	1145900	1150254	3405934	4906062
成都	21192557	13842483	900850	1247979	2318614	3783481
贵阳	10736895	7953625	412447	470552	596012	1716706
昆明	6305445	3877828	380781	308433	1008680	1110504
西安	15141441	12886709		179875	1231695	843162
兰州	1185211	898782	20314	64121	130389	91919
西宁	4909581	3910370	74250	119701	565478	314032
银川	7272278	5022134	104177	244663	962708	1042773
乌鲁木齐	6813484	5467421	30775	283904	358203	703956

7-11 35个大中城市按用途分的房地产开发企业房屋竣工价值

单位：万元

地区	房屋竣工价值	住宅	#别墅、高档公寓	办公楼	商业营业用房	其他
总计	**131738417**	**89694240**	**5758716**	**8639430**	**15402402**	**18002345**
北京	9839955	5006293	288471	1699636	947910	2186116
天津	7594222	5566491	391897	294935	692950	1039846
石家庄	2299575	1461381	72925	100892	633581	103721
太原	2794080	2393649	123911	40604	201522	158305
呼和浩特	1686453	1262736	36846	75299	204571	143847
沈阳	3157819	2519610	68579	89270	402637	146302
大连	2867739	2142251	145744	8564	480462	236462
长春	1448932	1163413	5865	15888	182207	87424
哈尔滨	4166489	2782295	28302	135620	762019	486555
上海	10584155	6444691	1067338	1339558	1236189	1563717
南京	3095520	2388608	50300	131922	183885	391105
杭州	4828297	3086765	203206	412802	408661	920069
宁波	5628802	3264472	435212	547349	741774	1075207
合肥	3378267	2232318	254104	224811	496240	424898
福州	2066593	1386945	45703	174205	117817	387626
厦门	1511025	953252	30179	119310	117015	321448
南昌	1183936	1003652	93998	56507	65450	58327
济南	1204331	902138	14450	26447	91063	184683
青岛	3248069	2241077	70073	202193	267139	537660
郑州	4284075	2666857	3829	266967	394578	955673
武汉	3041654	2525059	92849	68760	281911	165924
长沙	4401467	3213462	78894	192635	480059	515311
广州	7289078	4438794	233606	665577	1140975	1043732
深圳	2747955	1916729	72222	57726	302755	470745
南宁	1287691	862330	12499	80530	186805	158026
海口	1938251	1543719	464429	5875	119669	268988
重庆	12433320	8962150	575996	479430	1584134	1407606
成都	6959969	4445560	326045	502399	889923	1122087
贵阳	2264372	1626036	107981	96097	196299	345940
昆明	2526938	1595168	273212	161733	496874	273163
西安	4363504	3620591		70900	431502	240511
兰州	278377	205555	6094	17516	32645	22661
西宁	1461253	1133639	29700	34903	206914	85797
银川	1830721	1225724	33898	79070	262132	263795
乌鲁木齐	2045533	1510830	20359	163500	162135	209068

7-12 35个大中城市按用途分的房地产开发企业住宅竣工套数

单位：套

地 区	住 宅	#90平方米及以下住宅	#144平方米以上住宅	#别 墅、高档公寓
总 计	**2856503**	**1405893**	**232652**	**66270**
北 京	200971	146822	10739	1550
天 津	219038	93769	16058	10379
石家庄	38669	13048	3782	661
太 原	39142	17624	8365	584
呼和浩特	28576	12386	3811	753
沈 阳	115272	86874	7758	1512
大 连	67911	51120	2927	1624
长 春	71153	49154	6460	80
哈尔滨	109914	47276	5960	238
上 海	157460	97851	11168	8830
南 京	71471	39266	5138	1119
杭 州	82265	46194	11183	2019
宁 波	54066	13127	12278	2607
合 肥	67697	22145	1497	1144
福 州	48881	14881	8797	461
厦 门	32928	12131	3676	191
南 昌	42043	16797	2431	1901
济 南	29976	7558	2429	414
青 岛	84266	41038	5881	1437
郑 州	113914	69815	8785	82
武 汉	66505	19218	2964	417
长 沙	100425	35090	7347	1626
广 州	109238	34390	19411	2070
深 圳	27706	19963	2472	189
南 宁	33773	16710	1824	95
海 口	29582	6233	2922	6126
重 庆	295698	161683	13915	7671
成 都	144311	78922	6866	4255
贵 阳	66357	20336	7733	2737
昆 明	31575	9900	6006	1678
西 安	132713	67171	6443	
兰 州	10140	4542	73	75
西 宁	39348	5483	2668	752
银 川	44391	12663	5673	870
乌鲁木齐	49128	14713	7212	123

7-13 35个大中城市按资质等级分的房地产开发企业住宅竣工套数

单位：套

地 区	总 计	一 级	二 级	三 级	四 级	暂 定	其 他
总 计	**2856503**	**269288**	**669679**	**657564**	**341090**	**831568**	**87314**
北 京	200971	51457	27768	12342	61779	35906	11719
天 津	219038	13891	27487	29116	86709	58196	3639
石家庄	38669	695	2940	10925	8112	15997	
太 原	39142	1766	7070	13506	14944	1856	
呼和浩特	28576	2655	4464	3621	15885	492	1459
沈 阳	115272		6427	26637	684	63430	18094
大 连	67911	150	6263	15568		39508	6422
长 春	71153	2663	26131	14531	7547	20281	
哈尔滨	109914	2225	48059	48628	2551	7097	1354
上 海	157460	2411	34081	18522	1067	94524	6855
南 京	71471	9446	28637	13431		16019	3938
杭 州	82265	8339	12407	13167	844	38298	9210
宁 波	54066	7570	7710	25943	2281	9722	840
合 肥	67697	2546	9279	28916	4470	22486	
福 州	48881	4573	2746	13992	2872	24698	
厦 门	32928	12029	5679	1417	10993	2810	
南 昌	42043	5599	12739	11136	1623	10946	
济 南	29976	1077	9459	1662	2614	14716	448
青 岛	84266	2210	11967	21176	1149	43805	3959
郑 州	113914	20651	27635	6102		59526	
武 汉	66505	9304	17853	5739		31674	1935
长 沙	100425	517	21723	54643	3991	18892	659
广 州	109238	12593	16902	56514	7047	16003	179
深 圳	27706	1067	1176	9872	5172	6035	4384
南 宁	33773	3931	7452	6251	2920	12748	471
海 口	29582		122	4589	11015	12005	1851
重 庆	295698	32344	135239	47407	462	79899	347
成 都	144311	23119	40336	62121	921	16415	1399
贵 阳	66357	7257	14447	10851	26709	7016	77
昆 明	31575	1824	3990	1879	10695	12815	372
西 安	132713	13090	28812	31911	36076	15121	7703
兰 州	10140		4785	3914	415	1026	
西 宁	39348	4351	27310	4739	2330	618	
银 川	44391	7798	18825	10240	3523	4005	
乌鲁木齐	49128	140	11759	16556	3690	16983	

7-14 35个大中城市按资质等级分的房地产开发企业别墅、高档公寓竣工套数

单位：套

地区	总计	一级	二级	三级	四级	暂定	其他
总计	**66270**	**3877**	**8850**	**16006**	**11364**	**23761**	**2412**
北京	1550	65		206	1075	204	
天津	10379	871		682	4637	4189	
石家庄	661		498	44	4	115	
太原	584				304	280	
呼和浩特	753		43		534		176
沈阳	1512		36			1356	120
大连	1624			460		941	223
长春	80					80	
哈尔滨	238	13	26	28		171	
上海	8830	120	300	994		6608	808
南京	1119		878	158		58	25
杭州	2019	730		208		1039	42
宁波	2607	81		1256	30	1240	
合肥	1144			643		501	
福州	461	126		13	100	222	
厦门	191		7	35	149		
南昌	1901		672	678		551	
济南	414		217	55		142	
青岛	1437	53		343	12	1029	
郑州	82		4	70		8	
武汉	417		300	65		52	
长沙	1626		116	1173		337	
广州	2070	135	36	1772	28	99	
深圳	189	189					
南宁	95		61		34		
海口	6126		34	2155	1743	1253	941
重庆	7671	252	3512	1179		2728	
成都	4255		1224	2656		375	
贵阳	2737	636	122		1902		77
昆明	1678	402	639	167	402	68	
西安							
兰州	75					75	
西宁	752			752			
银川	870	204	38	182	410	36	
乌鲁木齐	123		87	32		4	

7-15 35个大中城市按用途分的房地产开发企业商品房销售面积

单位：平方米

地区	商品房销售面积	住宅	#别墅、高档公寓	办公楼	商业营业用房	其他
总计	**426707681**	**364423774**	**14170016**	**16684667**	**28764693**	**16834547**
北京	14541935	11365281	482023	1368000	794977	1013677
天津	16129827	14836367	613876	211048	676132	406280
石家庄	8882583	7256841	164662	309368	1023556	292818
太原	4192118	3940938	122745	141514	80409	29257
呼和浩特	3639075	3069181	41026	78070	297454	194370
沈阳	14984012	13423812	667605	140172	1229827	190201
大连	7464018	6707348	227834	66704	494778	195188
长春	7588363	6633500	333140	97312	572648	284903
哈尔滨	10410546	9198093	127118	124235	905734	182484
上海	20846637	17809092	2572362	1202800	1028615	806130
南京	12075786	11247311	577939	246771	423461	158243
杭州	11229128	9525062	295574	730409	557811	415846
宁波	7264365	5951952	342122	508969	505575	297869
合肥	15947869	13262153	328598	527257	1875933	282526
福州	9655969	8166525	67474	448612	571903	468929
厦门	7902090	5103704	235557	871468	303266	1623652
南昌	8246630	7514757	236832	278635	381878	71360
济南	8653513	7239161	192071	454874	397922	561556
青岛	11635302	10222752	323502	425728	722914	263908
郑州	15919073	12932831	103237	1336128	1267305	382809
武汉	22731563	19789630	309151	578309	1622594	741030
长沙	15184711	13313566	755043	375950	1209316	285879
广州	15400173	11962290	568911	1427599	1332534	677750
深圳	5325666	4748091	239034	231731	235864	109980
南宁	8025713	7209514	140740	144317	265085	406797
海口	3376632	2975829	243519	44725	300304	55774
重庆	51003870	44236751	1556410	981512	3484875	2300732
成都	29512999	24762538	830450	1222976	2102132	1425353
贵阳	9355458	7899455	334400	611773	698585	145645
昆明	12893690	9782294	464358	583144	1170656	1357596
西安	16963881	15141458	396271	458300	826113	538010
兰州	4803586	4394287	71018	113555	258065	37679
西宁	3057114	2643754	1060	78730	294483	40147
银川	7245852	6140135	104442	71519	599555	434643
乌鲁木齐	4617934	4017521	99912	192453	252434	155526

7-16 35个大中城市按用途分的房地产开发企业商品房销售额

单位：万元

地 区	商品房销售额	住 宅	#别 墅、高档公寓	办公楼	商业营业用房	其 他
总 计	**376471759**	**303929493**	**24235597**	**23850978**	**38187581**	**10503707**
北 京	27387371	21024647	1844535	3593214	2020333	749177
天 津	14869373	13097031	776093	358194	1059549	354599
石家庄	5095880	4036492	120441	203615	723347	132426
太 原	3207542	2819731	146079	210371	143353	34087
呼和浩特	1991921	1581499	34067	81511	242105	86806
沈 阳	9315752	7873308	510051	198910	1161482	82052
大 连	6878653	5983672	288210	58118	683051	153812
长 春	4751135	3878448	331624	72410	611187	189090
哈尔滨	6435498	5289643	197333	103759	941785	100311
上 海	34995289	29234429	8595427	3004300	2264416	492144
南 京	13521953	12332035	1108497	374000	711979	103939
杭 州	15603459	13368719	530399	1110624	961773	162343
宁 波	7805375	6481530	536764	453284	656358	214203
合 肥	11413565	9173914	378229	431019	1711880	96752
福 州	10350054	8252471	116186	686185	1021724	389674
厦 门	12151924	9073155	454216	926795	662372	1489602
南 昌	5433358	4677644	198533	267569	429841	58304
济 南	6376389	5181549	219481	407504	522817	264519
青 岛	9708984	8030189	382810	651168	846798	180829
郑 州	12051715	8508660	134787	1410174	1506149	626732
武 汉	18074608	14641608	385165	657769	2338173	437058
长 沙	9286781	7266074	504510	424841	1424877	170989
广 州	24207021	17630685	761424	2969165	2724318	882853
深 圳	13166850	11414541	1277727	742806	636651	372852
南 宁	5318663	4400254	185099	187037	519652	211720
海 口	2668665	2223794	298918	115946	304421	24504
重 庆	28149910	22532816	1471530	1094100	3737467	785527
成 都	20752836	16184732	903116	965406	3026982	575716
贵 阳	5246858	3873903	324494	469738	833809	69408
昆 明	8231647	5935102	533124	759070	1068346	469129
西 安	10966515	9243907	406194	428372	1029252	264984
兰 州	3103052	2575001	104484	105985	391978	30088
西 宁	1758851	1270747	1208	65528	406326	16250
银 川	3225232	2524378	68745	53976	489375	157503
乌鲁木齐	2969080	2313185	106097	208515	373655	73725

7-17　35个大中城市按用途分的房地产开发企业商品房平均销售价格

单位：元/平方米

地　区	商品房平均销售价格	住　宅	#别　墅、高档公寓	办公楼	商业营业用房	其　他
总　计	**8823**	**8340**	**17103**	**14295**	**13276**	**6239**
北　京	18833	18499	38267	26266	25414	7391
天　津	9219	8828	12643	16972	15671	8728
石家庄	5737	5562	7314	6582	7067	4522
太　原	7651	7155	11901	14866	17828	11651
呼和浩特	5474	5153	8304	10441	8139	4466
沈　阳	6217	5865	7640	14190	9444	4314
大　连	9216	8921	12650	8713	13805	7880
长　春	6261	5847	9954	7441	10673	6637
哈尔滨	6182	5751	15524	8352	10398	5497
上　海	16787	16415	33415	24978	22014	6105
南　京	11198	10964	19180	15156	16813	6568
杭　州	13896	14035	17945	15206	17242	3904
宁　波	10745	10890	15689	8906	12982	7191
合　肥	7157	6917	11510	8175	9125	3425
福　州	10719	10105	17219	15296	17865	8310
厦　门	15378	17778	19283	10635	21841	9174
南　昌	6589	6225	8383	9603	11256	8170
济　南	7369	7158	11427	8959	13139	4710
青　岛	8344	7855	11833	15295	11714	6852
郑　州	7571	6579	13056	10554	11885	16372
武　汉	7951	7399	12459	11374	14410	5898
长　沙	6116	5458	6682	11300	11783	5981
广　州	15719	14739	13384	20798	20445	13026
深　圳	24723	24040	53454	32055	26992	33902
南　宁	6627	6103	13152	12960	19603	5205
海　口	7903	7473	12275	25924	10137	4393
重　庆	5519	5094	9455	11147	10725	3414
成　都	7032	6536	10875	7894	14400	4039
贵　阳	5608	4904	9704	7678	11936	4766
昆　明	6384	6067	11481	13017	9126	3456
西　安	6465	6105	10250	9347	12459	4925
兰　州	6460	5860	14712	9333	15189	7985
西　宁	5753	4807	11396	8323	13798	4048
银　川	4451	4111	6582	7547	8162	3624
乌鲁木齐	6429	5758	10619	10835	14802	4740

7-18 35个大中城市按用途分的房地产开发企业房屋出租面积

单位：平方米

地　区	房屋出租面　积	住　宅	#别　墅、高档公寓	办公楼	商业营业用房	其　他
总　计	**24989644**	**1546094**	**757026**	**8201607**	**11448875**	**3793068**
北　京	5613825	222926	130278	2262821	2168256	959822
天　津	120540			86501	10416	23623
石家庄						
太　原	16000				16000	
呼和浩特	6050				6050	
沈　阳	20			20		
大　连	531862	180110			351752	
长　春	308977	301		32345	276331	
哈尔滨	121699	36744			84955	
上　海	11424556	721629	603861	5026498	3739869	1936560
南　京	68808	18741		2000	47927	140
杭　州	83451	11611		34707	37133	
宁　波	316680			79188	203501	33991
合　肥	317134			21991	292875	2268
福　州	16682				16682	
厦　门	294152	374		76524	198670	18584
南　昌	60958				60958	
济　南	61250				61250	
青　岛	323680			25852	290547	7281
郑　州	581755	3744		595	499789	77627
武　汉	157394	1519		26362	117491	12022
长　沙	50135			17865	28305	3965
广　州	1469282	78867	22887	293370	729614	367431
深　圳	358837	5620		67618	271590	14009
南　宁	18771			1040	5063	12668
海　口	61428			488	60940	
重　庆	1470486	127857		58869	1064089	219671
成　都	192803			41295	147495	4013
贵　阳	29288			141	24970	4177
昆　明	132952			2809	130143	
西　安	71465	686		1394	24003	45382
兰　州	72549	2164		5751	64634	
西　宁	4850				4850	
银　川	164992	19573		15318	115451	14650
乌鲁木齐	466333	113628		20245	297276	35184

7-19　35个大中城市按用途分的房地产开发企业商品房待售面积

单位：平方米

地　区	待售面积	住宅	#别墅、高档公寓	办公楼	商业营业用房	其他
总　计	**224509991**	**130619566**	**14262463**	**16945489**	**40079697**	**36865239**
北　京	20645949	8636646	2139549	3071625	4348946	4588732
天　津	11247955	7833716	971364	1180812	1338222	895205
石家庄	3434186	2847188	117390	61631	231353	294014
太　原	1540968	1305800	48045	30592	175369	29207
呼和浩特	2196938	1401863	95977	112753	568108	114214
沈　阳	12215919	8895359	577540	396369	2406884	517307
大　连	12997025	9664757	330040	476864	1720805	1134599
长　春	5231056	3369199	187620	132520	1158013	571324
哈尔滨	10092632	7168273	61921	301190	1648820	974349
上　海	20401609	9584830	3406555	2622724	3723603	4470452
南　京	4890140	3244409	367671	162057	815553	668121
杭　州	8615181	5552276	494158	880297	1427180	755428
宁　波	6639051	3296992	578821	786426	1442342	1113291
合　肥	2070171	832183	55902	159948	668768	409272
福　州	2227908	1435299	137482	42923	173801	575885
厦　门	2630198	889385	144337	174718	468629	1097466
南　昌	1124645	585029	82790	90928	366103	82585
济　南	1173463	607336	61453	46926	265771	253430
青　岛	5049698	3308946	191239	310228	979326	451198
郑　州	4617167	3063354	25046	329717	756523	467573
武　汉	7808815	5111436	446690	525466	1501312	670601
长　沙	10951365	6948403	698380	744455	1563751	1694756
广　州	7819253	3640476	489940	892931	1221032	2064814
深　圳	3198521	1919506	125675	160893	962698	155424
南　宁	3916165	2125641	201453	85364	671839	1033321
海　口	1888836	1278393	346039	42694	205437	362312
重　庆	18153241	8022843	790314	904059	4281834	4944505
成　都	11005055	5260912	531604	694031	1643648	3406464
贵　阳	2500151	1229477	80852	424124	369545	477005
昆　明	5868961	3530658	347151	512791	784658	1040854
西　安	1863567	1426135	6278	2341	239394	195697
兰　州	1446753	944178		61823	376632	64120
西　宁	1561287	1192672		33910	186171	148534
银　川	5253664	3407746	100221	249596	999857	596465
乌鲁木齐	2232498	1058250	22966	239763	387770	546715

7-20　35个大中城市房地产开发企业主要财务指标

单位：万元

地　　区	资产总计	负债合计	所有者权益合计	主营业务收入
总　　计	**3042918542**	**2298471813**	**744446729**	**349276038**
北　　京	439214511	343756576	95457935	37577821
天　　津	204656622	148941008	55715613	15332528
石 家 庄	19178991	17017343	2161648	2401199
太　　原	27784592	24096451	3688141	2946608
呼和浩特	18357989	15238086	3119903	1664274
沈　　阳	61517894	45269697	16248196	8088266
大　　连	81029031	60496730	20532301	6807036
长　　春	28189872	23960108	4229765	4670159
哈 尔 滨	73053944	41905180	31148764	4230286
上　　海	411228716	282418649	128810067	42484101
南　　京	78747350	60555967	18191382	15064306
杭　　州	126497972	94729322	31768650	19346426
宁　　波	66927687	49418280	17509408	7554701
合　　肥	48312581	37057425	11255156	8769137
福　　州	62269778	50649156	11620621	7558846
厦　　门	52624628	37062186	15562442	6746205
南　　昌	35566404	26026215	9540190	5122559
济　　南	47284278	38185924	9098353	7146915
青　　岛	68195108	52796516	15398592	8356868
郑　　州	69736915	56934317	12802598	7881171
武　　汉	100967032	76291821	24675210	13344399
长　　沙	54293899	43484083	10809816	9668845
广　　州	147294230	116761759	30532471	18553997
深　　圳	100489517	77438936	23050581	13203959
南　　宁	27107917	21461647	5646271	2950570
海　　口	23832375	17696973	6135402	1643033
重　　庆	202601586	144711394	57890192	24252482
成　　都	122354492	93227895	29126597	16771371
贵　　阳	38427992	31868983	6559009	3012766
昆　　明	81638527	66575534	15062993	6681465
西　　安	61563303	51725577	9837726	10609512
兰　　州	16714727	13829047	2885680	1901252
西　　宁	9836076	8488373	1347703	1298024
银　　川	17162607	14205734	2956872	2550543
乌鲁木齐	18259404	14188921	4070483	3084409

7-20　续表 1　　　　单位：万元

地　区	土地转让收入	商品房销售收入	房屋出租收入	其他收入
总　计	**3570036**	**320706101**	**11874955**	**13124946**
北　京	1251497	31263919	2610587	2451819
天　津	389266	13431778	276189	1235295
石 家 庄	125545	2106013	42485	127156
太　原	4745	2658015	45578	238270
呼和浩特	7915	1579606	9175	67578
沈　阳	3966	7724792	189420	170089
大　连	3187	6534975	125665	143209
长　春	20114	4462181	70985	116879
哈 尔 滨	1600	3999460	63718	165509
上　海	621090	35896795	3973163	1993053
南　京	179066	14465638	136693	282909
杭　州	34062	18895504	113709	303151
宁　波	7376	7204212	111350	231763
合　肥	109560	8357286	87066	215224
福　州		7458017	39629	61199
厦　门		6347040	139732	259432
南　昌	7308	4834602	38154	242495
济　南	15595	6709472	86836	335012
青　岛	51442	7983192	91853	230382
郑　州	15712	7267078	493845	104537
武　汉	116736	12321733	248936	656995
长　沙	92892	9267642	82187	226124
广　州	63065	17490112	622765	378056
深　圳	208	12110079	670386	423287
南　宁	5945	2711679	195956	36991
海　口	20918	1556355	24561	41200
重　庆	356781	22462896	548501	884304
成　都	32211	16074265	255438	409457
贵　阳	196	2924194	44609	43767
昆　明	10561	6048515	195846	426545
西　安	9253	10169702	88848	341709
兰　州	523	1819073	32479	49177
西　宁	5371	1226494	20013	46147
银　川	1900	2488472	31275	28895
乌鲁木齐	4434	2855316	67327	157332

7-20 续表 2

单位：万元

地　区	主营业务成本	主营业务税金及附加	其他业务利润	销售费用
总　计	**239045676**	**32406047**	**1509082**	**13023945**
北　京	24059708	3955116	430590	1209548
天　津	11220514	1246348	48091	564986
石家庄	1787205	213429	6244	126115
太　原	2064041	235129	7343	113169
呼和浩特	1265869	158181	3381	64430
沈　阳	6098353	683426	17564	330079
大　连	5018449	588594	21092	308384
长　春	3295235	384733	4680	172404
哈尔滨	3111027	341666	29988	202198
上　海	26933092	3750887	171973	1364922
南　京	10434233	1327356	30411	364607
杭　州	14832078	1621589	28174	578916
宁　波	5603977	685042	29347	270808
合　肥	6350776	681709	28498	276840
福　州	5079146	889700	-4937	339960
厦　门	4228436	755446	15035	192626
南　昌	3478833	430032	9972	182071
济　南	5416141	569221	20498	232797
青　岛	6084790	781335	56873	325450
郑　州	4870005	750916	72818	390946
武　汉	8654665	1336846	42577	505882
长　沙	7055435	760918	2084	426939
广　州	11038781	2234981	92458	706742
深　圳	7037245	1520529	51808	475814
南　宁	1890660	296983	21170	190579
海　口	1012778	178167	11521	119588
重　庆	17430609	2046459	88653	979803
成　都	11946063	1520623	47018	818900
贵　阳	3041083	307225	10574	191773
昆　明	4705434	549358	51817	277546
西　安	7460757	943001	22250	378053
兰　州	1449087	142128	5387	62801
西　宁	1008673	93989	3001	33069
银　川	1936612	167974	17090	99463
乌鲁木齐	2145888	257015	14038	145740

7-20 续表 3

单位：万元

地 区	管理费用	财务费用	营业利润	营业外收入
总 计	**19048442**	**12689694**	**45018355**	**3315047**
北 京	2835218	2324489	6313093	735535
天 津	753253	713444	1292751	254118
石家庄	166392	91897	-31423	2485
太 原	292646	79327	141444	5518
呼和浩特	105100	70688	-20474	8476
沈 阳	399905	228859	332473	20662
大 连	446594	253473	965208	112119
长 春	293616	116919	235721	19240
哈尔滨	269961	260244	69155	81836
上 海	2327549	1908293	8129081	414589
南 京	514336	236480	2445530	85372
杭 州	701659	456210	1739774	101616
宁 波	418918	263998	247670	77977
合 肥	315216	247528	846356	57003
福 州	337708	159041	1009789	33418
厦 门	283659	222433	1645011	65557
南 昌	173909	79395	875158	24001
济 南	286948	130226	547624	21374
青 岛	499049	295286	569277	100404
郑 州	617485	294465	1041827	79563
武 汉	548131	262707	2584942	50437
长 沙	398655	156342	828916	30725
广 州	1143799	732813	3579335	139931
深 圳	704484	602293	3692283	37164
南 宁	244623	112628	216318	46520
海 口	196986	84196	87462	8025
重 庆	1221252	1008342	1890607	356760
成 都	826358	443130	1508769	99612
贵 阳	215458	96267	359457	65338
昆 明	471685	408012	129640	114795
西 安	424724	141400	1164844	14200
兰 州	135224	61810	41697	7959
西 宁	70730	23538	74716	14140
银 川	173992	61767	132714	11377
乌鲁木齐	233221	61757	331610	17201

7-20 续表 4 单位：万元

地　　区	营业外支出	利润总额	应交所得税	应付职工薪酬
总　　计	**2183592**	**46935713**	**11966305**	**10426530**
北　　京	345524	6741672	1670925	1740986
天　　津	60681	1488916	378002	444766
石 家 庄	21283	-59043	64833	83337
太　　原	15507	131455	96485	102412
呼和浩特	18850	-31278	25311	53736
沈　　阳	43757	310413	169294	198014
大　　连	41673	1037562	132392	216851
长　　春	31916	223045	84329	202596
哈 尔 滨	18364	132391	61912	123080
上　　海	139076	9042915	1989970	1022831
南　　京	57529	2479918	513532	273994
杭　　州	91519	1783184	406153	418794
宁　　波	98577	234010	152294	209979
合　　肥	22817	879298	261633	163599
福　　州	54515	988692	273241	207668
厦　　门	73086	1644773	283272	168719
南　　昌	3738	895450	209380	103349
济　　南	43622	525409	190691	175562
青　　岛	48916	625383	274092	255066
郑　　州	44010	1077574	262895	251510
武　　汉	25358	2596444	500142	320680
长　　沙	124289	735360	203220	252148
广　　州	152239	3585758	914974	625124
深　　圳	106479	3633805	748676	364049
南　　宁	31164	231349	123296	113076
海　　口	24460	71036	57868	85773
重　　庆	183911	2083724	613433	758171
成　　都	73821	1534824	512237	481289
贵　　阳	25368	399464	80528	160737
昆　　明	69876	192685	172737	223725
西　　安	51202	1127841	322871	318449
兰　　州	6921	42607	35574	89093
西　　宁	5125	83731	25176	35648
银　　川	15159	129801	49609	82741
乌鲁木齐	13266	335545	105330	98980

第三部分
省与城市篇

第八章 各省、自治区、直辖市房地产开发投资综合（2014）

8-1 北京市房地产开发投资综合

指标	2012年	2013年	2014年
一、房地产企业			
1.企业个数合计(个)	**2981**	**2957**	**2811**
#一级企业	124	116	111
#二级企业	217	203	190
#三级企业	297	259	237
2.资产负债(万元)			
资产总计	341265626	390374393	439214511
负债总计	269874921	306495306	343756576
所有者权益	71390705	83879087	95457935
资产负债率(%)	79.1	78.5	78.3
二、本年完成投资额(万元)			
合计	**31534419**	**34834045**	**37153341**
1.按构成分			
建筑安装工程	13830645	15099942	15621280
设备工器具购置	656771	530413	473386
其他费用	17047003	19203690	20668174
#土地购置费	11026870	11594732	13789448
2.按用途分			
住宅	16279851	17245610	18460805
#别墅、高档公寓	1815421	1356381	1637493
办公楼	3848067	6117479	7129843
商业营业用房	2758685	3175052	3808433
其他	8647816	8295904	7754260
3.资金来源及构成			
本年资金来源小计	60845545	73001817	66220149
国内贷款	14847394	18369482	21580291
利用外资	42209	116024	77763
#外商直接投资	42209	116007	77763
自筹资金	16119093	21382276	18154136
其他资金来源	29836849	33134035	26407959
三、本年新增固定资产(万元)	**10537099**	**11828893**	**14783822**
四、土地开发及购置(平方米)			
本年完成开发土地面积			
待开发土地面积	1504010	6907990	6176593
本年购置土地面积	3059890	9061745	5807629

8-1 续表

指　　标	2012年	2013年	2014年
五、商品房屋建筑面积（平方米）			
1.施工房屋面积	**131224915**	**138868667**	**135880771**
住宅	75103589	74068835	69779888
#别墅、高档公寓	6421998	5300571	4853713
办公楼	17118590	21141321	22539816
商业营业用房	12368916	12333734	12785188
其他	26633820	31324777	30775879
2.新开工房屋面积	**32242095**	**35775238**	**24493867**
住宅	16275023	17365374	12822801
#别墅、高档公寓	884026	806164	658607
办公楼	5368188	6713983	4213732
商业营业用房	3256129	3510120	2081676
其他	7342755	8185761	5375658
3.竣工房屋面积	**23908593**	**26663519**	**30541222**
住宅	15227151	16920382	18043430
#别墅、高档公寓	1350949	1335124	524840
办公楼	2267874	2730543	3874545
商业营业用房	2400582	1783635	2162384
其他	4012986	5228959	6460863
六、商品房屋销售			
1.销售面积（平方米）	**19437367**	**19031124**	**14541935**
住宅	14833746	13636732	11365281
#别墅、高档公寓	1169400	877622	482023
办公楼	2534960	3179323	1368000
商业营业用房	1139677	1025235	794977
其他	928984	1189834	1013677
2.销售额（万元）	**33085572**	**35308237**	**27387371**
住宅	24555008	24347058	21024647
#别墅、高档公寓	3194508	2892845	1844535
办公楼	5605857	7447840	3593214
商业营业用房	2333565	2707115	2020333
其他	591142	806224	749177
3.销售价格（元/平方米）	**17022**	**18553**	**18833**
住宅	16553	17854	18499
办公楼	22114	23426	26266
商业营业用房	20476	26405	25414

8-2　天津市房地产开发投资综合

指　　标	2012年	2013年	2014年
一、房地产企业			
1.企业个数合计(个)	**1322**	**1209**	**1246**
#一级企业	28	28	27
#二级企业	111	108	104
#三级企业	150	144	139
2.资产负债(万元)			
资产总计	156857562	184153071	204656622
负债总计	111377801	131732612	148941008
所有者权益	45479761	52420459	55715613
资产负债率(%)	71.0	71.5	72.8
二、本年完成投资额(万元)			
合计	**12599969**	**14808152**	**16996496**
1.按构成分			
建筑安装工程	8820207	10668571	10935846
设备工器具购置	90326	133215	108781
其他费用	3689436	4006366	5078949
#土地购置费	1383927	1072489	2813748
2.按用途分			
住宅	8430526	9862785	11222553
#别墅、高档公寓	623395	639806	590322
办公楼	856968	999098	1235819
商业营业用房	1553063	1652899	2179330
其他	1759412	2293370	2358794
3.资金来源及构成			
本年资金来源小计	21462788	27614719	28234807
国内贷款	5703680	7652235	8171550
利用外资	34699	162176	71887
#外商直接投资	3767	104539	13782
自筹资金	8317073	8920835	8752250
其他资金来源	7407336	10879473	11239120
三、本年新增固定资产(万元)	**10664898**	**13080423**	**10613125**
四、土地开发及购置(平方米)			
本年完成开发土地面积			
待开发土地面积	9951793	7505351	5830996
本年购置土地面积	2997546	2106395	1227444

8-2 续表

指　　标	2012年	2013年	2014年
五、商品房屋建筑面积(平方米)			
1.施工房屋面积	**98642247**	**108921748**	**106523679**
住宅	69235199	75624831	72044627
#别墅、高档公寓	3428667	3492710	3549169
办公楼	7923966	8410005	8646379
商业营业用房	10452308	11586121	12171539
其他	11030774	13300791	13661134
2.新开工房屋面积	**25651881**	**26729302**	**28152697**
住宅	17647557	17448490	19865621
#别墅、高档公寓	584894	851129	682487
办公楼	2310154	1738386	1323764
商业营业用房	2021598	3701067	2750793
其他	3672572	3841359	4212519
3.竣工房屋面积	**25427456**	**28053693**	**29248176**
住宅	19139656	21176645	21302486
#别墅、高档公寓	1107433	829347	1529979
办公楼	1668026	1885922	1171517
商业营业用房	3014184	1878036	2677462
其他	1605590	3113090	4096711
六、商品房屋销售			
1.销售面积(平方米)	**16616941**	**18471121**	**16129827**
住宅	15114032	17203433	14836367
#别墅、高档公寓	663234	517734	613876
办公楼	281741	234909	211048
商业营业用房	721681	516015	676132
其他	499487	516764	406280
2.销售额(万元)	**13655259**	**16154698**	**14869373**
住宅	12105706	14433402	13097031
#别墅、高档公寓	721408	738875	776093
办公楼	376097	268756	358194
商业营业用房	938729	853994	1059549
其他	234727	598546	354599
3.销售价格(元/平方米)	**8218**	**8746**	**9219**
住宅	8010	8390	8828
办公楼	13349	11441	16972
商业营业用房	13008	16550	15671

8-3 河北省房地产开发投资综合

指　　标	2012年	2013年	2014年
一、房地产企业			
1.企业个数合计(个)	**3178**	**3283**	**3387**
#一级企业	35	43	46
#二级企业	235	280	318
#三级企业	580	597	618
2.资产负债(万元)			
资产总计	90074353	111208491	134253439
负债总计	74539440	93954625	115374340
所有者权益	15534913	17253866	18879099
资产负债率(%)	82.8	84.5	85.9
二、本年完成投资额(万元)			
合计	**30865214**	**34454155**	**40597194**
1.按构成分			
建筑安装工程	25015360	28679609	28457618
设备工器具购置	586288	752836	903655
其他费用	5263566	5021710	7036114
#土地购置费	3326008	2976755	5113949
2.按用途分			
住宅	23171251	25392944	30103548
#别墅、高档公寓	561855	551354	559795
办公楼	1146671	1403944	1538486
商业营业用房	4075683	4569765	5020161
其他	2471609	3087502	3934999
3.资金来源及构成			
本年资金来源小计	37129885	41235438	44384818
国内贷款	2955653	3364016	3124712
利用外资	109307	99786	263350
#外商直接投资	109307	99785	234300
自筹资金	21954764	23946652	28195336
其他资金来源	12110161	13824984	12801420
三、本年新增固定资产(万元)	**13851234**	**16272687**	**16762659**
四、土地开发及购置(平方米)			
本年完成开发土地面积			
待开发土地面积	7732378	7654482	8545218
本年购置土地面积	17609888	11273436	10817208

8-3 续表

指　　标	2012年	2013年	2014年
五、商品房屋建筑面积(平方米)			
1.施工房屋面积	**275778302**	**299491173**	**316283855**
住宅	218959526	235582606	244561488
#别墅、高档公寓	3970742	3958692	4670099
办公楼	5987863	6593431	6767929
商业营业用房	27982527	30910245	34222032
其他	22848386	26404891	30732406
2.新开工房屋面积	**76418020**	**69326456**	**82390309**
住宅	59837758	54457690	63614176
#别墅、高档公寓	832667	701979	740937
办公楼	1876132	1720186	1604108
商业营业用房	8313368	7048190	9598424
其他	6390762	6100390	7573601
3.竣工房屋面积	**48945621**	**44370153**	**40375633**
住宅	39780950	35177952	31951105
#别墅、高档公寓	701604	422256	444482
办公楼	945294	1582367	631328
商业营业用房	5037959	5017652	4391400
其他	3181418	2592182	3401800
六、商品房屋销售			
1.销售面积(平方米)	**51449160**	**56759491**	**57061916**
住宅	46224637	50201298	50150585
#别墅、高档公寓	1140835	700916	450520
办公楼	747798	779951	755444
商业营业用房	3167009	4049311	4443347
其他	1309716	1728931	1712540
2.销售额(万元)	**23039044**	**27796879**	**29280006**
住宅	19146060	23291165	25016246
#别墅、高档公寓	614631	581456	406656
办公楼	503385	607210	487798
商业营业用房	2974852	3113922	3191335
其他	414747	784582	584627
3.销售价格(元/平方米)	**4478**	**4897**	**5131**
住宅	4142	4640	4988
办公楼	6732	7785	6457
商业营业用房	9393	7690	7182

8-4　山西省房地产开发投资综合

指　　标	2012年	2013年	2014年
一、房地产企业			
1.企业个数合计(个)	**2221**	**2269**	**2452**
#一级企业	14	15	17
#二级企业	139	175	186
#三级企业	369	364	354
2.资产负债(万元)			
资产总计	37384680	47700735	61916566
负债总计	32466691	41750265	54342380
所有者权益	4917988	5950469	7574186
资产负债率(%)	86.8	87.5	87.8
二、本年完成投资额(万元)			
合计	**10104513**	**13086275**	**14035549**
1.按构成分			
建筑安装工程	8089569	11122771	9468744
设备工器具购置	123489	143612	228140
其他费用	1891455	1819892	2378358
#土地购置费	1176101	1079909	1604992
2.按用途分			
住宅	7356137	9588469	10106901
#别墅、高档公寓	63861	137297	102442
办公楼	227958	484284	692123
商业营业用房	1392518	1825554	1913124
其他	1127900	1187968	1323401
3.资金来源及构成			
本年资金来源小计	10336916	13771593	13934881
国内贷款	608744	657898	1236311
利用外资	253		
#外商直接投资	253		
自筹资金	5507027	7583132	7433185
其他资金来源	4220892	5530563	5265385
三、本年新增固定资产(万元)	**4242793**	**5439709**	**7165446**
四、土地开发及购置(平方米)			
本年完成开发土地面积			
待开发土地面积	6188455	9889894	8185079
本年购置土地面积	7183623	8759043	4317085

8-4 续表

指　　标	2012年	2013年	2014年
五、商品房屋建筑面积(平方米)			
1.施工房屋面积	**117142849**	**140400463**	**154768857**
住宅	92996204	107549465	114717670
#别墅、高档公寓	793789	933719	1195011
办公楼	2166689	3271129	4622923
商业营业用房	12529954	16478129	18715308
其他	9450002	13101740	16712956
2.新开工房屋面积	**41663385**	**36733362**	**38875081**
住宅	32711068	27233857	27399888
#别墅、高档公寓	193822	204985	160969
办公楼	666218	764671	1695940
商业营业用房	4424366	4727956	4839721
其他	3861733	4006878	4939532
3.竣工房屋面积	**17329943**	**22848204**	**21824825**
住宅	14356940	18479861	17016427
#别墅、高档公寓	87774	90443	215156
办公楼	149002	307505	299684
商业营业用房	1825385	2729776	2577140
其他	998616	1331062	1931574
六、商品房屋销售			
1.销售面积(平方米)	**14978843**	**16428225**	**15762660**
住宅	13904422	14843733	14339080
#别墅、高档公寓	53834	211070	134795
办公楼	95353	152959	238884
商业营业用房	794999	1160047	811090
其他	184069	271486	373606
2.销售额(万元)	**5798872**	**7282585**	**7461404**
住宅	5131950	6251438	6398253
#别墅、高档公寓	29378	213582	154560
办公楼	74705	146378	315800
商业营业用房	545762	809052	612291
其他	46455	75717	135060
3.销售价格(元/平方米)	**3871**	**4433**	**4734**
住宅	3691	4211	4462
办公楼	7835	9570	13220
商业营业用房	6865	6974	7549

8-5　内蒙古自治区房地产开发投资综合

指　　标	2012年	2013年	2014年
一、房地产企业			
1.企业个数合计（个）	**2250**	**2192**	**2079**
#一级企业	28	32	28
#二级企业	183	190	168
#三级企业	400	378	345
2.资产负债（万元）			
资产总计	50654956	58209553	65493306
负债总计	40728637	48164889	54122519
所有者权益	9926320	10044665	11370787
资产负债率(%)	80.4	82.7	82.6
二、本年完成投资额（万元）			
合计	**12914397**	**14790074**	**13708803**
1.按构成分			
建筑安装工程	10447767	12067343	10422927
设备工器具购置	197230	199020	173258
其他费用	2269400	2523711	1857035
#土地购置费	1353175	1772684	1544806
2.按用途分			
住宅	8456280	10035733	9367598
#别墅、高档公寓	234266	286222	203746
办公楼	594469	628224	510090
商业营业用房	2602685	2836742	2544407
其他	1260963	1289375	1286708
3.资金来源及构成			
本年资金来源小计	14090842	16380350	14391687
国内贷款	795999	1132732	1456220
利用外资			
#外商直接投资			
自筹资金	10310743	11180039	10223861
其他资金来源	2984100	4067579	2711606
三、本年新增固定资产（万元）	**6363992**	**7444759**	**6540590**
四、土地开发及购置（平方米）			
本年完成开发土地面积			
待开发土地面积	5385174	6296604	5087652
本年购置土地面积	9027554	8376279	5344826

8-5 续表

指　　标	2012年	2013年	2014年
五、商品房屋建筑面积(平方米)			
1.施工房屋面积	**165073986**	**186243206**	**184741712**
住宅	111816609	126341053	123869382
#别墅、高档公寓	2331531	2872215	2858578
办公楼	6430957	6928978	6419020
商业营业用房	30830456	34961397	34783675
其他	15995964	18011778	19669635
2.新开工房屋面积	**54234249**	**50428081**	**31139981**
住宅	36701776	36333289	21514497
#别墅、高档公寓	591986	611424	516802
办公楼	1605452	995041	724710
商业营业用房	9776305	8793001	4834790
其他	6150716	4306750	4065984
3.竣工房屋面积	**24491300**	**26382430**	**20120840**
住宅	18161022	20012110	14966623
#别墅、高档公寓	586507	436056	384426
办公楼	672301	416637	340225
商业营业用房	4036758	3914285	3111258
其他	1621219	2039398	1702734
六、商品房屋销售			
1.销售面积(平方米)	**25235214**	**27377012**	**24571804**
住宅	21042187	22636515	19956765
#别墅、高档公寓	546607	283205	319845
办公楼	365557	533145	425044
商业营业用房	2701681	2720661	2702388
其他	1125789	1486691	1487607
2.销售额(万元)	**10227971**	**11773618**	**10648151**
住宅	7693888	8744498	7650415
#别墅、高档公寓	344125	176420	194733
办公楼	220722	404230	271641
商业营业用房	1876003	1963003	1955034
其他	437358	661887	771061
3.销售价格(元/平方米)	**4053**	**4301**	**4333**
住宅	3656	3863	3833
办公楼	6038	7582	6391
商业营业用房	6944	7215	7234

8-6　辽宁省房地产开发投资综合

指　　标	2012年	2013年	2014年
一、房地产企业			
1.企业个数合计(个)	**3961**	**4082**	**4021**
#一级企业	55	57	53
#二级企业	226	244	238
#三级企业	1117	1119	1015
2.资产负债(万元)			
资产总计	157220968	192146590	213070613
负债总计	121310106	148766317	165715884
所有者权益	35910862	43380274	47354729
资产负债率(%)	77.2	77.4	77.8
二、本年完成投资额(万元)			
合计	**54558196**	**64507513**	**53013051**
1.按构成分			
建筑安装工程	42611906	53075712	39678415
设备工器具购置	1127517	1311337	1103095
其他费用	10818773	10120464	6660174
#土地购置费	7405576	5695472	5351452
2.按用途分			
住宅	39619482	46660308	38442622
#别墅、高档公寓	1811848	2434567	2493355
办公楼	1633776	1557668	1792155
商业营业用房	8627741	10969210	9507965
其他	4677197	5320327	3270309
3.资金来源及构成			
本年资金来源小计	63287555	74489873	58909738
国内贷款	8507560	8476357	7207044
利用外资	1178814	619242	706300
#外商直接投资	1050300	478811	618171
自筹资金	33105096	40901661	33685015
其他资金来源	20496085	24492613	17311379
三、本年新增固定资产(万元)	**23154604**	**22124010**	**24549766**
四、土地开发及购置(平方米)			
本年完成开发土地面积			
待开发土地面积	17209875	20061519	14708346
本年购置土地面积	31995220	25022721	16708480

8-6 续表

指　　标	2012年	2013年	2014年
五、商品房屋建筑面积(平方米)			
1.施工房屋面积	**385020220**	**416256030**	**386168838**
住宅	292848810	314165103	285245446
#别墅、高档公寓	9356850	9404680	9945963
办公楼	7789947	7964625	8160841
商业营业用房	56985773	62302769	60957863
其他	27395690	31823533	31804688
2.新开工房屋面积	**138289201**	**134444501**	**81921696**
住宅	106440294	101416585	61376896
#别墅、高档公寓	2183567	2449108	1828070
办公楼	2346134	1967966	1541603
商业营业用房	19226289	19654992	12675478
其他	10276484	11404958	6327719
3.竣工房屋面积	**64381534**	**61519737**	**61469634**
住宅	51322876	50256920	49404849
#别墅、高档公寓	1202719	459124	1033056
办公楼	997425	662431	741138
商业营业用房	7620691	7160794	7411435
其他	4440542	3439592	3912212
六、商品房屋销售			
1.销售面积(平方米)	**88279494**	**92923312**	**57548137**
住宅	76553988	80147974	49320770
#别墅、高档公寓	2437912	1982018	1153228
办公楼	791473	536088	711971
商业营业用房	7759254	8589992	5228009
其他	3174779	3649258	2287387
2.销售额(万元)	**43627815**	**47592106**	**30920972**
住宅	36112089	39418642	25188711
#别墅、高档公寓	2112351	1572901	961239
办公楼	763539	363416	414546
商业营业用房	5464026	6365457	4173247
其他	1288161	1444591	1144468
3.销售价格(元/平方米)	**4942**	**5122**	**5373**
住宅	4717	4918	5107
办公楼	9647	6779	5823
商业营业用房	7042	7410	7982

8-7　吉林省房地产开发投资综合

指　　标	2012年	2013年	2014年
一、房地产企业			
1.企业个数合计(个)	**1709**	**1700**	**1681**
#一级企业	5	6	6
#二级企业	152	185	203
#三级企业	386	374	343
2.资产负债(万元)			
资产总计	34300789	41995642	49435861
负债总计	27606882.4	34075758.9	41646299.5
所有者权益	6693907	7919883	7789562
资产负债率(%)	80.5	81.1	84.2
二、本年完成投资额(万元)			
合计	**13100259**	**12524257**	**10301285**
1.按构成分			
建筑安装工程	9902288	9982382	7497536
设备工器具购置	107268	121506	128112
其他费用	3090703	2420369	1953682
#土地购置费	2255877	1735697	1552022
2.按用途分			
住宅	9877438	9114450	7324687
#别墅、高档公寓	623608	380422	420190
办公楼	313270	418277	301565
商业营业用房	1789054	1935594	1867173
其他	1120497	1055936	807860
3.资金来源及构成			
本年资金来源小计	14316776	15167838	12294225
国内贷款	1096958	1265717	1261902
利用外资	18880	51504	5000
#外商直接投资	18880	20010	
自筹资金	8783841	8045892	6589198
其他资金来源	4417097	5804725	4438125
三、本年新增固定资产(万元)	**5655047**	**7635088**	**5140347**
四、土地开发及购置(平方米)			
本年完成开发土地面积			
待开发土地面积	2456110	4102454	3645960
本年购置土地面积	15390069	11439450	9284006

8-7 续表

指 标	2012年	2013年	2014年
五、商品房屋建筑面积(平方米)			
1.施工房屋面积	**109357999**	**121812769**	**122684388**
住宅	85125959	93177664	90670951
#别墅、高档公寓	3473898	3215260	3637990
办公楼	2072196	3027171	3497798
商业营业用房	14708706	16275329	17593493
其他	7451138	9332605	10922146
2.新开工房屋面积	**48267557**	**37462431**	**32575990**
住宅	36833938	28580063	22838172
#别墅、高档公寓	899486	548878	505727
办公楼	885038	962091	790584
商业营业用房	6993527	5057305	5338020
其他	3555054	2862972	3609214
3.竣工房屋面积	**19278702**	**22536496**	**15738605**
住宅	16135936	17699470	13092601
#别墅、高档公寓	818156	386653	132097
办公楼	164300	256054	112706
商业营业用房	2230670	3075023	1725400
其他	747796	1505949	807898
六、商品房屋销售			
1.销售面积(平方米)	**24524245**	**22149634**	**15817211**
住宅	21594307	19859455	13878655
#别墅、高档公寓	795556	564239	374399
办公楼	147547	212501	118308
商业营业用房	2194900	1573075	1380355
其他	587491	504603	439893
2.销售额(万元)	**10169480**	**9930394**	**8085844**
住宅	8368014	8397317	6676190
#别墅、高档公寓	663985	536299	357190
办公楼	117895	137782	82995
商业营业用房	1413060	1111802	1083099
其他	270511	283493	243560
3.销售价格(元/平方米)	**4147**	**4483**	**5112**
住宅	3875	4228	4810
办公楼	7990	6484	7015
商业营业用房	6438	7068	7847

8-8　黑龙江省房地产开发投资综合

指　　标	2012年	2013年	2014年
一、房地产企业			
1.企业个数合计(个)	**2134**	**2118**	**2154**
#一级企业	19	19	18
#二级企业	331	332	322
#三级企业	1179	1199	1206
2.资产负债(万元)			
资产总计	71072452	84895398	101241094
负债总计	43317095	52977130	61424461
所有者权益	27755357	31918268	39816633
资产负债率(%)	60.9	62.4	60.7
二、本年完成投资额(万元)			
合计	**15358438**	**16048330**	**13240875**
1.按构成分			
建筑安装工程	12635375	13418518	10006189
设备工器具购置	124052	214380	249453
其他费用	2599011	2415432	1977456
#土地购置费	1509508	1253332	1671406
2.按用途分			
住宅	11225245	11247187	9460270
#别墅、高档公寓	221446	308161	317875
办公楼	269161	311156	252529
商业营业用房	2183563	2763097	2368761
其他	1680469	1726890	1159315
3.资金来源及构成			
本年资金来源小计	17111768	18336436	14084009
国内贷款	876365	1301852	978225
利用外资	165		27000
#外商直接投资	165		27000
自筹资金	11042025	11026235	9099429
其他资金来源	5193213	6008349	3979355
三、本年新增固定资产(万元)	**8246658**	**8353877**	**9527092**
四、土地开发及购置(平方米)			
本年完成开发土地面积			
待开发土地面积	3476368	3167866	3024129
本年购置土地面积	9299142	6556746	4165769

8-8 续表

指　　标	2012年	2013年	2014年
五、商品房屋建筑面积(平方米)			
1.施工房屋面积	**134849706**	**135673668**	**142180884**
住宅	104719594	102413971	104241125
#别墅、高档公寓	967821	1096115	1306026
办公楼	1776618	1993260	2505387
商业营业用房	15699880	18778597	20862869
其他	12653614	12487840	14571503
2.新开工房屋面积	**50743456**	**40304430**	**32813806**
住宅	37855484	29204846	23272674
#别墅、高档公寓	494716	210517	228818
办公楼	927862	347159	700375
商业营业用房	7284628	7339332	5237809
其他	4675482	3413093	3602948
3.竣工房屋面积	**32457265**	**29327010**	**30009026**
住宅	26462053	23444092	22957015
#别墅、高档公寓	73676	141351	170104
办公楼	285203	320683	534876
商业营业用房	3402487	3398376	3607919
其他	2307522	2163859	2909216
六、商品房屋销售			
1.销售面积(平方米)	**38068231**	**33399501**	**24757412**
住宅	32262165	29442296	21314633
#别墅、高档公寓	229540	158394	212268
办公楼	242575	248432	153360
商业营业用房	4108684	2562090	2395608
其他	1454807	1146683	893811
2.销售额(万元)	**15482979**	**15823382**	**12085441**
住宅	12019303	13059034	9626924
#别墅、高档公寓	214318	104195	252725
办公楼	138229	176126	119604
商业营业用房	2645351	1968866	1919667
其他	680096	619356	419246
3.销售价格(元/平方米)	**4067**	**4738**	**4882**
住宅	3726	4435	4517
办公楼	5698	7090	7799
商业营业用房	6438	7685	8013

8-9　上海市房地产开发投资综合

指　标	2012年	2013年	2014年
一、房地产企业			
1.企业个数合计(个)	**3132**	**3045**	**2938**
#一级企业	51	52	53
#二级企业	270	284	267
#三级企业	407	388	361
2.资产负债(万元)			
资产总计	323164216	363841728	411228716
负债总计	216128374	246069969	282418649
所有者权益	107035841	117771759	128810067
资产负债率(%)	66.9	67.6	68.7
二、本年完成投资额(万元)			
合计	**23813574**	**28195915**	**32064773**
1.按构成分			
建筑安装工程	17017827	18906034	18472626
设备工器具购置	145754	139695	170492
其他费用	6649993	9150186	11128351
#土地购置费	3905305	5888399	8736124
2.按用途分			
住宅	14519446	16155060	17246467
#别墅、高档公寓	3350806	3486040	3600136
办公楼	2628502	3771832	5347709
商业营业用房	2937507	3700298	4579197
其他	3728119	4568725	4891400
3.资金来源及构成			
本年资金来源小计	39685136	50926707	52699025
国内贷款	9757750	12923582	16388433
利用外资	261165	381414	696144
#外商直接投资	261165	373177	677332
自筹资金	13859584	15699109	15608290
其他资金来源	15806637	21922602	20006158
三、本年新增固定资产(万元)	**13884487**	**13547473**	**15839309**
四、土地开发及购置(平方米)			
本年完成开发土地面积			
待开发土地面积	3502341	7082520	6481475
本年购置土地面积	3006176	4217440	3131804

8-9 续表

指　　标	2012年	2013年	2014年
五、商品房屋建筑面积(平方米)			
1.施工房屋面积	**132499656**	**135165832**	**146901763**
住宅	83156827	81257388	85258520
#别墅、高档公寓	14257667	14487545	15759662
办公楼	12846833	14317330	17790426
商业营业用房	14499055	15007172	17519929
其他	21996941	24583942	26332888
2.新开工房屋面积	**27240509**	**27059518**	**27820242**
住宅	15633923	16430929	15472870
#别墅、高档公寓	2343312	2522792	2769019
办公楼	3039087	2640574	3652529
商业营业用房	3651658	2749628	3880318
其他	4915841	5238387	4814525
3.竣工房屋面积	**23050586**	**22544350**	**23132920**
住宅	16091305	14174113	15355468
#别墅、高档公寓	2759148	2363957	1800999
办公楼	2068703	1760124	1650317
商业营业用房	1776514	2534452	2083550
其他	3114064	4075661	4043585
六、商品房屋销售			
1.销售面积(平方米)	**18984590**	**23822014**	**20846637**
住宅	15926284	20158086	17809092
#别墅、高档公寓	2345559	3141986	2572362
办公楼	1117263	1612163	1202800
商业营业用房	1200053	1164676	1028615
其他	740990	887089	806130
2.销售额(万元)	**26694942**	**39115659**	**34995289**
住宅	22089570	32640297	29234429
#别墅、高档公寓	6613452	9085790	8595427
办公楼	2346206	3808468	3004300
商业营业用房	1946240	2247139	2264416
其他	312926	419755	492144
3.销售价格(元/平方米)	**14061**	**16420**	**16787**
住宅	13870	16192	16415
办公楼	21000	23623	24978
商业营业用房	16218	19294	22014

8-10　江苏省房地产开发投资综合

指　标	2012年	2013年	2014年
一、房地产企业			
1.企业个数合计(个)	**6357**	**6784**	**6829**
#一级企业	106	107	100
#二级企业	1989	2104	2018
#三级企业	1526	1296	1054
2.资产负债(万元)			
资产总计	305900130	372236797	428428606
负债总计	223981319	273753907	320320106
所有者权益	81918811	98482890	108108500
资产负债率(%)	73.2	73.5	74.8
二、本年完成投资额(万元)			
合计	**62060953**	**72414512**	**82402166**
1.按构成分			
建筑安装工程	44020652	52488965	55332437
设备工器具购置	1404209	1717019	1294105
其他费用	16636092	18208528	20849279
#土地购置费	11404552	12627037	17459295
2.按用途分			
住宅	43546260	51714983	59245083
#别墅、高档公寓	4701613	4611870	4627275
办公楼	2600955	3241780	3784732
商业营业用房	9760837	11199460	12867085
其他	6152901	6258289	6505266
3.资金来源及构成			
本年资金来源小计	98568929	126820345	121001642
国内贷款	18907148	23739676	22496812
利用外资	615723	1094088	807874
#外商直接投资	547923	1017780	793289
自筹资金	30875317	39329669	41548646
其他资金来源	48170741	62656912	56148310
三、本年新增固定资产(万元)	**37340508**	**42550592**	**42720723**
四、土地开发及购置(平方米)			
本年完成开发土地面积			
待开发土地面积	48873275	58725002	53734121
本年购置土地面积	30709986	42077433	34542666

8-10 续表

指　　标	2012年	2013年	2014年
五、商品房屋建筑面积(平方米)			
1.施工房屋面积	**450975382**	**525741736**	**576377193**
住宅	334121657	387567789	415797920
#别墅、高档公寓	25556268	26593823	26680668
办公楼	15398391	19896645	23105326
商业营业用房	60710684	69047112	79290235
其他	40744650	49230190	58183712
2.新开工房屋面积	**139084434**	**163581844**	**142203474**
住宅	102854909	122118054	103779107
#别墅、高档公寓	6835122	5522426	6022966
办公楼	4025308	5479353	5029543
商业营业用房	19282741	20479044	18733180
其他	12921476	15505393	14661644
3.竣工房屋面积	**98484031**	**97115969**	**96204748**
住宅	76871276	75841663	72591105
#别墅、高档公寓	4478908	5177920	3890549
办公楼	2371807	3324337	2695262
商业营业用房	11687357	9955904	12130958
其他	7553591	7994065	8787423
六、商品房屋销售			
1.销售面积(平方米)	**90191799**	**114547743**	**98468369**
住宅	79233670	101915174	88009347
#别墅、高档公寓	4117368	4311496	3717184
办公楼	2008261	2868097	2106857
商业营业用房	7639475	8174770	6882511
其他	1310393	1589702	1469654
2.销售额(万元)	**60670069**	**79136995**	**68984158**
住宅	50890578	67777021	59695955
#别墅、高档公寓	4777823	5258489	4776167
办公楼	1817335	2184631	1853592
商业营业用房	7466905	8514738	6833870
其他	495251	660605	600741
3.销售价格(元/平方米)	**6727**	**6909**	**7006**
住宅	6423	6650	6783
办公楼	9049	7617	8798
商业营业用房	9774	10416	9929

8-11　浙江省房地产开发投资综合

指　　标	2012年	2013年	2014年
一、房地产企业			
1.企业个数合计(个)	**6221**	**6114**	**6383**
#一级企业	133	130	128
#二级企业	631	610	582
#三级企业	1665	1599	1547
2.资产负债(万元)			
资产总计	313609205	314746717	357354556
负债总计	235975508	246975575	278614501
所有者权益	77633696	67771142	78740055
资产负债率(%)	75.2	78.5	78.0
二、本年完成投资额(万元)			
合计	**52262667**	**62162493**	**72623829**
1.按构成分			
建筑安装工程	27447650	33897037	34992319
设备工器具购置	415805	647061	679946
其他费用	24399212	27618395	32593141
#土地购置费	19487536	21217263	26805913
2.按用途分			
住宅	34367379	40892167	45941730
#别墅、高档公寓	3055888	3625127	3841605
办公楼	3058512	3774281	4876203
商业营业用房	5849933	7175352	9493384
其他	8986843	10320693	12312512
3.资金来源及构成			
本年资金来源小计	65308631	88582458	89563102
国内贷款	11254805	15906485	18177735
利用外资	160046	470329	716767
#外商直接投资	155984	462518	716092
自筹资金	21785574	27650698	32023064
其他资金来源	32108206	44554946	38645536
三、本年新增固定资产(万元)	**16529603**	**20477551**	**31016103**
四、土地开发及购置(平方米)			
本年完成开发土地面积			
待开发土地面积	19086942	14607458	17704622
本年购置土地面积	12561137	17607329	18879208

8-11 续表

指　　标	2012年	2013年	2014年
五、商品房屋建筑面积(平方米)			
1.施工房屋面积	**334229728**	**376472402**	**421443525**
住宅	216563846	238283084	258744942
#别墅、高档公寓	15398083	16935460	18531210
办公楼	20991694	24770196	29254555
商业营业用房	36422768	42269885	50734337
其他	60251420	71149237	82709691
2.新开工房屋面积	**78167951**	**93151038**	**96761435**
住宅	49468346	57879849	56027660
#别墅、高档公寓	3591467	3473709	3832578
办公楼	4138818	5767114	7765923
商业营业用房	9117577	11239713	13592612
其他	15443210	18264362	19375240
3.竣工房屋面积	**42929350**	**46923435**	**63901724**
住宅	29172640	31876188	41583005
#别墅、高档公寓	1925409	2479688	2836784
办公楼	2183543	2464379	3707135
商业营业用房	4531061	4719920	7084447
其他	7042106	7862948	11527137
六、商品房屋销售			
1.销售面积(平方米)	**40052939**	**48869875**	**46768251**
住宅	33162270	40976313	39414881
#别墅、高档公寓	1684006	2259253	2209539
办公楼	1887546	2182880	1852182
商业营业用房	3326371	3444050	3338757
其他	1676752	2266632	2162431
2.销售额(万元)	**42626643**	**53960320**	**49229999**
住宅	35416262	45138822	41725801
#别墅、高档公寓	2371266	3331768	2900549
办公楼	2405250	3037836	2059220
商业营业用房	4053591	4811812	4495880
其他	751540	971850	949098
3.销售价格(元/平方米)	**10643**	**11042**	**10526**
住宅	10680	11016	10586
办公楼	12743	13917	11118
商业营业用房	12186	13971	13466

8-12　安徽省房地产开发投资综合

指　　标	2012年	2013年	2014年
一、房地产企业			
1.企业个数合计(个)	**3402**	**3418**	**3731**
#一级企业	39	36	34
#二级企业	336	330	316
#三级企业	913	873	900
2.资产负债(万元)			
资产总计	98837169	128718578	154682918
负债总计	74587728	97473768	119244864
所有者权益	24249441	31244810	35438054
资产负债率(%)	75.5	75.7	77.1
二、本年完成投资额(万元)			
合计	**31516065**	**39462264**	**43389603**
1.按构成分			
建筑安装工程	23870094	30161082	29048736
设备工器具购置	395858	440124	516025
其他费用	7250113	8861058	9706480
#土地购置费	5252699	6514770	8328848
2.按用途分			
住宅	20592945	25498814	28476344
#别墅、高档公寓	629049	645382	851465
办公楼	1319806	1661961	1689593
商业营业用房	5649370	8008625	9305558
其他	3953944	4292864	3918108
3.资金来源及构成			
本年资金来源小计	38344224	50771573	52311679
国内贷款	4062323	4668745	5679346
利用外资	13860	10000	27810
#外商直接投资	13860	10000	27810
自筹资金	16859424	21436629	22038512
其他资金来源	17408617	24656199	24566011
三、本年新增固定资产(万元)	**12531622**	**20075451**	**19250298**
四、土地开发及购置(平方米)			
本年完成开发土地面积			
待开发土地面积	25584055	30513926	30241701
本年购置土地面积	26187806	27601817	30295843

8-12 续表

指　　标	2012年	2013年	2014年
五、商品房屋建筑面积(平方米)			
1.施工房屋面积	**248360596**	**302352047**	**334791055**
住宅	181825819	215312267	231936804
#别墅、高档公寓	4172057	4317162	5423574
办公楼	7894578	10340259	10849742
商业营业用房	38400941	47877116	59632457
其他	20239258	28822405	32372052
2.新开工房屋面积	**78742199**	**100777146**	**87367695**
住宅	54683862	71439862	59294730
#别墅、高档公寓	1215908	1413662	1507709
办公楼	2337528	2460885	1984921
商业营业用房	14405472	16247740	17381959
其他	7315337	10628659	8706085
3.竣工房屋面积	**39653918**	**51803477**	**51963666**
住宅	31231480	39190002	38296022
#别墅、高档公寓	462565	694106	789336
办公楼	499757	1319186	1209666
商业营业用房	5771938	6988218	8346289
其他	2150743	4306071	4111689
六、商品房屋销售			
1.销售面积(平方米)	**48288149**	**62653523**	**62021807**
住宅	42754287	55735341	53649404
#别墅、高档公寓	717689	781947	909201
办公楼	619992	949839	1110978
商业营业用房	4284155	5062905	6479580
其他	629715	905438	781845
2.销售额(万元)	**23298812**	**31828650**	**33451894**
住宅	19218573	26620419	26917964
#别墅、高档公寓	531586	641858	800471
办公楼	460060	691068	758422
商业营业用房	3364761	4202724	5516254
其他	255418	314439	259254
3.销售价格(元/平方米)	**4825**	**5080**	**5394**
住宅	4495	4776	5017
办公楼	7420	7276	6827
商业营业用房	7854	8301	8513

8-13　福建省房地产开发投资综合

指　　标	2012年	2013年	2014年
一、房地产企业			
1.企业个数合计（个）	**3140**	**3187**	**3280**
#一级企业	33	31	30
#二级企业	137	147	146
#三级企业	770	772	774
2.资产负债（万元）			
资产总计	125376742	162482114	195308831
负债总计	91593418	120853741	148051727
所有者权益	33783324	41628373	47257104
资产负债率(%)	73.1	74.4	75.8
二、本年完成投资额（万元）			
合计	**28241249**	**37029727**	**45674028**
1.按构成分			
建筑安装工程	19259003	26096171	29227264
设备工器具购置	233141	287902	348266
其他费用	8749105	10645654	13370138
#土地购置费	6881569	8569064	11704938
2.按用途分			
住宅	17519814	24020834	29171687
#别墅、高档公寓	1021325	1378577	2200077
办公楼	1892202	2702759	3585835
商业营业用房	3703798	4914305	6548765
其他	5125435	5391829	6367741
3.资金来源及构成			
本年资金来源小计	41207269	57670373	57261330
国内贷款	5236284	7476562	7526197
利用外资	78394	215817	233194
#外商直接投资	74124	214313	233194
自筹资金	14267925	20165142	24791897
其他资金来源	21624666	29812852	24710042
三、本年新增固定资产（万元）	**6288034**	**10923257**	**12506288**
四、土地开发及购置（平方米）			
本年完成开发土地面积			
待开发土地面积	9129916	8621693	10767949
本年购置土地面积	9256419	15911267	12941606

8-13 续表

指　标	2012年	2013年	2014年
五、商品房屋建筑面积(平方米)			
1.施工房屋面积	**211214992**	**262872821**	**300517652**
住宅	147311896	178354244	197184323
#别墅、高档公寓	5600473	7000668	7659348
办公楼	9873666	13634462	18100205
商业营业用房	22461114	30028227	36221687
其他	31568316	40855888	49011437
2.新开工房屋面积	**53429663**	**71930075**	**67540619**
住宅	35651137	47958333	41938086
#别墅、高档公寓	868958	1878544	1804474
办公楼	2523784	3815720	4951995
商业营业用房	6409553	8888489	8639325
其他	8845189	11267533	12011213
3.竣工房屋面积	**22327799**	**33697633**	**35835672**
住宅	15646197	23380622	25680236
#别墅、高档公寓	595664	857014	659456
办公楼	1192013	983343	1455072
商业营业用房	2388270	4048481	3085544
其他	3101319	5285187	5614820
六、商品房屋销售			
1.销售面积(平方米)	**32589398**	**46761600**	**41194778**
住宅	27419567	39574584	33240982
#别墅、高档公寓	845794	987525	925479
办公楼	1508294	2114202	1810069
商业营业用房	2098796	2425288	2869365
其他	1562741	2647526	3274362
2.销售额(万元)	**28176959**	**42320832**	**37635183**
住宅	22938978	34105729	29395788
#别墅、高档公寓	1223675	1390917	1299337
办公楼	1827658	2901417	2014817
商业营业用房	2620053	3737796	3735116
其他	790270	1575890	2489462
3.销售价格(元/平方米)	**8646**	**9050**	**9136**
住宅	8366	8618	8843
办公楼	12117	13723	11131
商业营业用房	12484	15412	13017

8-14　江西省房地产开发投资综合

指　　标	2012年	2013年	2014年
一、房地产企业			
1.企业个数合计(个)	**2005**	**2080**	**2077**
#一级企业	6	4	9
#二级企业	232	219	188
#三级企业	685	677	585
2.资产负债(万元)			
资产总计	45176701	60188929	73516078
负债总计	32312575	42769206	54017194
所有者权益	12864126	17419723	19498884
资产负债率(%)	71.5	71.1	73.5
二、本年完成投资额(万元)			
合计	**9696176**	**11745768**	**13224909**
1.按构成分			
建筑安装工程	7773342	9314812	9411069
设备工器具购置	119087	154348	176563
其他费用	1803747	2276608	2396000
#土地购置费	1075870	1476089	1796430
2.按用途分			
住宅	6842114	7953764	9719227
#别墅、高档公寓	296939	364883	338386
办公楼	621001	1007398	539721
商业营业用房	1176446	1539141	1986456
其他	1056615	1245465	979505
3.资金来源及构成			
本年资金来源小计	14772167	19066444	19458480
国内贷款	1648995	2366343	2559744
利用外资	7893	8236	3885
#外商直接投资	6493	8236	3885
自筹资金	5047928	5824903	6065001
其他资金来源	8067351	10866962	10829850
三、本年新增固定资产(万元)	**5832322**	**5777574**	**6043879**
四、土地开发及购置(平方米)			
本年完成开发土地面积			
待开发土地面积	6620178	6344645	6681726
本年购置土地面积	7331710	8418226	9181964

8-14 续表

指　　标	2012年	2013年	2014年
五、商品房屋建筑面积(平方米)			
1.施工房屋面积	**94656342**	**119956700**	**133326437**
住宅	73198469	90187901	99757330
#别墅、高档公寓	2674736	2950696	3381267
办公楼	2801901	4239112	4717754
商业营业用房	11889365	15153604	17073356
其他	6766607	10376083	11777997
2.新开工房屋面积	**32610254**	**41389557**	**33484181**
住宅	24000924	30508301	25597697
#别墅、高档公寓	762646	869361	698015
办公楼	1370194	1671250	768291
商业营业用房	4804201	5295691	4384781
其他	2434935	3914315	2733412
3.竣工房屋面积	**17474817**	**17902613**	**18717917**
住宅	14404841	14275297	15112659
#别墅、高档公寓	448420	370467	510046
办公楼	318908	245541	254473
商业营业用房	2055924	2601599	2494671
其他	695144	780176	856114
六、商品房屋销售			
1.销售面积(平方米)	**23971035**	**31670588**	**30671606**
住宅	21258981	28460366	27752168
#别墅、高档公寓	320620	730396	448937
办公楼	475595	564647	427533
商业营业用房	1894565	2140261	1960870
其他	341894	505314	531035
2.销售额(万元)	**11373453**	**16478958**	**16217649**
住宅	9313940	13960612	13794952
#别墅、高档公寓	247271	480088	334164
办公楼	506207	512849	388425
商业营业用房	1402281	1748974	1764317
其他	151025	256523	269955
3.销售价格(元/平方米)	**4745**	**5203**	**5288**
住宅	4381	4905	4971
办公楼	10644	9083	9085
商业营业用房	7402	8172	8998

8-15 山东省房地产开发投资综合

指　标	2012年	2013年	2014年
一、房地产企业			
1.企业个数合计(个)	**5841**	**6113**	**6373**
#一级企业	86	90	98
#二级企业	343	415	474
#三级企业	1033	1025	1000
2.资产负债(万元)			
资产总计	181958446	230355941	275864013
负债总计	146536922	182362354	220428759
所有者权益	35421523	47993586	55435254
资产负债率(%)	80.5	79.2	79.9
二、本年完成投资额(万元)			
合计	**47083068**	**54445312**	**58179538**
1.按构成分			
建筑安装工程	35515435	43499105	39577756
设备工器具购置	525177	601674	649280
其他费用	11042456	10344533	10893053
#土地购置费	8522848	7579715	8895522
2.按用途分			
住宅	34732267	39766293	41843316
#别墅、高档公寓	2145903	1599637	1526072
办公楼	1906559	2878102	3585761
商业营业用房	5763110	7017187	8050743
其他	4681132	4783730	4699718
3.资金来源及构成			
本年资金来源小计	57550918	73713246	69911832
国内贷款	6775106	9954081	9958261
利用外资	159111	335110	141320
#外商直接投资	159111	316879	138016
自筹资金	26758554	31490821	31050030
其他资金来源	23858147	31933234	28762221
三、本年新增固定资产(万元)	**20984393**	**25454296**	**24245256**
四、土地开发及购置(平方米)			
本年完成开发土地面积			
待开发土地面积	34395600	29239387	28704921
本年购置土地面积	26100287	26150734	22254998

8-15 续表

指　　标	2012年	2013年	2014年
五、商品房屋建筑面积(平方米)			
1.施工房屋面积	**429589083**	**505491659**	**545084463**
住宅	337152452	385718397	406488150
#别墅、高档公寓	9241598	9127931	10237534
办公楼	10518161	15532625	19780082
商业营业用房	48871176	61609498	68105570
其他	33047294	42631139	50710661
2.新开工房屋面积	**139027241**	**153907591**	**133280690**
住宅	108379656	114972651	98213670
#别墅、高档公寓	2800860	2077391	1964254
办公楼	3782691	5672444	4565519
商业营业用房	15907985	19768307	16613827
其他	10956909	13494189	13887674
3.竣工房屋面积	**73249656**	**75085237**	**77873097**
住宅	60867092	60633524	60907374
#别墅、高档公寓	1559245	1105436	1240405
办公楼	1302882	1271712	1829328
商业营业用房	6826002	8164655	8376723
其他	4253680	5015346	6759672
六、商品房屋销售			
1.销售面积(平方米)	**86327614**	**103298002**	**91801182**
住宅	77458724	93002852	79724856
#别墅、高档公寓	1659602	1583765	1342940
办公楼	1353808	1892927	1855285
商业营业用房	5537524	6001172	6746927
其他	1977558	2401051	3474114
2.销售额(万元)	**41117964**	**52151192**	**48796627**
住宅	35295110	44610664	40094832
#别墅、高档公寓	1666120	1561033	1232720
办公楼	1177315	1761304	1796947
商业营业用房	3922038	4821121	5548848
其他	723501	958103	1356000
3.销售价格(元/平方米)	**4763**	**5049**	**5315**
住宅	4557	4797	5029
办公楼	8696	9305	9686
商业营业用房	7083	8034	8224

8-16　河南省房地产开发投资综合

指　　标	2012年	2013年	2014年
一、房地产企业			
1.企业个数合计(个)	**5316**	**5438**	**5662**
#一级企业	59	65	68
#二级企业	496	586	624
#三级企业	976	1052	995
2.资产负债(万元)			
资产总计	86412935	118597788	149779271
负债总计	66347192	92631519	119599889
所有者权益	20065743	25966268	30179382
资产负债率(%)	76.8	78.1	79.9
二、本年完成投资额(万元)			
合计	**30352884**	**38437590**	**43757143**
1.按构成分			
建筑安装工程	23974113	31329738	36797905
设备工器具购置	442678	572609	870486
其他费用	5936093	6535243	5840995
#土地购置费	3073637	3916993	3527989
2.按用途分			
住宅	22030619	28270863	32891963
#别墅、高档公寓	215814	270427	289015
办公楼	1363478	1753969	1988379
商业营业用房	3193898	4421026	5312195
其他	3764889	3991732	3564606
3.资金来源及构成			
本年资金来源小计	34550379	44027031	46889710
国内贷款	3210906	3871277	5270148
利用外资	11303	53968	6700
#外商直接投资	10300	2714	6700
自筹资金	19207213	24726702	26015500
其他资金来源	12120957	15375084	15597362
三、本年新增固定资产(万元)	**16024540**	**15729037**	**20083660**
四、土地开发及购置(平方米)			
本年完成开发土地面积			
待开发土地面积	13187178	13095981	13435695
本年购置土地面积	17426286	15015551	11161606

8-16 续表

指　　标	2012年	2013年	2014年
五、商品房屋建筑面积(平方米)			
1.施工房屋面积	**295593645**	**359793297**	**388576044**
住宅	234669870	281135915	298312616
#别墅、高档公寓	2273119	2293739	2574817
办公楼	9764858	12970646	14890205
商业营业用房	29418083	37090969	42204474
其他	21740834	28595767	33168749
2.新开工房屋面积	**105151091**	**124650920**	**105865402**
住宅	84244450	100553125	80793542
#别墅、高档公寓	684062	854264	813892
办公楼	3600840	3299049	3423331
商业营业用房	9853052	11855137	12912270
其他	7452749	8943609	8736259
3.竣工房屋面积	**58705430**	**59658658**	**73243360**
住宅	48881710	49163110	57671751
#别墅、高档公寓	667295	169213	176272
办公楼	820110	1217969	2284859
商业营业用房	5619981	6208120	6527684
其他	3383629	3069459	6759066
六、商品房屋销售			
1.销售面积(平方米)	**59684858**	**73102135**	**78796655**
住宅	54555010	65614092	70090894
#别墅、高档公寓	336893	412277	327236
办公楼	1264867	2054418	1816723
商业营业用房	2979604	4449933	5546006
其他	885377	983692	1343032
2.销售额(万元)	**22866650**	**30741352**	**34405811**
住宅	19155695	25162572	27397066
#别墅、高档公寓	221804	323805	295756
办公楼	1115658	1871592	1644013
商业营业用房	2281545	3345290	4376385
其他	313752	361898	988347
3.销售价格(元/平方米)	**3831**	**4205**	**4366**
住宅	3511	3835	3909
办公楼	8820	9110	9049
商业营业用房	7657	7518	7891

8-17　湖北省房地产开发投资综合

指　　标	2012年	2013年	2014年
一、房地产企业			
1.企业个数合计(个)	**3785**	**4267**	**4214**
#一级企业	50	57	55
#二级企业	426	451	445
#三级企业	944	969	861
2.资产负债(万元)			
资产总计	96588772	126056878	152565978
负债总计	73130014	94878849	116325746
所有者权益	23458759	31178029	36240232
资产负债率(%)	75.7	75.3	76.2
二、本年完成投资额(万元)			
合计	**25394649**	**32860234**	**39837900**
1.按构成分			
建筑安装工程	19026534	24261709	27423371
设备工器具购置	561614	757857	677813
其他费用	5806501	7840668	8235142
#土地购置费	3484886	4410076	5092811
2.按用途分			
住宅	16983811	22515586	27554186
#别墅、高档公寓	679868	637958	966552
办公楼	1365480	1474357	1716497
商业营业用房	3372324	4966951	6391974
其他	3673034	3903340	4175243
3.资金来源及构成			
本年资金来源小计	33638304	42244808	43222391
国内贷款	5120460	7965677	7375424
利用外资	12700		196279
#外商直接投资	12200		196279
自筹资金	14253079	17353291	19716253
其他资金来源	14252065	16925840	15934435
三、本年新增固定资产(万元)	**12970544**	**11343063**	**12681621**
四、土地开发及购置(平方米)			
本年完成开发土地面积			
待开发土地面积	15881947	16182066	17174602
本年购置土地面积	13031946	18946777	12449934

8-17 续表

指　　标	2012年	2013年	2014年
五、商品房屋建筑面积（平方米）			
1.施工房屋面积	**168197102**	**218658140**	**263219893**
住宅	130130082	166402685	196100893
#别墅、高档公寓	2415422	3579737	4016370
办公楼	5765189	5961103	7868718
商业营业用房	17604372	25842873	33471278
其他	14697459	20451479	25779004
2.新开工房屋面积	**59760628**	**82267115**	**75986905**
住宅	46507876	62502260	58178901
#别墅、高档公寓	639704	1118461	925158
办公楼	2183816	2013280	1788457
商业营业用房	6153454	10221554	9587998
其他	4915482	7530021	6431549
3.竣工房屋面积	**32737099**	**30408434**	**34311751**
住宅	27952078	25473941	28123513
#别墅、高档公寓	674152	446070	276027
办公楼	273692	430660	361177
商业营业用房	3001854	3286795	3899143
其他	1509475	1217038	1927918
六、商品房屋销售			
1.销售面积（平方米）	**40378459**	**52985406**	**56019833**
住宅	36200951	47656848	50025978
#别墅、高档公寓	590584	1258742	956826
办公楼	697490	927605	659121
商业营业用房	2568692	3583760	4232499
其他	911326	817193	1102235
2.销售额（万元）	**20362024**	**27903176**	**30883061**
住宅	16898602	23100444	25437588
#别墅、高档公寓	582649	1066742	756103
办公楼	856659	777664	690070
商业营业用房	2246183	3547276	4197054
其他	360580	477792	558349
3.销售价格（元/平方米）	**5043**	**5266**	**5513**
住宅	4668	4847	5085
办公楼	12282	8384	10470
商业营业用房	8744	9898	9916

8-18　湖南省房地产开发投资综合

指　　标	2012年	2013年	2014年
一、房地产企业			
1.企业个数合计(个)	**3564**	**3739**	**3808**
#一级企业	22	26	25
#二级企业	200	229	264
#三级企业	1650	1710	1674
2.资产负债(万元)			
资产总计	73156232	93874538	112212124
负债总计	55678078	71366014	85689170
所有者权益	17478153	22508524	26522953
资产负债率(%)	76.1	76.0	76.4
二、本年完成投资额(万元)			
合计	**22105229**	**26283245**	**28835662**
1.按构成分			
建筑安装工程	16699339	20915402	20063387
设备工器具购置	347531	443396	507291
其他费用	5058359	4924447	5489139
#土地购置费	2498001	2800672	3385088
2.按用途分			
住宅	15726652	18458103	19985121
#别墅、高档公寓	735655	785168	854047
办公楼	720581	896405	1106505
商业营业用房	2728813	3511544	4273885
其他	2929183	3417193	3470151
3.资金来源及构成			
本年资金来源小计	29026563	35922685	35659910
国内贷款	3745230	5331473	5842797
利用外资	511215	391547	47802
#外商直接投资	491526	382547	14802
自筹资金	10362341	12153919	13504202
其他资金来源	14407777	18045746	16265109
三、本年新增固定资产(万元)	**13777767**	**14456456**	**13171670**
四、土地开发及购置(平方米)			
本年完成开发土地面积			
待开发土地面积	25349677	18970656	22139722
本年购置土地面积	11062894	13276428	11119826

注：2004年以前的商品房销售为实际销售口径，2005年起商品房销售包括期房和现房，下表同。

8-18 续表

指　标	2012年	2013年	2014年
五、商品房屋建筑面积(平方米)			
1.施工房屋面积	**213568869**	**254000906**	**277477488**
住宅	167736828	195942736	205679616
#别墅、高档公寓	5630578	5377045	5673846
办公楼	4412545	5807039	7028340
商业营业用房	20799140	25780676	32534276
其他	20620356	26470455	32235256
2.新开工房屋面积	**66316182**	**88691284**	**80670497**
住宅	50535244	68541533	57355992
#别墅、高档公寓	885076	1547889	1287974
办公楼	1844416	1497105	1931679
商业营业用房	7126838	9204162	11423705
其他	6809684	9448484	9959121
3.竣工房屋面积	**44579657**	**45937631**	**40228880**
住宅	36885478	37647106	31768662
#别墅、高档公寓	1205239	1052539	616957
办公楼	393882	494725	714776
商业营业用房	4438815	4133294	4352302
其他	2861482	3662506	3393140
六、商品房屋销售			
1.销售面积(平方米)	**51504767**	**59523802**	**54395270**
住宅	46640816	54114845	48523216
#别墅、高档公寓	1435845	930945	1151093
办公楼	642463	787239	494716
商业营业用房	3299657	3436330	4232947
其他	921831	1185388	1144391
2.销售额(万元)	**20852339**	**25256439**	**22991111**
住宅	17115454	21149740	18585771
#别墅、高档公寓	1023818	755556	766884
办公楼	622986	867437	488823
商业营业用房	2830768	2814772	3432831
其他	283131	424490	483686
3.销售价格(元/平方米)	**4049**	**4243**	**4227**
住宅	3670	3908	3830
办公楼	9697	11019	9881
商业营业用房	8579	8191	8110

8-19　广东省房地产开发投资综合

指　　标	2012年	2013年	2014年
一、房地产企业			
1.企业个数合计（个）	**6492**	**6581**	**7138**
#一级企业	93	86	76
#二级企业	283	290	296
#三级企业	1432	1487	1473
2.资产负债（万元）			
资产总计	347253175	414326436	484183836
负债总计	265879547	326422215	388514521
所有者权益	81373628	87904220	95669315
资产负债率(%)	76.6	78.8	80.2
二、本年完成投资额（万元）			
合计	**53527853**	**64895920**	**76384530**
1.按构成分			
建筑安装工程	38211017	48094914	47824354
设备工器具购置	482828	654736	780292
其他费用	14834008	16146270	21332473
#土地购置费	7872684	9817712	15913482
2.按用途分			
住宅	37049832	45306255	51873184
#别墅、高档公寓	4444984	5108747	4622397
办公楼	2348321	3372659	4894379
商业营业用房	5474535	7054675	9584250
其他	8655165	9162331	10032717
3.资金来源及构成			
本年资金来源小计	79182703	104729443	113266022
国内贷款	15075297	21435911	24326141
利用外资	290633	362931	636491
#外商直接投资	265863	318747	570652
自筹资金	24146361	27983353	37055697
其他资金来源	39670412	54947248	51247693
三、本年新增固定资产（万元）	**26966773**	**28193318**	**33838569**
四、土地开发及购置（平方米）			
本年完成开发土地面积			
待开发土地面积	41228236	48660410	47367670
本年购置土地面积	18054392	22509647	19569868

8-19 续表

指　　标	2012年	2013年	2014年
五、商品房屋建筑面积(平方米)			
1.施工房屋面积	**392962669**	**464804659**	**539774681**
住宅	292532363	336906742	382900626
#别墅、高档公寓	25007004	26826818	30053955
办公楼	11763752	16757148	21370235
商业营业用房	33555290	43238350	54415897
其他	55111264	67902419	81087923
2.新开工房屋面积	**106157258**	**142654768**	**133843360**
住宅	78402574	101147526	91740843
#别墅、高档公寓	5268822	6221431	5948382
办公楼	2889425	5631998	6361149
商业营业用房	9981789	14815841	13999957
其他	14883470	21059403	21741411
3.竣工房屋面积	**63561201**	**62732984**	**73279861**
住宅	49181619	47482471	54424875
#别墅、高档公寓	4274329	3966495	4092998
办公楼	1596337	2645815	2112579
商业营业用房	4735764	4691472	6843837
其他	8047481	7913226	9898570
六、商品房屋销售			
1.销售面积(平方米)	**78989915**	**98363855**	**93157629**
住宅	71576276	88309543	81635572
#别墅、高档公寓	5402138	7324614	4881629
办公楼	1414679	2568585	2304480
商业营业用房	3605725	4336127	4910601
其他	2393235	3149600	4306976
2.销售额(万元)	**64078111**	**89410531**	**84618358**
住宅	54883925	74761038	69602590
#别墅、高档公寓	5540562	8296583	5921181
办公楼	2899756	5340643	4287529
商业营业用房	4685105	6798146	7455664
其他	1609325	2510704	3272575
3.销售价格(元/平方米)	**8112**	**9090**	**9083**
住宅	7668	8466	8526
办公楼	20498	20792	18605
商业营业用房	12994	15678	15183

8-20　广西壮族自治区房地产开发投资综合

指　标	2012年	2013年	2014年
一、房地产企业			
1.企业个数合计(个)	**2934**	**2685**	**2491**
#一级企业	9	10	18
#二级企业	96	115	137
#三级企业	630	586	533
2.资产负债(万元)			
资产总计	53443643	68351151	84953092
负债总计	39009651	49985492	62243490
所有者权益	14433992	18365658	22709602
资产负债率(%)	73.0	73.1	73.3
二、本年完成投资额(万元)			
合计	**15549388**	**16146322**	**18384942**
1.按构成分			
建筑安装工程	11550143	12819889	13195187
设备工器具购置	198138	195799	414220
其他费用	3801107	3130634	3315440
#土地购置费	1917438	1890087	2553674
2.按用途分			
住宅	10696420	11666137	12926348
#别墅、高档公寓	459919	415950	516180
办公楼	404730	516716	708981
商业营业用房	1616637	1748792	2540032
其他	2831601	2214677	2209581
3.资金来源及构成			
本年资金来源小计	20073616	21552380	24107471
国内贷款	2638371	3243473	3400275
利用外资	3294	6150	2056
#外商直接投资		6150	2056
自筹资金	7884479	8156908	9016015
其他资金来源	9547472	10145849	11689125
三、本年新增固定资产(万元)	**6923890**	**5584193**	**5888753**
四、土地开发及购置(平方米)			
本年完成开发土地面积			
待开发土地面积	8862464	7972470	7840192
本年购置土地面积	5417056	4319584	6100127

8-20 续表

指　　标	2012年	2013年	2014年
五、商品房屋建筑面积(平方米)			
1.施工房屋面积	**150184579**	**160401719**	**174721500**
住宅	118468560	124196768	130656462
#别墅、高档公寓	2422353	2680525	2694344
办公楼	2797602	3219050	4456455
商业营业用房	14065234	15343974	19136343
其他	14853183	17641927	20472240
2.新开工房屋面积	**37418818**	**37156659**	**41384343**
住宅	29101120	29019285	29582591
#别墅、高档公寓	723007	532927	469295
办公楼	1030254	727366	1510645
商业营业用房	3763243	3310908	5801466
其他	3524201	4099100	4489641
3.竣工房屋面积	**23335803**	**17126793**	**18659759**
住宅	19565731	13853670	14418352
#别墅、高档公寓	379950	317331	191445
办公楼	253329	181317	407816
商业营业用房	2050180	1754402	2046326
其他	1466563	1337404	1787265
六、商品房屋销售			
1.销售面积(平方米)	**27592573**	**29955763**	**31565463**
住宅	25469557	27651468	28693160
#别墅、高档公寓	248055	312676	448323
办公楼	95955	320626	299132
商业营业用房	1498338	1350887	1812339
其他	528723	632782	760832
2.销售额(万元)	**11598322**	**13757948**	**15320544**
住宅	9958158	11667241	12745691
#别墅、高档公寓	166420	279833	404927
办公楼	150247	432304	294751
商业营业用房	1290728	1394664	1834663
其他	199189	263739	445439
3.销售价格(元/平方米)	**4203**	**4593**	**4854**
住宅	3910	4219	4442
办公楼	15658	13483	9854
商业营业用房	8614	10324	10123

8-21 海南省房地产开发投资综合

指标	2012年	2013年	2014年
一、房地产企业			
1.企业个数合计（个）	**971**	**1030**	**1180**
#一级企业	4	3	3
#二级企业	33	32	33
#三级企业	99	104	111
2.资产负债（万元）			
资产总计	44381937	55469644	68078005
负债总计	33967579	43833877	54177958
所有者权益	10414358	11635767	13900047
资产负债率(%)	76.5	79.0	79.6
二、本年完成投资额（万元）			
合计	**8866440**	**11967581**	**14316515**
1.按构成分			
建筑安装工程	6915205	8959368	9321523
设备工器具购置	213587	146804	214189
其他费用	1737648	2861409	3225271
#土地购置费	769110	1251889	1856302
2.按用途分			
住宅	7253209	9950886	11221374
#别墅、高档公寓	1996708	2186480	1939486
办公楼	56538	121807	105140
商业营业用房	506034	743916	1375700
其他	1050659	1150972	1614301
3.资金来源及构成			
本年资金来源小计	13404236	18765554	19308656
国内贷款	2720209	3273004	3859090
利用外资	73677	1030	6150
#外商直接投资	73677	30	5550
自筹资金	5978145	7384185	8866557
其他资金来源	4632205	8107335	6576859
三、本年新增固定资产（万元）	**4639559**	**4230296**	**7680151**
四、土地开发及购置（平方米）			
本年完成开发土地面积			
待开发土地面积	7622053	10142763	14221430
本年购置土地面积	3336197	3068455	2884735

8-21 续表

指　标	2012年	2013年	2014年
五、商品房屋建筑面积(平方米)			
1.施工房屋面积	**51094929**	**61730000**	**75571473**
住宅	44113778	51734863	60089088
#别墅、高档公寓	7726690	7835681	7507997
办公楼	373446	531123	1334040
商业营业用房	3220588	4394414	6725798
其他	3387117	5069600	7422547
2.新开工房屋面积	**16612856**	**17354194**	**15836400**
住宅	14028520	14716908	12007421
#别墅、高档公寓	1707398	1715714	684754
办公楼	177809	145875	90215
商业营业用房	1372536	1347429	2339828
其他	1033991	1143982	1398936
3.竣工房屋面积	**8564139**	**6093959**	**12038951**
住宅	7349920	5176237	10519037
#别墅、高档公寓	1147454	800390	1964174
办公楼	39911	13105	65363
商业营业用房	601455	428695	640179
其他	572853	475922	814372
六、商品房屋销售			
1.销售面积(平方米)	**9318373**	**11912259**	**10039693**
住宅	8983484	11548550	9428387
#别墅、高档公寓	1139391	1234795	831912
办公楼	40382	20788	54795
商业营业用房	202321	250847	475316
其他	92186	92074	81195
2.销售额(万元)	**7355740**	**10326526**	**9352137**
住宅	7017234	9969951	8732200
#别墅、高档公寓	2232028	2012380	1411052
办公楼	20073	48830	126624
商业营业用房	257370	252090	443623
其他	61063	55655	49690
3.销售价格(元/平方米)	**7894**	**8669**	**9315**
住宅	7811	8633	9262
办公楼	4971	23490	23109
商业营业用房	12721	10050	9333

8-22　重庆市房地产开发投资综合

指　标	2012年	2013年	2014年
一、房地产企业			
1.企业个数合计(个)	**2552**	**2594**	**2695**
#一级企业	42	46	54
#二级企业	578	629	712
#三级企业	832	809	756
2.资产负债(万元)			
资产总计	131173295	162686939	202601586
负债总计	91436539	112122074	144711394
所有者权益	39736757	50564865	57890192
资产负债率(%)	69.7	68.9	71.4
二、本年完成投资额(万元)			
合计	**25083500**	**30127838**	**36302331**
1.按构成分			
建筑安装工程	17891417	21064117	22467307
设备工器具购置	334832	415406	407396
其他费用	6857251	8648315	9892530
#土地购置费	3841572	5196470	6496387
2.按用途分			
住宅	17067687	20442392	24513660
#别墅、高档公寓	1656664	1398788	1743018
办公楼	1016124	1445592	1769621
商业营业用房	3074966	3774147	5340012
其他	3924723	4465707	4679038
3.资金来源及构成			
本年资金来源小计	38695390	46140649	53449833
国内贷款	7207959	11122918	11907732
利用外资	201314	441801	1131313
#外商直接投资	74187	441301	1130813
自筹资金	11820589	12637033	18244123
其他资金来源	19465528	21938897	22166665
三、本年新增固定资产(万元)	**14800553**	**15232337**	**15604016**
四、土地开发及购置(平方米)			
本年完成开发土地面积			
待开发土地面积	33687113	29916021	24747349
本年购置土地面积	21830685	18966454	18645896

8-22 续表

指　标	2012年	2013年	2014年
五、商品房屋建筑面积(平方米)			
1.施工房屋面积	**220090320**	**262518928**	**286239291**
住宅	169978502	192489455	202944938
#别墅、高档公寓	7234418	7339197	8407518
办公楼	4998528	7819761	10722226
商业营业用房	20289004	29657174	33166714
其他	24824286	32552538	39405413
2.新开工房屋面积	**58134823**	**76416324**	**62540397**
住宅	43451427	53875951	42759579
#别墅、高档公寓	1179303	1525224	1483600
办公楼	1606357	2411484	2641668
商业营业用房	5390391	10013212	7747256
其他	7686648	10115677	9391894
3.竣工房屋面积	**39906286**	**38043584**	**37177755**
住宅	33863514	28674528	27715505
#别墅、高档公寓	1037241	1221810	1145900
办公楼	303658	757561	1150254
商业营业用房	2822316	4560779	3405934
其他	2916798	4050716	4906062
六、商品房屋销售			
1.销售面积(平方米)	**45223997**	**48175643**	**51003870**
住宅	41051083	43591906	44236751
#别墅、高档公寓	1437780	1163208	1556410
办公楼	622998	686687	981512
商业营业用房	2218883	2440387	3484875
其他	1331033	1456663	2300732
2.销售额(万元)	**22973464**	**26827626**	**28149910**
住宅	19724206	22835658	22532816
#别墅、高档公寓	1189537	1156290	1471530
办公楼	716121	780774	1094100
商业营业用房	2124707	2630838	3737467
其他	408430	580356	785527
3.销售价格(元/平方米)	**5080**	**5569**	**5519**
住宅	4805	5239	5094
办公楼	11495	11370	11147
商业营业用房	9576	10780	10725

8-23　四川省房地产开发投资综合

指　　标	2012年	2013年	2014年
一、房地产企业			
1.企业个数合计(个)	**4221**	**3962**	**4061**
#一级企业	48	48	51
#二级企业	615	614	598
#三级企业	2415	2313	2408
2.资产负债(万元)			
资产总计	127947021	166681674	186444438
负债总计	97873989	126022563	145999696
所有者权益	30073031	40659111	40444742
资产负债率(%)	76.5	75.6	78.3
二、本年完成投资额(万元)			
合计	**32663970**	**38529951**	**43800919**
1.按构成分			
建筑安装工程	25031837	29243793	29371781
设备工器具购置	554117	794281	783548
其他费用	7078016	8491877	10058919
#土地购置费	4742327	6090460	8235392
2.按用途分			
住宅	21977450	25378926	28478207
#别墅、高档公寓	1266629	1243880	991627
办公楼	1371163	1891148	1951111
商业营业用房	4333247	5786755	7770626
其他	4982110	5473122	5600975
3.资金来源及构成			
本年资金来源小计	42226657	53245292	58631102
国内贷款	4592355	7254508	8178753
利用外资	169309	323252	393355
#外商直接投资	147063	223252	317528
自筹资金	17289653	21508673	25136809
其他资金来源	20175340	24158859	24922185
三、本年新增固定资产(万元)	**17943850**	**18248462**	**19446207**
四、土地开发及购置(平方米)			
本年完成开发土地面积			
待开发土地面积	15675727	12482933	15065080
本年购置土地面积	8922185	11427633	15354299

8-23 续表

指　　标	2012年	2013年	2014年
五、商品房屋建筑面积(平方米)			
1.施工房屋面积	**298655040**	**321649797**	**364993538**
住宅	225901636	232089086	247323501
#别墅、高档公寓	7218295	6454179	9044371
办公楼	8346454	9225370	13007085
商业营业用房	31362522	37848443	48809096
其他	33044428	42486898	55853856
2.新开工房屋面积	**83672082**	**101635691**	**113280360**
住宅	59625076	70087143	73359801
#别墅、高档公寓	1220311	1184017	1354264
办公楼	3144632	2644242	4525084
商业营业用房	10893699	14021846	17434583
其他	10008675	14882460	17960892
3.竣工房屋面积	**58665790**	**51088647**	**53344510**
住宅	47136101	40288772	38712831
#别墅、高档公寓	700415	785190	984388
办公楼	1193482	1013324	1443130
商业营业用房	5189320	4826988	6539260
其他	5146887	4959563	6649289
六、商品房屋销售			
1.销售面积(平方米)	**64559339**	**73127823**	**71424393**
住宅	56793338	65053194	61765108
#别墅、高档公寓	1346414	1096140	1010637
办公楼	1573714	1142208	1410329
商业营业用房	4385296	4686433	5614196
其他	1806991	2245988	2634760
2.销售额(万元)	**35177222**	**40202707**	**39973726**
住宅	28164868	33085768	31450212
#别墅、高档公寓	1351519	1075649	1034198
办公楼	1409265	1117458	1095149
商业营业用房	4883977	5143029	6376514
其他	719112	856452	1051851
3.销售价格(元/平方米)	**5449**	**5498**	**5597**
住宅	4959	5086	5092
办公楼	8955	9783	7765
商业营业用房	11137	10974	11358

8-24 贵州省房地产开发投资综合

指 标	2012年	2013年	2014年
一、房地产企业			
1.企业个数合计（个）	**2133**	**2300**	**2591**
#一级企业	6	6	6
#二级企业	117	144	163
#三级企业	404	424	441
2.资产负债（万元）			
资产总计	42288479	56095379	71653538
负债总计	33795075	47524533	59435300
所有者权益	8493404	8570846	12218239
资产负债率(%)	79.9	84.7	82.9
二、本年完成投资额（万元）			
合计	**14675960**	**19425435**	**21876698**
1.按构成分			
建筑安装工程	11215829	15014269	17095524
设备工器具购置	192798	235627	191541
其他费用	3267333	4175539	3360545
#土地购置费	1194959	1771019	1403286
2.按用途分			
住宅	9303118	12242284	13503388
#别墅、高档公寓	155974	325260	357556
办公楼	422301	1320287	1519696
商业营业用房	2125621	3448961	4439789
其他	2824920	2413903	2413825
3.资金来源及构成			
本年资金来源小计	14181680	21457234	23366182
国内贷款	2306113	2268249	2426237
利用外资	42887		34130
#外商直接投资	42887		30530
自筹资金	5184444	8771999	9648609
其他资金来源	6648236	10416986	11257206
三、本年新增固定资产（万元）	**3324788**	**5117738**	**8675815**
四、土地开发及购置（平方米）			
本年完成开发土地面积			
待开发土地面积	10051844	13859577	12436966
本年购置土地面积	7075134	12095247	9363634

8-24 续表

指　　标	2012年	2013年	2014年
五、商品房屋建筑面积(平方米)			
1.施工房屋面积	**132453147**	**173569607**	**203693569**
住宅	96540267	123163643	137929369
#别墅、高档公寓	1118849	1798239	2310465
办公楼	3004955	5021286	7221538
商业营业用房	17299361	24197562	31234463
其他	15608564	21187116	27308199
2.新开工房屋面积	**37876722**	**56282413**	**46164891**
住宅	25784145	39741638	28292994
#别墅、高档公寓	76181	722189	620016
办公楼	1762364	1713325	1877993
商业营业用房	5679055	8063899	8498788
其他	4651158	6763551	7495116
3.竣工房屋面积	**14167671**	**17647766**	**28423153**
住宅	11201719	13522943	20464343
#别墅、高档公寓	102512	89039	649768
办公楼	161648	299955	736888
商业营业用房	1623577	2185841	3640342
其他	1180727	1639027	3581580
六、商品房屋销售			
1.销售面积(平方米)	**21869485**	**29723173**	**31781235**
住宅	20023965	26469819	27070894
#别墅、高档公寓	158696	280015	595415
办公楼	148825	1000193	840804
商业营业用房	1445571	1989922	3377560
其他	251124	263239	491977
2.销售额(万元)	**9000765**	**12766927**	**13703112**
住宅	7399576	9887669	10000070
#别墅、高档公寓	190125	250337	480702
办公楼	121414	731501	570212
商业营业用房	1392054	2040983	2922540
其他	87721	106774	210290
3.销售价格(元/平方米)	**4116**	**4295**	**4312**
住宅	3695	3735	3694
办公楼	8158	7314	6782
商业营业用房	9630	10257	8653

8-25　云南省房地产开发投资综合

指　　标	2012年	2013年	2014年
一、房地产企业			
1.企业个数合计(个)	**2707**	**2736**	**2783**
#一级企业	25	30	34
#二级企业	191	222	245
#三级企业	313	317	305
2.资产负债(万元)			
资产总计	69549291	99498538	120636560
负债总计	56318675	80232490	100711809
所有者权益	13230616	19266048	19924751
资产负债率(%)	81.0	80.6	83.5
二、本年完成投资额(万元)			
合计	**17821351**	**24883284**	**28466541**
1.按构成分			
建筑安装工程	13527533	19403015	20055768
设备工器具购置	178578	278174	321455
其他费用	4115240	5202095	6306421
#土地购置费	2510812	3747250	5084638
2.按用途分			
住宅	11525012	16424032	18300705
#别墅、高档公寓	863434	1068639	1508102
办公楼	864149	1174987	1337792
商业营业用房	2562885	4109691	5331371
其他	2869305	3174574	3496673
3.资金来源及构成			
本年资金来源小计	21340222	29243592	29174305
国内贷款	2161200	4188013	4149022
利用外资		122850	160043
#外商直接投资			153538
自筹资金	9750300	15417636	15494568
其他资金来源	9428722	9515093	9370672
三、本年新增固定资产(万元)	**6160800**	**6972525**	**7939731**
四、土地开发及购置(平方米)			
本年完成开发土地面积			
待开发土地面积	9647216	10432698	12724427
本年购置土地面积	16023917	19740064	12182297

8-25 续表

指　　标	2012年	2013年	2014年
五、商品房屋建筑面积（平方米）			
1.施工房屋面积	**143620001**	**182607156**	**200345801**
住宅	104321134	129693854	136077771
#别墅、高档公寓	9783722	10501491	10977212
办公楼	4271603	5579545	7358272
商业营业用房	18695138	25460859	30062256
其他	16332126	21872898	26847502
2.新开工房屋面积	**60375257**	**64817961**	**54584273**
住宅	41668813	45290932	36542886
#别墅、高档公寓	2593954	2804487	2600492
办公楼	2223653	1713344	1838635
商业营业用房	8827737	10030775	8266067
其他	7655054	7782910	7936685
3.竣工房屋面积	**18515742**	**20192016**	**17886220**
住宅	14922756	15761336	12552036
#别墅、高档公寓	2044570	1537060	938797
办公楼	265432	412362	373003
商业营业用房	1830635	2208593	2832512
其他	1496919	1809725	2128669
六、商品房屋销售			
1.销售面积（平方米）	**32377457**	**33093003**	**31941850**
住宅	27896760	28555249	26180247
#别墅、高档公寓	2652834	1896244	1720525
办公楼	908665	513308	664991
商业营业用房	2775364	2856546	3289932
其他	796668	1167900	1806680
2.销售额（万元）	**13628282**	**14872408**	**15963711**
住宅	10770956	11925532	11653878
#别墅、高档公寓	1110279	1088562	1164998
办公楼	715677	466239	789850
商业营业用房	1822605	2074542	2910197
其他	319044	406095	609786
3.销售价格（元/平方米）	**4209**	**4494**	**4998**
住宅	3861	4176	4451
办公楼	7876	9083	11878
商业营业用房	6567	7262	8846

8-26　西藏自治区房地产开发投资综合

指　　标	2012年	2013年	2014年
一、房地产企业			
1.企业个数合计(个)	**45**	**29**	**45**
#一级企业	1	1	1
#二级企业	5	2	5
#三级企业	17	12	15
2.资产负债(万元)			
资产总计	488308	475976	962014
负债总计	371430	350706	695500
所有者权益	116879	125271	266514
资产负债率(%)	76.1	73.7	72.3
二、本年完成投资额(万元)			
合计	**68719**	**96777**	**529087**
1.按构成分			
建筑安装工程	65068	92731	397840
设备工器具购置	1782	297	15581
其他费用	1869	3749	96744
#土地购置费	726		79580
2.按用途分			
住宅	42509	58669	294421
#别墅、高档公寓	15711	20755	31542
办公楼	3169	1056	34903
商业营业用房	23001	27821	101288
其他	40	9231	98475
3.资金来源及构成			
本年资金来源小计	80533	125556	479030
国内贷款			8000
利用外资			
#外商直接投资			
自筹资金	21319	51017	350322
其他资金来源	59214	74539	120708
三、本年新增固定资产(万元)	**39081**	**77652**	**153525**
四、土地开发及购置(平方米)			
本年完成开发土地面积			
待开发土地面积	3678	334319	24210
本年购置土地面积	13447		581011

8-26 续表

指　　标	2012年	2013年	2014年
五、商品房屋建筑面积(平方米)			
1.施工房屋面积	**473319**	**576994**	**2731742**
住宅	310053	391533	1777852
#别墅、高档公寓	73327	75225	169262
办公楼	16789	15552	175132
商业营业用房	146477	131909	443508
其他		38000	335250
2.新开工房屋面积	**226763**	**277633**	**1914885**
住宅	170714	223699	1184330
#别墅、高档公寓	64600	67849	153737
办公楼	15688		100919
商业营业用房	40361	15934	355093
其他		38000	274543
3.竣工房屋面积	**92259**	**180938**	**524737**
住宅	64561	106497	294456
#别墅、高档公寓	8344	56600	9762
办公楼	1101		67821
商业营业用房	26597	74441	58288
其他			104172
六、商品房屋销售			
1.销售面积(平方米)	**225003**	**254037**	**593270**
住宅	206486	227787	536418
#别墅、高档公寓	29375	34700	20137
办公楼	4343	7744	15943
商业营业用房	14174	18506	40909
其他			
2.销售额(万元)	**73545**	**106023**	**342528**
住宅	61578	88458	285541
#别墅、高档公寓	10826	16200	15036
办公楼	2314	3992	21751
商业营业用房	9653	13573	35236
其他			
3.销售价格(元/平方米)	**3269**	**4174**	**5774**
住宅	2982	3883	5323
办公楼	5328	5155	13643
商业营业用房	6810	7334	8613

8-27 陕西省房地产开发投资综合

指 标	2012年	2013年	2014年
一、房地产企业			
1.企业个数合计(个)	**1646**	**1690**	**1941**
#一级企业	35	35	34
#二级企业	232	248	276
#三级企业	452	460	495
2.资产负债(万元)			
资产总计	52149806	65751492	85493456
负债总计	41734407	53629210	70599378
所有者权益	10415399	12122282	14894079
资产负债率(%)	80.0	81.6	82.6
二、本年完成投资额(万元)			
合计	**18359321**	**22401692**	**24264914**
1.按构成分			
建筑安装工程	15223978	19348035	18364472
设备工器具购置	239267	278485	292058
其他费用	2896076	2775172	3019800
#土地购置费	1402692	1169727	1853103
2.按用途分			
住宅	14775700	17689545	18696850
#别墅、高档公寓	339606	387283	479339
办公楼	438731	798458	1051474
商业营业用房	1554941	2240840	2857338
其他	1589949	1672849	1659252
3.资金来源及构成			
本年资金来源小计	23174048	25923919	26847800
国内贷款	2803565	3260991	3912758
利用外资	24000	74400	
#外商直接投资	24000	74400	
自筹资金	11204400	11431835	12745677
其他资金来源	9142083	11156693	10189365
三、本年新增固定资产(万元)	**5067280**	**5134691**	**7268348**
四、土地开发及购置(平方米)			
本年完成开发土地面积			
待开发土地面积	5628062	5194230	6040247
本年购置土地面积	4730279	5034541	4875203

8-27 续表

指　　标	2012年	2013年	2014年
五、商品房屋建筑面积(平方米)			
1.施工房屋面积	**154105712**	**172408620**	**194661007**
住宅	130301606	142258587	154751028
#别墅、高档公寓	2362906	2490876	2909724
办公楼	3385716	5011267	7051492
商业营业用房	11866372	14477556	19352035
其他	8552018	10661210	13506452
2.新开工房屋面积	**47383153**	**44833504**	**39431606**
住宅	39289066	34881570	29339428
#别墅、高档公寓	330296	312675	217721
办公楼	990284	1792114	2088848
商业营业用房	4197011	4748274	4827890
其他	2906792	3411546	3175440
3.竣工房屋面积	**16539444**	**15116691**	**21889122**
住宅	14137517	12727673	18630064
#别墅、高档公寓	197538	155927	51000
办公楼	194751	426760	229522
商业营业用房	1455949	1149216	1835534
其他	751227	813042	1194002
六、商品房屋销售			
1.销售面积(平方米)	**27555907**	**30457045**	**30936432**
住宅	25308411	28312228	28366946
#别墅、高档公寓	529810	290903	423870
办公楼	659666	448307	474780
商业营业用房	1243366	1192222	1374270
其他	344464	504288	720436
2.销售额(万元)	**14207497**	**16081136**	**15980360**
住宅	12155745	14132019	13681219
#别墅、高档公寓	508782	265540	422745
办公楼	533837	332229	437401
商业营业用房	1323773	1250981	1477739
其他	194142	365907	384001
3.销售价格(元/平方米)	**5156**	**5280**	**5166**
住宅	4803	4991	4823
办公楼	8093	7411	9213
商业营业用房	10647	10493	10753

8-28　甘肃省房地产开发投资综合

指　　标	2012年	2013年	2014年
一、房地产企业			
1.企业个数合计(个)	**1359**	**1399**	**1479**
#一级企业	6	6	9
#二级企业	104	120	125
#三级企业	415	452	472
2.资产负债(万元)			
资产总计	16644060	20855075	28356197
负债总计	12976234	16639941	23025138
所有者权益	3667826	4215135	5331060
资产负债率(%)	78.0	79.8	81.2
二、本年完成投资额(万元)			
合计	**5610185**	**7246490**	**7214717**
1.按构成分			
建筑安装工程	4646869	6169974	5368234
设备工器具购置	66779	102931	123034
其他费用	896537	973585	613255
#土地购置费	523848	630694	396302
2.按用途分			
住宅	4125139	5398519	4963706
#别墅、高档公寓	11506	90117	89190
办公楼	110565	193416	266463
商业营业用房	654094	986394	1346607
其他	720387	668161	637941
3.资金来源及构成			
本年资金来源小计	6512429	9633530	8546474
国内贷款	1290787	1687531	1205125
利用外资			
#外商直接投资			
自筹资金	3049698	4310787	4114519
其他资金来源	2171944	3635212	3226830
三、本年新增固定资产(万元)	**2154183**	**2991604**	**2391904**
四、土地开发及购置(平方米)			
本年完成开发土地面积			
待开发土地面积	3292583	2781745	3278722
本年购置土地面积	4193277	4217074	5674866

8-28　续表

指　　标	2012年	2013年	2014年
五、商品房屋建筑面积(平方米)			
1.施工房屋面积	**56349533**	**68483978**	**76602991**
住宅	44312076	53244870	56443536
#别墅、高档公寓	229980	312511	467378
办公楼	998487	1078019	1789451
商业营业用房	6328247	8195927	11147636
其他	4710723	5965162	7222368
2.新开工房屋面积	**24045119**	**24511929**	**20503561**
住宅	19335232	19170533	14868819
#别墅、高档公寓	79980	180140	207751
办公楼	232231	301253	518550
商业营业用房	2516790	3006849	3627042
其他	1960866	2033294	1489150
3.竣工房屋面积	**8445017**	**9155605**	**8132186**
住宅	7100332	7690707	6520353
#别墅、高档公寓		785	62108
办公楼	85618	33416	114977
商业营业用房	938514	976193	1002322
其他	320553	455289	494534
六、商品房屋销售			
1.销售面积(平方米)	**9784417**	**12200194**	**13255110**
住宅	8933551	11348146	12125988
#别墅、高档公寓	3780	44973	71577
办公楼	29674	58958	130027
商业营业用房	639872	637175	809324
其他	181320	155915	189771
2.销售额(万元)	**3493180**	**4740665**	**6023393**
住宅	3016035	4180826	5134670
#别墅、高档公寓	2785	35735	104790
办公楼	20643	50293	111317
商业营业用房	415674	464882	681697
其他	40828	44664	95709
3.销售价格(元/平方米)	**3570**	**3886**	**4544**
住宅	3376	3684	4234
办公楼	6957	8530	8561
商业营业用房	6496	7296	8423

8-29　青海省房地产开发投资综合

指　标	2012年	2013年	2014年
一、房地产企业			
1.企业个数合计(个)	**291**	**308**	**325**
#一级企业	5	5	4
#二级企业	86	99	103
#三级企业	89	96	100
2.资产负债(万元)			
资产总计	6068792	9261775	11506916
负债总计	5080297	7715422	9830743
所有者权益	988495	1546353	1676174
资产负债率(%)	83.7	83.3	85.4
二、本年完成投资额(万元)			
合计	**1896795**	**2476138**	**3082702**
1.按构成分			
建筑安装工程	1385281	2122436	2246803
设备工器具购置	11434	45261	32679
其他费用	500080	308441	388620
#土地购置费	388135	208494	270228
2.按用途分			
住宅	1411006	1597196	1906743
#别墅、高档公寓	1329	8534	37865
办公楼	33642	167543	273158
商业营业用房	268742	444914	642797
其他	183405	266485	260004
3.资金来源及构成			
本年资金来源小计	2284477	2590856	3510695
国内贷款	373912	444349	515589
利用外资			
#外商直接投资			
自筹资金	1133544	1179734	1393612
其他资金来源	777021	966773	1601494
三、本年新增固定资产(万元)	**1289870**	**1705103**	**1773035**
四、土地开发及购置(平方米)			
本年完成开发土地面积			
待开发土地面积	894720	1129680	1042389
本年购置土地面积	1970293	801273	998678

8-29 续表

指　　标	2012年	2013年	2014年
五、商品房屋建筑面积(平方米)			
1.施工房屋面积	**18912259**	**23766416**	**25459023**
住宅	15135060	17482615	17119879
#别墅、高档公寓	129305	77850	103103
办公楼	292265	751357	1224683
商业营业用房	2076680	3117529	4347763
其他	1408254	2414915	2766698
2.新开工房屋面积	**7729029**	**8597550**	**6947681**
住宅	6053276	5998511	4066592
#别墅、高档公寓	75850	77850	25253
办公楼	77886	437473	531106
商业营业用房	973811	1234069	1493862
其他	624056	927497	856121
3.竣工房屋面积	**4162028**	**5926216**	**5594868**
住宅	3710646	4743898	4475045
#别墅、高档公寓	6139		87989
办公楼	34143	87395	140986
商业营业用房	238820	527768	661712
其他	178419	567155	317125
六、商品房屋销售			
1.销售面积(平方米)	**2629567**	**3815584**	**4157706**
住宅	2468539	3696958	3629228
#别墅、高档公寓	4100	1960	1060
办公楼	2140	6938	80979
商业营业用房	154763	102668	401800
其他	4125	9020	45699
2.销售额(万元)	**1064592**	**1588392**	**2112694**
住宅	911437	1462925	1558318
#别墅、高档公寓	2932	1703	1208
办公楼	1395	4067	66418
商业营业用房	150192	118301	470249
其他	1568	3099	17709
3.销售价格(元/平方米)	**4049**	**4163**	**5081**
住宅	3692	3957	4294
办公楼	6519	5862	8202
商业营业用房	9705	11523	11704

8-30　宁夏回族自治区房地产开发投资综合

指　　标	2012年	2013年	2014年
一、房地产企业			
1.企业个数合计(个)	**480**	**501**	**534**
#一级企业	10	10	11
#二级企业	79	96	108
#三级企业	101	111	119
2.资产负债(万元)			
资产总计	15614913	20195733	24136601
负债总计	12723086	16366197	19665263
所有者权益	2891828	3829536	4471338
资产负债率(%)	81.5	81.0	81.5
二、本年完成投资额(万元)			
合计	**4291529**	**5589682**	**6547995**
1.按构成分			
建筑安装工程	3563893	4792522	5205886
设备工器具购置	26735	45617	50825
其他费用	700901	751543	702729
#土地购置费	430339	467042	398788
2.按用途分			
住宅	2794871	3402650	4115773
#别墅、高档公寓	114599	150230	154284
办公楼	108440	187933	211681
商业营业用房	830146	1271150	1441999
其他	558072	727949	778542
3.资金来源及构成			
本年资金来源小计	4998029	6941494	7429055
国内贷款	593984	1057417	1200423
利用外资			
#外商直接投资			
自筹资金	1963181	2476903	2754745
其他资金来源	2440864	3407174	3473887
三、本年新增固定资产(万元)	**2893938**	**3702254**	**3661703**
四、土地开发及购置(平方米)			
本年完成开发土地面积			
待开发土地面积	4090067	4632257	4578237
本年购置土地面积	4256860	4382578	3327653

8-30 续表

指 标	2012年	2013年	2014年
五、商品房屋建筑面积(平方米)			
1.施工房屋面积	**50332607**	**60432278**	**70193728**
住宅	36226338	40908334	46229440
#别墅、高档公寓	819311	1213270	1304222
办公楼	1191375	1712018	2481615
商业营业用房	8186705	11415852	13443571
其他	4728189	6396074	8039102
2.新开工房屋面积	**18427796**	**21631198**	**20537708**
住宅	12287413	14357657	13962449
#别墅、高档公寓	385834	464169	344932
办公楼	385969	598609	783732
商业营业用房	4210154	4244425	3157719
其他	1544260	2430507	2633808
3.竣工房屋面积	**11519733**	**11044486**	**12036831**
住宅	9222591	8613711	8188593
#别墅、高档公寓	66529	228164	138950
办公楼	98478	98611	283475
商业营业用房	1310419	1336863	2145566
其他	888245	995301	1419197
六、商品房屋销售			
1.销售面积(平方米)	**8044266**	**10483098**	**11294630**
住宅	7075675	9282602	9393738
#别墅、高档公寓	143289	175399	135594
办公楼	68168	57383	88270
商业营业用房	829177	1026562	1324395
其他	71246	116551	488227
2.销售额(万元)	**3175781**	**4436951**	**4649623**
住宅	2561936	3636024	3520283
#别墅、高档公寓	69475	117998	86671
办公楼	34530	45690	64071
商业营业用房	554355	706155	889894
其他	24960	49082	175375
3.销售价格(元/平方米)	**3948**	**4232**	**4117**
住宅	3621	3917	3747
办公楼	5065	7962	7259
商业营业用房	6686	6879	6719

8-31　新疆维吾尔自治区房地产开发投资综合

指　　标	2012年	2013年	2014年
一、房地产企业			
1.企业个数合计(个)	**1509**	**1634**	**1808**
#一级企业	24	24	28
#二级企业	98	114	118
#三级企业	334	341	330
2.资产负债(万元)			
资产总计	22571865	31005187	38269897
负债总计	17316323	24385879	31310997
所有者权益	5255542	6619308	6958899
资产负债率(%)	76.7	78.7	81.8
二、本年完成投资额(万元)			
合计	**6060939**	**8256855**	**10148108**
1.按构成分			
建筑安装工程	5177425	7082507	7801534
设备工器具购置	89271	138890	184116
其他费用	794243	1035458	1251515
#土地购置费	382920	595300	869345
2.按用途分			
住宅	4442667	5556183	6163046
#别墅、高档公寓	368122	475062	556746
办公楼	120840	249894	613946
商业营业用房	976135	1628450	2672112
其他	521297	822328	699004
3.资金来源及构成			
本年资金来源小计	7979461	11131481	11364803
国内贷款	908749	1066046	1045811
利用外资			
#外商直接投资			
自筹资金	2976896	4121799	4882973
其他资金来源	4093816	5943636	5436019
三、本年新增固定资产(万元)	**4329468**	**4301213**	**5546901**
四、土地开发及购置(平方米)			
本年完成开发土地面积			
待开发土地面积	5760891	6296062	9725409
本年购置土地面积	7606663	9762444	10640163

8-31 续表

指　标	2012年	2013年	2014年
五、商品房屋建筑面积(平方米)			
1.施工房屋面积	**68965459**	**94595468**	**112886539**
住宅	54825900	69827001	76329277
#别墅、高档公寓	3708329	3725096	4759341
办公楼	1366079	2253243	4537761
商业营业用房	8412217	15454549	22035854
其他	4361263	7060675	9983647
2.新开工房屋面积	**28236502**	**37298708**	**35610894**
住宅	21493594	24991567	21705308
#别墅、高档公寓	1285320	1074576	1691411
办公楼	496344	1229046	2165441
商业营业用房	4213191	8385127	8421032
其他	2033373	2692968	3319113
3.竣工房屋面积	**17361714**	**17221556**	**20860806**
住宅	14384339	13940775	15942749
#别墅、高档公寓	1009198	584807	753730
办公楼	351000	250254	447861
商业营业用房	1774528	2203885	3143241
其他	851847	826642	1326955
六、商品房屋销售			
1.销售面积(平方米)	**14303062**	**20170342**	**18158843**
住宅	12747965	17999496	15412506
#别墅、高档公寓	573475	771138	474654
办公楼	184713	170411	390147
商业营业用房	1163140	1724395	2103782
其他	207244	276040	252408
2.销售额(万元)	**5604508**	**8609530**	**8404657**
住宅	4581386	7107384	6253483
#别墅、高档公寓	306194	422422	284221
办公楼	173314	153473	327685
商业营业用房	759812	1231744	1691206
其他	89996	116929	132283
3.销售价格(元/平方米)	**3918**	**4268**	**4628**
住宅	3594	3949	4057
办公楼	9383	9006	8399
商业营业用房	6532	7143	8039

第九章

35 个大中城市分城市房地产开发投资综合（2014）

9-1 北京市房地产开发投资综合

指　　标	2012年	2013年	2014年
一、本年完成投资额(万元)	**31534419**	**34834045**	**37153341**
1.按用途分			
住宅	16279851	17245610	18460805
#别墅、高档公寓	1815421	1356381	1637493
办公楼	3848067	6117479	7129843
商业营业用房	2758685	3175052	3808433
其他	8647816	8295904	7754260
2.资金状况			
本年资金来源合计	83573757	96875708	94079874
#上年末节余资金	22728212	23873891	27859725
#本年资金来源小计	60845545	73001817	66220149
本年各项应付款合计	850095	2251187	2577604
3.资金来源及构成			
本年资金来源小计	60845545	73001817	66220149
国内贷款	14847394	18369482	21580291
利用外资	42209	116024	77763
#外商直接投资	42209	116007	77763
自筹资金	16119093	21382276	18154136
其他资金来源	29836849	33134035	26407959
二、房地产开发企业(单位)情况			
1.企业个数合计(个)	**2981**	**2957**	**2811**
#一级企业	124	116	111
#二级企业	217	203	190
#三级企业	297	259	237
2.从业人数合计(人)	**91941**	**93509**	**93685**
#一级企业	14211	13107	13152
#二级企业	15742	14067	13200
#三级企业	10763	10228	9164
3.资产合计(万元)	**341265626.3**	**390374393.1**	**439214510.9**
4.负债合计(万元)	**269874921**	**306495306.4**	**343756575.6**
5.资产负债率(%)	**79.1**	**78.5**	**78.3**
三、商品房屋开发面积(平方米)			
1.施工房屋面积	**131224915**	**138868667**	**135880771**
住宅	75103589	74068835	69779888
#别墅、高档公寓	6421998	5300571	4853713
办公楼	17118590	21141321	22539816
商业营业用房	12368916	12333734	12785188
其他	26633820	31324777	30775879

9-1 续表

指　标	2012年	2013年	2014年
2.新开工房屋面积	**32242095**	**35775238**	**24493867**
住宅	16275023	17365374	12822801
#别墅、高档公寓	884026	806164	658607
办公楼	5368188	6713983	4213732
商业营业用房	3256129	3510120	2081676
其他	7342755	8185761	5375658
3.竣工房屋面积	**23908593**	**26663519**	**30541222**
住宅	15227151	16920382	18043430
#别墅、高档公寓	1350949	1335124	524840
办公楼	2267874	2730543	3874545
商业营业用房	2400582	1783635	2162384
其他	4012986	5228959	6460863
4.待售房屋面积	**19117915**	**18614442**	**20645949**
住宅	7894548	8293380	8636646
#别墅、高档公寓	1965781	1998293	2139549
办公楼	1982135	1800926	3071625
商业营业用房	4420473	4000116	4348946
其他	4820759	4520020	4588732
四、商品房屋销售			
1.销售面积(平方米)	**19437367**	**19031124**	**14541935**
住宅	14833746	13636732	11365281
#别墅、高档公寓	1169400	877622	482023
办公楼	2534960	3179323	1368000
商业营业用房	1139677	1025235	794977
其他	928984	1189834	1013677
2.销售额(万元)	**33085572**	**35308237**	**27387371**
住宅	24555008	24347058	21024647
#别墅、高档公寓	3194508	2892845	1844535
办公楼	5605857	7447840	3593214
商业营业用房	2333565	2707115	2020333
其他	591142	806224	749177
3.销售价格(元/平方米)	**17022**	**18553**	**18833**
住宅	16553	17854	18499
办公楼	22114	23426	26266
商业营业用房	20476	26405	25414
4.出租面积(平方米)	**8932113**	**8349443**	**5613825**
住宅	445445	412924	222926
#别墅、高档公寓	171836	157926	130278
办公楼	3204409	3019510	2262821
商业营业用房	4217689	3794279	2168256
其他	1064570	1122730	959822

9-2　天津市房地产开发投资综合

指　　标	2012年	2013年	2014年
一、本年完成投资额(万元)	**12599969**	**14808152**	**16996496**
1.按用途分			
住宅	8430526	9862785	11222553
#别墅、高档公寓	623395	639806	590322
办公楼	856968	999098	1235819
商业营业用房	1553063	1652899	2179330
其他	1759412	2293370	2358794
2.资金状况			
本年资金来源合计	29803871	35723324	37284408
#上年末节余资金	8341083	8108605	9049601
#本年资金来源小计	21462788	27614719	28234807
本年各项应付款合计	5124356	7723974	8693338
3.资金来源及构成			
本年资金来源小计	21462788	27614719	28234807
国内贷款	5703680	7652235	8171550
利用外资	34699	162176	71887
#外商直接投资	3767	104539	13782
自筹资金	8317073	8920835	8752250
其他资金来源	7407336	10879473	11239120
二、房地产开发企业(单位)情况			
1.企业个数合计(个)	**1322**	**1209**	**1246**
#一级企业	28	28	27
#二级企业	111	108	104
#三级企业	150	144	139
2.从业人数合计(人)	**34753**	**38417**	**39010**
#一级企业	2303	2354	2306
#二级企业	5392	5839	5807
#三级企业	4088	5256	5188
3.资产合计(万元)	**156857562.2**	**184153070.8**	**204656621.5**
4.负债合计(万元)	**111377801.2**	**131732611.6**	**148941008.1**
5.资产负债率(%)	**71.0**	**71.5**	**72.8**
三、商品房屋开发面积(平方米)			
1.施工房屋面积	**98642247**	**108921748**	**106523679**
住宅	69235199	75624831	72044627
#别墅、高档公寓	3428667	3492710	3549169
办公楼	7923966	8410005	8646379
商业营业用房	10452308	11586121	12171539
其他	11030774	13300791	13661134

9-2 续表

指 标	2012年	2013年	2014年
2.新开工房屋面积	**25651881**	**26729302**	**28152697**
住宅	17647557	17448490	19865621
#别墅、高档公寓	584894	851129	682487
办公楼	2310154	1738386	1323764
商业营业用房	2021598	3701067	2750793
其他	3672572	3841359	4212519
3.竣工房屋面积	**25427456**	**28053693**	**29248176**
住宅	19139656	21176645	21302486
#别墅、高档公寓	1107433	829347	1529979
办公楼	1668026	1885922	1171517
商业营业用房	3014184	1878036	2677462
其他	1605590	3113090	4096711
4.待售房屋面积	**4989392**	**9410326**	**11247955**
住宅	3470081	6373164	7833716
#别墅、高档公寓	334781	730667	971364
办公楼	640853	1063715	1180812
商业营业用房	519568	861453	1338222
其他	358890	1111994	895205
四、商品房屋销售			
1.销售面积(平方米)	**16616941**	**18471121**	**16129827**
住宅	15114032	17203433	14836367
#别墅、高档公寓	663234	517734	613876
办公楼	281741	234909	211048
商业营业用房	721681	516015	676132
其他	499487	516764	406280
2.销售额(万元)	**13655259**	**16154698**	**14869373**
住宅	12105706	14433402	13097031
#别墅、高档公寓	721408	738875	776093
办公楼	376097	268756	358194
商业营业用房	938729	853994	1059549
其他	234727	598546	354599
3.销售价格(元/平方米)	**8218**	**8746**	**9219**
住宅	8010	8390	8828
办公楼	13349	11441	16972
商业营业用房	13008	16550	15671
4.出租面积(平方米)	**152420**	**272839**	**120540**
住宅	29490	2265	
#别墅、高档公寓			
办公楼	2913	113290	86501
商业营业用房	74406	66970	10416
其他	45611	90314	23623

9-3　石家庄市房地产开发投资综合

指　标	2012年	2013年	2014年
一、本年完成投资额(万元)	**8332125**	**9281491**	**10253286**
1.按用途分			
住宅	5922728	6156999	6853256
#别墅、高档公寓	168075	103628	54768
办公楼	532433	837417	769087
商业营业用房	1389144	1522635	1505825
其他	487820	764440	1125118
2.资金状况			
本年资金来源合计	11268403	11775622	11689313
#上年末节余资金	1294612	1567960	954019
#本年资金来源小计	9973791	10207662	10735294
本年各项应付款合计	1181153	1812559	1431479
3.资金来源及构成			
本年资金来源小计	9973791	10207662	10735294
国内贷款	723391	958242	963568
利用外资			
#外商直接投资			
自筹资金	6748203	6786595	7778081
其他资金来源	2502197	2462825	1993645
二、房地产开发企业(单位)情况			
1.企业个数合计(个)	**468**	**461**	**443**
#一级企业	3	3	4
#二级企业	32	38	36
#三级企业	66	57	55
2.从业人数合计(人)	**16538**	**17881**	**17703**
#一级企业	1030	1030	1119
#二级企业	2881	3772	3393
#三级企业	2382	2217	2254
3.资产合计(万元)	**15741963.2**	**18853129.1**	**19178991**
4.负债合计(万元)	**13124629.7**	**16135708.5**	**17017343.4**
5.资产负债率(%)	**83.4**	**85.6**	**88.7**
三、商品房屋开发面积(平方米)			
1.施工房屋面积	**46771814**	**52002921**	**49678741**
住宅	36635998	39997488	36100275
#别墅、高档公寓	1401037	1374842	1429580
办公楼	1916463	2539224	2747404
商业营业用房	5338817	6181948	7233065
其他	2880536	3284261	3597997

9-3 续表

指　　标	2012年	2013年	2014年
2.新开工房屋面积	**11388637**	**10302553**	**13880065**
住宅	8869099	7602150	10776717
#别墅、高档公寓	311146	44360	94805
办公楼	369678	859854	464343
商业营业用房	1513478	1452685	1973617
其他	636382	387864	665388
3.竣工房屋面积	**8709344**	**8659279**	**5895685**
住宅	6816427	6313473	4423777
#别墅、高档公寓	292495	30365	216239
办公楼	251313	833460	173375
商业营业用房	1097442	1075967	930011
其他	544162	436379	368522
4.待售房屋面积	**1984670**	**2740729**	**3434186**
住宅	1527291	2201601	2847188
#别墅、高档公寓	9242	18278	117390
办公楼	38106	80617	61631
商业营业用房	222164	256222	231353
其他	197109	202289	294014
四、商品房屋销售			
1.销售面积(平方米)	**7687331**	**9512114**	**8882583**
住宅	6970793	7827284	7256841
#别墅、高档公寓	746666	192822	164662
办公楼	174627	369467	309368
商业营业用房	367222	781226	1023556
其他	174689	534137	292818
2.销售额(万元)	**3790574**	**5234802**	**5095880**
住宅	3285711	3868805	4036492
#别墅、高档公寓	353323	131134	120441
办公楼	146439	328670	203615
商业营业用房	265781	679308	723347
其他	92643	358019	132426
3.销售价格(元/平方米)	**4931**	**5503**	**5737**
住宅	4714	4943	5562
办公楼	8386	8896	6582
商业营业用房	7238	8695	7067
4.出租面积(平方米)			
住宅			
#别墅、高档公寓			
办公楼			
商业营业用房			
其他			

9-4 太原市房地产开发投资综合

指　标	2012年	2013年	2014年
一、本年完成投资额(万元)	**3592367**	**4162332**	**4696758**
1.按用途分			
住宅	2570151	3002874	3410800
#别墅、高档公寓	13531	127867	78975
办公楼	133533	272884	421736
商业营业用房	409025	487320	428749
其他	479658	399254	435473
2.资金状况			
本年资金来源合计	5062296	6422181	7193896
#上年末节余资金	1229086	1200789	1839600
#本年资金来源小计	3833210	5221392	5354296
本年各项应付款合计	651629	731322	1049166
3.资金来源及构成			
本年资金来源小计	3833210	5221392	5354296
国内贷款	242772	330723	812209
利用外资	253		
#外商直接投资	253		
自筹资金	1567706	2277626	2136955
其他资金来源	2022479	2613043	2405132
二、房地产开发企业(单位)情况			
1.企业个数合计(个)	**728**	**729**	**730**
#一级企业	4	3	4
#二级企业	70	80	79
#三级企业	120	111	107
2.从业人数合计(人)	**16965**	**17701**	**18774**
#一级企业	201	115	207
#二级企业	4774	5180	5350
#三级企业	3392	2935	3043
3.资产合计(万元)	**18518557.4**	**21898881.6**	**27784591.8**
4.负债合计(万元)	**16039534.5**	**19007470.3**	**24096451.1**
5.资产负债率(%)	**86.6**	**86.8**	**86.7**
三、商品房屋开发面积(平方米)			
1.施工房屋面积	**36510523**	**41842245**	**46361809**
住宅	28541109	32427007	34812459
#别墅、高档公寓	436423	697580	718259
办公楼	945626	1600480	2610341
商业营业用房	3367160	3732301	4308582
其他	3656628	4082457	4630427

9-4 续表

指　　标	2012年	2013年	2014年
2.新开工房屋面积	**8217968**	**6810577**	**7307906**
住宅	5764103	5577691	4518749
#别墅、高档公寓	49036	178488	33021
办公楼	283826	296262	1194541
商业营业用房	927140	362615	800975
其他	1242899	574009	793641
3.竣工房屋面积	**2309382**	**2483864**	**5857949**
住宅	2012962	2111747	4910378
#别墅、高档公寓		12722	205756
办公楼	30246	110742	92982
商业营业用房	82019	144664	383717
其他	184155	116711	470872
4.待售房屋面积	**471396**	**464623**	**1540968**
住宅	398249	377925	1305800
#别墅、高档公寓		2722	48045
办公楼	23822	37198	30592
商业营业用房	43085	48360	175369
其他	6240	1140	29207
四、商品房屋销售			
1.销售面积(平方米)	**3248146**	**4233146**	**4192118**
住宅	3081279	4011450	3940938
#别墅、高档公寓	1227	171203	122745
办公楼	50195	80021	141514
商业营业用房	86891	141345	80409
其他	29781	330	29257
2.销售额(万元)	**2210490**	**3030100**	**3207542**
住宅	1973480	2674775	2819731
#别墅、高档公寓	1588	193498	146079
办公楼	52556	110095	210371
商业营业用房	174539	245038	143353
其他	9915	192	34087
3.销售价格(元/平方米)	**6805**	**7158**	**7651**
住宅	6405	6668	7155
办公楼	10470	13758	14866
商业营业用房	20087	17336	17828
4.出租面积(平方米)	**3253**	**3253**	**16000**
住宅			
#别墅、高档公寓			
办公楼			
商业营业用房	3253	3253	16000
其他			

9-5　呼和浩特市房地产开发投资综合

指　　标	2012年	2013年	2014年
一、本年完成投资额（万元）	**4479861**	**5816832**	**5631305**
1.按用途分			
住宅	3021927	3921333	4100748
#别墅、高档公寓	88053	80225	46534
办公楼	230525	296785	242438
商业营业用房	788220	1135107	812293
其他	439189	463607	475826
2.资金状况			
本年资金来源合计	4873128	6615783	6159267
#上年末节余资金	216467	731720	843459
#本年资金来源小计	4656661	5884063	5315808
本年各项应付款合计	761424	981342	1103646
3.资金来源及构成			
本年资金来源小计	4656661	5884063	5315808
国内贷款	253305	466396	664727
利用外资			
#外商直接投资			
自筹资金	3248853	4114818	3910961
其他资金来源	1154503	1302849	740120
二、房地产开发企业（单位）情况			
1.企业个数合计（个）	**260**	**282**	**283**
#一级企业	2	3	4
#二级企业	43	39	35
#三级企业	46	49	44
2.从业人数合计（人）	**7573**	**9274**	**8747**
#一级企业	162	233	268
#二级企业	1769	1607	1423
#三级企业	1455	1587	1508
3.资产合计（万元）	**12180536.2**	**15031521**	**18357989.3**
4.负债合计（万元）	**10272022.7**	**12842142.8**	**15238086.4**
5.资产负债率（%）	**84.3**	**85.4**	**83.0**
三、商品房屋开发面积（平方米）			
1.施工房屋面积	**44420630**	**58053938**	**58604657**
住宅	31271829	40586364	40544180
#别墅、高档公寓	623997	554357	719636
办公楼	1702064	2242212	2056859
商业营业用房	7569756	10253458	10323269
其他	3876981	4971904	5680349

9-5 续表

指　　标	2012年	2013年	2014年
2.新开工房屋面积	**13451035**	**17536150**	**7084440**
住宅	9041172	13063424	5106840
#别墅、高档公寓	15700	200358	326266
办公楼	579266	322636	189116
商业营业用房	2186228	2899773	735560
其他	1644369	1250317	1052924
3.竣工房屋面积	**3579763**	**4000514**	**4618700**
住宅	2908012	3087730	3451104
#别墅、高档公寓	329235	11800	91290
办公楼	92100	77331	186103
商业营业用房	410519	510642	472866
其他	169132	324811	508627
4.待售房屋面积	**1847402**	**2183266**	**2196938**
住宅	1224611	1349599	1401863
#别墅、高档公寓	4626	188765	95977
办公楼	81312	79100	112753
商业营业用房	449555	605478	568108
其他	91924	149089	114214
四、商品房屋销售			
1.销售面积(平方米)	**4781847**	**4204521**	**3639075**
住宅	4143054	3399637	3069181
#别墅、高档公寓	249800	11663	41026
办公楼	140528	168340	78070
商业营业用房	447823	406052	297454
其他	50442	230492	194370
2.销售额(万元)	**2603781**	**2200078**	**1991921**
住宅	1987906	1574496	1581499
#别墅、高档公寓	168484	17655	34067
办公楼	102118	137923	81511
商业营业用房	487664	383681	242105
其他	26093	103978	86806
3.销售价格(元/平方米)	**5445**	**5233**	**5474**
住宅	4798	4631	5153
办公楼	7267	8193	10441
商业营业用房	10890	9449	8139
4.出租面积(平方米)	**74108**	**4271**	**6050**
住宅			
#别墅、高档公寓			
办公楼	69802	1802	
商业营业用房	4306	2469	6050
其他			

9-6　沈阳市房地产开发投资综合

指　　标	2012年	2013年	2014年
一、本年完成投资额(万元)	**19429642**	**21840129**	**19758182**
1.按用途分			
住宅	13314308	15745799	14163406
#别墅、高档公寓	728136	1221374	1249855
办公楼	1000929	619732	714983
商业营业用房	3590212	3966554	3991005
其他	1524193	1508044	888788
2.资金状况			
本年资金来源合计	24431023	28751989	26142511
#上年末节余资金	3248070	3577237	4773737
#本年资金来源小计	21182953	25174752	21368774
本年各项应付款合计	3657981	3092922	3772957
3.资金来源及构成			
本年资金来源小计	21182953	25174752	21368774
国内贷款	2469559	1493900	1195220
利用外资	686713	454116	354590
#外商直接投资	686713	385667	298930
自筹资金	11214271	14755670	14173130
其他资金来源	6812410	8471066	5645834
二、房地产开发企业(单位)情况			
1.企业个数合计(个)	**822**	**837**	**790**
#一级企业	16	13	12
#二级企业	63	68	61
#三级企业	176	181	159
2.从业人数合计(人)	**27802**	**24422**	**25312**
#一级企业	1167	589	448
#二级企业	7708	4877	5622
#三级企业	4986	5494	4885
3.资产合计(万元)	**51116990**	**58479522.8**	**61517893.5**
4.负债合计(万元)	**37213156.1**	**43135927.1**	**45269697.1**
5.资产负债率(%)	**72.8**	**73.8**	**73.6**
三、商品房屋开发面积(平方米)			
1.施工房屋面积	**110026346**	**115682918**	**114957829**
住宅	80398491	84824949	82108076
#别墅、高档公寓	4271532	3737106	3950566
办公楼	3765457	3396692	3931913
商业营业用房	18435577	19220040	19853928
其他	7426821	8241237	9063912

9-6 续表

指　　标	2012年	2013年	2014年
2.新开工房屋面积	**38221699**	**36191035**	**23165501**
住宅	28900769	27206038	16650086
#别墅、高档公寓	473735	498771	705179
办公楼	858544	699683	691440
商业营业用房	5728967	5524233	4184527
其他	2733419	2761081	1639448
3.竣工房屋面积	**20663745**	**14597997**	**12258701**
住宅	16447614	12303370	9938777
#别墅、高档公寓	512182	15788	161735
办公楼	556613	85439	208855
商业营业用房	2467073	1785973	1561052
其他	1192445	423215	550017
4.待售房屋面积	**7019294**	**10220030**	**12215919**
住宅	5336881	7967857	8895359
#别墅、高档公寓	541096	483092	577540
办公楼	134533	303777	396369
商业营业用房	1293119	1567736	2406884
其他	254761	380660	517307
四、商品房屋销售			
1.销售面积(平方米)	**24696526**	**22623264**	**14984012**
住宅	22014548	20173699	13423812
#别墅、高档公寓	1500173	1172391	667605
办公楼	218177	174531	140172
商业营业用房	1918102	2019580	1229827
其他	545699	255454	190201
2.销售额(万元)	**15611316**	**14360531**	**9315752**
住宅	13185506	12252851	7873308
#别墅、高档公寓	1469651	914496	510051
办公楼	246289	186244	198910
商业营业用房	1862936	1759989	1161482
其他	316585	161447	82052
3.销售价格(元/平方米)	**6321**	**6348**	**6217**
住宅	5989	6074	5865
办公楼	11288	10671	14190
商业营业用房	9712	8715	9444
4.出租面积(平方米)		**41536**	**20**
住宅		21536	
#别墅、高档公寓			
办公楼			20
商业营业用房		20000	
其他			

9-7　长春市房地产开发投资综合

指　　标	2012年	2013年	2014年
一、本年完成投资额(万元)	**6496535**	**6117822**	**5325677**
1.按用途分			
住宅	4932189	4355223	3592106
#别墅、高档公寓	579188	356864	410107
办公楼	237233	312729	260153
商业营业用房	747237	849202	936902
其他	579876	600668	536516
2.资金状况			
本年资金来源合计	9482587	9726427	8501756
#上年末节余资金	1989776	1601897	1668433
#本年资金来源小计	7492811	8124530	6833323
本年各项应付款合计	908139	568735	626491
3.资金来源及构成			
本年资金来源小计	7492811	8124530	6833323
国内贷款	749877	813096	852616
利用外资	18880	51504	
#外商直接投资	18880	20010	
自筹资金	3501317	2854636	2544275
其他资金来源	3222737	4405294	3436432
二、房地产开发企业(单位)情况			
1.企业个数合计(个)	**534**	**557**	**556**
#一级企业	3	3	3
#二级企业	71	92	99
#三级企业	115	116	107
2.从业人数合计(人)	**14437**	**14915**	**17246**
#一级企业	324	300	302
#二级企业	3771	4590	5844
#三级企业	3216	3049	3294
3.资产合计(万元)	**21044826.9**	**24418873.7**	**28189872.4**
4.负债合计(万元)	**17403213.3**	**20136327.9**	**23960107.7**
5.资产负债率(%)	**82.7**	**82.5**	**85.0**
三、商品房屋开发面积(平方米)			
1.施工房屋面积	**51237176**	**56284204**	**60584896**
住宅	37988224	40549609	42093494
#别墅、高档公寓	3143486	2814316	2908291
办公楼	1833339	2631774	3160099
商业营业用房	6858789	7398055	8524743
其他	4556824	5704766	6806560

9-7 续表

指　　标	2012年	2013年	2014年
2.新开工房屋面积	**15391026**	**14092672**	**13959792**
住宅	10507507	10144939	8869384
#别墅、高档公寓	719992	456988	430519
办公楼	739877	746094	736295
商业营业用房	2301994	1635343	2462260
其他	1841648	1566296	1891853
3.竣工房屋面积	**9138672**	**10081196**	**7725788**
住宅	7362906	7688456	6344319
#别墅、高档公寓	800345	386241	29325
办公楼	129134	152311	70763
商业营业用房	1219310	1391082	859418
其他	427322	849347	451288
4.待售房屋面积	**3203133**	**4973586**	**5231056**
住宅	2159262	3208412	3369199
#别墅、高档公寓	148445	177441	187620
办公楼	103872	136861	132520
商业营业用房	657228	1052955	1158013
其他	282771	575358	571324
四、商品房屋销售			
1.销售面积(平方米)	**9079951**	**8470622**	**7588363**
住宅	7751945	7625025	6633500
#别墅、高档公寓	731075	541380	333140
办公楼	129046	158438	97312
商业营业用房	991392	439489	572648
其他	207568	247670	284903
2.销售额(万元)	**5030451**	**5104304**	**4751135**
住宅	4087872	4368116	3878448
#别墅、高档公寓	632851	522895	331624
办公楼	111873	108232	72410
商业营业用房	726119	442304	611187
其他	104587	185652	189090
3.销售价格(元/平方米)	**5540**	**6026**	**6261**
住宅	5273	5729	5847
办公楼	8669	6831	7441
商业营业用房	7324	10064	10673
4.出租面积(平方米)	**304825**	**309096**	**308977**
住宅	301	301	301
#别墅、高档公寓			
办公楼	33718	33748	32345
商业营业用房	270806	275047	276331
其他			

9-8　哈尔滨市房地产开发投资综合

指　标	2012年	2013年	2014年
一、本年完成投资额(万元)	**7890366**	**8579379**	**6866631**
1.按用途分			
住宅	5447880	5838559	4938115
#别墅、高档公寓	122459	157011	232092
办公楼	217212	238810	190108
商业营业用房	1218632	1540138	1091674
其他	1006642	961872	646734
2.资金状况			
本年资金来源合计	11081547	12455342	9792307
#上年末节余资金	1887390	2041210	2210316
#本年资金来源小计	9194157	10414132	7581991
本年各项应付款合计	991731	718360	1061614
3.资金来源及构成			
本年资金来源小计	9194157	10414132	7581991
国内贷款	753119	823612	701676
利用外资	165		27000
#外商直接投资	165		27000
自筹资金	4846893	5229634	4182888
其他资金来源	3593980	4360886	2670427
二、房地产开发企业(单位)情况			
1.企业个数合计(个)	**874**	**868**	**873**
#一级企业	8	9	9
#二级企业	178	182	179
#三级企业	508	509	504
2.从业人数合计(人)	**18557**	**19309**	**19690**
#一级企业	807	860	914
#二级企业	5146	5786	5127
#三级企业	9073	9077	9872
3.资产合计(万元)	**50777298**	**59537498.9**	**73053943.8**
4.负债合计(万元)	**29888445.5**	**35850347.1**	**41905179.8**
5.资产负债率(%)	**58.9**	**60.2**	**57.4**
三、商品房屋开发面积(平方米)			
1.施工房屋面积	**55770570**	**59470608**	**60863130**
住宅	41725621	43142116	42202535
#别墅、高档公寓	461726	539328	751260
办公楼	1314192	1582648	1957850
商业营业用房	6385669	8420144	9222985
其他	6345088	6325700	7479760

9-8 续表

指　　标	2012年	2013年	2014年
2.新开工房屋面积	**18279017**	**15539586**	**10694329**
住宅	12844160	10595518	7084335
#别墅、高档公寓	197918	115110	163060
办公楼	651133	175462	527623
商业营业用房	2586523	3320843	1485695
其他	2197201	1447763	1596676
3.竣工房屋面积	**10958161**	**10569495**	**13698330**
住宅	8989742	8457201	10078956
#别墅、高档公寓	1455	92251	86138
办公楼	70877	240589	498589
商业营业用房	832476	844482	1478876
其他	1065066	1027223	1641909
4.待售房屋面积	**7506921**	**9306467**	**10092632**
住宅	5528572	6902067	7168273
#别墅、高档公寓	81814	78600	61921
办公楼	49469	52991	301190
商业营业用房	1189557	1501476	1648820
其他	739323	849933	974349
四、商品房屋销售			
1.销售面积(平方米)	**11952816**	**13704803**	**10410546**
住宅	10316131	12269961	9198093
#别墅、高档公寓	149936	51384	127118
办公楼	105679	195711	124235
商业营业用房	1025733	838337	905734
其他	505273	400794	182484
2.销售额(万元)	**6595145**	**8488438**	**6435498**
住宅	5274481	7219739	5289643
#别墅、高档公寓	168074	45346	197333
办公楼	87124	154513	103759
商业营业用房	974767	840350	941785
其他	258773	273836	100311
3.销售价格(元/平方米)	**5518**	**6194**	**6182**
住宅	5113	5884	5751
办公楼	8244	7895	8352
商业营业用房	9503	10024	10398
4.出租面积(平方米)	**36438**	**94207**	**121699**
住宅	154		36744
#别墅、高档公寓			
办公楼	18117		
商业营业用房	16430	91573	84955
其他	1737	2634	

9-9　上海市房地产开发投资综合

指　标	2012年	2013年	2014年
一、本年完成投资额(万元)	**23813574**	**28195915**	**32064773**
1.按用途分			
住宅	14519446	16155060	17246467
#别墅、高档公寓	3350806	3486040	3600136
办公楼	2628502	3771832	5347709
商业营业用房	2937507	3700298	4579197
其他	3728119	4568725	4891400
2.资金状况			
本年资金来源合计	53169349	68512930	74221873
#上年末节余资金	13484213	17586223	21522848
#本年资金来源小计	39685136	50926707	52699025
本年各项应付款合计	6844489	8452021	9630580
3.资金来源及构成			
本年资金来源小计	39685136	50926707	52699025
国内贷款	9757750	12923582	16388433
利用外资	261165	381414	696144
#外商直接投资	261165	373177	677332
自筹资金	13859584	15699109	15608290
其他资金来源	15806637	21922602	20006158
二、房地产开发企业(单位)情况			
1.企业个数合计(个)	**3132**	**3045**	**2938**
#一级企业	51	52	53
#二级企业	270	284	267
#三级企业	407	388	361
2.从业人数合计(人)	**74219**	**71048**	**68573**
#一级企业	3661	3862	3948
#二级企业	10156	10180	8320
#三级企业	10543	9995	9252
3.资产合计(万元)	**323164215.6**	**363841727.6**	**411228715.5**
4.负债合计(万元)	**216128374.2**	**246069969.1**	**282418648.6**
5.资产负债率(%)	**66.9**	**67.6**	**68.7**
三、商品房屋开发面积(平方米)			
1.施工房屋面积	**132499656**	**135165832**	**146901763**
住宅	83156827	81257388	85258520
#别墅、高档公寓	14257667	14487545	15759662
办公楼	12846833	14317330	17790426
商业营业用房	14499055	15007172	17519929
其他	21996941	24583942	26332888

9-9 续表

指　　标	2012年	2013年	2014年
2.新开工房屋面积	**27240509**	**27059518**	**27820242**
住宅	15633923	16430929	15472870
#别墅、高档公寓	2343312	2522792	2769019
办公楼	3039087	2640574	3652529
商业营业用房	3651658	2749628	3880318
其他	4915841	5238387	4814525
3.竣工房屋面积	**23050586**	**22544350**	**23132920**
住宅	16091305	14174113	15355468
#别墅、高档公寓	2759148	2363957	1800999
办公楼	2068703	1760124	1650317
商业营业用房	1776514	2534452	2083550
其他	3114064	4075661	4043585
4.待售房屋面积	**16634312**	**18091462**	**20401609**
住宅	7663212	8070209	9584830
#别墅、高档公寓	2499916	2841690	3406555
办公楼	2230002	2381908	2622724
商业营业用房	3161416	3251615	3723603
其他	3579682	4387730	4470452
四、商品房屋销售			
1.销售面积(平方米)	**18984590**	**23822014**	**20846637**
住宅	15926284	20158086	17809092
#别墅、高档公寓	2345559	3141986	2572362
办公楼	1117263	1612163	1202800
商业营业用房	1200053	1164676	1028615
其他	740990	887089	806130
2.销售额(万元)	**26694942**	**39115659**	**34995289**
住宅	22089570	32640297	29234429
#别墅、高档公寓	6613452	9085790	8595427
办公楼	2346206	3808468	3004300
商业营业用房	1946240	2247139	2264416
其他	312926	419755	492144
3.销售价格(元/平方米)	**14061**	**16420**	**16787**
住宅	13870	16192	16415
办公楼	21000	23623	24978
商业营业用房	16218	19294	22014
4.出租面积(平方米)	**13551994**	**12063699**	**11424556**
住宅	924317	753152	721629
#别墅、高档公寓	732551	636138	603861
办公楼	6438307	5581902	5026498
商业营业用房	3964541	3639991	3739869
其他	2224829	2088654	1936560

9-10　南京市房地产开发投资综合

指　　标	2012年	2013年	2014年
一、本年完成投资额(万元)	**9719642**	**10377148**	**11254900**
1.按用途分			
住宅	6609432	7291275	7962697
#别墅、高档公寓	345379	359964	695396
办公楼	646139	597663	719849
商业营业用房	953965	1207835	1468333
其他	1510106	1280375	1104021
2.资金状况			
本年资金来源合计	20348903	26065733	27849187
#上年末节余资金	3713667	3911408	6369653
#本年资金来源小计	16635236	22154325	21479534
本年各项应付款合计	746373	1341551	2054374
3.资金来源及构成			
本年资金来源小计	16635236	22154325	21479534
国内贷款	4166804	5369826	5330131
利用外资	55075	12690	123481
#外商直接投资	55075	12690	123281
自筹资金	4281375	4996857	5802129
其他资金来源	8131982	11774952	10223793
二、房地产开发企业(单位)情况			
1.企业个数合计(个)	**778**	**675**	**606**
#一级企业	27	25	23
#二级企业	204	190	170
#三级企业	329	244	179
2.从业人数合计(人)	**22645**	**23660**	**23394**
#一级企业	2386	2276	2161
#二级企业	9265	10059	9796
#三级企业	6168	5206	3855
3.资产合计(万元)	**54973624.2**	**67236078.3**	**78747349.5**
4.负债合计(万元)	**40492230**	**51340510.2**	**60555967.1**
5.资产负债率(%)	**73.7**	**76.4**	**76.9**
三、商品房屋开发面积(平方米)			
1.施工房屋面积	**60500590**	**61564775**	**65402311**
住宅	42290890	41317135	44010647
#别墅、高档公寓	2535596	2461592	2911733
办公楼	3132811	3697938	3904529
商业营业用房	5902152	6695974	7196897
其他	9174737	9853728	10290238

9-10 续表

指　　标	2012年	2013年	2014年
2.新开工房屋面积	**14623061**	**17450661**	**12173435**
住宅	9969660	12870658	9064233
#别墅、高档公寓	623406	571936	861629
办公楼	705820	540535	493289
商业营业用房	1131845	1681280	1046022
其他	2815736	2358188	1569891
3.竣工房屋面积	**16997251**	**10393947**	**9674028**
住宅	13622309	7540391	7222911
#别墅、高档公寓	701936	402159	178319
办公楼	379654	536554	250393
商业营业用房	1119444	789240	636630
其他	1875844	1527762	1564094
4.待售房屋面积	**6197774**	**6717020**	**4890140**
住宅	5061442	5090432	3244409
#别墅、高档公寓	235513	202015	367671
办公楼	155486	167413	162057
商业营业用房	593173	743301	815553
其他	387673	715874	668121
四、商品房屋销售			
1.销售面积(平方米)	**9508665**	**12220131**	**12075786**
住宅	8762538	11431541	11247311
#别墅、高档公寓	278271	335970	577939
办公楼	329284	245282	246771
商业营业用房	292286	436756	423461
其他	124557	106552	158243
2.销售额(万元)	**9609795**	**14047466**	**13521953**
住宅	8477614	12664094	12332035
#别墅、高档公寓	417607	519566	1108497
办公楼	543030	440010	374000
商业营业用房	521631	861038	711979
其他	67520	82324	103939
3.销售价格(元/平方米)	**10106**	**11495**	**11198**
住宅	9675	11078	10964
办公楼	16491	17939	15156
商业营业用房	17847	19714	16813
4.出租面积(平方米)	**197758**	**171532**	**68808**
住宅	8495	9553	18741
#别墅、高档公寓			
办公楼		3000	2000
商业营业用房	187977	111367	47927
其他	1286	47612	140

9-11　杭州市房地产开发投资综合

指　　标	2012年	2013年	2014年
一、本年完成投资额(万元)	**15973611**	**18532841**	**23019788**
1.按用途分			
住宅	10017423	11695643	13379181
#别墅、高档公寓	658376	704039	521369
办公楼	1418346	1687874	2534270
商业营业用房	1377756	1748301	2696717
其他	3160086	3401023	4409620
2.资金状况			
本年资金来源合计	33210954	43411437	50172892
#上年末节余资金	11535741	14366944	19051542
#本年资金来源小计	21675213	29044493	31121350
本年各项应付款合计	1719914	1680981	2569167
3.资金来源及构成			
本年资金来源小计	21675213	29044493	31121350
国内贷款	4955904	6372858	7939559
利用外资	38685	107942	567416
#外商直接投资	38585	100131	567416
自筹资金	4226895	6223936	8858638
其他资金来源	12453729	16339757	13755737
二、房地产开发企业(单位)情况			
1.企业个数合计(个)	**1507**	**1437**	**1528**
#一级企业	54	49	48
#二级企业	188	163	146
#三级企业	305	265	247
2.从业人数合计(人)	**28619**	**30618**	**33429**
#一级企业	3047	3146	3219
#二级企业	5280	4991	4439
#三级企业	5346	5431	5234
3.资产合计(万元)	**104118515.4**	**112925133.8**	**126497971.8**
4.负债合计(万元)	**81985096**	**86246928**	**94729321.6**
5.资产负债率(%)	**78.7**	**76.4**	**74.9**
三、商品房屋开发面积(平方米)			
1.施工房屋面积	**82889463**	**93275180**	**105065281**
住宅	50204468	55091055	57825641
#别墅、高档公寓	3037443	3112407	2425966
办公楼	8319798	10065772	12848479
商业营业用房	6861142	8468982	11079938
其他	17504055	19649371	23311223

9-11 续表

指　　标	2012年	2013年	2014年
2.新开工房屋面积	**18160335**	**20390573**	**24117234**
住宅	10278923	11437486	12256709
#别墅、高档公寓	510533	337743	304901
办公楼	1565857	2469708	3560838
商业营业用房	1646481	2244604	3151845
其他	4669074	4238775	5147842
3.竣工房屋面积	**10550850**	**11722391**	**15016440**
住宅	6740122	8451232	9280090
#别墅、高档公寓	223294	591546	447642
办公楼	950029	683148	1097573
商业营业用房	722972	786728	1140434
其他	2137727	1801283	3498343
4.待售房屋面积	**4063471**	**5550866**	**8615181**
住宅	2392187	3332222	5552276
#别墅、高档公寓	192540	256012	494158
办公楼	429298	728238	880297
商业营业用房	922843	1069825	1427180
其他	319143	420581	755428
四、商品房屋销售			
1.销售面积(平方米)	**10896234**	**11391306**	**11229128**
住宅	9202569	9687760	9525062
#别墅、高档公寓	266818	324895	295574
办公楼	860382	946309	730409
商业营业用房	665714	529189	557811
其他	167569	228048	415846
2.销售额(万元)	**14652576**	**17111998**	**15603459**
住宅	12231737	14220307	13368719
#别墅、高档公寓	629653	785852	530399
办公楼	1483816	1829293	1110624
商业营业用房	835432	926659	961773
其他	101591	135739	162343
3.销售价格(元/平方米)	**13447**	**15022**	**13896**
住宅	13292	14679	14035
办公楼	17246	19331	15206
商业营业用房	12549	17511	17242
4.出租面积(平方米)	**248411**	**196438**	**83451**
住宅		9689	11611
#别墅、高档公寓			
办公楼	39563	21615	34707
商业营业用房	157168	161333	37133
其他	51680	3801	

9-12　合肥市房地产开发投资综合

指　　标	2012年	2013年	2014年
一、本年完成投资额(万元)	**9138031**	**11058109**	**11273511**
1.按用途分			
住宅	5785027	6743458	7150365
#别墅、高档公寓	222837	169950	234114
办公楼	733689	931316	726082
商业营业用房	1420226	1878622	1970629
其他	1199089	1504713	1426435
2.资金状况			
本年资金来源合计	14937583	19750195	20909611
#上年末节余资金	3407981	4235982	5049727
#本年资金来源小计	11529602	15514213	15859884
本年各项应付款合计	1583183	1981197	2512743
3.资金来源及构成			
本年资金来源小计	11529602	15514213	15859884
国内贷款	1384859	1523367	2178315
利用外资	13860	10000	7810
#外商直接投资	13860	10000	7810
自筹资金	3425365	4756860	4198887
其他资金来源	6705518	9223986	9474872
二、房地产开发企业(单位)情况			
1.企业个数合计(个)	**695**	**663**	**625**
#一级企业	14	14	16
#二级企业	95	92	84
#三级企业	221	212	196
2.从业人数合计(人)	**20491**	**20112**	**20343**
#一级企业	839	898	852
#二级企业	4461	4204	3741
#三级企业	6025	6112	6246
3.资产合计(万元)	**31766350.8**	**41893644.3**	**48312581.1**
4.负债合计(万元)	**24893944.7**	**32239684**	**37057425.2**
5.资产负债率(%)	**78.4**	**77.0**	**76.7**
三、商品房屋开发面积(平方米)			
1.施工房屋面积	**60716386**	**70153163**	**69868077**
住宅	42358776	46798339	44856423
#别墅、高档公寓	1548602	1120021	1498610
办公楼	4127308	4467472	4212685
商业营业用房	8170356	10228973	11417601
其他	6059946	8658379	9381368

9-12 续表

指 标	2012年	2013年	2014年
2.新开工房屋面积	**14887521**	**22110228**	**20507837**
住宅	9580063	14786531	12310602
#别墅、高档公寓	277449	193293	371748
办公楼	1098516	814214	897009
商业营业用房	2331537	3488999	4429884
其他	1877405	3020484	2870342
3.竣工房屋面积	**9210200**	**14353288**	**10551336**
住宅	7252790	10723248	7006786
#别墅、高档公寓	129050	229857	315240
办公楼	180936	604166	570801
商业营业用房	988163	1281633	1138071
其他	788311	1744241	1835678
4.待售房屋面积	**1906818**	**2201830**	**2070171**
住宅	1120039	1181657	832183
#别墅、高档公寓	76388	82158	55902
办公楼	80450	130132	159948
商业营业用房	399037	526569	668768
其他	307292	363472	409272
四、商品房屋销售			
1.销售面积(平方米)	**12424768**	**16280937**	**15947869**
住宅	11173264	14516915	13262153
#别墅、高档公寓	204712	213172	328598
办公楼	335145	580593	527257
商业营业用房	671916	827185	1875933
其他	244443	356244	282526
2.销售额(万元)	**7648573**	**10230070**	**11413565**
住宅	6429446	8831792	9173914
#别墅、高档公寓	209089	234431	378229
办公楼	285768	471270	431019
商业营业用房	825626	830705	1711880
其他	107733	96303	96752
3.销售价格(元/平方米)	**6156**	**6283**	**7157**
住宅	5754	6084	6917
办公楼	8527	8117	8175
商业营业用房	12288	10043	9125
4.出租面积(平方米)	**249141**	**308946**	**317134**
住宅			
#别墅、高档公寓			
办公楼	34680		21991
商业营业用房	214461	269636	292875
其他		39310	2268

9-13　福州市房地产开发投资综合

指　　标	2012年	2013年	2014年
一、本年完成投资额(万元)	**9722667**	**12647907**	**14550729**
1.按用途分			
住宅	6284804	8654077	9265800
#别墅、高档公寓	326379	348176	446732
办公楼	811513	1082242	1369490
商业营业用房	878689	1203579	2219297
其他	1747661	1708009	1696142
2.资金状况			
本年资金来源合计	17480380	23923272	21864431
#上年末节余资金	2264097	3100677	3434360
#本年资金来源小计	15216283	20822595	18430071
本年各项应付款合计	1137731	1029431	1323214
3.资金来源及构成			
本年资金来源小计	15216283	20822595	18430071
国内贷款	2149219	3030912	2654234
利用外资	385	16768	5523
#外商直接投资	385	16644	5523
自筹资金	5985344	7810702	8641106
其他资金来源	7081335	9964213	7129208
二、房地产开发企业(单位)情况			
1.企业个数合计(个)	**556**	**561**	**566**
#一级企业	15	13	14
#二级企业	38	44	41
#三级企业	139	136	141
2.从业人数合计(人)	**18429**	**20451**	**21939**
#一级企业	1391	1391	1463
#二级企业	2413	2763	2684
#三级企业	5487	5368	5680
3.资产合计(万元)	**40753405.7**	**51381945.9**	**62269777.5**
4.负债合计(万元)	**32154492.1**	**41453933.5**	**50649156.3**
5.资产负债率(%)	**78.9**	**80.7**	**81.3**
三、商品房屋开发面积(平方米)			
1.施工房屋面积	**57046842**	**68710399**	**75989084**
住宅	42756942	49615687	51084522
#别墅、高档公寓	1535909	1582774	1540249
办公楼	3238584	3930862	4908691
商业营业用房	3921086	5052242	8070753
其他	7130230	10111608	11925118

9-13 续表

指　　标	2012年	2013年	2014年
2.新开工房屋面积	**15090523**	**17601525**	**17463271**
住宅	10977465	12572386	10302438
#别墅、高档公寓	136720	228550	244545
办公楼	805065	802014	1500147
商业营业用房	964800	1334564	2326896
其他	2343193	2892561	3333790
3.竣工房屋面积	**5343298**	**8325467**	**8338556**
住宅	4024633	6058298	6001156
#别墅、高档公寓	101771	192745	229271
办公楼	261379	200165	456464
商业营业用房	415215	508063	352597
其他	642071	1558941	1528339
4.待售房屋面积	**1295630**	**1321110**	**2227908**
住宅	661970	727686	1435299
#别墅、高档公寓	84440	124539	137482
办公楼	44565	49951	42923
商业营业用房	394719	161246	173801
其他	194376	382227	575885
四、商品房屋销售			
1.销售面积(平方米)	**8414981**	**12564926**	**9655969**
住宅	7339564	11054793	8166525
#别墅、高档公寓	274011	242453	67474
办公楼	496383	652306	448612
商业营业用房	385469	395616	571903
其他	193565	462211	468929
2.销售额(万元)	**9414937**	**14117852**	**10350054**
住宅	7812616	11226626	8252471
#别墅、高档公寓	378120	370919	116186
办公楼	818497	1293639	686185
商业营业用房	646809	1226096	1021724
其他	137015	371491	389674
3.销售价格(元/平方米)	**11188**	**11236**	**10719**
住宅	10645	10155	10105
办公楼	16489	19832	15296
商业营业用房	16780	30992	17865
4.出租面积(平方米)	**142946**	**112974**	**16682**
住宅			
#别墅、高档公寓			
办公楼	9151		
商业营业用房	130001	112974	16682
其他	3794		

9-14　南昌市房地产开发投资综合

指　　标	2012年	2013年	2014年
一、本年完成投资额（万元）	**3443607**	**4061358**	**4140682**
1.按用途分			
住宅	2213319	2412447	3046738
#别墅、高档公寓	178058	164812	134662
办公楼	519682	906052	369896
商业营业用房	392607	441146	441062
其他	317999	301713	282986
2.资金状况			
本年资金来源合计	7751960	9676955	9500076
#上年末节余资金	1477220	2298402	2859934
#本年资金来源小计	6274740	7378553	6640142
本年各项应付款合计	730281	908182	1257523
3.资金来源及构成			
本年资金来源小计	6274740	7378553	6640142
国内贷款	1012803	1095760	1052272
利用外资	7893	299	
#外商直接投资	6493	299	
自筹资金	1435881	1540328	1375076
其他资金来源	3818163	4742166	4212794
二、房地产开发企业（单位）情况			
1.企业个数合计（个）	**487**	**483**	**511**
#一级企业	3	3	5
#二级企业	86	86	83
#三级企业	147	145	140
2.从业人数合计（人）	**12045**	**13086**	**13872**
#一级企业	403	365	529
#二级企业	2896	2973	2572
#三级企业	2767	3045	3228
3.资产合计（万元）	**23881698.6**	**30036746**	**35566404.4**
4.负债合计（万元）	**16659580.6**	**20884211.9**	**26026214.9**
5.资产负债率（%）	**69.8**	**69.5**	**73.2**
三、商品房屋开发面积（平方米）			
1.施工房屋面积	**31232866**	**39925097**	**42447388**
住宅	22316232	27627146	29969048
#别墅、高档公寓	1226463	1034332	1283357
办公楼	2224337	3159383	3379167
商业营业用房	3726919	4546939	4476161
其他	2965378	4591629	4623012

9-14 续表

指　　标	2012年	2013年	2014年
2.新开工房屋面积	**10155011**	**11185473**	**6369341**
住宅	6643109	7347647	5033632
#别墅、高档公寓	335828	266365	208034
办公楼	1041338	1201424	329803
商业营业用房	1473620	999367	533134
其他	996944	1637035	472772
3.竣工房屋面积	**4179192**	**3737500**	**5109699**
住宅	3254150	3054749	4268088
#别墅、高档公寓	239659	68911	334424
办公楼	284205	164644	207470
商业营业用房	502582	467536	346226
其他	138255	50571	287915
4.待售房屋面积	**763108**	**1039248**	**1124645**
住宅	511491	494712	585029
#别墅、高档公寓	100324	77961	82790
办公楼	35599	72298	90928
商业营业用房	166134	409571	366103
其他	49884	62667	82585
四、商品房屋销售			
1.销售面积(平方米)	**6898563**	**8414924**	**8246630**
住宅	5953330	7518728	7514757
#别墅、高档公寓	143741	248662	236832
办公楼	424224	402681	278635
商业营业用房	463770	406068	381878
其他	57239	87447	71360
2.销售额(万元)	**4428172**	**5975036**	**5433358**
住宅	3500552	4991916	4677644
#别墅、高档公寓	152420	233324	198533
办公楼	474009	401079	267569
商业营业用房	419020	500583	429841
其他	34591	81458	58304
3.销售价格(元/平方米)	**6419**	**7101**	**6589**
住宅	5880	6639	6225
办公楼	11174	9960	9603
商业营业用房	9035	12328	11256
4.出租面积(平方米)	**77759**	**109802**	**60958**
住宅		2960	
#别墅、高档公寓			
办公楼	8604	8604	
商业营业用房	69155	98238	60958
其他			

9-15 济南市房地产开发投资综合

指 标	2012年	2013年	2014年
一、本年完成投资额(万元)	**6640112**	**7217682**	**9175398**
1.按用途分			
住宅	4453780	5141201	6138580
#别墅、高档公寓	175763	178288	237862
办公楼	552686	560175	1267961
商业营业用房	713677	742425	1115138
其他	919969	773881	653719
2.资金状况			
本年资金来源合计	10373073	11965114	13648986
#上年末节余资金	1921272	2317258	2028281
#本年资金来源小计	8451801	9647856	11620705
本年各项应付款合计	1336380	1238746	1543518
3.资金来源及构成			
本年资金来源小计	8451801	9647856	11620705
国内贷款	1197518	1340137	1916921
利用外资	61141	159308	2056
#外商直接投资	61141	159308	2056
自筹资金	3452819	2973673	4356538
其他资金来源	3740323	5174738	5345190
二、房地产开发企业(单位)情况			
1.企业个数合计(个)	**489**	**494**	**524**
#一级企业	12	13	11
#二级企业	43	44	50
#三级企业	126	120	116
2.从业人数合计(人)	**17856**	**18986**	**19298**
#一级企业	843	1037	863
#二级企业	2039	2261	2854
#三级企业	5532	5620	3679
3.资产合计(万元)	**32094576.5**	**40513831.5**	**47284277.6**
4.负债合计(万元)	**25865804.1**	**32617565.4**	**38185924.4**
5.资产负债率(%)	**80.6**	**80.5**	**80.8**
三、商品房屋开发面积(平方米)			
1.施工房屋面积	**38194391**	**48150756**	**52656583**
住宅	26967174	32533437	35074489
#别墅、高档公寓	1148503	1378492	1209434
办公楼	2157081	3734189	4405154
商业营业用房	3797523	5177404	6222876
其他	5272613	6705726	6954064

9-15 续表

指　　标	2012年	2013年	2014年
2.新开工房屋面积	**12433844**	**13866547**	**12949415**
住宅	8505215	8387374	9183006
#别墅、高档公寓	288523	159366	183772
办公楼	625731	1933043	752216
商业营业用房	1480209	1523017	1253741
其他	1822689	2023113	1760452
3.竣工房屋面积	**4922526**	**8050219**	**5167564**
住宅	3656477	6135291	3845349
#别墅、高档公寓	51337	195115	60375
办公楼	359121	250839	104237
商业营业用房	166392	462513	388162
其他	740536	1201576	829816
4.待售房屋面积	**760852**	**1014400**	**1173463**
住宅	483329	614943	607336
#别墅、高档公寓	31118	55296	61453
办公楼	28683	52310	46926
商业营业用房	133373	136876	265771
其他	115467	210271	253430
四、商品房屋销售			
1.销售面积(平方米)	**6595628**	**8226254**	**8653513**
住宅	5599195	7053072	7239161
#别墅、高档公寓	168917	252680	192071
办公楼	293636	325593	454874
商业营业用房	220813	263984	397922
其他	481984	583605	561556
2.销售额(万元)	**4506420**	**5883805**	**6376389**
住宅	3723781	4946498	5181549
#别墅、高档公寓	227740	317398	219481
办公楼	296174	336491	407504
商业营业用房	277033	331472	522817
其他	209432	269344	264519
3.销售价格(元/平方米)	**6832**	**7152**	**7369**
住宅	6651	7013	7158
办公楼	10086	10335	8959
商业营业用房	12546	12557	13139
4.出租面积(平方米)	**164528**	**137775**	**61250**
住宅			
#别墅、高档公寓			
办公楼			
商业营业用房	164528	137775	61250
其他			

9-16　郑州市房地产开发投资综合

指　　标	2012年	2013年	2014年
一、本年完成投资额(万元)	**10951368**	**14453279**	**17435127**
1.按用途分			
住宅	6756524	9104558	11769295
#别墅、高档公寓	140764	138242	167293
办公楼	1054159	1359075	1383031
商业营业用房	1200155	1886844	2150019
其他	1940530	2102802	2132782
2.资金状况			
本年资金来源合计	16409762	20705799	23307772
#上年末节余资金	3243871	3972453	4703684
#本年资金来源小计	13165891	16733346	18604088
本年各项应付款合计	2054700	3271362	3466103
3.资金来源及构成			
本年资金来源小计	13165891	16733346	18604088
国内贷款	1109440	1418164	2800871
利用外资		44254	
#外商直接投资			
自筹资金	5925561	8029330	8373998
其他资金来源	6130890	7241598	7429219
二、房地产开发企业(单位)情况			
1.企业个数合计(个)	**1156**	**1173**	**1161**
#一级企业	21	21	23
#二级企业	152	175	178
#三级企业	233	234	206
2.从业人数合计(人)	**33303**	**32790**	**36986**
#一级企业	1768	1814	2490
#二级企业	7421	9062	9124
#三级企业	5684	5105	5216
3.资产合计(万元)	**39927113.1**	**56031910**	**69736914.5**
4.负债合计(万元)	**31686407.8**	**45726067.4**	**56934316.8**
5.资产负债率(%)	**79.4**	**81.6**	**81.6**
三、商品房屋开发面积(平方米)			
1.施工房屋面积	**82539411**	**97212292**	**105741511**
住宅	56036379	63489017	69889186
#别墅、高档公寓	1158421	894940	1017410
办公楼	6499298	8664094	9207055
商业营业用房	8774498	10791421	10960761
其他	11229236	14267760	15684509

9-16 续表

指 标	2012年	2013年	2014年
2.新开工房屋面积	**21693449**	**28143553**	**27493228**
住宅	13635130	19765167	19547324
#别墅、高档公寓	197110	225489	174584
办公楼	2487846	2086940	1780838
商业营业用房	2172628	2674708	2431953
其他	3397845	3616738	3733113
3.竣工房屋面积	**14498289**	**11374714**	**18893625**
住宅	10432012	7605576	11228689
#别墅、高档公寓	305957	25430	20389
办公楼	584180	850751	1621088
商业营业用房	1680068	1350110	1754591
其他	1802029	1568277	4289257
4.待售房屋面积	**2980195**	**3205616**	**4617167**
住宅	2103006	2164019	3063354
#别墅、高档公寓	54190	17030	25046
办公楼	84340	259874	329717
商业营业用房	613322	508910	756523
其他	179527	272813	467573
四、商品房屋销售			
1.销售面积(平方米)	**14418690**	**16218948**	**15919073**
住宅	12261821	13134782	12932831
#别墅、高档公寓	126223	158385	103237
办公楼	1101148	1767376	1336128
商业营业用房	657709	882670	1267305
其他	398012	434120	382809
2.销售额(万元)	**9016159**	**11616453**	**12051715**
住宅	6919432	8651663	8508660
#别墅、高档公寓	130300	194763	134787
办公楼	1041156	1722624	1410174
商业营业用房	899919	1058640	1506149
其他	155652	183526	626732
3.销售价格(元/平方米)	**6253**	**7162**	**7571**
住宅	5643	6587	6579
办公楼	9455	9747	10554
商业营业用房	13683	11994	11885
4.出租面积(平方米)	**400296**	**382554**	**581755**
住宅	4258	4220	3744
#别墅、高档公寓			
办公楼		170	595
商业营业用房	396038	378164	499789
其他			77627

9-17　武汉市房地产开发投资综合

指　　标	2012年	2013年	2014年
一、本年完成投资额(万元)	**15748605**	**19056000**	**23536263**
1.按用途分			
住宅	9914052	12507839	15605526
#别墅、高档公寓	501177	427777	718997
办公楼	1264736	1236820	1403893
商业营业用房	2015252	2742557	3582305
其他	2554565	2568784	2944539
2.资金状况			
本年资金来源合计	26823803	29453148	32586240
#上年末节余资金	4838634	5164568	7748174
#本年资金来源小计	21985169	24288580	24838066
本年各项应付款合计	2748508	4223732	6068078
3.资金来源及构成			
本年资金来源小计	21985169	24288580	24838066
国内贷款	3664550	5480295	5051536
利用外资	12700		169739
#外商直接投资	12200		169739
自筹资金	8572350	8792803	10749287
其他资金来源	9735569	10015482	8867504
二、房地产开发企业(单位)情况			
1.企业个数合计(个)	**1160**	**1207**	**1133**
#一级企业	39	43	36
#二级企业	263	267	258
#三级企业	403	381	311
2.从业人数合计(人)	**39560**	**43654**	**45512**
#一级企业	3886	6160	6573
#二级企业	12855	13845	13563
#三级企业	9110	9770	9279
3.资产合计(万元)	**66952874.5**	**84687847.4**	**100967031.8**
4.负债合计(万元)	**50907092.7**	**64677273.8**	**76291821.4**
5.资产负债率(%)	**76.0**	**76.4**	**75.6**
三、商品房屋开发面积(平方米)			
1.施工房屋面积	**68629675**	**85451294**	**102384320**
住宅	50689697	62257480	73054271
#别墅、高档公寓	1153651	2075150	2382808
办公楼	4507362	3960551	5501893
商业营业用房	6084906	9267945	11884766
其他	7347710	9965318	11943390

9-17 续表

指　　标	2012年	2013年	2014年
2.新开工房屋面积	**21232693**	**27917972**	**23186644**
住宅	15986565	20571528	16789799
#别墅、高档公寓	307901	456789	418063
办公楼	1386056	1355849	1273495
商业营业用房	1658727	2709063	2252976
其他	2201345	3281532	2870374
3.竣工房屋面积	**10544510**	**6793066**	**7654176**
住宅	9008975	5296953	6459842
#别墅、高档公寓	261219	181373	94407
办公楼	170748	334178	168107
商业营业用房	862521	637725	530868
其他	502266	524210	495359
4.待售房屋面积	**4641286**	**6879087**	**7808815**
住宅	2943946	4591142	5111436
#别墅、高档公寓	371281	687473	446690
办公楼	779198	723338	525466
商业营业用房	584882	809791	1501312
其他	333260	754816	670601
四、商品房屋销售			
1.销售面积(平方米)	**15761126**	**19953562**	**22731563**
住宅	13904712	17504293	19789630
#别墅、高档公寓	296021	514655	309151
办公楼	589528	714357	578309
商业营业用房	737976	1239986	1622594
其他	528910	494926	741030
2.销售额(万元)	**11575054**	**15398990**	**18074608**
住宅	9587787	12669473	14641608
#别墅、高档公寓	425440	635042	385165
办公楼	790158	669513	657769
商业营业用房	970841	1724004	2338173
其他	226268	336000	437058
3.销售价格(元/平方米)	**7344**	**7717**	**7951**
住宅	6895	7238	7399
办公楼	13403	9372	11374
商业营业用房	13155	13903	14410
4.出租面积(平方米)	**270835**	**131749**	**157394**
住宅	66703		1519
#别墅、高档公寓			
办公楼	21894	47232	26362
商业营业用房	180550	84517	117491
其他	1688		12022

9-18 长沙市房地产开发投资综合

指 标	2012年	2013年	2014年
一、本年完成投资额(万元)	**10343503**	**11576292**	**13136182**
1.按用途分			
住宅	7010072	7694590	8582584
#别墅、高档公寓	501273	461488	509074
办公楼	560310	639700	872560
商业营业用房	1243384	1565949	1894820
其他	1529737	1676053	1786218
2.资金状况			
本年资金来源合计	18559827	21730664	22688079
#上年末节余资金	4513276	5144672	6016581
#本年资金来源小计	14046551	16585992	16671498
本年各项应付款合计	2823631	3750423	4360152
3.资金来源及构成			
本年资金来源小计	14046551	16585992	16671498
国内贷款	2355149	3142479	3465813
利用外资	447850	332079	32000
#外商直接投资	432350	324479	
自筹资金	3657416	4014376	5397408
其他资金来源	7586136	9097058	7776277
二、房地产开发企业(单位)情况			
1.企业个数合计(个)	**803**	**809**	**809**
#一级企业	11	14	11
#二级企业	78	90	94
#三级企业	368	363	362
2.从业人数合计(人)	**25886**	**27741**	**28948**
#一级企业	626	1064	862
#二级企业	4696	5708	6454
#三级企业	10923	11361	11922
3.资产合计(万元)	**41063680.4**	**49905823.5**	**54293898.7**
4.负债合计(万元)	**31722036.8**	**39230315.6**	**43484082.9**
5.资产负债率(%)	**77.3**	**78.6**	**80.1**
三、商品房屋开发面积(平方米)			
1.施工房屋面积	**73762562**	**86965410**	**96886037**
住宅	53309771	61116657	65627776
#别墅、高档公寓	3291120	3412683	3169840
办公楼	2721464	4090424	5025656
商业营业用房	6867741	8709711	11219661
其他	10863586	13048618	15012944

9-18 续表

指　　标	2012年	2013年	2014年
2.新开工房屋面积	**18242273**	**27949696**	**26033229**
住宅	11587969	19844897	16518872
#别墅、高档公寓	335611	838537	493228
办公楼	1307391	1059345	1572533
商业营业用房	2234544	2755540	3615648
其他	3112369	4289914	4326176
3.竣工房屋面积	**14022678**	**14018368**	**14120527**
住宅	11310042	10675614	10423394
#别墅、高档公寓	620065	689167	306650
办公楼	94929	356162	532498
商业营业用房	1213682	1140406	1460187
其他	1404025	1846186	1704448
4.待售房屋面积	**6505332**	**8233721**	**10951365**
住宅	4438099	5282416	6948403
#别墅、高档公寓	515301	439628	698380
办公楼	114172	333079	744455
商业营业用房	976170	1310551	1563751
其他	976891	1307675	1694756
四、商品房屋销售			
1.销售面积(平方米)	**15269295**	**18615564**	**15184711**
住宅	13853288	16595284	13313566
#别墅、高档公寓	773915	597925	755043
办公楼	423403	642587	375950
商业营业用房	734960	927538	1209316
其他	257644	450155	285879
2.销售额(万元)	**9315598**	**11713452**	**9286781**
住宅	7761320	9556564	7266074
#别墅、高档公寓	710278	545312	504510
办公楼	518384	780627	424841
商业营业用房	960378	1189635	1424877
其他	75516	186626	170989
3.销售价格(元/平方米)	**6101**	**6292**	**6116**
住宅	5603	5759	5458
办公楼	12243	12148	11300
商业营业用房	13067	12826	11783
4.出租面积(平方米)	**107845**	**98943**	**50135**
住宅			
#别墅、高档公寓			
办公楼	13541	30185	17865
商业营业用房	94100	68758	28305
其他	204		3965

9-19 广州市房地产开发投资综合

指 标	2012年	2013年	2014年
一、本年完成投资额(万元)	**13704511**	**15724289**	**18161529**
1.按用途分			
住宅	8276060	9506778	9949024
#别墅、高档公寓	761824	677790	462783
办公楼	1536392	1668426	2229031
商业营业用房	1975885	2058754	2935615
其他	1916174	2490331	3047859
2.资金状况			
本年资金来源合计	23978346	29843013	33296507
#上年末节余资金	5298184	6973844	8948482
#本年资金来源小计	18680162	22869169	24348025
本年各项应付款合计	1561947	1894840	2710614
3.资金来源及构成			
本年资金来源小计	18680162	22869169	24348025
国内贷款	4118511	4409807	5019913
利用外资	67317	121140	69057
#外商直接投资	58817	110526	68957
自筹资金	4774148	5635406	7538569
其他资金来源	9720186	12702816	11720486
二、房地产开发企业(单位)情况			
1.企业个数合计(个)	**1294**	**1270**	**1346**
#一级企业	11	13	14
#二级企业	138	126	124
#三级企业	621	598	584
2.从业人数合计(人)	**44543**	**44064**	**46841**
#一级企业	4027	4270	5034
#二级企业	5920	5949	6675
#三级企业	20779	20752	19350
3.资产合计(万元)	**106227127.8**	**122433380.3**	**147294230.3**
4.负债合计(万元)	**83526829.7**	**96342826.9**	**116761759.4**
5.资产负债率(%)	**78.6**	**78.7**	**79.3**
三、商品房屋开发面积(平方米)			
1.施工房屋面积	**78456170**	**81593081**	**93699270**
住宅	49175722	49907189	57695908
#别墅、高档公寓	3846736	3832402	3506745
办公楼	6652722	7690793	8603419
商业营业用房	8819190	9612499	11340098
其他	13808536	14382600	16059845

9-19 续表

指　　标	2012年	2013年	2014年
2.新开工房屋面积	**15543363**	**21447610**	**24076677**
住宅	9803587	13415060	14663323
#别墅、高档公寓	318681	703555	659205
办公楼	1287944	2213915	2148263
商业营业用房	2043075	2430520	2904780
其他	2408757	3388115	4360311
3.竣工房屋面积	**12907877**	**11412991**	**19194584**
住宅	8008601	7096041	12205074
#别墅、高档公寓	648886	544762	620500
办公楼	1184041	1473557	1355900
商业营业用房	1510906	827077	2584965
其他	2204329	2016316	3048645
4.待售房屋面积	**6114527**	**7049813**	**7819253**
住宅	2733629	2999656	3640476
#别墅、高档公寓	399278	405502	489940
办公楼	727445	1073766	892931
商业营业用房	1272862	1336163	1221032
其他	1380591	1640228	2064814
四、商品房屋销售			
1.销售面积(平方米)	**13331259**	**16999830**	**15400173**
住宅	11285112	13984660	11962290
#别墅、高档公寓	718047	925190	568911
办公楼	1030997	1608469	1427599
商业营业用房	751980	958000	1332534
其他	263170	448701	677750
2.销售额(万元)	**17547500**	**26060033**	**24207021**
住宅	13543132	19514542	17630685
#别墅、高档公寓	971070	1397673	761424
办公楼	2344107	3685641	2969165
商业营业用房	1357944	2258452	2724318
其他	302317	601398	882853
3.销售价格(元/平方米)	**13163**	**15330**	**15719**
住宅	12001	13954	14739
办公楼	22736	22914	20798
商业营业用房	18058	23575	20445
4.出租面积(平方米)	**2747874**	**1769764**	**1469282**
住宅	129914	107048	78867
#别墅、高档公寓	29079	24907	22887
办公楼	783568	405181	293370
商业营业用房	1256385	851993	729614
其他	578007	405542	367431

9-20　南宁市房地产开发投资综合

指　　标	2012年	2013年	2014年
一、本年完成投资额(万元)	**3627301**	**4163709**	**5518214**
1.按用途分			
住宅	2539795	3023848	3682290
#别墅、高档公寓	221640	150694	245912
办公楼	110642	171247	410936
商业营业用房	303734	393597	608181
其他	673130	575017	816807
2.资金状况			
本年资金来源合计	8224497	8825724	10404061
#上年末节余资金	1535983	1963129	1884556
#本年资金来源小计	6688514	6862595	8519505
本年各项应付款合计	728304	1010316	1555716
3.资金来源及构成			
本年资金来源小计	6688514	6862595	8519505
国内贷款	974382	1265460	1411387
利用外资			
#外商直接投资			
自筹资金	2166276	1786819	2418326
其他资金来源	3547856	3810316	4689792
二、房地产开发企业(单位)情况			
1.企业个数合计(个)	**722**	**573**	**507**
#一级企业	2	3	9
#二级企业	37	42	48
#三级企业	149	124	101
2.从业人数合计(人)	**14675**	**16602**	**17229**
#一级企业	229	294	447
#二级企业	1988	3007	3054
#三级企业	3584	3684	3304
3.资产合计(万元)	**17562356.4**	**21312607.8**	**27107917.1**
4.负债合计(万元)	**13822380.4**	**16672911.5**	**21461646.6**
5.资产负债率(%)	**78.7**	**78.2**	**79.2**
三、商品房屋开发面积(平方米)			
1.施工房屋面积	**37470436**	**38123539**	**45193571**
住宅	27349227	27674954	31078393
#别墅、高档公寓	1001826	805115	863130
办公楼	1282849	1278782	2414733
商业营业用房	3546429	3299985	4029608
其他	5291931	5869818	7670837

9-20 续表

指 标	2012年	2013年	2014年
2.新开工房屋面积	**6932069**	**7210457**	**10510314**
住宅	4848233	5447753	6691241
#别墅、高档公寓	340987	119526	83872
办公楼	556002	132516	1169530
商业营业用房	664372	542458	1077359
其他	863462	1087730	1572184
3.竣工房屋面积	**6645283**	**3255841**	**4654313**
住宅	5211026	2344671	3297833
#别墅、高档公寓	248075	146211	42544
办公楼	179437	96678	228834
商业营业用房	782883	459538	503309
其他	471937	354954	624337
4.待售房屋面积	**2138646**	**2524533**	**3916165**
住宅	1049832	1212929	2125641
#别墅、高档公寓	49091	78341	201453
办公楼	23743	13006	85364
商业营业用房	475016	593111	671839
其他	590055	705487	1033321
四、商品房屋销售			
1.销售面积(平方米)	**6290137**	**7026007**	**8025713**
住宅	5755204	6331392	7209514
#别墅、高档公寓	45184	130953	140740
办公楼	72131	218850	144317
商业营业用房	268071	237196	265085
其他	194731	238569	406797
2.销售额(万元)	**3775902**	**4889652**	**5318663**
住宅	3233650	3896706	4400254
#别墅、高档公寓	61355	162792	185099
办公楼	140416	364978	187037
商业营业用房	335174	533598	519652
其他	66662	94370	211720
3.销售价格(元/平方米)	**6003**	**6959**	**6627**
住宅	5619	6155	6103
办公楼	19467	16677	12960
商业营业用房	12503	22496	19603
4.出租面积(平方米)	**66610**	**105823**	**18771**
住宅		8570	
#别墅、高档公寓			
办公楼			1040
商业营业用房	65161	81105	5063
其他	1449	16148	12668

9-21　海口市房地产开发投资综合

指　　标	2012年	2013年	2014年
一、本年完成投资额(万元)	**1756639**	**2564025**	**3004725**
1.按用途分			
住宅	1302142	2057313	2078974
#别墅、高档公寓	216746	330616	177484
办公楼	11409	54348	71739
商业营业用房	93809	160040	327843
其他	349279	292324	526169
2.资金状况			
本年资金来源合计	4931426	5327350	6099369
#上年末节余资金	657057	828628	870756
#本年资金来源小计	4274369	4498722	5228613
本年各项应付款合计	1854238	2237330	2126724
3.资金来源及构成			
本年资金来源小计	4274369	4498722	5228613
国内贷款	876421	718562	1046735
利用外资			
#外商直接投资			
自筹资金	2177883	1385110	1700508
其他资金来源	1220065	2395050	2481370
二、房地产开发企业(单位)情况			
1.企业个数合计(个)	**405**	**412**	**457**
#一级企业			
#二级企业	21	17	18
#三级企业	49	49	55
2.从业人数合计(人)	**10705**	**11758**	**14002**
#一级企业			
#二级企业	915	981	1055
#三级企业	1474	1452	1693
3.资产合计(万元)	**18301018.2**	**19657784.8**	**23832374.7**
4.负债合计(万元)	**13235522.5**	**14297775.9**	**17696973.1**
5.资产负债率(%)	**72.3**	**72.7**	**74.3**
三、商品房屋开发面积(平方米)			
1.施工房屋面积	**15914741**	**18058905**	**22520444**
住宅	12793567	14300335	15908300
#别墅、高档公寓	1741574	1882485	2016809
办公楼	221808	353966	1079080
商业营业用房	997916	893552	1891570
其他	1901450	2511052	3641494

9-21 续表

指 标	2012年	2013年	2014年
2.新开工房屋面积	**2619672**	**2763429**	**3591423**
住宅	1990635	1896358	2088315
#别墅、高档公寓	243886	194839	19744
办公楼	89849	131957	24813
商业营业用房	207890	204134	1068868
其他	331298	530980	409427
3.竣工房屋面积	**3074168**	**1950092**	**3936635**
住宅	2284359	1476078	3261140
#别墅、高档公寓	295860	84837	850622
办公楼	38549		12374
商业营业用房	356703	167311	151042
其他	394557	306703	512079
4.待售房屋面积	**695942**	**1491986**	**1888836**
住宅	374512	997469	1278393
#别墅、高档公寓	124628	226362	346039
办公楼	46530	41304	42694
商业营业用房	85491	159994	205437
其他	189409	293219	362312
四、商品房屋销售			
1.销售面积(平方米)	**2669509**	**3381897**	**3376632**
住宅	2514881	3190390	2975829
#别墅、高档公寓	281136	443056	243519
办公楼	2340	5057	44725
商业营业用房	92385	125014	300304
其他	59903	61436	55774
2.销售额(万元)	**1820942**	**2510383**	**2668665**
住宅	1637699	2342310	2223794
#别墅、高档公寓	270404	407563	298918
办公楼	7089	7726	115946
商业营业用房	157240	131214	304421
其他	18914	29133	24504
3.销售价格(元/平方米)	**6821**	**7423**	**7903**
住宅	6512	7342	7473
办公楼	30295	15278	25924
商业营业用房	17020	10496	10137
4.出租面积(平方米)	**77986**	**31321**	**61428**
住宅			
#别墅、高档公寓			
办公楼			488
商业营业用房	73756	31321	60940
其他	4230		

9-22　重庆市房地产开发投资综合

指　　标	2012年	2013年	2014年
一、本年完成投资额(万元)	**25083500**	**30127838**	**36302331**
1.按用途分			
住宅	17067687	20442392	24513660
#别墅、高档公寓	1656664	1398788	1743018
办公楼	1016124	1445592	1769621
商业营业用房	3074966	3774147	5340012
其他	3924723	4465707	4679038
2.资金状况			
本年资金来源合计	51017442	58468351	67627353
#上年末节余资金	12322052	12327702	14177520
#本年资金来源小计	38695390	46140649	53449833
本年各项应付款合计	8318875	10102952	13866787
3.资金来源及构成			
本年资金来源小计	38695390	46140649	53449833
国内贷款	7207959	11122918	11907732
利用外资	201314	441801	1131313
#外商直接投资	74187	441301	1130813
自筹资金	11820589	12637033	18244123
其他资金来源	19465528	21938897	22166665
二、房地产开发企业(单位)情况			
1.企业个数合计(个)	**2552**	**2594**	**2695**
#一级企业	42	46	54
#二级企业	578	629	712
#三级企业	832	809	756
2.从业人数合计(人)	**86938**	**91351**	**99612**
#一级企业	6346	7124	7942
#二级企业	31460	31750	35169
#三级企业	22063	21756	21731
3.资产合计(万元)	**131173295.4**	**162686938.7**	**202601585.9**
4.负债合计(万元)	**91436538.7**	**112122073.8**	**144711394.3**
5.资产负债率(%)	**69.7**	**68.9**	**71.4**
三、商品房屋开发面积(平方米)			
1.施工房屋面积	**220090320**	**262518928**	**286239291**
住宅	169978502	192489455	202944938
#别墅、高档公寓	7234418	7339197	8407518
办公楼	4998528	7819761	10722226
商业营业用房	20289004	29657174	33166714
其他	24824286	32552538	39405413

9-22 续表

指　　标	2012年	2013年	2014年
2.新开工房屋面积	**58134823**	**76416324**	**62540397**
住宅	43451427	53875951	42759579
#别墅、高档公寓	1179303	1525224	1483600
办公楼	1606357	2411484	2641668
商业营业用房	5390391	10013212	7747256
其他	7686648	10115677	9391894
3.竣工房屋面积	**39906286**	**38043584**	**37177755**
住宅	33863514	28674528	27715505
#别墅、高档公寓	1037241	1221810	1145900
办公楼	303658	757561	1150254
商业营业用房	2822316	4560779	3405934
其他	2916798	4050716	4906062
4.待售房屋面积	**10363160**	**13535194**	**18153241**
住宅	4606570	5582516	8022843
#别墅、高档公寓	290592	344468	790314
办公楼	309019	322311	904059
商业营业用房	2838271	3682046	4281834
其他	2609300	3948321	4944505
四、商品房屋销售			
1.销售面积(平方米)	**45223997**	**48175643**	**51003870**
住宅	41051083	43591906	44236751
#别墅、高档公寓	1437780	1163208	1556410
办公楼	622998	686687	981512
商业营业用房	2218883	2440387	3484875
其他	1331033	1456663	2300732
2.销售额(万元)	**22973464**	**26827626**	**28149910**
住宅	19724206	22835658	22532816
#别墅、高档公寓	1189537	1156290	1471530
办公楼	716121	780774	1094100
商业营业用房	2124707	2630838	3737467
其他	408430	580356	785527
3.销售价格(元/平方米)	**5080**	**5569**	**5519**
住宅	4805	5239	5094
办公楼	11495	11370	11147
商业营业用房	9576	10780	10725
4.出租面积(平方米)	**1210353**	**1254107**	**1470486**
住宅	20244	25848	127857
#别墅、高档公寓			
办公楼	43921	27226	58869
商业营业用房	800257	1063467	1064089
其他	345931	137566	219671

9-23　成都市房地产开发投资综合

指　　标	2012年	2013年	2014年
一、本年完成投资额(万元)	**18892305**	**21112499**	**22155331**
1.按用途分			
住宅	11711629	12904499	13494131
#别墅、高档公寓	1018713	1010678	800515
办公楼	1259429	1588574	1494584
商业营业用房	2464160	2994919	3543794
其他	3457087	3624507	3622822
2.资金状况			
本年资金来源合计	32769750	39693341	43801428
#上年末节余资金	7368772	8757420	10018978
#本年资金来源小计	25400978	30935921	33782450
本年各项应付款合计	3926487	4948486	5395306
3.资金来源及构成			
本年资金来源小计	25400978	30935921	33782450
国内贷款	3344414	5145514	5718632
利用外资	169309	323252	393355
#外商直接投资	147063	223252	317528
自筹资金	9393406	11106585	13324335
其他资金来源	12493849	14360570	14346128
二、房地产开发企业(单位)情况			
1.企业个数合计(个)	**1771**	**1567**	**1597**
#一级企业	21	20	22
#二级企业	245	220	200
#三级企业	866	841	909
2.从业人数合计(人)	**46901**	**49219**	**52596**
#一级企业	2547	2992	3156
#二级企业	9586	9670	8769
#三级企业	21044	25015	28888
3.资产合计(万元)	**89731529.8**	**115672841.5**	**122354491.9**
4.负债合计(万元)	**68366447.9**	**86516025.7**	**93227894.9**
5.资产负债率(%)	**76.2**	**74.8**	**76.2**
三、商品房屋开发面积(平方米)			
1.施工房屋面积	**141509820**	**152392971**	**172028925**
住宅	98551078	101068978	106979309
#别墅、高档公寓	5763854	5060407	6069337
办公楼	7634808	7915701	10467644
商业营业用房	14745261	17755480	22107930
其他	20578673	25652812	32474042

9-23 续表

指　标	2012年	2013年	2014年
2.新开工房屋面积	**35688693**	**40514569**	**46096676**
住宅	22411940	25513465	26856452
#别墅、高档公寓	675141	965046	1147168
办公楼	2868779	1785671	3353383
商业营业用房	4560404	5614092	6414774
其他	5847570	7601341	9472067
3.竣工房屋面积	**21077324**	**18796547**	**21192557**
住宅	15902348	13530934	13842483
#别墅、高档公寓	557331	527467	900850
办公楼	1084114	866993	1247979
商业营业用房	1457891	1533989	2318614
其他	2632971	2864631	3783481
4.待售房屋面积	**5563821**	**6989554**	**11005055**
住宅	2935394	3234120	5260912
#别墅、高档公寓	367167	370415	531604
办公楼	175292	274044	694031
商业营业用房	714855	974076	1643648
其他	1738280	2507314	3406464
四、商品房屋销售			
1.销售面积(平方米)	**28440887**	**29501333**	**29512999**
住宅	24246051	25558054	24762538
#别墅、高档公寓	1147647	956561	830450
办公楼	1481394	1060264	1222976
商业营业用房	1728187	1741570	2102132
其他	985255	1141445	1425353
2.销售额(万元)	**20728403**	**21231172**	**20752836**
住宅	16192639	17143195	16184732
#别墅、高档公寓	1200433	957382	903116
办公楼	1364017	1070376	965406
商业营业用房	2814095	2574257	3026982
其他	357652	443344	575716
3.销售价格(元/平方米)	**7288**	**7197**	**7032**
住宅	6678	6708	6536
办公楼	9208	10095	7894
商业营业用房	16284	14781	14400
4.出租面积(平方米)	**345281**	**332508**	**192803**
住宅	74758		
#别墅、高档公寓	5066		
办公楼	63800	64589	41295
商业营业用房	175566	264985	147495
其他	31157	2934	4013

9-24　贵阳市房地产开发投资综合

指　　标	2012年	2013年	2014年
一、本年完成投资额(万元)	**9010264**	**9780165**	**10103750**
1.按用途分			
住宅	5684871	6279440	6271857
#别墅、高档公寓	131496	253871	263787
办公楼	335072	1022936	1156955
商业营业用房	1119673	1380159	1562683
其他	1870648	1097630	1112255
2.资金状况			
本年资金来源合计	8942112	12490530	12795409
#上年末节余资金	1476394	1955765	2371654
#本年资金来源小计	7465718	10534765	10423755
本年各项应付款合计	2557292	1728440	1811916
3.资金来源及构成			
本年资金来源小计	7465718	10534765	10423755
国内贷款	1467834	1241793	1211471
利用外资	42887		30530
#外商直接投资	42887		30530
自筹资金	1967673	2519413	2415437
其他资金来源	3987324	6773559	6766317
二、房地产开发企业(单位)情况			
1.企业个数合计(个)	**789**	**798**	**823**
#一级企业	4	4	4
#二级企业	51	59	61
#三级企业	140	145	144
2.从业人数合计(人)	**18775**	**20654**	**22615**
#一级企业	555	544	531
#二级企业	5493	6234	5865
#三级企业	3525	3604	3714
3.资产合计(万元)	**25565546.4**	**32806442.4**	**38427991.5**
4.负债合计(万元)	**21280760.1**	**28458322.4**	**31868982.6**
5.资产负债率(%)	**83.2**	**86.7**	**82.9**
三、商品房屋开发面积(平方米)			
1.施工房屋面积	**56641048**	**64675157**	**68157910**
住宅	40315432	46453592	47327932
#别墅、高档公寓	838680	1162618	1291804
办公楼	2195702	3582012	4637905
商业营业用房	5852939	6317565	6575494
其他	8276975	8321988	9616579

9-24 续表

指　标	2012年	2013年	2014年
2.新开工房屋面积	**16158758**	**18976536**	**11496215**
住宅	10145709	14394232	6297344
#别墅、高档公寓	47835	439329	396210
办公楼	1509531	1194207	1287961
商业营业用房	2065395	1314456	1248341
其他	2438123	2073641	2662569
3.竣工房屋面积	**5845038**	**7116855**	**10736895**
住宅	4438927	5364657	7953625
#别墅、高档公寓	94880	40057	412447
办公楼	94477	189991	470552
商业营业用房	589923	668754	596012
其他	721711	893453	1716706
4.待售房屋面积	**1735579**	**2469615**	**2500151**
住宅	1013946	1588922	1229477
#别墅、高档公寓	50036	277061	80852
办公楼	74455	86813	424124
商业营业用房	336107	427452	369545
其他	311071	366428	477005
四、商品房屋销售			
1.销售面积(平方米)	**10238370**	**12820070**	**9355458**
住宅	9484658	11457094	7899455
#别墅、高档公寓	139494	182342	334400
办公楼	121680	875332	611773
商业营业用房	547174	393292	698585
其他	84858	94352	145645
2.销售额(万元)	**4961655**	**6441847**	**5246858**
住宅	4242198	5141650	3873903
#别墅、高档公寓	181976	188927	324494
办公楼	114748	664471	469738
商业营业用房	571591	584700	833809
其他	33118	51026	69408
3.销售价格(元/平方米)	**4846**	**5025**	**5608**
住宅	4473	4488	4904
办公楼	9430	7591	7678
商业营业用房	10446	14867	11936
4.出租面积(平方米)	**73839**	**69353**	**29288**
住宅	2748		
#别墅、高档公寓			
办公楼	5445	25715	141
商业营业用房	59272	32664	24970
其他	6374	10974	4177

9-25　昆明市房地产开发投资综合

指　　标	2012年	2013年	2014年
一、本年完成投资额(万元)	**9190732**	**12917060**	**14926246**
1.按用途分			
住宅	5859901	8689524	9349316
#别墅、高档公寓	203463	277669	474398
办公楼	745510	957765	1122104
商业营业用房	979491	1610082	2403200
其他	1605830	1659689	2051626
2.资金状况			
本年资金来源合计	15695417	19526892	19858897
#上年末节余资金	4009248	2911087	4108272
#本年资金来源小计	11686169	16615805	15750625
本年各项应付款合计	2441362	3975576	4097965
3.资金来源及构成			
本年资金来源小计	11686169	16615805	15750625
国内贷款	1583760	3044422	2913200
利用外资			151092
#外商直接投资			151092
自筹资金	5172034	9153989	8085649
其他资金来源	4930375	4417394	4600684
二、房地产开发企业(单位)情况			
1.企业个数合计(个)	**819**	**860**	**830**
#一级企业	13	13	16
#二级企业	107	126	142
#三级企业	114	122	113
2.从业人数合计(人)	**19572**	**24753**	**27224**
#一级企业	1341	1610	2168
#二级企业	4988	6897	8012
#三级企业	2598	2812	2851
3.资产合计(万元)	**44728543.3**	**67432577.1**	**81638527.4**
4.负债合计(万元)	**35204919**	**52892268.5**	**66575534.1**
5.资产负债率(%)	**78.7**	**78.4**	**81.5**
三、商品房屋开发面积(平方米)			
1.施工房屋面积	**58849961**	**77056572**	**87727213**
住宅	42286208	53490705	55254164
#别墅、高档公寓	2940479	2317684	2557096
办公楼	3385640	4420575	6136344
商业营业用房	5295069	8285851	11958684
其他	7883044	10859441	14378021

9-25 续表

指　　标	2012年	2013年	2014年
2.新开工房屋面积	**24530747**	**26841155**	**20647413**
住宅	16446391	18356385	12331082
#别墅、高档公寓	593040	476824	600707
办公楼	1780015	1194185	1447797
商业营业用房	2450248	3347277	3148835
其他	3854093	3943308	3719699
3.竣工房屋面积	**6296342**	**6026815**	**6305445**
住宅	5192484	4993566	3877828
#别墅、高档公寓	833552	326070	380781
办公楼	145244	216752	308433
商业营业用房	439707	354751	1008680
其他	518907	461746	1110504
4.待售房屋面积	**2764218**	**5181410**	**5868961**
住宅	1770563	3388398	3530658
#别墅、高档公寓	56909	212797	347151
办公楼	309435	400727	512791
商业营业用房	287571	564717	784658
其他	396649	827568	1040854
四、商品房屋销售			
1.销售面积(平方米)	**10513532**	**12111969**	**12893690**
住宅	9177307	10413531	9782294
#别墅、高档公寓	649291	412844	464358
办公楼	723954	407366	583144
商业营业用房	333927	704754	1170656
其他	278344	586318	1357596
2.销售额(万元)	**6039691**	**7019440**	**8231647**
住宅	4960242	5847306	5935102
#别墅、高档公寓	286253	364540	533124
办公楼	611512	409364	759070
商业营业用房	351635	558650	1068346
其他	116302	204120	469129
3.销售价格(元/平方米)	**5745**	**5795**	**6384**
住宅	5405	5615	6067
办公楼	8447	10049	13017
商业营业用房	10530	7927	9126
4.出租面积(平方米)	**102981**	**53627**	**132952**
住宅	2706	481	
#别墅、高档公寓	232		
办公楼	45710	14090	2809
商业营业用房	53049	39056	130143
其他	1516		

9-26　西安市房地产开发投资综合

指　　标	2012年	2013年	2014年
一、本年完成投资额(万元)	**12699344**	**15726491**	**17422800**
1.按用途分			
住宅	10038530	12262802	13219132
#别墅、高档公寓	284544	293155	348163
办公楼	373021	698553	840013
商业营业用房	1076236	1517128	2087773
其他	1211557	1248008	1275882
2.资金状况			
本年资金来源合计	21688388	24237997	25143005
#上年末节余资金	4424873	5509776	5409624
#本年资金来源小计	17263515	18728221	19733381
本年各项应付款合计	2055721	3016268	4351954
3.资金来源及构成			
本年资金来源小计	17263515	18728221	19733381
国内贷款	2224414	2504820	3155906
利用外资	24000	74400	
#外商直接投资	24000	74400	
自筹资金	8076423	8112540	8867486
其他资金来源	6938678	8036461	7709989
二、房地产开发企业(单位)情况			
1.企业个数合计(个)	**672**	**662**	**784**
#一级企业	24	22	21
#二级企业	95	100	114
#三级企业	166	147	156
2.从业人数合计(人)	**44447**	**39940**	**45714**
#一级企业	6347	6445	6116
#二级企业	7851	9445	8735
#三级企业	9718	7195	7234
3.资产合计(万元)	**39575557.9**	**49199661.2**	**61563303.1**
4.负债合计(万元)	**32097245.9**	**40489045.6**	**51725577**
5.资产负债率(%)	**81.1**	**82.3**	**84.0**
三、商品房屋开发面积(平方米)			
1.施工房屋面积	**98931086**	**102976307**	**123321867**
住宅	82513782	83324414	96615086
#别墅、高档公寓	1869817	1839160	2153166
办公楼	2778484	4159677	5679802
商业营业用房	7426706	8546152	11964082
其他	6212114	6946064	9062897

9-26 续表

指　　标	2012年	2013年	2014年
2.新开工房屋面积	**27968320**	**25249159**	**24382958**
住宅	22710697	18954703	17943475
#别墅、高档公寓	266309	101145	134060
办公楼	787994	1512845	1584201
商业营业用房	2568405	2737344	2924408
其他	1901224	2044267	1930874
3.竣工房屋面积	**10637000**	**7953509**	**15141441**
住宅	9038219	6632012	12886709
#别墅、高档公寓	142915	118065	
办公楼	177091	303367	179875
商业营业用房	857712	450102	1231695
其他	563978	568028	843162
4.待售房屋面积	**1030612**	**750713**	**1863567**
住宅	842618	617177	1426135
#别墅、高档公寓	7447	6770	6278
办公楼	24180	17705	2341
商业营业用房	101928	79779	239394
其他	61886	36052	195697
四、商品房屋销售			
1.销售面积(平方米)	**15328991**	**16328496**	**16963881**
住宅	13791281	14963445	15141458
#别墅、高档公寓	481209	243165	396271
办公楼	569230	333588	458300
商业营业用房	694703	614347	826113
其他	273777	417116	538010
2.销售额(万元)	**10169737**	**10966293**	**10966515**
住宅	8583729	9628869	9243907
#别墅、高档公寓	486989	243847	406194
办公楼	487949	299012	428372
商业营业用房	942777	717472	1029252
其他	155282	320940	264984
3.销售价格(元/平方米)	**6634**	**6716**	**6465**
住宅	6224	6435	6105
办公楼	8572	8964	9347
商业营业用房	13571	11679	12459
4.出租面积(平方米)	**151610**	**155696**	**71465**
住宅	40290	7283	686
#别墅、高档公寓			
办公楼	256	2026	1394
商业营业用房	104064	146387	24003
其他	7000		45382

9-27　兰州市房地产开发投资综合

指　　标	2012年	2013年	2014年
一、本年完成投资额(万元)	**2097401**	**2574350**	**3170837**
1.按用途分			
住宅	1317222	1710236	2125264
#别墅、高档公寓	2569	76399	85215
办公楼	60078	131671	201041
商业营业用房	222647	368084	499083
其他	497454	364359	345449
2.资金状况			
本年资金来源合计	3524352	5418269	6071497
#上年末节余资金	732123	1137044	1905232
#本年资金来源小计	2792229	4281225	4166265
本年各项应付款合计	753662	1127963	938190
3.资金来源及构成			
本年资金来源小计	2792229	4281225	4166265
国内贷款	688358	1092100	726689
利用外资			
#外商直接投资			
自筹资金	1245276	1580170	1644764
其他资金来源	858595	1608955	1794812
二、房地产开发企业(单位)情况			
1.企业个数合计(个)	**556**	**570**	**561**
#一级企业	2	2	5
#二级企业	65	66	67
#三级企业	215	226	225
2.从业人数合计(人)	**13555**	**16508**	**17241**
#一级企业	297	632	925
#二级企业	3239	4356	4534
#三级企业	5402	6788	6574
3.资产合计(万元)	**9708233.1**	**12008717.4**	**16714727.2**
4.负债合计(万元)	**7974530.2**	**9983894.3**	**13829047**
5.资产负债率(%)	**82.1**	**83.1**	**82.7**
三、商品房屋开发面积(平方米)			
1.施工房屋面积	**23424938**	**26221323**	**32845639**
住宅	17400573	19953073	24253335
#别墅、高档公寓	79886	213502	382084
办公楼	738678	737205	1296157
商业营业用房	2289385	2469977	3551973
其他	2996302	3061068	3744174

9-27 续表

指 标	2012年	2013年	2014年
2.新开工房屋面积	**6560541**	**5751560**	**6243607**
住宅	4911386	4241900	4707783
#别墅、高档公寓	19886	133616	207751
办公楼	108811	167765	348615
商业营业用房	667880	685507	694061
其他	872464	656388	493148
3.竣工房屋面积	**1682760**	**1584885**	**1185211**
住宅	1289143	1283125	898782
#别墅、高档公寓			20314
办公楼	71389	9500	64121
商业营业用房	170820	162215	130389
其他	151408	130045	91919
4.待售房屋面积	**721308**	**1068812**	**1446753**
住宅	459451	751637	944178
#别墅、高档公寓			
办公楼	76159	48441	61823
商业营业用房	152505	234135	376632
其他	33193	34599	64120
四、商品房屋销售			
1.销售面积(平方米)	**1903502**	**2534619**	**4803586**
住宅	1767479	2373499	4394287
#别墅、高档公寓	1599	25370	71018
办公楼	21820	29488	113555
商业营业用房	113960	128199	258065
其他	243	3433	37679
2.销售额(万元)	**1084524**	**1487306**	**3103052**
住宅	958092	1310286	2575001
#别墅、高档公寓	1816	25496	104484
办公楼	17922	32130	105985
商业营业用房	108286	143451	391978
其他	224	1439	30088
3.销售价格(元/平方米)	**5698**	**5868**	**6460**
住宅	5421	5520	5860
办公楼	8214	10896	9333
商业营业用房	9502	11190	15189
4.出租面积(平方米)	**93400**	**31900**	**72549**
住宅			2164
#别墅、高档公寓			
办公楼	52096	5000	5751
商业营业用房	41304	26900	64634
其他			

9-28　西宁市房地产开发投资综合

指　　标	2012年	2013年	2014年
一、本年完成投资额（万元）	**1601412**	**1955784**	**2468649**
1.按用途分			
住宅	1186910	1244635	1516744
#别墅、高档公寓	1319	8334	36595
办公楼	24296	156732	267303
商业营业用房	230735	335768	448324
其他	159471	218649	236278
2.资金状况			
本年资金来源合计	2396365	2689678	3500883
#上年末节余资金	409938	646501	617370
#本年资金来源小计	1986427	2043177	2883513
本年各项应付款合计	361108	424790	672546
3.资金来源及构成			
本年资金来源小计	1986427	2043177	2883513
国内贷款	363616	418689	452766
利用外资			
#外商直接投资			
自筹资金	946258	790852	1040528
其他资金来源	676553	833636	1390219
二、房地产开发企业（单位）情况			
1.企业个数合计（个）	**183**	**187**	**198**
#一级企业	4	4	4
#二级企业	75	84	88
#三级企业	60	62	62
2.从业人数合计（人）	**6088**	**7187**	**7480**
#一级企业	345	373	297
#二级企业	3049	4407	4466
#三级企业	1353	1524	1613
3.资产合计（万元）	**5363811.6**	**7950857**	**9836076.1**
4.负债合计（万元）	**4499331.2**	**6734290.4**	**8488372.9**
5.资产负债率（%）	**83.9**	**84.7**	**86.3**
三、商品房屋开发面积（平方米）			
1.施工房屋面积	**14799537**	**18403977**	**18082662**
住宅	11677234	13326610	11571479
#别墅、高档公寓	129305	77850	89364
办公楼	244528	683460	1125194
商业营业用房	1608408	2212620	2960805
其他	1269367	2181287	2425184

9-28 续表

指 标	2012年	2013年	2014年
2.新开工房屋面积	**6370864**	**6468467**	**4612104**
住宅	4946500	4482549	2416863
#别墅、高档公寓	75850	77850	11514
办公楼	54312	414196	492200
商业营业用房	804235	717423	1006819
其他	565817	854299	696222
3.竣工房屋面积	**3610371**	**5244008**	**4909581**
住宅	3227129	4211356	3910370
#别墅、高档公寓	6139		74250
办公楼	18922	79417	119701
商业营业用房	195388	414605	565478
其他	168932	538630	314032
4.待售房屋面积	**502427**	**804657**	**1561287**
住宅	390408	656427	1192672
#别墅、高档公寓			
办公楼	1876	5412	33910
商业营业用房	85831	107759	186171
其他	24312	35059	148534
四、商品房屋销售			
1.销售面积(平方米)	**1770355**	**2777969**	**3057114**
住宅	1658528	2720397	2643754
#别墅、高档公寓	4100	1960	1060
办公楼	1640	3232	78730
商业营业用房	109455	51713	294483
其他	732	2627	40147
2.销售额(万元)	**835313**	**1285696**	**1758851**
住宅	713878	1191628	1270747
#别墅、高档公寓	2932	1703	1208
办公楼	1295	2640	65528
商业营业用房	119855	90246	406326
其他	285	1182	16250
3.销售价格(元/平方米)	**4718**	**4628**	**5753**
住宅	4304	4380	4807
办公楼	7896	8168	8323
商业营业用房	10950	17451	13798
4.出租面积(平方米)	**88847**	**51232**	**4850**
住宅			
#别墅、高档公寓			
办公楼	2151		
商业营业用房	86696	51232	4850
其他			

9-29　银川市房地产开发投资综合

指　　标	2012年	2013年	2014年
一、本年完成投资额(万元)	**2757023**	**3308094**	**3888952**
1.按用途分			
住宅	1755066	1956800	2390099
#别墅、高档公寓	86159	117721	78793
办公楼	86558	154470	173980
商业营业用房	498339	706523	685208
其他	417060	490301	639665
2.资金状况			
本年资金来源合计	4164149	5281413	5730867
#上年末节余资金	628742	608026	841974
#本年资金来源小计	3535407	4673387	4888893
本年各项应付款合计	743193	887024	1022695
3.资金来源及构成			
本年资金来源小计	3535407	4673387	4888893
国内贷款	365950	709062	901487
利用外资			
#外商直接投资			
自筹资金	1324968	1449825	1441111
其他资金来源	1844489	2514500	2546295
二、房地产开发企业(单位)情况			
1.企业个数合计(个)	**269**	**280**	**295**
#一级企业	10	10	11
#二级企业	49	56	64
#三级企业	63	70	73
2.从业人数合计(人)	**10245**	**10991**	**11972**
#一级企业	1262	1273	1363
#二级企业	2407	2809	3321
#三级企业	1964	2512	2662
3.资产合计(万元)	**11546634.5**	**14781589.1**	**17162606.5**
4.负债合计(万元)	**9496604.1**	**12203603.7**	**14205734.2**
5.资产负债率(%)	**82.2**	**82.6**	**82.8**
三、商品房屋开发面积(平方米)			
1.施工房屋面积	**29485300**	**35226550**	**42089206**
住宅	20494741	22558405	26524992
#别墅、高档公寓	553240	902482	878818
办公楼	938424	1420000	2093921
商业营业用房	4543859	6594872	7375870
其他	3508276	4653273	6094423

9-29 续表

指　　标	2012年	2013年	2014年
2.新开工房屋面积	**10021338**	**12585802**	**12062274**
住宅	6302409	7804313	7746640
#别墅、高档公寓	246334	398956	213218
办公楼	262493	514710	722147
商业营业用房	2358886	2545317	1592028
其他	1097550	1721462	2001459
3.竣工房屋面积	**7443753**	**6432325**	**7272278**
住宅	5948561	4915214	5022134
#别墅、高档公寓	15894	191293	104177
办公楼	92919	79574	244663
商业营业用房	712543	692560	962708
其他	689730	744977	1042773
4.待售房屋面积	**4496386**	**5113336**	**5253664**
住宅	2984820	3509679	3407746
#别墅、高档公寓	69431	110421	100221
办公楼	143453	189149	249596
商业营业用房	970111	873689	999857
其他	398002	540819	596465
四、商品房屋销售			
1.销售面积(平方米)	**4502610**	**6121084**	**7245852**
住宅	3883346	5430865	6140135
#别墅、高档公寓	118590	151710	104442
办公楼	62615	50044	71519
商业营业用房	503625	547821	599555
其他	53024	92354	434643
2.销售额(万元)	**2059736**	**2972413**	**3225232**
住宅	1626057	2456674	2524378
#别墅、高档公寓	57237	106838	68745
办公楼	29897	39994	53976
商业营业用房	381874	432508	489375
其他	21908	43237	157503
3.销售价格(元/平方米)	**4575**	**4856**	**4451**
住宅	4187	4524	4111
办公楼	4775	7992	7547
商业营业用房	7583	7895	8162
4.出租面积(平方米)	**299570**	**299016**	**164992**
住宅	17610	19562	19573
#别墅、高档公寓			
办公楼	21810	25983	15318
商业营业用房	251297	234301	115451
其他	8853	19170	14650

9-30　乌鲁木齐市房地产开发投资综合

指　　标	2012年	2013年	2014年
一、本年完成投资额(万元)	**2206935**	**2705936**	**3299760**
1.按用途分			
住宅	1744694	1989774	2131685
#别墅、高档公寓	115794	170671	224331
办公楼	53080	137524	379245
商业营业用房	150371	301553	460255
其他	258790	277085	328575
2.资金状况			
本年资金来源合计	3849643	4965442	4671696
#上年末节余资金	535320	696309	454167
#本年资金来源小计	3314323	4269133	4217529
本年各项应付款合计	480848	459394	700301
3.资金来源及构成			
本年资金来源小计	3314323	4269133	4217529
国内贷款	464090	497454	458012
利用外资			
#外商直接投资			
自筹资金	869630	1003527	1394318
其他资金来源	1980603	2768152	2365199
二、房地产开发企业(单位)情况			
1.企业个数合计(个)	**387**	**401**	**397**
#一级企业	7	7	8
#二级企业	43	50	48
#三级企业	97	102	95
2.从业人数合计(人)	**10824**	**12450**	**13395**
#一级企业	688	948	824
#二级企业	1926	2350	3047
#三级企业	2677	3502	3047
3.资产合计(万元)	**11829854.7**	**15370579.2**	**18259403.8**
4.负债合计(万元)	**8683691.9**	**11451659.8**	**14188921.3**
5.资产负债率(%)	**73.4**	**74.5**	**77.7**
三、商品房屋开发面积(平方米)			
1.施工房屋面积	**23905179**	**33512905**	**38590031**
住宅	19208941	25813418	27011545
#别墅、高档公寓	617811	723186	1299746
办公楼	629856	1046170	2505463
商业营业用房	1478825	2806210	3978707
其他	2587557	3847107	5094316

9-30 续表

指　　标	2012年	2013年	2014年
2.新开工房屋面积	**6500352**	**9205790**	**8872871**
住宅	4939072	6261059	4683797
#别墅、高档公寓	53445	211514	588289
办公楼	178486	599869	1321180
商业营业用房	441264	1269076	1371615
其他	941530	1075786	1496279
3.竣工房屋面积	**6507821**	**4185989**	**6813484**
住宅	5367204	3450089	5467421
#别墅、高档公寓	313962	40057	30775
办公楼	219562	30875	283904
商业营业用房	352471	242416	358203
其他	568584	462609	703956
4.待售房屋面积	**1516029**	**1687894**	**2232498**
住宅	591681	685999	1058250
#别墅、高档公寓	80732	59231	22966
办公楼	208467	215972	239763
商业营业用房	275861	326875	387770
其他	440020	459048	546715
四、商品房屋销售			
1.销售面积(平方米)	**3716101**	**5356684**	**4617934**
住宅	3372962	4885382	4017521
#别墅、高档公寓	118602	145528	99912
办公楼	127034	80729	192453
商业营业用房	121191	171051	252434
其他	94914	219522	155526
2.销售额(万元)	**2095553**	**3273273**	**2969080**
住宅	1772505	2862071	2313185
#别墅、高档公寓	120175	168839	106097
办公楼	149972	95994	208515
商业营业用房	129926	218311	373655
其他	43150	96897	73725
3.销售价格(元/平方米)	**5639**	**6111**	**6429**
住宅	5255	5858	5758
办公楼	11806	11891	10835
商业营业用房	10721	12763	14802
4.出租面积(平方米)	**380141**	**385562**	**466333**
住宅	9295	7196	113628
#别墅、高档公寓			
办公楼	15128	14088	20245
商业营业用房	324023	339488	297276
其他	31695	24790	35184

9-31 大连市房地产开发投资综合

指　　标	2012年	2013年	2014年
一、本年完成投资额(万元)	**13965204**	**17103585**	**14293353**
1.按用途分			
住宅	10554073	12579700	10647027
#别墅、高档公寓	656338	672080	732017
办公楼	304267	470859	725835
商业营业用房	1649340	2517862	1930690
其他	1457524	1535164	989801
2.资金状况			
本年资金来源合计	20448050	24949219	21785029
#上年末节余资金	3779631	4027588	5191296
#本年资金来源小计	16668419	20921631	16593733
本年各项应付款合计	3966419	3783851	4463038
3.资金来源及构成			
本年资金来源小计	16668419	20921631	16593733
国内贷款	3037922	4368820	4407328
利用外资	91605	17700	172819
#外商直接投资	80281	5100	165769
自筹资金	7614861	9677080	7092513
其他资金来源	5924031	6858031	4921073
二、房地产开发企业(单位)情况			
1.企业个数合计(个)	**1006**	**1025**	**969**
#一级企业	21	21	19
#二级企业	57	58	52
#三级企业	327	327	282
2.从业人数合计(人)	**25260**	**26357**	**26098**
#一级企业	1316	1211	922
#二级企业	2114	2199	1782
#三级企业	8141	8387	7637
3.资产合计(万元)	**56438249.2**	**73491581.8**	**81029030.5**
4.负债合计(万元)	**43877318.2**	**54934638.4**	**60496729.6**
5.资产负债率(%)	**77.7**	**74.7**	**74.7**
三、商品房屋开发面积(平方米)			
1.施工房屋面积	**62134291**	**63961671**	**62796574**
住宅	48334199	48678923	46406735
#别墅、高档公寓	2501793	2315240	2803109
办公楼	1332108	1702721	1942503
商业营业用房	7073983	7554695	7928530
其他	5394001	6025332	6518806

9-31 续表

指　标	2012年	2013年	2014年
2.新开工房屋面积	**16151154**	**20043410**	**12221826**
住宅	11904019	15055422	9392384
#别墅、高档公寓	681503	618035	578058
办公楼	374183	669907	269602
商业营业用房	2359383	2050225	1203086
其他	1513569	2267856	1356754
3.竣工房屋面积	**7499976**	**10465682**	**7263244**
住宅	5881419	8506630	5771808
#别墅、高档公寓	267016	84453	183893
办公楼	185195	234442	24675
商业营业用房	620131	964536	795722
其他	813231	760074	671039
4.待售房屋面积	**4810789**	**7658681**	**12997025**
住宅	3539134	5573320	9664757
#别墅、高档公寓	125949	147008	330040
办公楼	34717	185210	476864
商业营业用房	733414	1200516	1720805
其他	503524	699635	1134599
四、商品房屋销售			
1.销售面积(平方米)	**10763624**	**12221250**	**7464018**
住宅	9668943	11040202	6707348
#别墅、高档公寓	222545	169782	227834
办公楼	245764	63805	66704
商业营业用房	588709	887593	494778
其他	260208	229650	195188
2.销售额(万元)	**8614711**	**10098738**	**6878653**
住宅	7332894	8676651	5983672
#别墅、高档公寓	311692	298508	288210
办公楼	380068	41401	58118
商业营业用房	745113	1235285	683051
其他	156636	145401	153812
3.销售价格(元/平方米)	**8004**	**8263**	**9216**
住宅	7584	7859	8921
办公楼	15465	6489	8713
商业营业用房	12657	13917	13805
4.出租面积(平方米)	**170852**	**194677**	**531862**
住宅	263	3900	180110
#别墅、高档公寓			
办公楼	2589	11859	
商业营业用房	168000	178918	351752
其他			

9-32　青岛市房地产开发投资综合

指　　标	2012年	2013年	2014年
一、本年完成投资额(万元)	**9320986**	**10485229**	**11177297**
1.按用途分			
住宅	5949960	6681209	7311090
#别墅、高档公寓	821152	687350	588661
办公楼	685944	1017530	978669
商业营业用房	1404028	1345377	1327878
其他	1281054	1441113	1559660
2.资金状况			
本年资金来源合计	17685546	21765802	20372152
#上年末节余资金	5396419	5044024	5716879
#本年资金来源小计	12289127	16721778	14655273
本年各项应付款合计	2800977	2966957	3536325
3.资金来源及构成			
本年资金来源小计	12289127	16721778	14655273
国内贷款	2443230	4450006	3632322
利用外资	14649	41895	50496
#外商直接投资	14649	30494	47192
自筹资金	4299284	4976019	5047351
其他资金来源	5531964	7253858	5925104
二、房地产开发企业(单位)情况			
1.企业个数合计(个)	**982**	**972**	**982**
#一级企业	11	11	11
#二级企业	55	56	60
#三级企业	179	178	159
2.从业人数合计(人)	**23643**	**24747**	**26982**
#一级企业	1106	1136	1145
#二级企业	2865	2941	3320
#三级企业	4773	4839	4028
3.资产合计(万元)	**47910238.5**	**60776391.2**	**68195107.8**
4.负债合计(万元)	**37922064.1**	**47394152.6**	**52796515.7**
5.资产负债率(%)	**79.2**	**78.0**	**77.4**
三、商品房屋开发面积(平方米)			
1.施工房屋面积	**64976895**	**70725539**	**81706655**
住宅	44818183	46892704	53335101
#别墅、高档公寓	2652183	2863720	3453474
办公楼	2856675	3814410	5407627
商业营业用房	8139182	9151097	10188388
其他	9162855	10867328	12775539

9-32 续表

指　　标	2012年	2013年	2014年
2.新开工房屋面积	**17631505**	**18494989**	**20442384**
住宅	12342231	11727063	13336934
#别墅、高档公寓	968514	684588	606998
办公楼	880667	948394	1594539
商业营业用房	1918015	2210092	2163436
其他	2490592	3609440	3347475
3.竣工房屋面积	**12115696**	**9573420**	**11357440**
住宅	9288535	6748578	8098615
#别墅、高档公寓	506322	117409	225640
办公楼	321580	257216	621735
商业营业用房	1051793	1177951	904359
其他	1453788	1389675	1732731
4.待售房屋面积	**3652023**	**3994757**	**5049698**
住宅	2291774	2618294	3308946
#别墅、高档公寓	135595	144129	191239
办公楼	278144	187934	310228
商业营业用房	706033	809953	979326
其他	376072	378576	451198
四、商品房屋销售			
1.销售面积(平方米)	**9509187**	**11601552**	**11635302**
住宅	8424978	10506059	10222752
#别墅、高档公寓	491550	485934	323502
办公楼	422156	464267	425728
商业营业用房	505627	420129	722914
其他	156426	211097	263908
2.销售额(万元)	**7660684**	**9786176**	**9708984**
住宅	6388962	8390881	8030189
#别墅、高档公寓	679150	622342	382810
办公楼	494049	685563	651168
商业营业用房	717442	588191	846798
其他	60231	121541	180829
3.销售价格(元/平方米)	**8056**	**8435**	**8344**
住宅	7583	7987	7855
办公楼	11703	14767	15295
商业营业用房	14189	14000	11714
4.出租面积(平方米)	**296857**	**324151**	**323680**
住宅		750	
#别墅、高档公寓			
办公楼	34274	69384	25852
商业营业用房	187261	233167	290547
其他	75322	20850	7281

9-33　宁波市房地产开发投资综合

指　　标	2012年	2013年	2014年
一、本年完成投资额(万元)	**8843514**	**11231401**	**13281390**
1.按用途分			
住宅	5156454	6423263	7732540
#别墅、高档公寓	547673	805936	879891
办公楼	667089	958136	1014591
商业营业用房	1100395	1530845	1843337
其他	1919576	2319157	2690922
2.资金状况			
本年资金来源合计	9767583	16070991	18531690
#上年末节余资金	1166418	2160698	3809190
#本年资金来源小计	8601165	13910293	14722500
本年各项应付款合计	1419726	2700230	3220782
3.资金来源及构成			
本年资金来源小计	8601165	13910293	14722500
国内贷款	2190805	3148780	3556098
利用外资	34364	269922	26680
#外商直接投资	31896	269922	26680
自筹资金	3938384	5468753	6656941
其他资金来源	2437612	5022838	4482781
二、房地产开发企业(单位)情况			
1.企业个数合计(个)	**818**	**831**	**860**
#一级企业	22	24	23
#二级企业	69	61	59
#三级企业	290	303	315
2.从业人数合计(人)	**16972**	**17737**	**18991**
#一级企业	1460	1750	1227
#二级企业	2104	1702	1702
#三级企业	5917	6405	6712
3.资产合计(万元)	**87612697**	**57273991.7**	**66927687.1**
4.负债合计(万元)	**55555628.6**	**42407657.5**	**49418279.6**
5.资产负债率(%)	**63.4**	**74.0**	**73.8**
三、商品房屋开发面积(平方米)			
1.施工房屋面积	**60805078**	**68339592**	**74221626**
住宅	33620766	36279381	39507551
#别墅、高档公寓	2278184	2636894	3200007
办公楼	5125364	6014659	5990839
商业营业用房	7387441	9123412	10471623
其他	14671507	16922140	18251613

9-33 续表

指　　标	2012年	2013年	2014年
2.新开工房屋面积	**14705107**	**18372030**	**14682100**
住宅	8303184	10030984	7957427
#别墅、高档公寓	1058605	827185	508927
办公楼	903777	1226758	991683
商业营业用房	1438536	2943532	2004611
其他	4059610	4170756	3728379
3.竣工房屋面积	**8399073**	**8674803**	**12710855**
住宅	5306090	4625109	7122105
#别墅、高档公寓	420829	273114	493068
办公楼	452242	863832	1212732
商业营业用房	956427	1025513	1384198
其他	1684314	2160349	2991820
4.待售房屋面积	**2399152**	**4914547**	**6639051**
住宅	774651	2251719	3296992
#别墅、高档公寓	60445	429026	578821
办公楼	313636	567619	786426
商业营业用房	733693	1341650	1442342
其他	577172	753559	1113291
四、商品房屋销售			
1.销售面积(平方米)	**5902173**	**7300878**	**7264365**
住宅	4587421	5819535	5951952
#别墅、高档公寓	102134	427294	342122
办公楼	455251	495874	508969
商业营业用房	553096	557051	505575
其他	306405	428418	297869
2.销售额(万元)	**6633948**	**8104011**	**7805375**
住宅	5222892	6637387	6481530
#别墅、高档公寓	211444	618145	536764
办公楼	429654	483513	453284
商业营业用房	838365	764926	656358
其他	143037	218185	214203
3.销售价格(元/平方米)	**11240**	**11100**	**10745**
住宅	11385	11405	10890
办公楼	9438	9751	8906
商业营业用房	15158	13732	12982
4.出租面积(平方米)	**645422**	**616154**	**316680**
住宅	3106	3106	
#别墅、高档公寓			
办公楼	85902	75348	79188
商业营业用房	543655	529640	203501
其他	12759	8060	33991

9-34　厦门市房地产开发投资综合

指　　标	2012年	2013年	2014年
一、本年完成投资额(万元)	**5188791**	**5318029**	**7040636**
1.按用途分			
住宅	2894887	3041899	3846244
#别墅、高档公寓	175841	205932	245548
办公楼	458412	699786	925624
商业营业用房	529327	575917	793635
其他	1306165	1000427	1475133
2.资金状况			
本年资金来源合计	11568291	14762653	15860082
#上年末节余资金	2145010	2954960	4420939
#本年资金来源小计	9423281	11807693	11439143
本年各项应付款合计	513396	742450	1152457
3.资金来源及构成			
本年资金来源小计	9423281	11807693	11439143
国内贷款	1395136	1897342	1617545
利用外资	39870	146470	214299
#外商直接投资	39870	146470	214299
自筹资金	2022235	2624883	3808277
其他资金来源	5966040	7138998	5799022
二、房地产开发企业(单位)情况			
1.企业个数合计(个)	**530**	**524**	**513**
#一级企业	13	13	12
#二级企业	24	29	30
#三级企业	49	35	35
2.从业人数合计(人)	**12379**	**13606**	**14165**
#一级企业	1715	1801	1917
#二级企业	1369	1845	1942
#三级企业	1809	1361	1297
3.资产合计(万元)	**38719197.9**	**46907635.9**	**52624627.6**
4.负债合计(万元)	**27032115.1**	**33467633.5**	**37062186.1**
5.资产负债率(%)	**69.8**	**71.3**	**70.4**
三、商品房屋开发面积(平方米)			
1.施工房屋面积	**35797338**	**37858602**	**42198564**
住宅	21110666	22016600	22743224
#别墅、高档公寓	1123950	1116417	1039438
办公楼	3495760	3903816	5567936
商业营业用房	2756789	3478843	3757772
其他	8434123	8459343	10129632

9-34 续表

指　　标	2012年	2013年	2014年
2.新开工房屋面积	**8175737**	**6894973**	**7395846**
住宅	4369962	3827303	3042603
#别墅、高档公寓	48927	25902	77691
办公楼	797465	634565	1496222
商业营业用房	948025	1164647	873667
其他	2060285	1268458	1983354
3.竣工房屋面积	**4224084**	**3437851**	**5854767**
住宅	2155462	2141127	3496778
#别墅、高档公寓	247150	151458	51659
办公楼	735930	174343	584962
商业营业用房	451236	242029	375519
其他	881456	880352	1397508
4.待售房屋面积	**2489589**	**2593693**	**2630198**
住宅	723060	921158	889385
#别墅、高档公寓	17443	185915	144337
办公楼	304250	199067	174718
商业营业用房	396160	378085	468629
其他	1066119	1095383	1097466
四、商品房屋销售			
1.销售面积(平方米)	**6153435**	**7867109**	**7902090**
住宅	4802694	5815237	5103704
#别墅、高档公寓	158736	179506	235557
办公楼	362498	671407	871468
商业营业用房	220769	214200	303266
其他	767474	1166265	1623652
2.销售额(万元)	**7556699**	**10718544**	**12151924**
住宅	6221110	8461819	9073155
#别墅、高档公寓	382587	364426	454216
办公楼	498784	979609	926795
商业营业用房	451425	569537	662372
其他	385380	707579	1489602
3.销售价格(元/平方米)	**12280**	**13625**	**15378**
住宅	12953	14551	17778
办公楼	13760	14590	10635
商业营业用房	20448	26589	21841
4.出租面积(平方米)	**498068**	**347717**	**294152**
住宅	3327		374
#别墅、高档公寓			
办公楼	117695	16013	76524
商业营业用房	316632	292893	198670
其他	60414	38811	18584

9-35 深圳市房地产开发投资综合

指 标	2012年	2013年	2014年
一、本年完成投资额(万元)	**7368421**	**8769002**	**10694855**
1.按用途分			
住宅	4745981	5904800	7302764
#别墅、高档公寓	326350	558336	793346
办公楼	269991	644778	1042173
商业营业用房	901108	844627	1182235
其他	1451341	1374797	1167683
2.资金状况			
本年资金来源合计	15771136	22556745	22832549
#上年末节余资金	3861462	5687680	6513530
#本年资金来源小计	11909674	16869065	16319019
本年各项应付款合计	1208717	2437902	3388815
3.资金来源及构成			
本年资金来源小计	11909674	16869065	16319019
国内贷款	3028842	4410869	5380234
利用外资		1200	204555
#外商直接投资		1200	177955
自筹资金	4732439	4569711	5456498
其他资金来源	4148393	7887285	5277732
二、房地产开发企业(单位)情况			
1.企业个数合计(个)	**459**	**461**	**453**
#一级企业	45	38	29
#二级企业	25	23	27
#三级企业	77	102	109
2.从业人数合计(人)	**26697**	**26660**	**24638**
#一级企业	5658	4494	4109
#二级企业	1941	1761	1939
#三级企业	3395	5240	6329
3.资产合计(万元)	**77278569.6**	**98812769.4**	**100489517.1**
4.负债合计(万元)	**55713753.4**	**73185423.6**	**77438936.2**
5.资产负债率(%)	**72.1**	**74.1**	**77.1**
三、商品房屋开发面积(平方米)			
1.施工房屋面积	**32166887**	**40034868**	**44921847**
住宅	21075869	26082923	28699951
#别墅、高档公寓	687567	1409827	2268845
办公楼	1569276	2615132	3373168
商业营业用房	3392528	3836201	4817830
其他	6129214	7500612	8030898

9-35 续表

指　标	2012年	2013年	2014年
2.新开工房屋面积	**9052374**	**13663965**	**9326762**
住宅	5618884	9101325	5495031
#别墅、高档公寓	276802	486322	878063
办公楼	506909	1148782	913032
商业营业用房	1034744	1206822	1179996
其他	1891837	2207036	1738703
3.竣工房屋面积	**4257505**	**3535531**	**4253080**
住宅	2893951	1963294	2692617
#别墅、高档公寓	118458	43000	64742
办公楼	122985	308407	109725
商业营业用房	397472	533493	392177
其他	843097	730337	1058561
4.待售房屋面积	**3100498**	**3516611**	**3198521**
住宅	1889388	2030568	1919506
#别墅、高档公寓	175991	125311	125675
办公楼	168877	140808	160893
商业营业用房	801378	1030577	962698
其他	240855	314658	155424
四、商品房屋销售			
1.销售面积(平方米)	**5258334**	**5885819**	**5325666**
住宅	4884429	5271586	4748091
#别墅、高档公寓	151422	179605	239034
办公楼	59786	213144	231731
商业营业用房	210040	190451	235864
其他	104079	210638	109980
2.销售额(万元)	**10300981**	**14362533**	**13166850**
住宅	9278424	12349964	11414541
#别墅、高档公寓	545431	973588	1277727
办公楼	249819	834070	742806
商业营业用房	520239	660602	636651
其他	252499	517897	372852
3.销售价格(元/平方米)	**19590**	**24402**	**24723**
住宅	18996	23427	24040
办公楼	41786	39132	32055
商业营业用房	24769	34686	26992
4.出租面积(平方米)	**793723**	**415403**	**358837**
住宅	21205	5522	5620
#别墅、高档公寓			
办公楼	403245	215827	67618
商业营业用房	361800	193391	271590
其他	7473	663	14009

第四部分
附　录

附录一 2015 中国房地产百强企业研究报告

1 研究背景与目的

由国务院发展研究中心企业研究所、清华大学房地产研究所和中国指数研究院三家研究机构共同组成的“中国房地产 TOP10 研究组”，自 2004 年以来开展中国房地产百强企业研究，已连续进行了十二年。相关研究成果已成为评判房地产企业经营实力及行业地位的重要标准。

2014 年中央经济工作会议提出“坚持稳中求进工作总基调”，“以提高经济发展质量和效益为中心”，主动适应中国经济“从高速增长转向中高速增长”的发展新常态。在此背景下，中国房地产 TOP10 研究组启动“2015 中国房地产百强企业研究”，以“顺应新常态，开创新局面”为主题，发掘行业中综合实力强、成长潜力大、经营稳健的优秀房地产企业群体，鼓励企业积极改进业务模式、高效整合发展资源，引领行业在新的形势下实现持续、健康的成长。

在分析总结历年研究经验及房地产企业发展现状的基础上，研究组进一步完善了研究方法和评价指标体系，继续从规模性、盈利性、成长性、稳健性、融资能力、运营效率和社会责任感等七个方面全面、客观地评价企业的综合实力，引导企业不断优化发展模式，推动行业健康、良性运行。

中国房地产百强企业研究目的

（1）通过企业规模性、盈利性、成长性、稳健性、融资能力、运营效率和社会责任等指标的量化研究，发掘综合实力强、经营稳健以及具备较强社会责任感的优秀企业群体；

（2）通过系统研究，打造“中国房地产百强企业”品牌，提升企业知名度和影响力，发挥百强企业的行业示范效应，推动房地产企业做强做好做大；

（3）通过企业评价，鼓励企业为社会多做贡献，以营造行业重视社会责任的氛围，发挥房地产业作为国民经济重要支柱产业和重要民生行业的作用。

2. 研究方法体系

2.1 标准和门槛值

中国房地产百强企业研究坚持以数据为依据，秉承客观、公正、准确、全面的研究原则。TOP10 研究组依照国际惯例，对中国房地产百强企业设立如下筛选标准和门槛值：

（1）依法设立并登记注册的房地产开发经营企业作为本次的研究对象；

（2）按照国际惯例，对进入研究的企业给予一个门槛指标，TOP10 研究组根据近 5 年百强企业实际状况，确定近三年每年的房地产业务销售额均须达到 10 亿元或销售面积 10 万平方米为入选门槛值；

（3）为了引导房地产开发企业做强做好做大，TOP10 研究组鼓励以集团的名义参与；

（4）符合上述 1～3 条，但是有严重拖欠工程款，或有重大偷漏税等违规行为问题的企业，取消评审资格。

2.2 评价指标体系

评价指标体系设立原则

2015 中国房地产百强企业研究以 2014 年度为研究时间段，同时结合过去五年的综合经营表现及未来三年成长潜力，涵盖规模性、盈利性、成长性、稳健性、融资能力、运营效率、社会责任在内的七个二级指标，全面考量企业的综合实力。

评价指标体系的设计主要把握以下几个基本原则：

（1）**企业规模与运营效率相结合**。规模与效率是企业向前发展的双驱动力，规模经济的获取离不开高效率的经营管理。基于资金密集型特性，房地产企业只有在不断提高经营管理的运转效率，更好地实现资本良性增值的基础上，才能稳健扩张规模。TOP10 研究组在此采用净资产、房地产业务收入、存货周转率等指标，综合反映企业规模化发展与运营效率的情况。

（2）**成长潜力与经营稳健相结合**。房地产是资金密集型行业，也是一个容易受政策影响的行业。企业的高杠杆运营，在市场调整期往往带来资金链断裂的巨大压力；此次研究继续强调企业成长潜力的培育必须建立在稳健经营的前提下，注重短期财务风险的控制，处理好稳健经营与快速成长之间的关系，以维护整个行业的平稳健康发展。

（3）**盈利能力与社会责任相结合**。企业必须稳步盈利才能实现永续经营，研究组对房地产企业盈利能力的评价，将从净利润、净资产收益率、营业利润率、成本费用利润率等角度来进行，更全面地衡量企业在不同市场形势下的盈利状况及成本控制水平。同时从纳税、政策性住房新开工面积、慈善捐赠三个基本层面引导企业重视社会责任，积极构建和谐社会，并将其作为企业综合实力评价的重要内容。

（4）**融资能力与综合实力相结合**。融资能力对于房地产企业有着极其重要的意义，项目的获取、运营等环节都离不开强大的融资能力支持。本次研究通过筹资活动现金流入、本年新增银行授信额度及综合资金成本率三个指标来分析企业的融资实力，表现突出的企业其综合实力指数相应提高。

评价指标体系

在 2015 中国房地产百强企业研究中，中国房地产 TOP10 研究组根据企业规模与运营效率相结合、成长潜力与经营稳健相结合、盈利能力与社会责任相结合、融资能力与综合实力相结合的原则，全面客观地评价企业的综合实力。

2015中国房地产百强企业评价指标体系

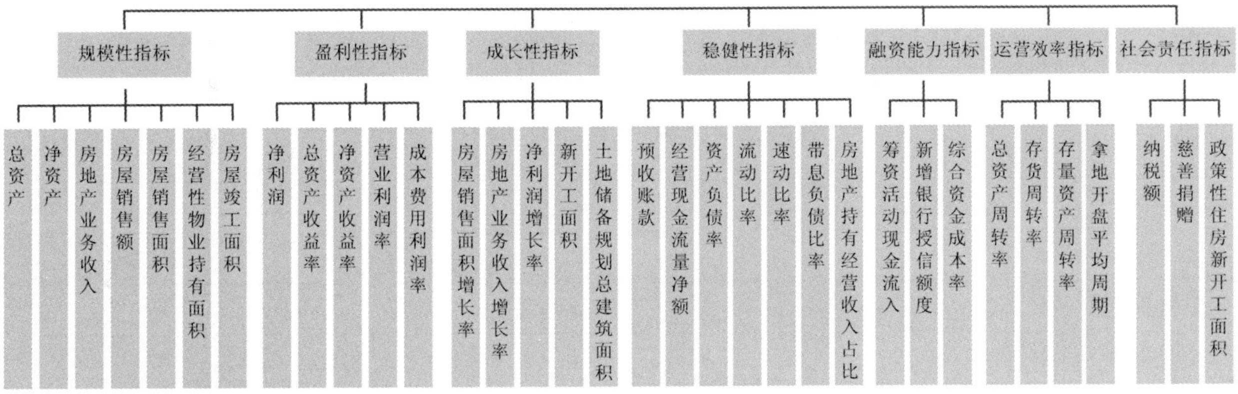

2.3　数据来源和复核

2.3.1　数据来源

（1）房地产开发企业填报数据；

（2）中国房地产指数系统（CREIS）数据库；

（3）房地产企业对外公布的信息（包括公司年报、企业网站公布的信息和对外派发的宣传资料）；

（4）有关政府部门（包括建委、房管局和统计局等）的公开数据；

（5）2012-2014 中国房地产百强企业研究收集数据资料；

（6）2012-2014 中国房地产上市公司研究收集数据资料；

（7）2012-2014 中国房地产品牌价值研究收集数据资料。

2.3.2　数据复核

企业填报的数据须如实客观，同时研究组将对填报数据进行复核。

（1）企业财务数据通过会计师事务所出具的报表进行复核；

（2）通过税单复核企业经营收入及利润；

（3）对收集的数据坚持交叉复核：通过各地房地产交易中心公开的项目交易情况复核企业提供的销售数据；通过统计局的企业直报数据进行交叉复核；对有疑问的数据研究组可要求进行现场复核。

2.4　计量评价方法

（1）在研究方法上，为增加研究的严谨性，采用因子分析（Factor Analysis）的方法。因子分析是一种从变量方差——协方差结构入手，在尽可能多地保留原始信息的基础上，用少数新变量解释原始变量方差的多元统计分析方法。它将原始变量分解为公共因子和特殊因子之和，并通过因子旋转，得到符合现实意义的公共因子，然后用这些公共因子去解释原始变量的方差。计算中国房地产百强综合实力时，主要是计算各构成要素的相关矩阵，通过相关矩阵得到特征值、累计特征值及因子载荷。根据最初几个特征值在全部特征值的累计百分率大于或等于某百分比的原则，确定公共因子的具体个数。然后再根据因子载荷矩阵确定各个因子的现实意义并进行重新命名，最后根据不同企业各个因子的得分及载荷矩阵，通过加权累加构成 2015 中国房地产百强综合实力指数。

（2）企业按评价指标体系排序出现相同时，依照慈善捐赠数据确定排序；当上述累加计算又基本相同时，按西部、中部、东部排序确定。

3 主要研究成果

3.1 2015中国房地产百强企业

"2015中国房地产百强企业"名单

万科企业股份有限公司	宁波奥克斯置业有限公司
保利房地产（集团）股份有限公司	联发集团有限公司
绿地控股集团有限公司	俊发地产有限责任公司
中国海外发展有限公司	沿海绿色家园集团
恒大地产集团有限公司	重庆东原房地产开发有限公司
碧桂园控股有限公司	中梁地产集团
绿城房地产集团有限公司	上海爱家集团
世茂房地产控股有限公司	新鸥鹏地产集团
龙湖地产有限公司	上海实业城市开发集团有限公司
北京首都开发控股（集团）有限公司	福晟集团有限公司
华润置地有限公司	百步亭集团有限公司
中信房地产股份有限公司	东方银座集团中国有限公司
招商局地产控股股份有限公司	星河控股集团有限公司
华夏幸福基业股份有限公司	朗诗集团股份有限公司
金科地产集团股份有限公司	银亿房地产股份有限公司
金地（集团）股份有限公司	颐和地产集团有限公司
远洋地产控股有限公司	中粮置地管理有限公司
荣盛房地产发展股份有限公司	五矿地产控股有限公司
新城控股集团有限公司	浙江祥生房地产开发有限公司
复地（集团）股份有限公司	广州广电房地产开发集团股份有限公司
北京金隅股份有限公司	安徽省文一投资控股集团
卓越置业集团有限公司	阳光100中国控股有限公司
阳光城集团	上海保集（集团）有限公司
四川蓝光和骏实业股份有限公司	深圳市合正房地产集团有限公司
旭辉控股（集团）有限公司	德信控股集团有限公司
天津房地产集团有限公司	三盛地产集团
广州市敏捷投资有限公司	上海城建置业发展有限公司
泰禾集团股份有限公司	深圳市富通房地产集团有限公司
杭州滨江房产集团股份有限公司	天朗控股集团
中国奥园地产集团股份有限公司	当代置业（中国）有限公司
金融街控股股份有限公司	杭州市城建开发集团有限公司
正荣集团有限公司	中国葛洲坝集团房地产开发有限公司
福星惠誉房地产有限公司	奥宸地产（集团）有限公司
宝龙地产控股有限公司	上亿企业集团有限公司

续表

时代地产控股有限公司	重庆市兴茂产业发展（集团）有限公司
禹洲集团	中惠熙元房地产集团有限公司
海伦堡地产集团有限公司	重庆同景置业有限公司
龙光地产控股有限公司	中昂地产（集团）有限公司
鑫苑（中国）置业有限公司	奥山置业有限公司
红星美凯龙地产	重庆泽京房地产开发有限公司
花样年集团（中国）有限公司	领地房地产集团股份有限公司
雨润地产集团	庭瑞集团股份有限公司
海航基础产业集团有限公司	金侨投资控股集团股份有限公司
武汉地产开发投资集团有限公司	重庆德杰地产集团
景瑞地产（集团）有限公司	四川蓝润实业集团有限公司
协信地产控股有限公司	纽宾凯集团有限公司
方圆地产控股有限公司	重庆长安房地产开发有限公司
隆基泰和实业有限公司	云南实力房地产开发经营集团有限公司
上海大名城企业股份有限公司	广东尚东投资控股集团有限公司
上海三盛宏业投资（集团）有限责任公司	永泰房地产（集团）有限公司

3.2 百强企业整体发展特点分析

（1）销售规模逆市再创新高，行业集中度进一步提升

● **百强企业 2014 年销售额增速高于全国 18.7 个百分点，市场份额上升至 35.4%**

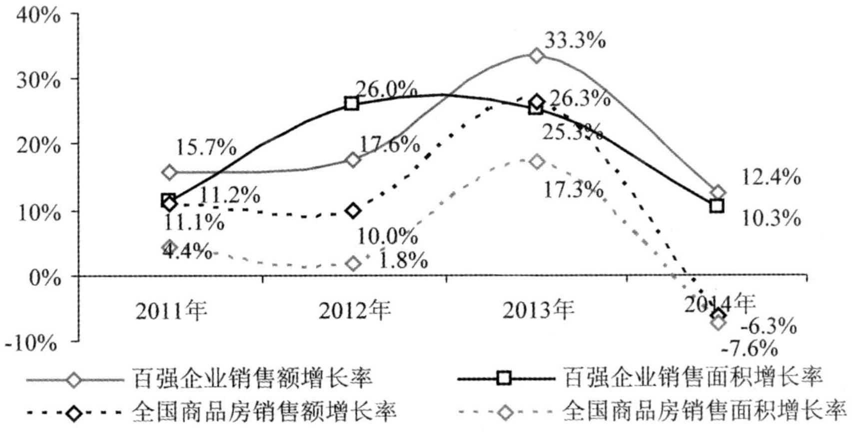

图 1 百强企业 2011-2014 年销售增长情况

2014 年，房地产市场进入深度调整期，全国商品房销售额和销售面积同比分别下降 6.3%和 7.6%。在此背景下，百强企业凭借较强的综合实力、灵活的销售策略和突出的品牌优势，销售业绩逆势上涨，全年实现销售总额 27007.4 亿元，销售面积 24978.5 万平方米，同比分别增长 12.4%和 10.3%，高于全国平均水平 18.7 和 17.9 个百分点。可见，市场调整期百强企业与全国房企销售业绩之间的“剪刀差”不断拉大，市场领先优势进一步彰显。

百强企业 2014 年市场份额快速上升，行业集中度进一步提高。在市场景气度下降的背景下，百强企业展现出了较强的抗波动能力，销售业绩稳步增长，市场份额上升至 35.4%，较上一年提高了 5.9 个百分点，

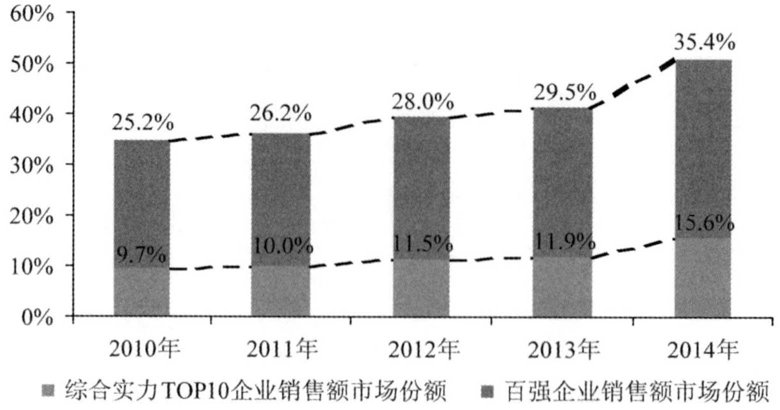

图 2 百强及综合实力 TOP10 企业 2010-2014 年市场份额及变化

提升幅度为近 5 年最高。其中，综合实力 TOP10 企业继续发挥其品牌优势和规模效应，在激烈的市场竞争中持续领先，2014 年市场份额达到 15.6%，较上一年提高 3.7 个百分点，销售总额占百强企业的 44%。在房地产行业逐步迈入平稳发展新常态、市场竞争更趋激烈的背景下，市场份额将更加集中于领先梯队企业。

● **百强企业 2014 年内部业绩分化加剧，强者恒强趋势显著**

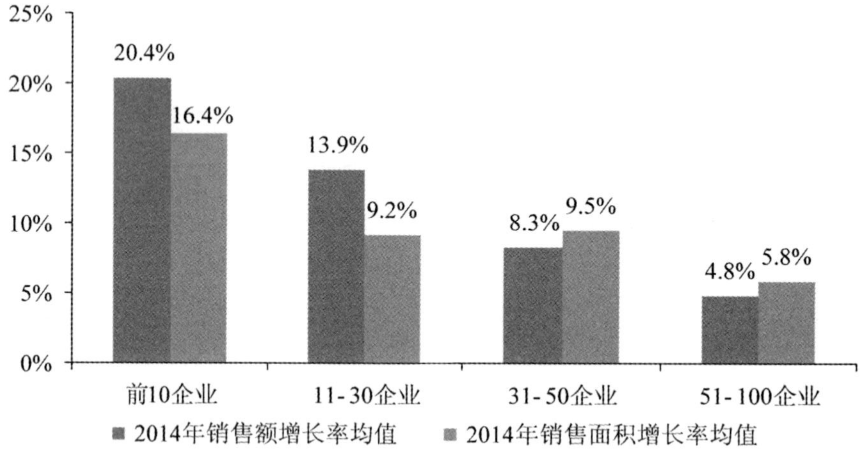

图 3 百强企业内部不同层级 2014 年销售额、销售面积增长率均值

不同规模的百强企业 2014 年业绩分化更加突出，中等规模的百强企业在市场下行的压力下采取灵活策略，更注重通过“以价换量”提升销售业绩。百强企业 2014 年销售额增长率呈现明显的“梯级分布”，前 10、11-30 规模较大的百强企业销售额的增长率均值分别达到 20.4%和 13.9%，高于百强企业均值 8.0 个和 1.5 个百分点，且销售额增长率高于销售面积增长率，主要以品牌溢价带动业绩增长；31-50、51-100 规模中等的百强企业销售额增长率均值则低于销售面积增长率均值，说明弱市下中等规模百强企业主要通过“以价换量”的方式实现销售业绩的增长，如宝龙地产和禹洲地产 2014 年销售均价分别下降 7.1%和 5%，有效推动销售额分别上升 13.6%和 9.5%。

百强前 10、11-30 企业 2014 年销售及推盘情况

企业类别	年份	销售额均值（亿元）	销售面积均值（万平米）	年推盘量均值	销售额超 10 亿城市个数均值
前 10 企业	2013 年	972	962	76	17
	2014 年	1189	1158	85	18
11-30 企业	2013 年	264	227	15	5
	2014 年	294	251	22	6

在市场下行的压力下，百强企业加大推盘量，城市深耕成效显著，有力保障了全年销售业绩。在市场形势较为低迷的背景下，百强前30企业逆势加大推盘量抢占市场，充足的供货资源奠定了业绩增长的基础，从年新推盘数量来看，前10、11-30企业2014年新推盘数量均值分别达到85个和22个，较上年分别增加9个和7个，有力保障了企业在逆势中取得良好的销售业绩；大规模推盘推升企业单城市产能，城市深耕成效显著，促进业绩进一步提升。其中百强前10、11-30企业业绩贡献超10亿的城市个数均值分别达到18个和6个，较上年均有所提升。凭借充沛的供货量和更多的高产能城市，百强企业的销售额稳步提升。

此外，部分百强企业凭借非住宅和海外业务的快速增长，拓展销售来源，在一定程度上支撑了企业整体销售业绩提升。部分百强企业在非住宅业务领域发展迅速，形成对业绩的有力补充。绿地集团2014年销售额达2408亿元，大幅增长近50%，其中商办实现销售额1296亿元，同比增长90%，成为企业销售额快速增长的重要支撑；旭辉持续强化办公楼和商业综合体业态的发展，2014年企业销售业绩中有15%来自办公楼项目，为其销售业绩提升做出了重要贡献。此外，在国内市场成交放缓的背景下，部分百强企业加速发展海外业务，海外市场稳定的业绩回报成为企业销售业绩提升的重要保障。如绿地集团海外实现销售额153亿元，同比增长467%；碧桂园在马来西亚和澳大利亚分别实现合同销售约人民币26亿和25亿。

● **百强企业2014年总资产、净资产规模继续快速增长，并购成重要推动力**

2014年，受益于逆势并购扩张，百强企业资产规模继续保持较快增长，总资产均值为786.4亿元，同比增长21.7%；净资产均值为202.3亿元，同比增长18.2%，但增幅有所放缓。在市场下行期，百强企业的资产规模仍然实现了较快增长，一部分来自于企业业绩提升带来的内生性增长，另一部分则来自于百强企业通过并购等方式的外生性增长。

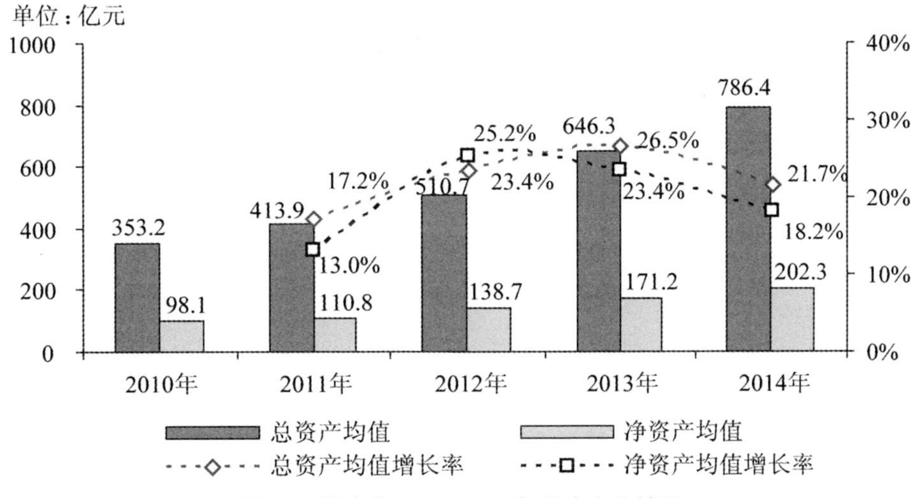

图4 百强企业2010-2014年资产变化情况

2014年百强企业紧抓逆势并购扩张的契机，实现资产规模的持续增长。2014年市场进入下行通道，房地产行业的分化更加突出，部分中小企业在市场调整压力下经营难以为继，甚至被动退出行业，行业并购整合趋势加剧。根据企业披露信息统计，2014年房地产行业完成并购和筹划并购的案例超230起，同比增长57.3%。其中，百强企业凭借较强的综合实力和充足的资金支持成为并购的主力军，并购总数占行业4成左右。百强企业在逆市积极并购优质资产提升规模、扩大优势，如华夏幸福2014年签署转让协议或达成转让意向的并购有8起，包括并购香河京盛90%股权以及圣斌房地产100%股权等。此外，大型百强企业还将并购的目光投向海外和其他业务领域，如碧桂园并购了位于澳大利亚悉尼西北部的1.76万平方米的地块，恒大收购新西兰咔哇熊乳业。可见，实力和品牌兼优的百强企业通过并购有效增加了企业国内外甚至行业内外的优质资产，进一步巩固并提升了自身在行业竞争格局中的地位。

2014 年，在房地产市场需求放缓的背景下，百强企业凭借较强的综合实力继续快速增长，规模化发展达到了新的高度，行业集中度持续提升；同时，百强企业内部的分化趋势更加突出，“强者恒强”的趋势愈发明显。

（2）抓主流、促合作，精准推盘、创新营销添佳绩

2014 年以来，房地产市场的成交压力增大，百强企业特别是前 50 企业主动调整经营模式，把握市场主流，积极优化市场布局和产品结构；精准推盘，创新营销策略；自内而外加大合作力度，丰富合作形式，促进了销售业绩的快速增长，推动企业规模化的进一步扩张。

● **完善一二线主流市场布局，聚焦“首置、首改”主流产品**

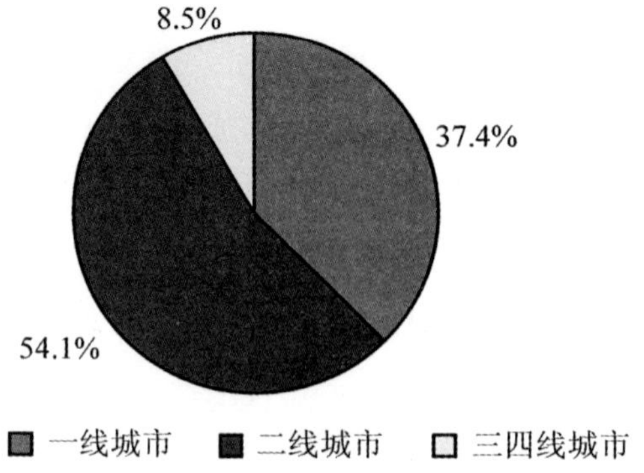

图 5 前 50 企业重点城市[①]销售额在一线、二线、三四线城市的分布结构

2014 年，一二线主流城市依然是百强企业优化市场布局的首选。随着房地产市场景气度的下降，2014 年各区域和城市间的分化趋势更加显著，一二线主流城市凭借庞大的市场需求展现出较强的抗风险能力，受到百强企业的青睐。通过分析前 50 企业重点城市销售额在一线、二线、三四线城市的分布结构显示：重点城市的销售额中来自一二线城市的销售额占比高达 91.5%，其中一线城市占比 37.4%，二线城市占比 54.1%。可见，一二线主流城市是百强前 50 企业重要的销售业绩来源。

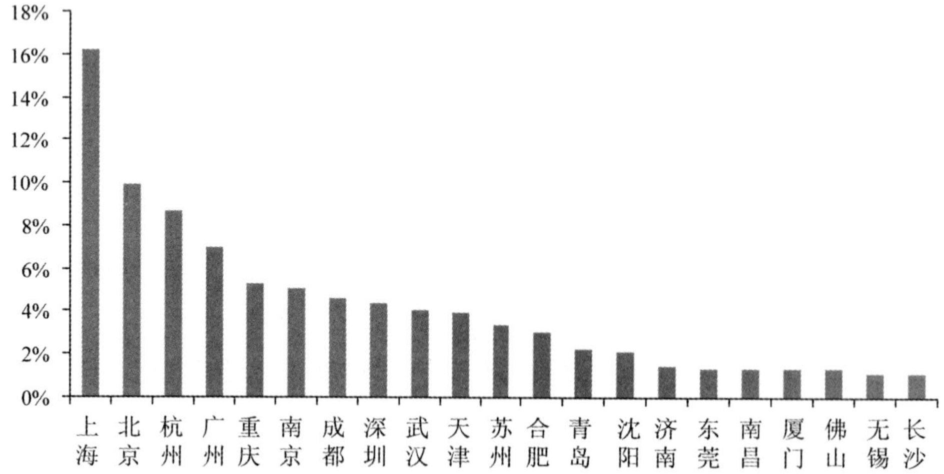

图 6 前 50 企业重点城市销售额分布情况

从具体城市来看，北、上、广、深 4 个一线城市销售额占重点城市销售额的 37.4%，尤其是上海的贡献最为突出，销售额占比高达 16.2%。杭州、重庆、南京、成都、武汉、天津等热点二线城市亦成为多家前 50 百强企业项目销售的重要城市，其中重庆和成都的销售额占比分别达到 5.3%和 4.6%，说明随着中西部地

[①] 如无特别说明,本报告中的“重点城市”均指企业在 2014 年销售额最高的 10 个城市。

区的发展和需求的增长，区域内主要城市越来越受到百强企业的关注。

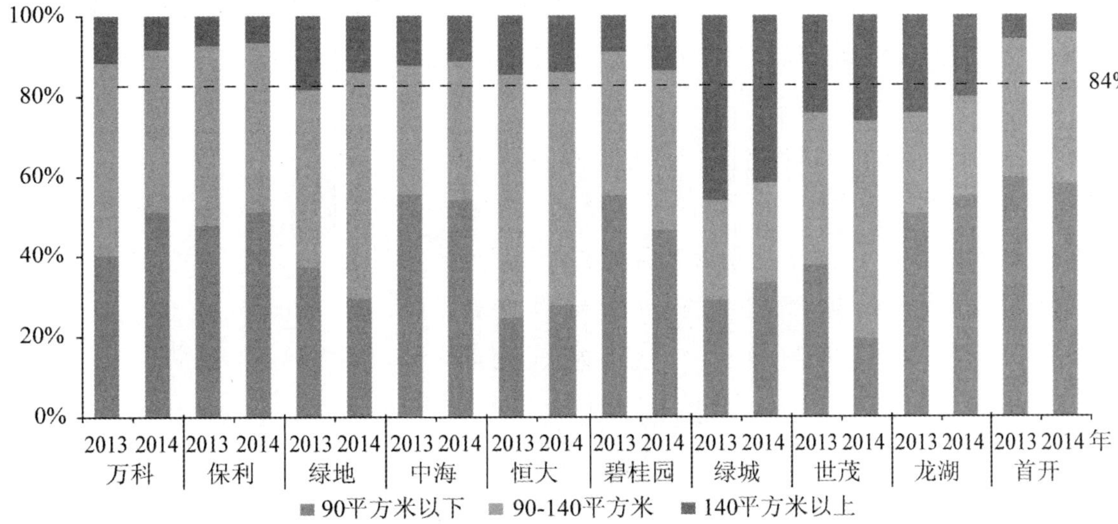

图 7　综合实力 TOP10 企业 2013-2014 年在主要业绩贡献城市不同面积段商品房成交占比

百强企业 2014 年继续把握主流市场需求，聚焦“首置、首改”刚需类产品。2014 年，刚需类产品依然为商品住宅成交的主力，百强企业继续优化产品结构，强化对主流客群的覆盖，推出适销对路的“首置、首改”类产品。研究组选取综合实力 TOP10 企业的 10 个主要业绩贡献城市来分析其产品结构，这 10 个城市已为企业贡献了 6 成以上的业绩，可以更好地反映企业的产品策略。综合实力 TOP10 企业 2014 年持续提升“首置、首改”类刚需产品占比，在 10 个主要业绩贡献城市中 140 平方米以下商品房的成交套数占比均值超 84%，较上年有所增加。其中，90-140 平方米的改善类产品占比较上年上升了 2.6 个百分点，源于企业抓住下半年改善性需求的集中释放期，加大改善类产品的入市比例，推动企业下半年业绩的快速提升。

- **踩准市场时机加大推盘力度，创新营销策略激发潜在需求**

市场调整期，百强企业主动调整营销模式，一方面通过对市场形势的准确预判，把握市场时机实现精准推盘；另一方面运用互联网技术不断创新销售策略，凭借多元化的营销手段，推动项目在逆势下实现热销，有效保障了企业销售业绩的提升。

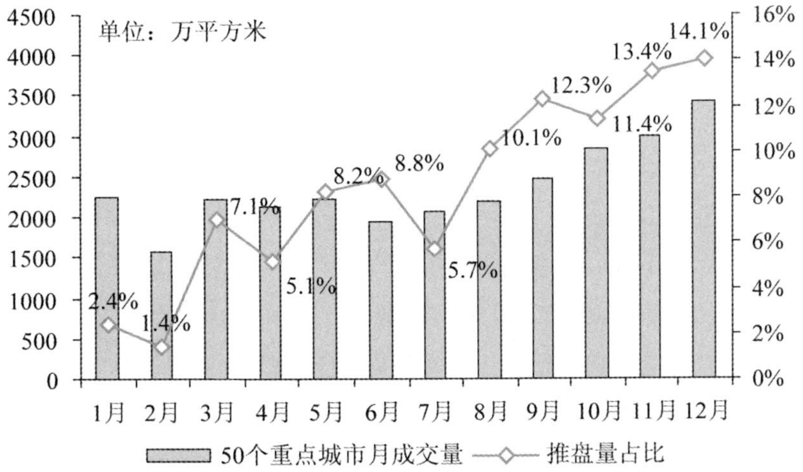

图 8　前 30 企业月推盘量占比及 50 个重点城市的市场月成交量

2014 年，房地产市场受到宏观经济、货币政策、政府调控等多重因素的影响出现明显波动，而百强企业则凭借敏锐的洞察力，准确抓住政策和市场的有效节点调整推盘策略，扩大业绩规模。根据研究组对前 30 企业的推盘量和 50 个重点城市的市场月成交量分析显示：随着个别城市限购政策的放开，5、6 月份前 30 企业推盘量达到上半年高峰，占上半年推盘总量的一半以上；下半年随着多个城市限购放开步伐的加快和市场成交量的节节攀升，企业推盘量也不断加大，推盘总量占全年推盘量的 67%，特别是四季度在公积金新政、央行降息等利好政策的进一步刺激下，推盘力度进一步强化，推盘总量占全年的 38.9%。抓准时机、快速推盘有效扩大了企业的销售规模，为业绩增长奠定了基础。

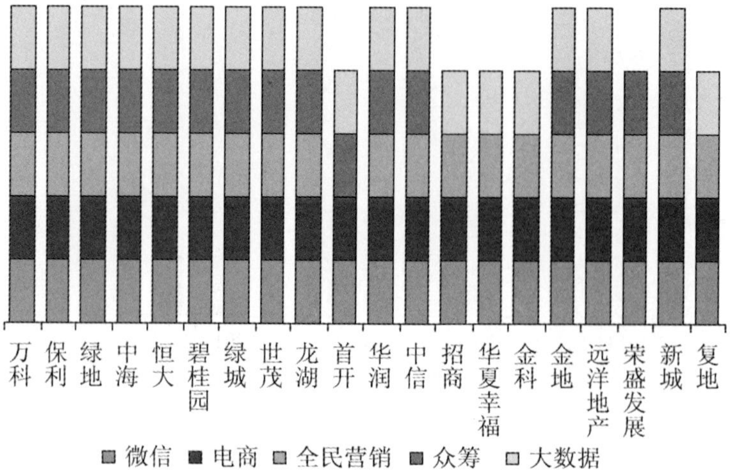

图 9 前 20 企业营销创新策略的使用情况

弱市下房地产市场的销售压力陡增，百强企业 2014 年在做好产品及服务的同时，利用移动互联技术创新营销策略，有效提升了营销的广度、深度和针对性，刺激需求释放，保障销售业绩。研究组通过对前 20 企业营销创新的分析显示：从广度来看，95%的企业通过“全民营销”拓宽客户资源，有效扩大营销范围，如万科、绿地、碧桂园、世茂、龙湖等企业全面调动一切内外部资源积极拓客，实现项目营销范围的最大化；从深度来看，95%的企业借助“大数据”深挖客户需求，如万科、中海等企业通过大数据对客户活动轨迹、消费习惯等信息进行分析，实现更精准的营销；从具体的营销手段来看，针对客户消费行为模式的转变，前 20 企业均已采用微信和电商的营销形式，借助移动互联网进行及时有效的信息传递，激发潜在客群，快速锁定有效客户，带动产品销售规模的提升；另有 80%的企业通过众筹形式进一步明确激励对象、加强利润引导，有效加快项目去化。

- **全方位强化合作，丰富合作模式，共同占领市场制高点**

2014 年，在房地产市场下行压力加大、行业竞争加剧的背景下，“合作共赢”成为行业的共识，百强企业特别是综合实力 TOP10 企业全面强化从拿地到项目开发的合作力度，并通过“小股操盘”、“合伙人”等升级合作模式，更有效地整合优势资源，推动企业销售业绩和资产规模的不断提升。

1）注重企业间合作。企业间的合作开发帮助企业整合大量优势资源、快速扩大经营规模，从而促进销售规模的提升。随着土地成本的上升，房企越来越注重通过合作的方式获取优质项目，特别是在土地价格较高的一线城市，如北京市场 2014 年成交的住宅用地中合作拿地的建筑面积占比接近一半。百强企业 2014 年持续注重通过合作拿地的方式获取一、二线热点城市的优质项目，以更好地整合优势资源、平滑市场风险。如万科、保利、绿城和招商 2014 年的新增土地权益占比均低于 80%，其中绿城的占比仅为 54.6%。与 2013 年相比，保利的权益土地占比显著下降，而万科、绿城和招商的权益土地占比虽有所上升，但仍处于相对较低水平。此外，2014 年企业间的合作形式也在不断升级，以“小股操盘”为典型代表，特点在于同股不同权，企业以较低的持股比例进行项目开发，凭借管理和品牌的输出实现大量项目的运营管理，显著推动企业的规模化扩张。万科、龙湖、旭辉、朗诗等百强企业均积极尝试小股操盘，有效利用外部资源，抢占更多的市场份额；同时也凭借更多的项目运营提升品牌影响力，进一步反哺业绩增长。

2）深化企业内部合作。百强企业 2014 年积极强化内部合作，以“人”为核心，以激励机制为驱动力，

通过绑定员工收益与企业利益，激发员工的创新潜能，实现个人收益与企业的同步成长。随着房地产行业步入内生增长阶段，人才的重要性进一步凸显，百强企业2014年进一步创新管理制度和激励方式深化企业内部合作，万科、绿地、碧桂园、龙湖等企业均不同程度试水合伙人制度。一方面通过员工与企业的“利益共享”，提升各部门工作的协同性，激发内部营销热情，提升销售去化率；另一方面通过提升“内部合作人”的管理自主权，使其更灵活、高效地应对市场的变化，自下而上提高项目的运营效率，进而保障项目的顺利开展和销售业绩的进一步提升。

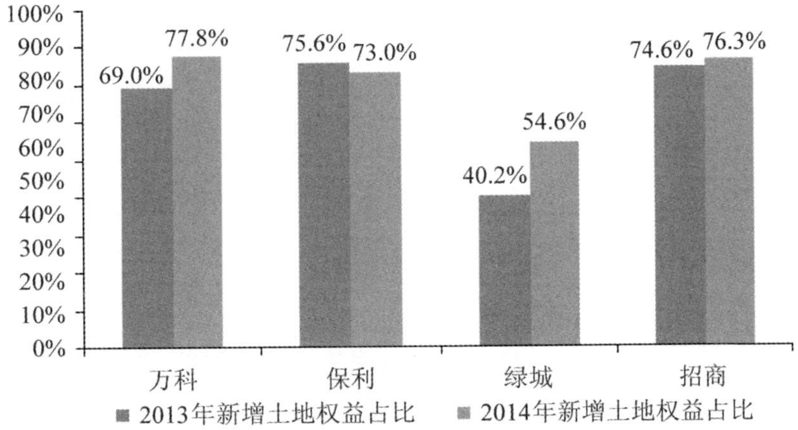

图10 百强代表企业2013-2014年新增土地权益占比情况

百强企业的规模化发展与其积极顺应市场新形势、主动创新求变的策略密不可分。2014年，百强企业通过聚焦主流产品、把握主流市场，奠定了业绩增长基础；凭借精准推盘、创新营销策略有效扩大销售规模；并通过创新性的开展“小股操盘”、“合伙人”等升级合作模式，有效整合内外部资源，进一步促进了企业销售业绩和资产规模的快速提升。

（3）高成本致利润增幅放缓，多管齐下保障盈利质量

- **百强企业净利润同比增长9.8%，低于同期营业收入增速7.3个百分点**

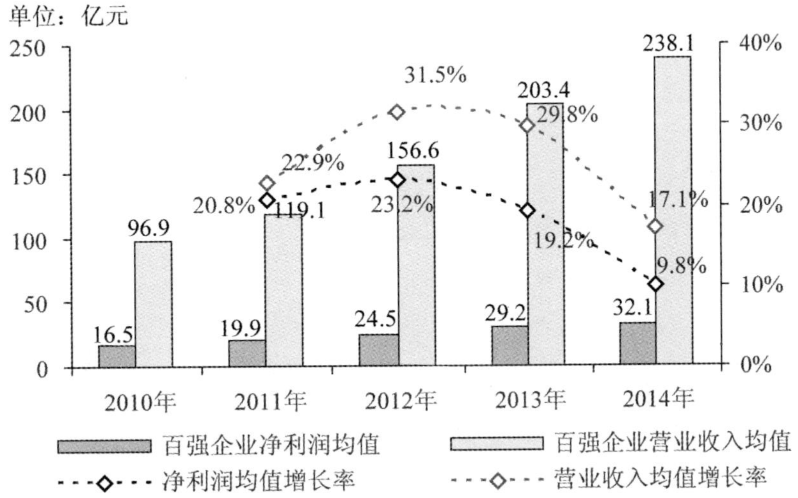

图11 百强企业2010-2014年营业收入与净利润均值变化情况

2014年受市场需求放缓、房价调整以及成本上升等因素影响，房地产行业盈利空间持续受到挤压。百强企业凭借较强的运营能力实现盈利规模的继续上升，但增速显著下降。其中，营业收入均值达238.1亿元，同比增长17.1%，增速较上年回落12.7个百分点；净利润均值达32.1亿元，同比增长9.8%，增速较上年回落9.4个百分点，百强企业净利润增长率低于营业收入增长率7.3个百分点，部分企业增收不增利。其中，规模较大的百强企业在良好销售业绩带动下，净利润规模不断提升，中海净利润达226亿元，万科、保利、

恒大等企业净利润规模继续保持百亿以上，碧桂园净利润首次突破百亿，盈利优势显著。

● **百强企业成本上升致净利率下滑至 11.8%，快开发、高溢价、轻资产保障盈利质量**

百强企业 2014 年总资产收益率均值为 5.1%，较上年下降 0.8 个百分点；净资产收益率均值为 18.1%，较上年回落 2.5 个百分点；净利润率持续走低，均值为 11.8%，较上年下降 4.3 个百分点。

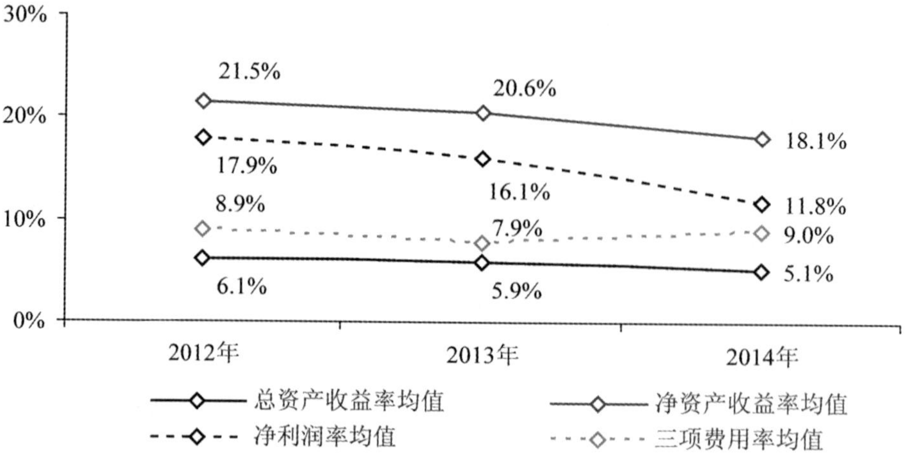

图 12 百强企业 2012-2014 年盈利及费用指标均值

百强企业 2014 年整体净利润率水平的明显下降，主要受到销售放缓及各类成本上升影响。**一方面，土地成本的上升侵蚀企业的盈利空间**。百强企业拿地成本居高不下，新增土地楼面均价较上年上涨了 21.0%，其中，在一线城市新增楼面均价超 14000 元/平方米，同比上涨 32.0%，土地成本高企一定程度上摊薄了企业的利润空间。**另一方面，降价促量挤压利润率**。市场低迷背景下，为加速去库存，百强企业采取降价、首付折扣等促销策略，进一步收窄了企业利润空间。**此外，营销成本快速攀升，影响企业盈利水平**。百强企业于市场调整期加大营销力度，同时积极通过提高佣金比例、增加销售返利等方式进行营销模式创新，销售费用大幅增加，带动整体费用水平的提升，2014 年销售、财务和管理三项费用率均值为 9.0%，同比上升 1.1 个百分点。

为克服销售放缓及各类成本上升给企业盈利带来的不利影响，百强企业 2014 年以质量效益为核心，通过提高资产周转率、提升产品品质、创新轻资产运营模式等方式有效保障了企业的盈利质量。

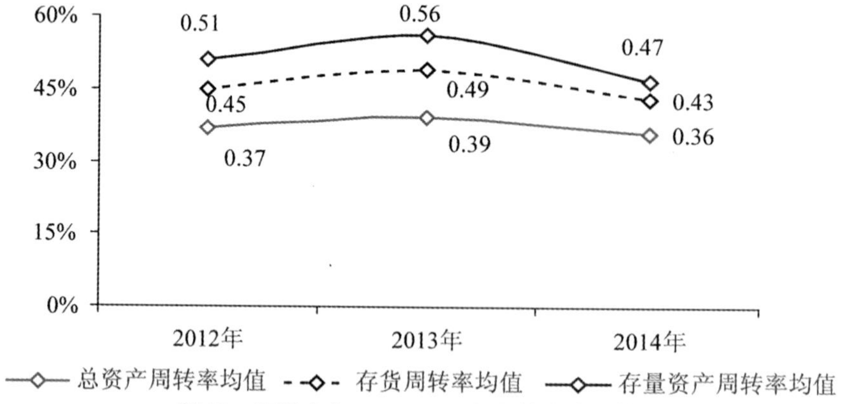

图 13 百强企业 2012-2014 年周转率变化情况

首先，快开发、高周转策略提升运营效率，拓展盈利空间。受市场销售放缓影响，百强企业 2014 年整体运营效率出现下降，总资产周转率均值、存货周转率均值、存量资产周转率均值分别为 0.36、0.43 和 0.47，同比分别下降 0.03、0.06 和 0.09，企业去化压力显著加大。部分百强企业缩短拿地开发周期、加快开盘速度，加速项目去化，万科、恒大、碧桂园、旭辉等 2014 年继续奉行"高周转"模式，拿地开盘周期大多在 5-9 个月左右，有效实现项目的高效运营，提升企业盈利水平。

其次，提升产品品质和附加值、强化品牌溢价优势，有效保障盈利水平。百强企业 2014 年更加注重产品综合品质的提升，通过优化产品户型结构、推行精装修、建立标准化水平较高的产品线等措施提高产品的性价比，强化企业的品牌溢价优势，进而增强其盈利能力。如招商地产通过提高新项目标准化率、限额设计指标达标率、战略采购率等手段管控成本，2014 年全国在建项目平均建安成本较年初降低 127 元/平方米。此外，百强企业通过将绿色、科技等元素引入产品设计及社区服务中，提升产品附加值，有效提升品牌溢价。如综合实力 TOP10 企业除个别企业由于受到郊区盘影响销售溢价为负值外，在一线城市、二线城市、三四线城市销售溢价率均值分别为 23%、21%、15%，溢价优势显著。

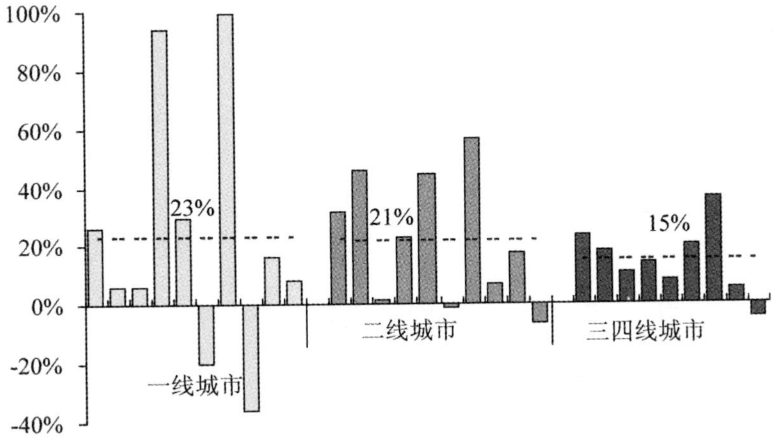

图 14　综合实力 TOP10 企业 2014 年不同等级城市销售溢价率情况

其三，创新轻资产运营模式，基于自身品牌、技术、管理等优势资源，充分整合外部资源，通过低投入撬动高收益实现盈利能力的提升。在行业利润率降低的背景下，轻资产模式由于投入小、风险小、杠杆率高、回报率高、专业化程度高等突出特点成为百强企业提升盈利水平的重要手段。2014 年，已有近 20 家百强企业积极尝试小股操盘、代建、地产基金、社区 O2O 等轻资产运营模式，获取增值收益，提升了盈利能力。其中，万科 2014 年 3 月首次提出并推进“小股操盘”轻资产模式，通过小股操盘获取管理费用、股权收益和超额收益三部分收益，仅上半年实现投资收益 13.1 亿元，轻资产运营成效显现。

百强企业 2014 年盈利规模继续上升，但增速放缓，万科、保利等龙头企业的盈利能力则表现强劲。面对利润率的持续下行，百强企业积极通过提升运营效率和品牌溢价率、创新轻资产模式等策略，有效保障了企业盈利质量。

（4）存货上升加大资金压力，开源节流强化现金管理

- **资产负债率继续攀升，存货上升影响短期偿债能力**

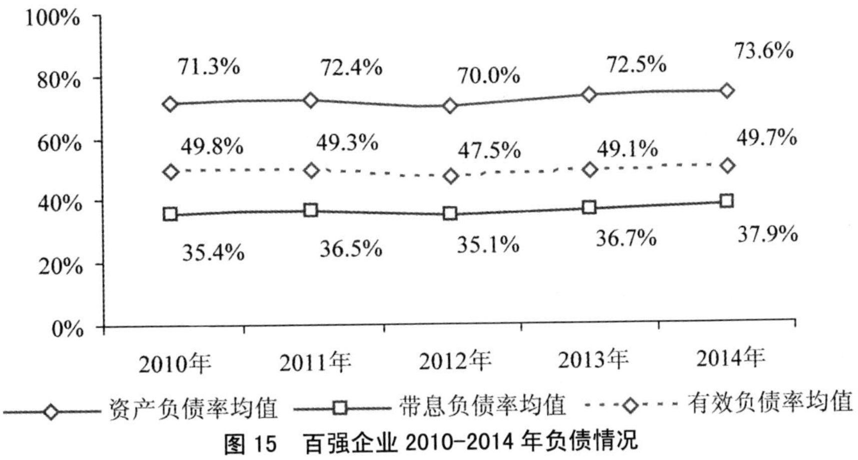

图 15　百强企业 2010-2014 年负债情况

2014 年，百强企业的资产负债率均值为 73.6%，较去年增加 1.1 个百分点，但仍处于合理范围；预收账款均值为 156.3 亿元，同比小幅增长 5.1%，增速明显放缓；剔除预收账款之后的有效负债率均值为 49.7%，同比增长 0.6 个百分点；带息负债率均值继续增长至 37.9%，达到 2010 年以来最高水平。总体来看，百强企业的财务杠杆有所上升，未来应进一步强化财务管控，在市场调整期需保持合理的杠杆率，警惕财务风险。

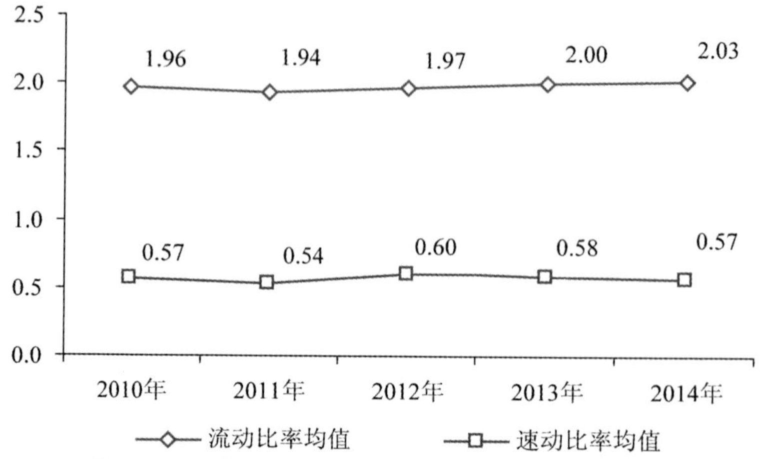

图 16　百强企业 2010-2014 年流动比率与速动比率均值

2014 年，百强企业的流动比率均值为 2.03，同比提升 0.03；速动比率均值为 0.57，与上年相比略有回落。受到前三季度房地产市场销售疲弱的影响，大部分企业存货规模高企，截至 2014 年底，百强企业存货均值为 541.3 亿元，同比增长 25.3%，存货占总资产比重均值上升到 68.8%，存货规模的增长使得企业的流动比率有所上升，速动比率微有回落，总体来看，百强企业的短期偿债能力未有明显改观。2015 年，去库存仍然是市场主旋律，百强企业需要在保持合理库存规模的基础上，着力提升去化能力，优化长短期债务结构，保障财务的安全性。

● **现金流缺口略有增大，促回款控支出减缓资金压力**

2014 年，房地产市场去化放缓，企业偿债压力持续上升，财务资金控制能力面临较大考验。在此背景下，为了有效应对市场变化、保持稳健发展势头，百强企业更加重视现金流健康，通过促进销售回款、合理控制土地支出两方面，防范资金风险、确保总体收支平衡。

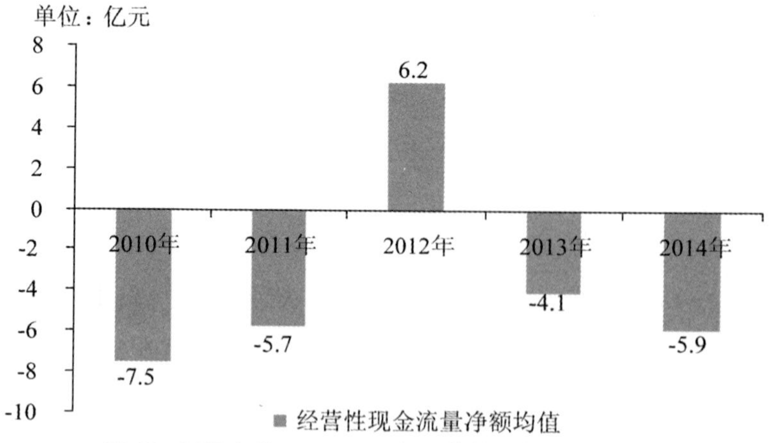

图 17　百强企业 2010-2014 年经营性现金流净额均值

2014 年，百强企业经营性现金流量净额均值为-5.9 亿元，与上一年相比缺口略有放大，主要是大部分百强企业的销售收入增长放缓。为了保持合理的流动性，百强企业采取开源节流的策略，一方面强化销售回款扩大资金来源，一方面秉持量入为出的拿地策略，合理确定支出规模。

在资金杠杆居高不下的情况下，顺畅的销售回款成为确保房地产企业实现“有质量增长”的重要因素，百强企业在抓销售的同时加快销售回款。2014 年，百强综合实力 TOP10 企业普遍保持了较高的销售回款率，保利、碧桂园回笼现金均突破千亿，销售回款率分别达到 86.0%、82.1%，龙湖、华润等企业的销售回款率更是在 90%左右。

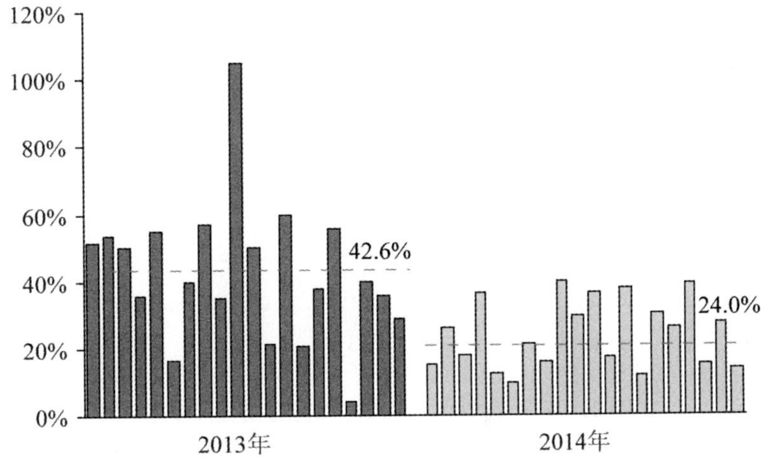

图 18 百强前 20 企业 2013-2014 年土地投资支出占销售额比重情况

除了大力促进销售回款，百强企业在 2014 年减少了购地支出，全年土地投资力度较上一年明显缩减。百强前 20 企业全年平均土地投资支出不足 200 亿元，同比减少 41.1%，土地投资支出在销售额中的比重仅为 24.0%，较上一年下降 18.6 个百分点，同期百强前 20 企业销售额均值增长 16.6%，反映了百强企业 2014 年以更为谨慎的态度合理支出。

百强企业通过开源节流的方式有效平衡资金链，除了合理缩减土地支出，同时也跟随行业形势的转变灵活调整购地节奏。随着 2014 年四季度市场局面转好，部分百强企业一面抓住市场快速消化的窗口期促进销售，一面适度加大土地投资力度，如首开和绿城在四季度的土地投资额占全年比重分别超过 80%和 70%。企业通过合理控制土地支出规模和节奏，确保自身的稳健发展。

房地产市场整体增速放缓、城市库存压力加大，对百强企业的财务经营能力提出了更高的要求。百强企业在加强去化的基础上，一方面重视销售回款，实现“开源”；另一方面合理控制土地投资支出，实现“节流”，以现金管理为中心确保了充裕的流动性和财务安全性，实现了稳健运营。

（5）融资成本优势显著，多元融资体系增强企业实力

- **加大筹资力度缓解资金压力，综合资金成本率 9.79%**

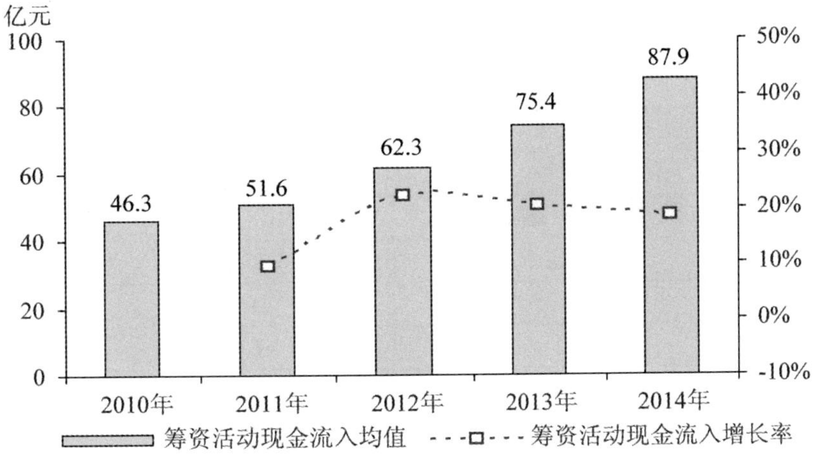

图 19 百强企业 2010-2014 年筹资活动现金流入

作为资本密集型行业，资金是房地产企业重要的战略资源，特别是在市场调整时期，企业融资能力尤为关键。2014 年销售资金回笼受阻致资金链紧绷，百强企业资金压力加大。为缓解资金链紧张、满足持续扩张的资金需求，百强企业加大筹资力度，2014 年筹资活动现金流入均值 87.9 亿元，同比增长 16.6%，筹资规模持续提升。

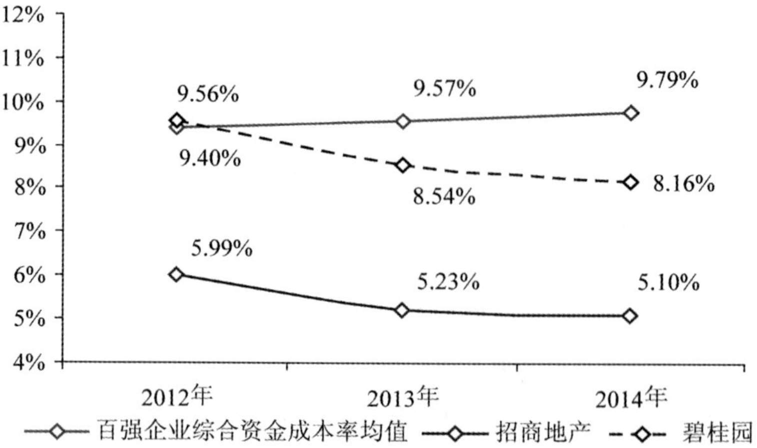

图 20 百强企业 2012-2014 年综合资金成本率

2014 年，在市场下行压力加大以及各类违约事件频发等多重因素的叠加影响下，为严控风险，部分金融机构缩减房地产贷款总量，投资者资金的投向更趋谨慎，对房企的要求进一步提高，2014 年房地产行业的平均融资成本提升至 20%左右。百强企业具备多元融资体系，凭借出色的经营表现、稳健的财务状况以及良好的信誉，更易获得金融机构及投资者青睐，在与各类渠道的合作中，议价能力也日益增强。2014 年百强企业综合资金成本率均值为 9.79%，较去年略升 0.22 个百分点，大幅低于行业平均水平，融资成本优势显著。其中，部分综合实力突出的百强企业综合资金成本率呈现下降趋势，如招商地产 2014 年综合资金成本率仅为 5.10%，同比下降 0.13 个百分点；碧桂园综合资金成本率也下降 0.38 个百分点至 8.16%。

- **多元融资体系提升融资能力，把握政策机遇拓展融资新渠道**

2014 年货币政策由偏紧走向偏松，再融资开闸以及中票放开等资本市场政策利好，使国内融资环境相对改善。百强企业充分利用银行贷款、信托、基金、债券、股票增发等各类融资工具补充发展资金，构建了多元化的融资体系。

百强代表企业多元渠道融资案例

企业名称	融资方式	融资额度	时间
万　科	债务融资工具	150 亿元	2014.09
	海外债	4 亿美元	2014.06
	海外银行贷款	3.5 亿美元	2014.10
	信托	14 亿元	2014.04
碧桂园	银团贷款	45 亿港元	2014.12
	海外债	5.5 亿美元	2014.05
	供股融资	31.8 亿港元	2014.08
龙湖地产	银团贷款	29.25 亿港元	2014.03
	海外债	20 亿元	2014.05
	基金	12.5 亿元	2015.01
招商地产	银行授信	100 亿元	2014.03
	可转债	80 亿元	2014.12
	中期票据	50 亿元	2014.12
	信托	24.5 亿元	2014.03
	银行贷款	22.2 亿元	2014.06

2014 年百强企业融资来源仍以银行贷款为主，通过与银行之间更加深入、多样化的合作实现长期的资金保障。2014 年以来，百强企业获取大额低息银行授信和银团贷款的频次和规模都有所提升，其中，招商、绿地、恒大等分获 100-300 亿元单笔大额度银行综合授信，恒大更是先后获五大银行总计 1200 亿元大额授信，百强企业与银行建立了更为深入、广泛的战略合作，获得银行多样化、个性化、综合化的金融产品和服务支持。

此外，百强企业积极把握资本市场政策机遇，拓展以公司债为主的债券融资以及股权融资等新渠道，有效降低企业综合资金成本。其中，百强企业 2014 年以公司债为主的债券融资密集发行，全年累计债券融资额近 1900 亿元，在资金来源中的占比大幅提升。2014 年 9 月初，监管层放开房地产企业发行中期票据限制，百强企业融资渠道进一步拓宽，万科、保利包括中票在内的 150 亿元债务融资工具均获准发行，融资规模优势显著。截止 2015 年 2 月底，共 5 家百强企业获准发行中期票据，融资总额达 300 亿元，发行年利率在 4.5%-5.5%之间，成本远低于其他债务融资形式。此外，年内 A 股再融资正式开闸，进一步丰富了融资渠道，金隅、天房、阳光城等百强企业再融资预案相继过审，融资额度在 17-30 亿元之间，为企业项目的顺利推进赢得了充足的资金支持。

● **借助互联网金融优势，与项目营销结合创新融资模式**

2014 年互联网金融在创新与融合中发展，2015 年两会继续聚焦互联网金融监管与健康发展，鼓励互联网金融创新，由此带来大量的发展空间。在此背景下，百强企业 2014 年积极联合互联网公司，通过地产金融产品、P2P 线上网贷平台、房产众筹等方式，结合项目营销进行融资方式的探索和尝试，引领了行业融资模式创新，进一步拓宽了企业的资金来源。

百强企业联合知名互联网公司创新房地产金融产品，将预定金转化为理财产品，通过支付理财收益的方式与营销相结合，获取低成本资金。2014 年，万科与腾讯等知名互联网公司开展合作，推出“万科理财通”等地产金融产品，提前锁定购房者预付款或首付资金，支付理财收益获得资金使用权利，产品 7 日年化收益为 4.5%左右，资金成本处于行业较低水平。

运用 P2P 网贷平台在地产全产业链各个环节引入资金支持，全方位满足企业的资金需求。P2P 线上网贷融资平台具有资金量大、信息透明、融资快捷等特点，逐渐成为房企补充现金流的一个渠道。2014 年 12 月，万科、恒大、碧桂园等百强企业与汇联金融服务旗下的互联网房地产金融服务平台“汇理财”建立深度合作，从前期拿地、中期开发、后期销售、社区服务等全流程引入资金。一站式融资模式不但提高了融资效率，还能够有效降低融资成本，满足企业迅速扩张的资金需求。

运用互联网平台推出“房产众筹”项目，以较低门槛、便利的方式为消费者提供资金优惠支持，通过促进销售获取资金。2014 年，万科、绿地、龙湖等百强企业纷纷联合互联网平台推出房产众筹项目，并且创新众筹模式，通过“众筹+拍卖”、“众筹+投资”等方式让利给消费者以刺激销售，增加了企业的资金来源。

资金是关系到房地产企业生存的核心要素，百强企业 2014 年积极把握融资时机、建立了多元化的融资结构，融资规模和成本优势持续显现。同时，通过积极利用互联网金融平台优势开展 P2P、众筹等融资模式创新，更好地满足了企业多元化的资金需求。

（6）顺应市场节奏促货值变现，拓展业务培育新增长极

● **百强企业可售货值规模较为充足，合理调配资源将是保障未来业绩关键**

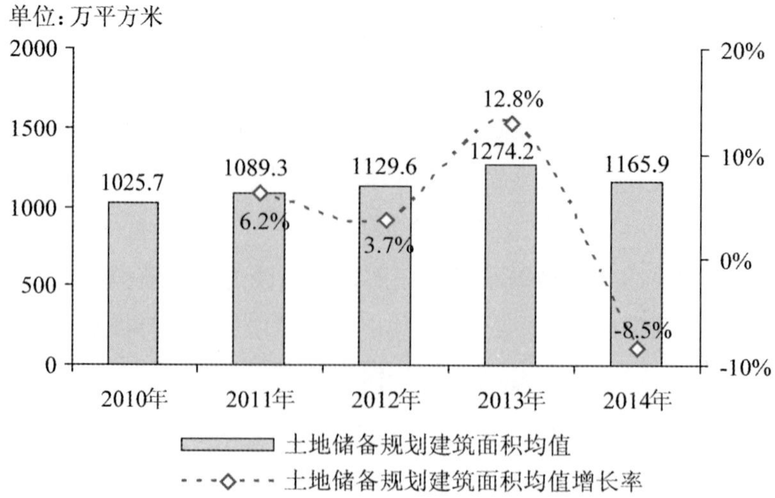

图 21 百强企业 2010-2014 年土地储备规划建筑面积变化情况

2014 年，房地产市场在低迷期运行，百强企业土地投资意愿明显回落，土地投资规模普遍缩减，百强企业 2014 年土地储备规划建筑总面积均值回落至 1165.9 万平方米，同比下降 8.5%。尽管如此，目前大部分百强企业的土地储备规模可满足其以 15%的销售面积增速连续开发 3 年左右，仍相对充足。

在土地储备规模下降的背景下，土地资源的变现能力成为影响业绩实现至关重要的因素，百强企业更加关注土地储备质量，结合城市去化情况优化土地储备结构，为业绩成长奠定坚实基础。

为了奠定业绩稳健增长的坚实基础，百强企业结合房地产市场形势不断优化土地布局结构，有效提升可售货值的变现水平。为了研究百强企业在 2015 年的业绩成长性，研究组基于 2011-2014 年百强代表企业的土地储备情况、2014 年 12 月各城市土地消化周期，对百强代表企业的可售货值[①]规模和结构进行了对比分析，结果如图 22 所示：百强代表企业的可售货值规模中，超过 90%分布在土地消化时间少于 5 年的城市，万科、保利、绿地、中海、恒大、世茂、首开、华润、招商、新城、阳光城、旭辉等百强企业分布于土地消化时间少于 3 年的城市的可售货值比重普遍超过了 60%，可售货值结构对业绩的保障性较高。

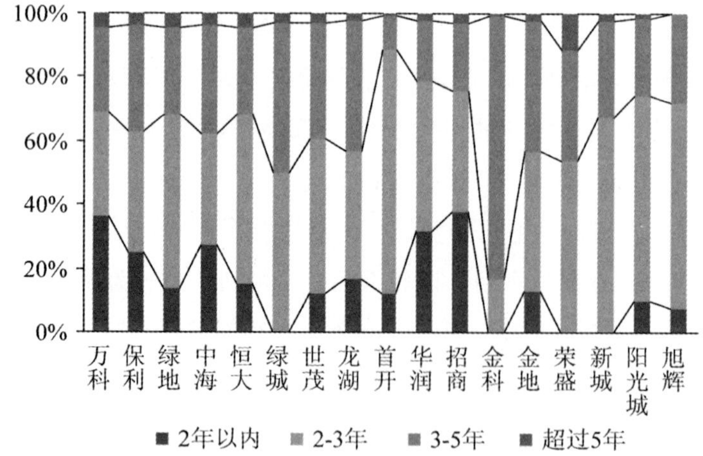

图 22 百强代表企业 2014 年末按照不同城市土地去化周期划分的可售货值结构情况

受益于可售货值较大的规模和合理的结构，大部分百强企业现有货值的变现基础较好，锁定未来业绩增长。根据不同城市的去化时间对百强代表企业 2015 年的可变现货值[②]进行估算，并与企业 2014 年销售额进行比较，结果如图 23 所示：百强代表企业 2015 年可变现货值与上一年销售额的比值普遍较高，对业绩成长的保障性高。其中，万科、绿地、保利三家企业当年可变现货值规模最高，万科的可变现货值超过 2400

[①] 企业可售货值=∑（各城市平均售价*可售面积）

[②] 企业当年可变现货值=∑（不同出清周期的可售货值*可变现系数）*企业去化系数*企业品牌溢价系数

亿元；13 家百强代表企业的可变现货值与销售额比值超过了 80%，招商、保利、旭辉、万科、华润、首开等的比值甚至超过了 100%。

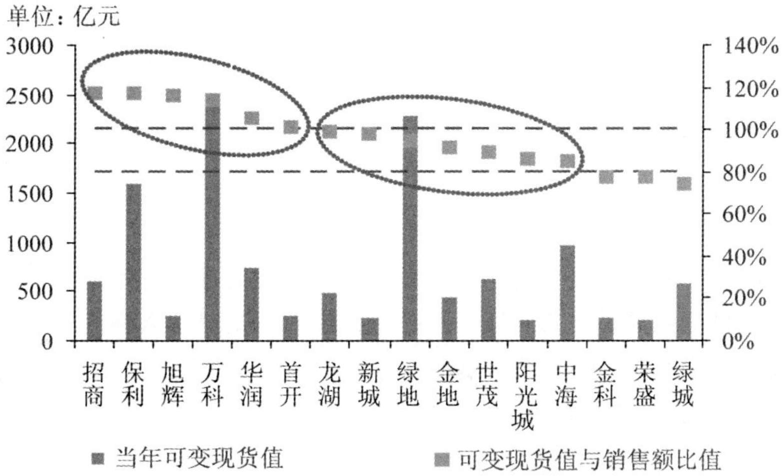

图 23 百强代表企业 2015 年可变现货值估算情况

在顺应城市去化情况调整推货计划的同时，百强企业通过采取积极灵活的开发策略，紧密结合不同城市的市场动态、政策导向，最大程度实现项目去化，进一步确保业绩的稳定增长。对于去化能力良好的城市，百强企业积极加快推盘节奏，抓住成交上升期加快回款速度。对于当前市场去化难度较大的城市，百强企业加强了这些区域的精细化管理，一方面适当减缓了开工和推盘节奏，采取小规模分批次开发策略，有效避免存货积压导致的流动性不足；另一方面，积极把握因政策利好、部分区域发展快速等因素引起的市场成长窗口期，借以实现更快成长。如荣盛发展项目大多位于土地消化周期略长的京津冀区域内城市，但伴随着京津冀区域一体化政策向更深层次推进，其间蕴藏的市场需求被大量激发，企业仍能实现快速增长。

- **积极向地产新业务领域延伸，塑造核心增长极**

伴随社会快速发展、消费需求提升，中国房地产市场作为促进经济增长与新型城镇化建设的重要推动力量，已经进入多元发展时期，商业、文旅、产业、养老地产等非住宅地产领域的需求量与日俱增。而住宅地产市场近年来受到政策、供求、土地等多方面因素的综合影响起伏较大，对房企业绩增长有所牵制。为了突破住宅地产领域的业绩增长瓶颈，实现长远发展，百强企业已将眼光投向住宅地产业务之外的领域，为业绩成长塑造新的增长极。

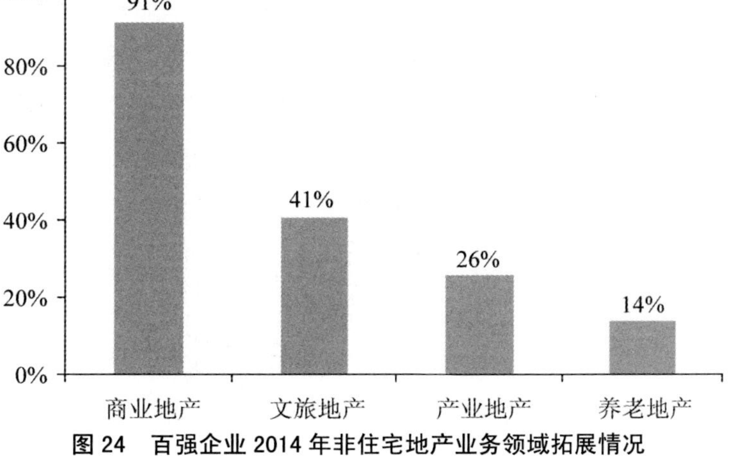

图 24 百强企业 2014 年非住宅地产业务领域拓展情况

其中，商业地产领域发展较早，已有 91%的百强企业涉足，部分百强企业已在该领域具有一定的业绩贡献，且成长迅速。如招商地产着力推动核心商业产品线建设，2014 年投资性物业总体出租率较上一年高出 3 个百分点，全年出租物业营业收入达到 9.55 亿元，较上年大幅增长 24%，投资性物业毛利率同比提升 5 个百分点。

越来越多的百强企业认识到非住宅业务推动业绩增长、实现长远发展的重要性，多元化探索的积极性高涨。文旅地产、产业地产、养老地产等领域市场规模尚小、发展空间广阔，2014 年已有 41%、26%、14% 的百强企业分别进入文旅地产、产业地产和养老地产领域，企业通过结合自身优势积极寻找有效切入点，率先建立先发优势，抢占发展的制高点。

在行业深度调整的时期，为了实现可持续增长，百强企业更为注重住宅业务的精细化管理，储备充足的可变现货值，并结合市场变化调整出货策略；此外，结合现有优势切入商业、产业、文旅、养老等非住宅业务领域，率先开展多元化探索，培育新增长极，追求新动力以保证长足发展。

（7）深层次参与社会公益活动，全面承担企业公民责任

2014 年，百强企业不断完善与健全自身社会责任体系，在新型城镇化的背景下，通过依法纳税、保障房与经济适用房建设、投入公益慈善事业等方式，树立了良好社会形象并赢得了普遍认可，成为房地产行业中奉献社会、服务民生的典范。

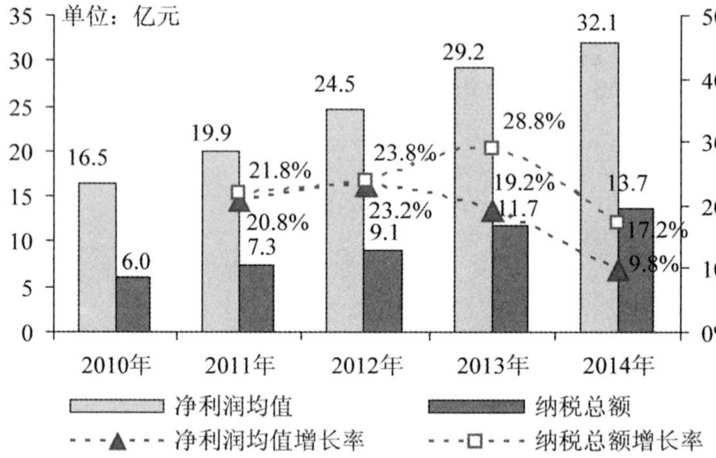

图 25 百强企业 2010-2014 年纳税额与净利润增长情况

2014 年，百强企业在净利润增长的同时，更加注重依法纳税，纳税总额与增长率均保持了增长的趋势：全年百强企业纳税总额均值达 13.7 亿元，同比增长 17.2%，其中缴纳营业税金及附加均值为 8.1 亿元，所得税均值为 5.5 亿元，同比分别增长 22.0%及 10.6%。

百强企业积极参与政策性住房建设，为改善民生、促进社会和谐稳定发挥积极作用：首开、金隅、天房等企业 2014 年仍然积极参与地方保障房项目建设，三家企业政策性住房新开工面积占全年新开工总面积比例均超过 10%。此外，万科、保利等企业 2014 年也积极参与了保障房建设。2015 年两会明确指出，将继续着力推进保障性住房建设，引导社会资本参与保障性住房的建设和运营管理，为参与保障性住房的企业提供了更多机会。

2014 年，百强企业通过倡导绿色建筑理念、筹集或建立公益慈善基金等多种方式，深入履行社会责任以回报社会。

（1）**强化绿色建筑打造，关注建筑节能减排，推动中国低碳发展。**万科 2014 年加入世界自然基金会"碳减排先锋"项目，成为全球首家"碳减排先锋"房地产企业成员，致力于推动企业实施温室气体减排行动，推动绿色能源利用，对市场、行业产生积极影响；朗诗聚焦差异化战略，较早立足并坚持深耕于绿色科技地产这一细分市场，截止 2014 年已在南京、无锡、上海等 10 余个城市开发多个绿色科技住宅小区，为超过十万户居民提供了舒适、健康、节能的绿色住宅产品以及完善的绿色物业服务。

（2）**持续强化慈善公益投入，建立公益慈善基金，关爱更多需要帮助的人群**。2014年，金地建立云服务之“云公益”品牌，为帮助贫困山区儿童实现梦想而发起“小桔灯”公益慈善活动，通过社会各界的共同努力，帮助贫困以及特殊儿童实现梦想；招商地产联合招商局慈善基金会、上海真爱梦想基金会，全面建设“30年30间梦想中心”公益行动；此外，碧桂园投入4.5亿元创办全日制普通高等学校，面向中学毕业后就步入社会的贫困年轻人，首批300名学生免费入学，为中国教育事业的发展贡献力量。

3.3 2015中国房地产百强企业TOP10研究

中国房地产TOP10研究组在百强企业研究的基础上，基于对企业规模性、盈利性、成长性等方面的深入研究，评价产生了2015中国房地产百强企业“综合实力TOP10”、“规模性TOP10”、“盈利性TOP10”、“成长性TOP10”、“稳健性TOP10”、“融资能力TOP10”、“运营效率TOP10”和“年度社会责任感企业”。

2015中国房地产百强企业“综合实力TOP10”

排名	公司名称
1	万科企业股份有限公司
2	保利房地产（集团）股份有限公司
3	绿地控股集团有限公司
4	中国海外发展有限公司
5	恒大地产集团有限公司
6	碧桂园控股有限公司
7	绿城房地产集团有限公司
8	世茂房地产控股有限公司
9	龙湖地产有限公司
10	北京首都开发控股（集团）有限公司

2014年，房地产市场进入深度调整期，综合实力TOP10企业在规模化快速增长的同时展现出了稳健、高效的运营能力、强劲的盈利能力、突出的融资能力和良好的成长性，成为全国房地产企业的标杆。

2014年，综合实力TOP10企业销售业绩逆势再创新高，万科、绿地突破2000亿大关，10家企业销售额均值达1189.5亿元，为百强企业的4.4倍；增长率均值达20.4%，为百强企业平均水平的1.6倍左右，“强者恒强”态势愈发显著。

2014年，综合实力TOP10企业的盈利和融资能力进一步提升，全年营业收入和净利润均值同比分别增长21.3%和14.5%，高出百强企业均值4.2和4.7个百分点；融资成本优势显著，万科、保利等企业债券年利率在4.5%-5.5%之间，并不断拓展融资渠道，构建多元化的融资体系。此外，凭借较高的可变现货值、优化的市场布局和多元的业务结构，综合实力TOP10企业未来发展潜力巨大。

2015中国房地产百强企业“规模性TOP10”

排名	公司名称
1	万科企业股份有限公司
2	绿地控股集团有限公司
3	保利房地产（集团）股份有限公司
4	恒大地产集团有限公司
5	中国海外发展有限公司
6	碧桂园控股有限公司
7	绿城房地产集团有限公司
8	龙湖地产有限公司
9	中信房地产股份有限公司
10	北京首都开发控股（集团）有限公司

2014 年，规模性 TOP10 企业的规模优势进一步凸显，全年销售业绩和营业收入均值分别达到百强企业均值的 4.3 和 3.8 倍，总资产和净资产均值分别达到 2787.2 亿元和 652.3 亿元，同比分别增长 24.4%和 20.1%，高于百强企业 2.7 和 1.9 个百分点 ，规模效应持续显现。

2015 中国房地产百强企业“盈利性 TOP10”

排名	公司名称
1	中国海外发展有限公司
2	保利房地产（集团）股份有限公司
3	世茂房地产控股有限公司
4	旭辉控股（集团）有限公司
5	龙光地产控股有限公司
6	上海三盛宏业投资（集团）有限责任公司
7	卓越置业集团有限公司
8	杭州滨江房产集团股份有限公司
9	鑫苑（中国）置业有限公司
10	雨润地产集团

2014 年，盈利性 TOP10 企业的利润规模持续扩大，净利润均值 56.8 亿元，同比增长 18.6%，是百强企业净利润均值的 1.8 倍。同时，盈利性 TOP10 企业也保持了较高的盈利质量，净利润率均值达 13.6%，较百强企业均值高出 1.8 个百分点。

2015 中国房地产百强企业“成长性 TOP10”

排名	公司名称
1	阳光城集团
2	华夏幸福基业股份有限公司
3	泰禾集团股份有限公司
4	红星美凯龙地产
5	上海大名城企业股份有限公司
6	宁波奥克斯置业有限公司
7	重庆东原房地产开发有限公司
8	鑫苑（中国）置业有限公司
9	颐和地产集团有限公司
10	上海实业城市开发集团有限公司

成长性 TOP10 企业的营业收入增长率均值达到 35.8%，超过同期百强企业均值 18.7 个百分点，销售额增长率均值为 48.5%，高于同期百强企业均值约 36.1 个百分点，在市场低迷期仍然表现出了快速增长态势，成长能力领先于行业其他企业。

2015 中国房地产百强企业“稳健性 TOP10”

排名	公司名称
1	中国海外发展有限公司
2	保利房地产（集团）股份有限公司
3	中信房地产股份有限公司
4	旭辉控股（集团）有限公司
5	新城控股集团有限公司
6	福星惠誉房地产有限公司
7	金科地产集团股份有限公司
8	荣盛房地产发展股份有限公司
9	上海爱家集团
10	广州市敏捷投资有限公司

2014 年，稳健性 TOP10 企业资产负债率均值为 70.6%，优于同期百强企业平均水平，负债结构较为均衡；稳健性 TOP10 企业在 2014 年的速动比率均值为 0.63，超过同期百强企业平均水平 0.06，短期偿债能力处于行业领先水平。

2015 中国房地产百强企业“融资能力 TOP10”

排名	公司名称
1	万科企业股份有限公司
2	保利房地产（集团）股份有限公司
3	恒大地产集团有限公司
4	中信房地产股份有限公司
5	天津房地产集团有限公司
6	华夏幸福基业股份有限公司
7	阳光 100 中国控股有限公司
8	旭辉控股（集团）有限公司
9	龙湖地产有限公司
10	景瑞地产（集团）有限公司

融资能力 TOP10 企业 2014 年筹资规模持续提升，为企业发展获得了充足的资金支持。同时，融资能力 TOP10 企业融资成本优势持续凸显，保障了企业的盈利空间。

2015 中国房地产百强企业“运营效率 TOP10”

排名	公司名称
1	万科企业股份有限公司
2	恒大地产集团有限公司
3	保利房地产（集团）股份有限公司
4	新城控股集团有限公司
5	中国奥园地产集团股份有限公司
6	景瑞地产（集团）有限公司
7	联发集团有限公司
8	协信地产控股有限公司
9	上海三盛宏业投资（集团）有限责任公司
10	浙江祥生房地产开发有限公司

2014 年，运营效率 TOP10 企业抓住市场主流需求合理调整开发和销售节奏，同时不断优化运营体系、加大去库存及回款力度，确保运营效率持续获得改善。

2014-2015 中国房地产年度社会责任感企业

公司名称
保利房地产（集团）股份有限公司
天津房地产集团有限公司
北京首都开发控股（集团）有限公司
绿城房地产集团有限公司
北京金隅股份有限公司
方圆地产控股有限公司
武汉地产开发投资集团有限公司
宝龙地产控股有限公司
百步亭集团有限公司
重庆东原房地产开发有限公司

2014 年，年度社会责任感企业在推动保障房及经适房建设、倡导健康生活、推动公益事业方面积极履行社会责任，在房地产行业中树立了榜样。

2015 中国房地产百强之星

公司名称	公司名称	公司名称
复地（集团）股份有限公司	中梁地产集团	杭州市城建开发集团有限公司
广州市敏捷投资有限公司	福晟集团有限公司	中国葛洲坝集团房地产开发有限公司
禹洲集团	东方银座集团中国有限公司	奥宸地产（集团）有限公司
海伦堡地产集团有限公司	银亿房地产股份有限公司	上亿企业集团有限公司
海航基础产业集团有限公司	颐和地产集团有限公司	重庆市兴茂产业发展（集团）有限公司
方圆地产控股有限公司	广州广电房地产开发集团股份有限公司	重庆同景置业有限公司
隆基泰和实业有限公司	上海保集（集团）有限公司	奥山置业有限公司
联发集团有限公司	德信控股集团有限公司	庭瑞集团股份有限公司
宁波奥克斯置业有限公司	三盛地产集团	金侨投资控股集团股份有限公司
沿海绿色家园集团	上海城建置业发展有限公司	永泰房地产（集团）有限公司

2015 中国房地产百强企业研究中涌现出一批独具特色的企业，在行业竞争更加激烈的环境下，这些企业顺应市场发展趋势，不断调整自身策略，快速应对市场变化：或聚焦重点区域，因地制宜优化策略保障业绩；或深入挖掘市场需求，以创新打造产品，为其未来可持续发展赢得机遇。

北京 TOP10	上海 TOP10	重庆 TOP10	山东省 TOP10	湖北省 TOP10
中海地产	绿地集团	龙湖地产	万科	福星惠誉
金隅股份	融创绿城	融创中国	中海地产	武汉地产集团
万科	万科	金科地产	鲁商置业	保利地产
首开股份	保利地产	保利地产	绿城中国	万科
保利地产	新城控股	万科	保利地产	百步亭集团
京投银泰	中海地产	恒大地产	华润置地	联投置业
招商地产	华润置地	协信地产	绿地集团	万达
华侨城	旭辉集团	东原地产	银盛泰集团	奥山置业
富力地产	大华集团	中海地产	海信地产	庭瑞集团
泰禾集团	复地集团	九龙仓集团	海尔地产	葛洲坝置业

商业地产主要优秀企业

企业名称	企业名称
大连万达商业地产股份有限公司	上海证大房地产有限公司
红星美凯龙地产	重庆申基实业（集团）有限公司
宝龙地产控股有限公司	上海鹏欣房地产（集团）有限公司
华润置地有限公司	重庆英利房地产开发有限公司
银泰置地（集团）有限公司	首创置业股份有限公司
龙湖地产有限公司	力帆置业
大悦城地产有限公司	阳光新业地产股份有限公司
隆基泰和实业有限公司	湖南华创地产集团有限公司
宁波奥克斯置业有限公司	金科地产集团股份有限公司
金融街控股股份有限公司	纽宾凯集团有限公司

2014 年，商业地产优秀企业从满足客户需求角度出发创新运营模式、优化产品业态，并借助互联网技术构建 O2O 平台实现线上线下资源联动，带动消费市场升级。此外，这些优秀企业还注重战略合作加强资源整合、优势互补，不断提升项目的商业价值。

产业园区运营优秀企业

企业名称
北京联东投资（集团）有限公司
华夏幸福基业股份有限公司
天安数码城集团
重庆高科集团有限公司
中节能实业发展有限公司
上海张江高科技园区开发股份有限公司
颐高集团有限公司
武汉银湖科技发展有限公司
武汉新港建设投资开发集团有限公司
亿达中国控股有限公司

产业园区运营优秀企业在多年发展过程中，不断与时俱进、推陈出新，在开发模式、运营管理和园区服务等方面表现出新的特征：以 PPP 开发模式加强政企衔接；构建服务型平台经济助力产业集群化、专业化发展，并跨界触网强化增值服务，注重合作丰富园区业态。

特色地产运营优秀企业

企业名称	特色领域
保利房地产（集团）股份有限公司	养老地产
绿地控股集团有限公司	轨道地产
复星地产控股	蜂巢城市
当代置业（中国）有限公司	绿色节能地产
新鸥鹏地产集团	教育地产
江苏一德集团有限公司	文旅地产
天朗控股集团	中国城镇化运营服务商
重庆申基实业（集团）有限公司	养生养老地产
金大元集团	创新人文地产
深圳华强新城市发展有限公司	文化地产

近年来，特色地产运营优秀企业在产品专业性、服务质量、业态协同发展等方面不断提升：提升产品专业性，打造系列“产品线”，深入挖掘目标客户需求，不断完善软硬件配套设施，并在服务模式上追求创新，提升运营质量，全面整合商业、产业、艺术、医疗等多种业态以实现协同发展，满足多元化的消费需求。

轻资产运营优秀企业

企业名称
蓝城房产建设管理集团有限公司
万科企业股份有限公司
旭辉控股（集团）有限公司
朗诗集团股份有限公司
沿海绿色创展集团

轻资产运营优秀企业以“降成本，提利润”为核心，围绕产业链展开探索，通过充分整合品牌等无形资产资源实现在开发、运营、服务多环节的收入，持续提升资产运营管理能力，优化资产收益，加速经营与盈利模式的同步变革。

中国房地产信托综合能力 TOP10

排名	信托公司名称
1	平安信托有限责任公司
2	中信信托有限责任公司
3	华润深国投信托有限公司
4	兴业国际信托有限公司
5	中融国际信托有限公司
6	厦门国际信托有限公司
7	北京国际信托有限公司
8	昆仑信托有限责任公司
9	中航信托股份有限公司
10	紫金信托有限责任公司

房地产信托投资模式开始从住宅投资转向全业态投资、从开发环节投资转向全流程投资。平安房地产信托投资目前已经囊括住宅、商业、商务、综合体、物流以及旅游地产等各类细分物业投资，涵盖了项目拿地、工程开发、销售、资产管理等全流程。

中国房地产基金综合能力 TOP10

排名	基金公司名称
1	光大安石投资
2	信保(天津)股权投资基金管理有限公司
3	信业股权投资管理有限公司
4	上海建银精瑞资产管理有限公司
5	稳盛（天津）投资管理有限公司
6	天津高和股权投资基金管理有限公司
7	鼎晖宇泰地产投资管理（天津）有限公司
8	长富汇银投资基金管理（北京）有限公司
9	上海五牛股权投资基金管理有限公司
10	富浩骅盖地产基金

地产基金的快速发展对房地产业产生较明显影响。一方面，地产基金快速发展，成为房地产投资的重要新生力量，有利于促进房地产行业投资提速。另一方面，房地产基金业加快了房企的转型。

4 结语

2014 年，中国经济正在向着形态更高级、分工更复杂、结构更合理的“新常态”演化，房地产市场在回归市场化长效机制的深度调整中，步入以变革和创新为引领的“新常态”发展阶段。对于房地产企业来说，2014 年的市场在变化中带来更大的挑战，也酝酿了更多的机遇：

在房地产市场整体步入常态化发展的背景下，房地产市场结束了高速发展的黄金时代，步入长期健康、平稳的中高速发展阶段。在此背景下，房地产企业面临了新环境带来的巨大挑战：城市差异化发展成为新常态，重点一二线城市市场需求强劲带动房价上涨预期，部分二线城市和三四线城市需求透支导致库存加大，引发行业在运营、管理和营销层面的需求明显提升，同时也导致行业利润率被摊薄、资金需求加大、投资风险和创新风险加大的现状。

与此同时，房地产市场迎来政策暖风，呈现出以变革、创新为动力，以各类产业、各路资本为参与主体的大融合时代，房地产企业迎来新的发展机遇。李克强总理在 2015 年两会期间回答记者提问时表示，“坚持分类指导，因地施策，落实地方政府主体责任，支持居民自住和改善性住房需求，促进房地产市场平稳健康发展”，“中国城镇化进程在加快，中国房地产市场的需求是刚性的”。行业发展迎来政策“暖风”，住宅领域仍将有巨大的发展空间。随着消费结构升级和产业结构升级，我国房地产市场以住宅开发为主体的时代也将转变为多元化、国际化的发展格局，精细化、平台化、金融化将成为新的市场发展逻辑，行业全方位整合跨行业基因、国内外资本的意愿空前强烈，由此释放出了充足的发展空间。

在行业加速嬗变之际，“唯变才是永恒的不变”，百强企业全年以变革和创新为原动力，紧跟时代发展的步伐，主动求变、审慎推进，引领行业步入发展的新局面：

（1）百强企业行业集中度进一步提升，“强者恒强”的领先优势彰显：百强企业在市场下行中依旧保持了较快的发展水平，全年销售额增速高于全国 18.7 个百分点，市场份额上升至 35.4%，销售规模逆市再创新高，百强企业“强者恒强”的规模优势更加凸显。2014 年百强企业并购总数占行业 4 成左右，已成为行业并购的主力军。随着行业并购浪潮的兴起，百强企业仍将在优胜劣汰中加速整合，继续促进行业集中度提升。

（2）百强企业全面提升营销、运营、管理实力，迎接行业变局带来的挑战：为迎接行业成本增高、利润率下行的挑战，百强企业积极“降本增效”，以“高周转”策略提升资产效率，加强产品性价比提升溢价优势，转型轻资产扩大经营杠杆，有效保障了盈利质量；为应对行业去化减缓导致的资金紧缺和经营风险加大，百强企业“以现金为王”，注重销售回款“开源”，控制土地支出“节流”，实现稳健运营；为应对行业减速变档的挑战，百强企业结合市场强化货值的动态管理，提升现有住宅市场的增长空间，同时因地制宜拓展非住宅业务，塑造业绩新增长极。

（3）百强企业积极推进“房地产+金融”，整合各路资本，加强金融创新，谋求更快发展：百强企业为应对与日俱增的资金压力，积极深化与信托、基金等金融机构合作力度，同时百强企业创新性地加强融资与营销环节的双向互动，以更高的融资规模和显著低于行业的资金成本赢得持续增长的先发优势。

“一元复始，万象更新”。百强企业在崭新的市场环境下应积极调整心态，开展变革与创新。一方面继续深入挖掘住宅领域巨大的发展空间，实现规模的进一步提升，另一方面力求准确、深入、全面地认识和顺应新常态下的新趋势、新特征和新动力，整合发展资源，引领地产白银时代的持续发展。我们相信，在新常态下，百强企业作为行业的领先群体，必将由内而外焕发出勃勃生机！

附录二 2015 中国房地产策划代理百强企业研究报告

1 研究背景与目的

由国务院发展研究中心企业研究所、清华大学房地产研究所和中国指数研究院三家研究机构共同组成的“中国房地产 TOP10 研究组”，自 2005 年以来开展中国房地产策划代理百强企业研究，已连续进行了十一年。十一年来，研究组紧随行业发展脉搏，深入研究房地产策划代理企业经营规律，为促进行业良性运行、企业快速成长发挥了重要作用，相关研究成果已成为评判房地产策划代理企业经营实力及行业地位的重要标准。

2014 年中央经济工作会议提出“坚持稳中求进工作总基调”，“以提高经济发展质量和效益为中心”，主动适应中国经济“从高速增长转向中高速增长”的发展新常态。伴随着这种转变，房地产行业也将进入理性与平稳发展的新阶段。优秀的房地产策划代理企业在这一充满变革与挑战的大环境下，准确把握市场脉搏，积极推进企业市场变革，持续引领行业发展新趋势。在此背景下，中国房地产 TOP10 研究组启动“2015 中国房地产策划代理百强企业研究”，以“顺应新常态，开创新局面”为主题，发掘行业中综合实力强、成长潜力大、经营稳健的优秀房地产策划代理企业群体，鼓励企业积极改进业务模式、高效整合发展资源，引领行业在新的形势下实现持续、健康的成长。

在总结历年研究经验的基础上，研究组进一步完善了研究方法体系，从规模性、盈利性、成长性、策划能力、一手物业代理能力等方面入手，更加全面、客观地评价企业的综合实力，引导企业持续健康的发展，促进行业的良性、平稳运行。

2015 中国房地产策划代理百强企业研究目的：

（1）通过企业规模性、盈利性、成长性、策划能力、一手物业代理能力等指标的量化研究，发掘综合实力强、经营稳健并具有成长潜力的优秀企业群体；

（2）通过系统研究，分析企业自身的营运状况及优劣势，帮助企业了解当前形势下策划代理企业的最新发展状况，加强策划代理企业与房地产开发百强企业的深度合作；

（3）通过百强企业研究成果发布，树立房地产策划代理标杆企业，全面提升房地产策划代理行业运作水平和服务质量，促进行业健康发展，实现房地产行业资源的优化组合。

2 研究对象与方法

2.1 研究方法概述

基本原则：

坚持以数据为依据，坚持客观、公正、准确、全面的研究原则。

门槛值：

（1）依据《公司法》建立、经过省级（含副省级省辖市）以上有关部门批准并登记注册的房地产策划代理企业作为本次的研究对象；

（2）按照国际惯例，对进入研究的企业给予一个门槛指标，TOP10研究组确定近三年平均一手物业代理总建筑面积50万平方米为入选门槛值；

（3）为了引导房地产策划代理企业做强做大，TOP10研究组鼓励以集团的名义参与。

计量评价方法：

（1）在研究方法上，为增加研究的严谨性，采用因子分析（Factor Analysis）的方法。因子分析是一种从变量方差——协方差结构入手，在尽可能多地保留原始信息的基础上，用少数新变量解释原始变量方差的多元统计分析方法。它将原始变量分解为公共因子和特殊因子之和，并通过因子旋转，得到符合现实意义的公共因子，然后用这些公共因子去解释原始变量的方差。计算中国房地产策划代理百强综合实力时，主要是计算各构成要素的相关矩阵，通过相关矩阵得到特征值、累计特征值及因子载荷。根据最初几个特征值在全部特征值的累计百分率大于或等于某百分比的原则，确定公共因子的具体个数。然后再根据因子载荷矩阵确定各个因子的现实意义并进行重新命名，最后根据不同企业各个因子的得分及载荷矩阵，通过加权累加构成2015中国房地产策划代理百强综合实力指数。

（2）企业按评价指标体系排序出现相同时，我们将依照西部、中部、东部排序确定。

数据来源：

（1）由房地产策划代理企业填报的数据；

（2）房地产策划代理企业对外公布的信息（包括公司年报、企业网站公布的信息和对外派发的宣传资料）；

（3）中国房地产指数系统（CREIS）数据库；

（4）有关政府部门（包括建委、房管局和统计局等）的公开数据；

（5）2012、2013、2014中国房地产策划代理百强企业研究收集的企业数据资料；

（6）2012、2013、2014中国房地产策划代理品牌价值研究收集的企业数据资料。

2.2 评价指标体系

评价指标体系设计原则：

在保持评价方法的科学性、系统性、连续性与稳定性的同时，2015中国房地产策划代理百强企业研究以2012-2014年度为研究时间段，涵盖规模性、盈利性、成长性、策划能力、一手物业代理能力等五个二级指标，全面综合考量企业的整体实力。

评价指标体系的设计主要把握以下几个基本原则：

（1）企业规模与盈利能力相结合。规模反映了房地产策划代理企业的业务发展现状，而盈利能力是企业持续健康发展的重要基础，因此，TOP10研究组采用营业收入、进入城市个数、分公司个数等指标来反映企业的规模性，采用净利润、毛利率、净资产收益率、人均绩效来反映企业的盈利能力，将企业经营规模与盈利能力相结合进行评价。

（2）企业现状与成长能力相结合。成长能力决定企业的未来发展，只有将业务能力、盈利能力与成长能力三者结合才能对房地产策划代理企业做出全面的评价。TOP10研究组采用合同储备代理总建筑面积、营业收入增长速度反映企业成长潜力；采用技术研发投入占营业收入的比例、前五位客户收入占比和本科及以上员工人数占比反映企业的成长质量，全面衡量企业的未来发展能力。

（3）一手物业代理能力与策划能力相结合。成功的房地产营销取决于企业的策划和销售能力，二者密不可分。策划的好与坏直接关系到项目销售进程的顺利与否；代理规模以及代理销售速度全面体现了房地产策划代理企业的销售能力。TOP10 研究组采用一手物业代理业务收入、一手物业代理项目个数、一手物业代理总建筑面积、一手物业代理实现销售额及一手物业代理实现销售面积全面反映策划代理企业的一手物业代理销售能力；同时采用策划顾问收入、策划顾问项目个案数和策划顾问项目总建筑面积来反映策划代理企业的策划能力。

评价指标体系：

2015中国房地产策划代理百强企业
评价指标体系

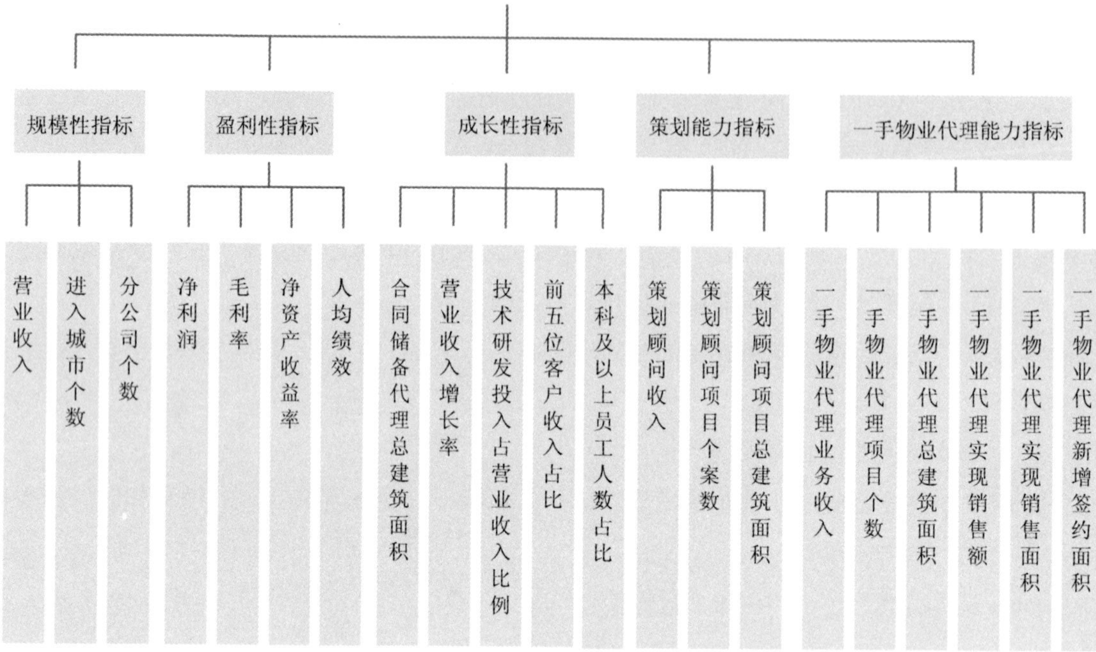

3 研究成果及分析

3.1 2015 中国房地产策划代理百强企业

“2015 中国房地产策划代理百强企业”前 50 强

深圳世联行地产顾问股份有限公司	广州凌峻房地产咨询有限公司
易居（中国）控股有限公司	金达利筑地集团
合富辉煌集团控股有限公司	经纬物业（中国）有限公司
同策房产咨询股份有限公司	广州中地行房产代理有限公司
北京思源兴业房地产经纪公司	上海杰星投资（集团）有限公司
上海策源置业顾问有限公司	北京同创联行房地产经纪有限公司
伟业顾问集团	深圳市黑马房地产顾问有限公司
广州保利地产代理有限公司	天启&开启机构
上海华燕房盟网络科技股份有限公司	北京华远房地产经纪有限公司
北京金网络联行地产顾问有限公司	北京协成房地产经纪有限责任公司
上海新聚仁物业咨询有限公司	沈阳联祥地产营销策划有限公司
上海金丰易居房地产顾问有限公司	宁波市华星房产咨询有限公司
高策地产服务机构	中广信地产服务机构

续表

新联康（中国）有限公司	珠海百脑会房地产策划有限公司
北京华润房地产经纪有限公司	沈阳信达行房地产经纪有限公司
北京远洋嘉业房地产经纪有限公司	华厦伟业(中国)控股集团有限公司
厦门同舟济置业顾问有限公司	华坤道威整合营销机构
北京亚豪房地产经纪有限公司	深圳市新峰地产顾问有限公司
成都正合地产顾问有限公司	杭州汉嘉地产咨询有限公司
北京金融街房地产顾问有限公司	厦门蓝火置业有限公司
瑞尔特控股集团	青岛荣置地顾问有限公司
深圳市同致行物业顾问有限公司	江苏蓝风国际投资发展有限公司
上海天地行房地产营销有限公司	尊地中国地产机构
深圳世方商业地产顾问机构	西安美城房地产顾问有限公司
上海汉宇房地产策划营销有限公司	浩华地产集团

3.2 2015 中国房地产策划代理百强企业发展状况分析

（1）市场份额逆市提升，城市拓展更趋谨慎

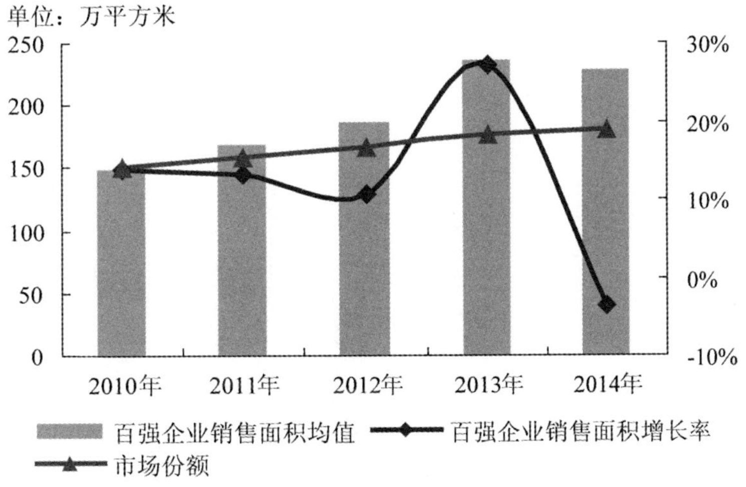

图 1 2010-2014 年百强企业[①]销售面积及市场份额[②]情况

2014 年，策划代理百强企业一手物业代理实现销售面积均值为 228.16 万平方米，同比小幅下滑 3.68%，但相比全国商品房销售面积 7.58%的降幅，百强企业仍跑赢大市，市场份额提升至 18.91%，较 2013 年提升 0.77 个百分点。这主要是一方面部分百强企业已经形成规模化，其高度的专业水平和丰富的客户资源，在市场较为低迷的背景下更受开发企业青睐；另一方面，百强企业紧跟市场动向，创新营销模式，尤其是加强移动互联网应用，多渠道、全方位解决不同客户多种需求，有效提升了蓄客量和转化率水平。

① 除有特殊说明，本报告中“百强企业”指“2015 中国房地产策划代理百强企业”

② 策划代理百强企业市场份额=百强企业一手物业代理实现销售面积/全国商品房销售面积*100%

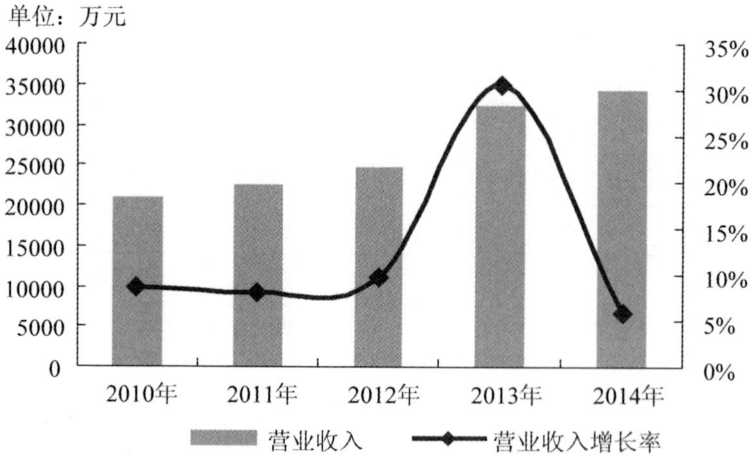

图 2　2010-2014 年百强企业营业收入及增长率

2014 年，百强企业营业收入为 34157.68 万元，同比增长 5.77%，营收规模虽进一步扩张，但扩张速度明显放缓，主要是在房地产市场下行背景下，营业收入占比最大的代理业务受市场冲击较为明显，同时部分新兴竞争企业和新营销渠道的出现，也在一定程度上加剧了策划代理市场竞争和空间分流；值得一提的是，百强企业为应对市场变革，积极调整业态结构，不断推动房地产全产业服务链的多元业务拓展，如金融、经纪、资产管理、投资管理等业务贡献度大幅提升，对营业收入增长形成了一定支撑。

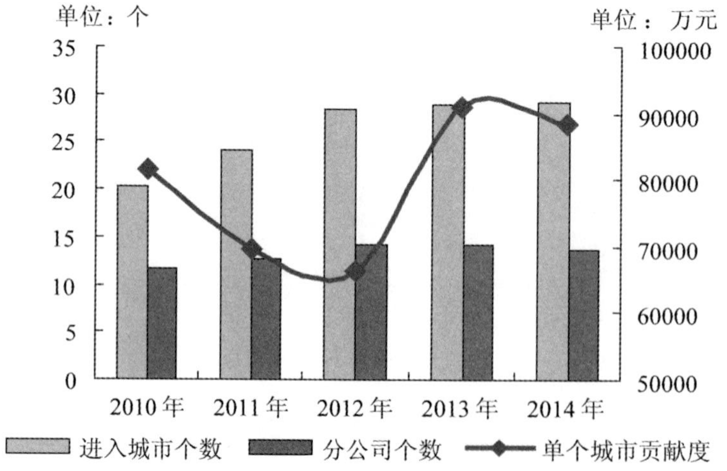

图 3　2010-2014 年百强企业进入城市以及分公司数量情况

百强企业对于策划和代理业务采取审慎扩张的策略，2014 年，分公司个数平均为 13.82 个，较 2013 年减少 0.44 个。百强企业顺应房地产市场区域分化特点，秉承有进有退、严格控制风险的思路，科学把握扩张节奏；同时，百强企业采取以分公司为中心、深耕周边城市的拓展策略，进入城市更为谨慎，主要采取收购并购等方式进入，2014 年进入城市数量与上年基本持平为 29.18 个，在一手物业代理实现销售额小幅下滑 2.26%的情况下，单个城市贡献度[①]相应同比下滑 2.96%至 88370.20 万元。

---

① 单个城市贡献度=百强企业一手物业代理实现销售额均值/进入城市数量均值

（2）净利润增速总体下滑，业务创新保障人均绩效提升

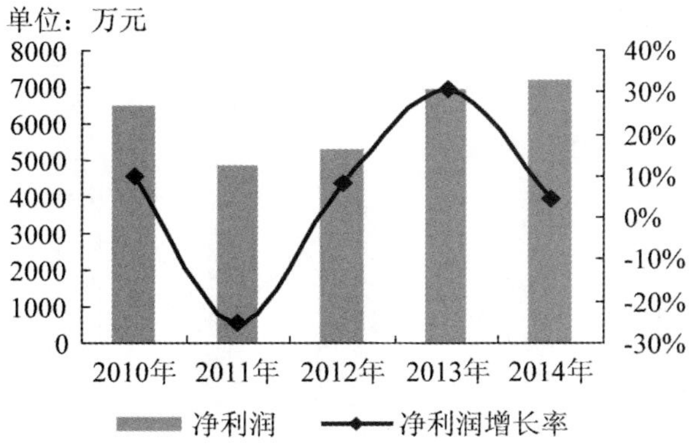

图 4 2010-2014 年百强企业净利润及增长率情况

2014 年，百强企业实现盈利 7217.52 万元，较 2013 年小幅增加 291.66 万元，但增速出现下滑。一方面百强企业的规模优势保障了营业收入保持相对高位；同时百强企业积极转型，拓宽营销渠道，利用互联网等新型营销方式吸引客源，保证了业务在新形势下的可持续性。

另一方面，受整体市场环境影响，百强企业面临营收减速与成本上升的双重压力，利润增长之路变得日益艰难。在此背景下，百强企业采取了不同的发展策略：优势企业以现有资源为基础，立足主营业务，拓展金融等延伸业务，挖掘新的盈利增长点，获得了利润的持续增长；部分企业聚焦房地产服务链相关细分市场，强化专业化能力，也形成了较好的业绩支撑。值得警惕的是，百强企业也应注意业务拓展与自身资源的匹配度，尤其在不熟悉的领域盲目过快拓展，可能会带来较大风险。

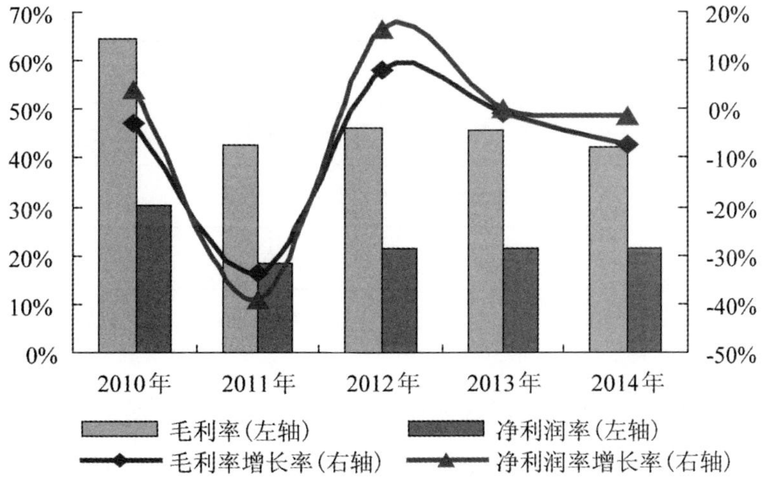

图 5 2010-2014 年百强企业利润率变化情况

2014 年，百强企业的毛利率和净利率分别为 42.42%和 21.13%，同比分别下降 7.42 和 1.47 个百分点，营收增速放缓与成本上升直接导致毛利率和净利率的下降。首先，人工成本、营销费用等均处于不断攀升的状态，使得营业成本居高不下；其次，在面临较大的转型压力的情况下，企业纷纷进行业务拓展，并不断尝试营销途径的变革，加大在互联网方面的投资力度，在硬件购买、软件提升、人员培训、高技术人才引进等方面扩大支出，不可避免地加大了企业成本，造成利润率下降的局面。

(3) 项目储备规模持续攀升，产品创新抢占发展先机

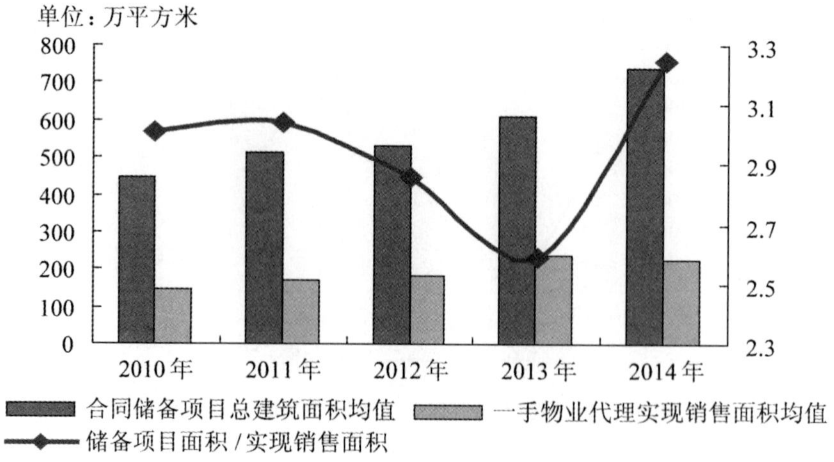

图 6 2010-2014 年百强企业合同储备情况

2014 年，百强企业合同储备项目总建筑面积均值为 741.52 万平方米，同比增长 20.87%，增速较 2013 年提升 5.71 个百分点。一方面，百强企业通过并购、战略合作等方式加大重点区域项目储备，进一步完善全国化布局，保障未来业绩增长；另一方面，策划代理企业顺应开发企业走量快跑策略，利用行业品牌影响力，加大优质项目资源储备。值得注意的是，受联合代理方式比例的提升以及房地产市场成交下降影响，2014 年百强企业合同储备项目面积与实现销售面积的比值上升至 3.25，百强企业应该合理优化储备项目结构，提高优质项目占比，增强企业的代理销售能力，注重储备项目与代理销售能力匹配。

策划代理企业营销渠道情况

企业名称	营销渠道	产品特点
世联行	房联宝、云掌柜等	结合金融服务体系产品，实现资源共享，多盘联动等集成服务与通盘通客。
易居中国	万源汇	全渠道整合营销，实名认证平台
合富辉煌	房王网	微信智能找房、售房、支付。
华燕房盟	房盟网、房盟通、房盟宝	线上导流，客户确认，线下服务，支付交易。

2014 年百强企业加速创新，一方面利用移动互联技术，实现微信营销、全民营销、以及整合线上线下资源构筑 O2O 平台谋求销售闭环等实现规模化交易；另一方面，百强企业通过线下体验活动、楼盘品鉴会等活动吸引客户，增加销售渠道促进业务持续健康发展。如合富辉煌旗下房王网自主研发微信智能找房、售房、支付及其他功能，实现房地产销售从线上到线下的完整闭环；华燕房盟除房盟网外，分别针对经纪人与粉丝圈层推出了房盟通和房盟宝进行线上导流，并结合线下服务，打造 O2O 平台。

（4）多元服务体系保障营收稳定，延伸业务发展潜力显现

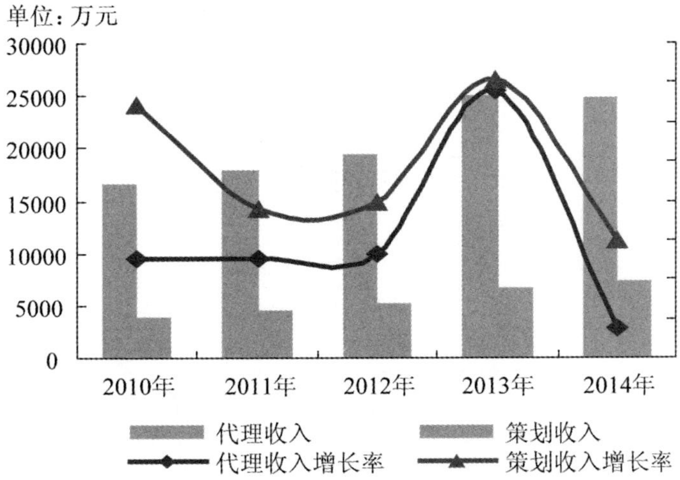

图 7 2010-2014 年百强企业代理及策划收入

代理业务收入略降，延伸业务增长明显。随着中国经济进入中高速发展的新常态，房地产市场也步入结构调整期，百强企业传统业务出现分化发展：2014 年，百强企业代理收入均值为 24783.48 万元，同比下降 1.12%，除房地产市场的下行直接波及代理业务外，开发企业自建营销平台以及新兴公司的竞争也对百强企业代理业务形成一定分流；策划业务保持了持续增长的态势，2014 年策划收入均值达到 7395.32 万元，较 2013 年小幅增长 9.87%，主要是由于策划服务作为智力密集型产业，进入门槛相对较高，抗风险能力较强；而且在房地产市场销售去化放缓时，开发企业往往会更加关注策划业务的价值，对策划业务的专业化需求上升，促进了百强企业策划业务收入持续增长。

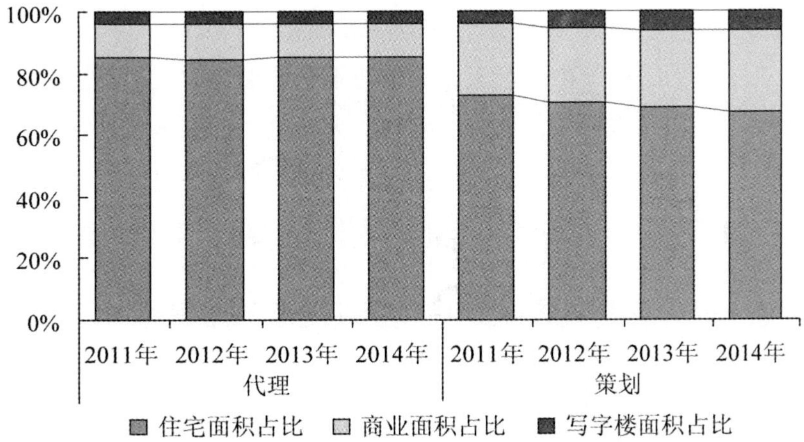

图 8 2011-2014 年百强企业策划与代理物业类型占比

核心业态仍以住宅为主，商业地产发展突出。从百强企业策划与代理项目类型来看，住宅仍是其主要运营物业类型，但商业物业项目占比有所提高。2014 年，全国商品房住宅销售面积占比 87.18%，商业营业用房与写字楼销售面积占比提升至 9.59%。百强企业顺应房地产市场变化趋势，在深化住宅项目服务的基础上，加大在商业地产领域的专业服务能力：2014 年代理与策划商业地产面积占比分别为 15.21%和 32.48%，较 2013 年稳中有升。目前，我国商业地产总体处在快速上升阶段，百强企业凭借较高的资源整合能力和专业能力，有效保障企业的持续发展。

3.3　2015 中国房地产策划代理百强企业综合实力 TOP10 分析

2015 中国房地产策划代理综合实力 TOP10

排名	公司名称
1	深圳世联行地产顾问股份有限公司
2	易居（中国）控股有限公司
3	合富辉煌集团控股有限公司
3	同策房产咨询股份有限公司
5	北京思源兴业房地产经纪公司
6	上海策源置业顾问有限公司
7	伟业顾问集团
8	广州保利地产代理有限公司
9	上海华燕房盟网络科技股份有限公司
10	北京金网络联行地产顾问有限公司

2014 年，在房地产市场进入新常态的背景下，中国房地产策划代理综合实力 TOP10 企业凭借自身在市场规模、策划代理能力、品牌效应和发展潜力等方面的优势，继续保持领先，市场地位进一步稳固，成为策划代理行业的引领者：世联行、易居中国、合富辉煌、同策咨询连续十一年荣登综合实力 TOP10；思源经纪、策源地产、伟业顾问、保利代理、华燕房盟、金网络也凭借稳健经营再次进入综合实力 TOP10。

4　结语

2014 年，移动互联网给房地产行业带来了深远影响，策划代理行业迎来了新的变局之年。房地产市场转入新常态、开发商加强自身营销探索、新竞争者强势进入、互联网技术加速应用以及购房群体消费习惯改变等行业内外部环境要素的快速变化，改变了策划代理行业的传统服务理念和模式，行业正在快速进入剧变的通道。

新格局、新理念带来了新的机遇和挑战，策划代理百强企业顺应时代与行业的潮流，在变革中积极应对，创新业务模式，加大科研和技术投入，强化互联网、大数据、云服务等新技术新理念的融合，取得了一定的成绩。在新的市场环境和竞争格局下，行业的整体竞争格局将被打破，百强企业应紧跟时代变革的潮流，抓住市场机遇，继续保持行业的领先与业绩的持续增长，取得更辉煌的业绩。

专题：转型与创新——中国房地产策划代理企业发展策略探讨

1　结合自身实际，合理选择发展路径

1.1　多元业务融合，平台化扩大竞争优势

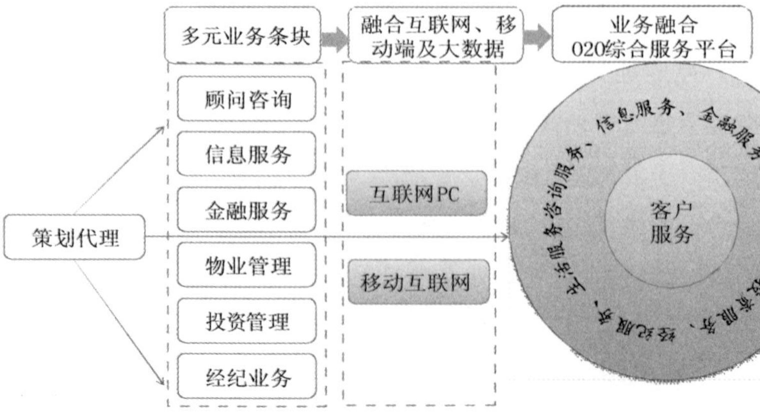

图 9　大型策划代理企业平台化服务策略

伴随房地产行业新常态的来临以及人口结构变化，人们对城市化管理和专业化服务要求越来越高，综合服务能力成为衡量房地产服务行业竞争力的重要指标。我国品牌策划代理企业也纷纷以其为标杆，通过自建、收购等形式拓展多元业务。全国性大型策划代理企业初步完成房地产全服务链条的建设，并利用互联网、大数据等新技术和新理念，推进业务板块间的数据交互和融合，形成以客户服务为核心的综合服务体系。

1.2 差异化与专业化，聚焦细分市场铸造竞争力

结合国际房地产发展经验来看，未来我国房地产市场必然转向以二手房、资管、金融以及社区服务为主，策划代理业务将处于不断收缩趋势。

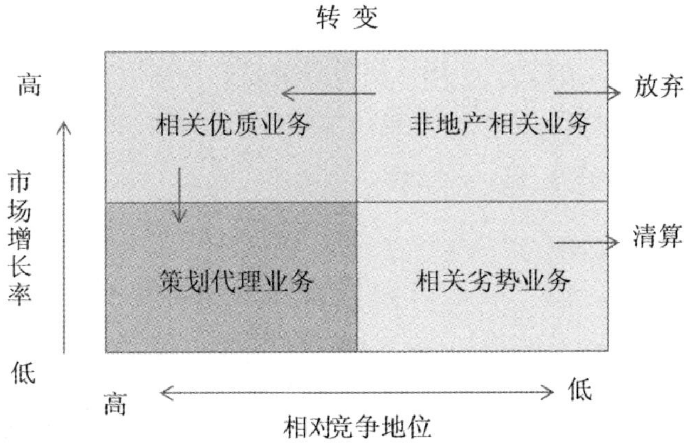

图 10 中小策划代理企业业务转型分析

中小策划代理企业应结合自身优势，提升相关优质业务的竞争力水平，加快业务优化和转型。中小策划代理企业应尽快培育高潜力优质业务，剥离高风险高增长但资源整合难度较大的业务，清算投入周期长、竞争力差、增长率较低的业务。

2 行业创新与变革，迎接互联网时代新考验

图 11 2014 年策划代理行业主要创新环节

2014 年作为房地产互联网元年，策划代理行业也迎来了巨变，尤其是微信自媒体平台的崛起、房地产电商营销模式革命、首付贷为标志的互联网金融创新，重塑了行业发展格局。策划代理企业纷纷学习和借鉴互联网思维，进行自身业务、管理等诸多方面的整合与革新。

2.1 “互联网+大数据”重塑策划代理行业营销模式

2014 年以来，策划代理企业与互联网、移动技术等紧密结合，全面整合营销、推广、传播等业务加速转型升级，形成房地产 O2O 营销服务闭环，推动行业营销模式的全新变革。

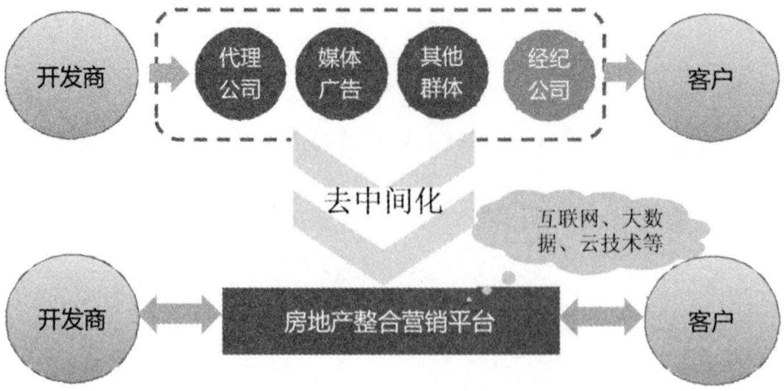

图 12 2014 年策划代理营销创新模式

（1）简化交易环节，降低交易成本：策划代理企业通过整合内外部资源，搭建开发商与客户直接对接的开放交易平台，形成线上线下互动的营销闭环，使各方交易更为高效，有效降低了交易成本。

（2）公开透明化，消除信息不对称：互联网思维下的 O2O 电商平台，将房产交易的所有环节都搬到网上，买卖双方能够通过平台直接对话，交易环节公开透明，效果也可及时监控和评估，有效解决了原线下信息的不对称难题。

（3）融合大数据、云处理等新技术，实现精准营销和服务：从信息发布到最终成交，策划代理企业能够掌握真实有效的源头数据，将各个环节中的碎片信息进行整合建立数据资源库，并借助大数据等新技术进行分析和挖掘，从而更精准把握客户需求，从产品到服务多重整合服务客户，提升客户体验，增加客户黏性。

2.2 “互联网+金融”颠覆策划代理行业金融服务模式

2014 年以来，策划代理企业从解决客户痛点入手，将业务触角延伸至金融业务，通过打造互联网金融服务平台、提供配套金融产品和服务，在有效解决客户痛点的同时，亦为自身及行业发展寻求了更大发展空间。

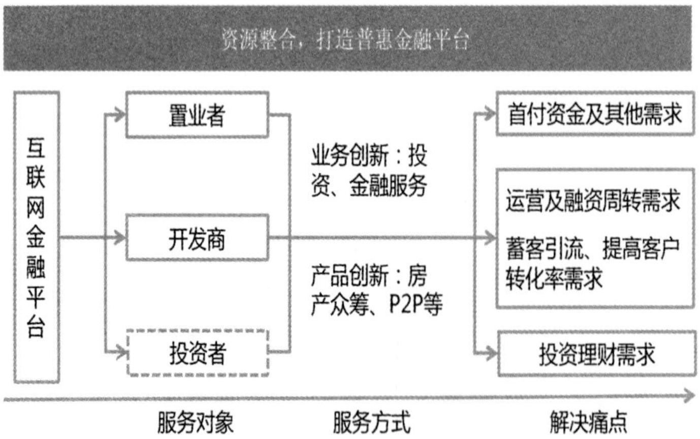

图 13 策划代理行业 P2P 金融创新服务模式

（1）有效挖掘潜在购房群体，提升购房者转化率。通过引入创新互联网金融服务及产品，策划代理企业有效满足潜在购房者金融需求，扩大购房者群体，如“首付贷”成为年度最具特色金融产品。另一方面，金融平台理财等产品也吸引了大量的消费者进入，有效增加平台客户黏性，提升平台蓄客能力。

（2）多样化产品满足客户全周期金融需求，扩大服务链条盈利范围。策划代理企业针对客户需求，主要切入点为房产众筹、P2P 网贷等，其中以 P2P 网贷为主，覆盖范围最广。

（3）理财需求拓展业务边界，增加营收渠道。在策划代理企业进行金融创新拓广营销渠道、增加营收的同时，理财需求客户的蓄集也进一步拓展了策划代理企业的服务群体。

附录三 2015 中国房地产上市公司 TOP10 研究报告

1 研究背景与目的

由国务院发展研究中心企业研究所、清华大学房地产研究所和中国指数研究院三家研究机构共同组成的“中国房地产 TOP10 研究组”，自 2003 年开展中国房地产上市公司 TOP10 研究以来，已连续进行了十三年，其研究成果引起了社会各界特别是机构投资者的广泛关注，中国房地产上市公司 TOP10 研究的相关成果已成为投资者评判上市公司综合实力、发掘证券市场投资机会的重要标准。

2014 年，中国经济发展从高速增长转向中高速增长的新常态，房地产行业调控政策回归常态化，市场进入调整期。在此背景下，一批优秀房地产上市公司顺应行业新常态，踩准市场节奏主动调整经营策略、积极创新营销手段，取得了优良的业绩，展示出较高的经营水平，获得了资本市场的认可。在 2015 中国房地产上市公司研究中，中国房地产 TOP10 研究组在总结历年研究经验的基础上，进一步完善了研究方法和指标体系，本着“客观、公正、准确、全面”的原则，发掘成长质量佳、投资价值大的优秀房地产上市公司，探索不同市场环境下房地产上市公司的经济增长方式，为投资者提供科学全面的投资参考依据。

2 研究结果及分析

2.1 整体发展状况分析

“2015 中国房地产上市公司 TOP10 研究”的研究对象主要包括 137 家沪深上市房地产公司和 48 家大陆在港上市房地产公司。研究结果显示：2014 年，国内房地产市场处在深度调整期，受到市场需求增速放缓、成本费用占比提高的负面影响，房地产上市公司的经营业绩增幅出现回落、财富创造能力面临挑战、负债压力有所增加，但是，优秀房地产上市公司通过合理调整经营节奏、优化产品结构、创新营销策略，仍然取得了较好的经营业绩；2015 年以来，资本市场呈现出超预期持续宽松，房地产上市公司流动性有所改善，同时，随着市场化改革向更深层次推进、各项支持政策逐步落实，市场购买需求不断得以激发，经营稳健、盈利能力突出的房地产上市公司将受到资本市场投资者的广泛青睐。

2.1.1 经营状况：营业收入增速回落，稳增长控成本保障利润空间

（1）收入利润规模持续增长，成本上升明显挤压盈利空间

2014 年，房地产上市公司的业绩规模再创新高，全年沪深及大陆在港上市房地产公司的营业收入均值达到 107.19 亿元，同比增长 18.17%。其中，沪深上市房地产公司营业收入均值为 65.48 亿元，同比增长 16.62%，增幅较 2013 年下降 13.48 个百分点；大陆在港上市房地产公司营业收入均值为 226.22 亿元，同比增长 16.39%，增速较上一年回落 13.69 个百分点。

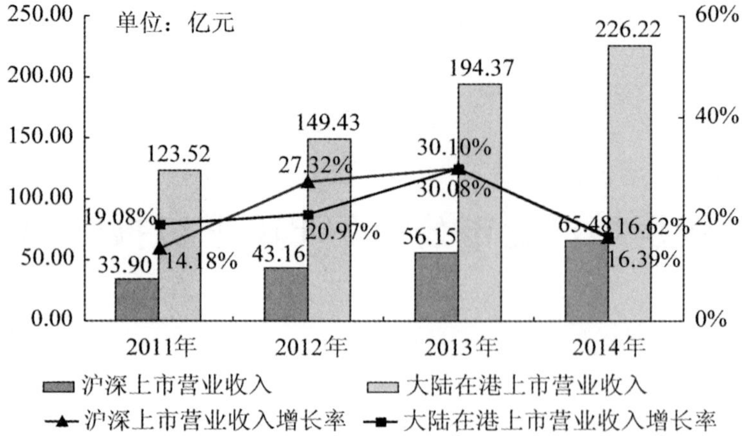

图 1　2011-2014 年沪深及大陆在港上市房地产公司平均营业收入及增长率

2014 年，房地产上市公司的盈利规模持续增长，但增长速度出现明显回落。其中，沪深上市房地产公司实现净利润均值 7.76 亿元，同比增长 6.45%，增速较上年回落 1.86 个百分点；大陆在港上市房地产公司净利润均值为 35.89 亿元，同比增长 5.50%。房地产上市公司净利润增速降低，主要受到两方面因素影响：一是由于企业为了应对市场调整期面临的去化压力，主动调整价格加大促销力度；二是近年来土地成本不断提高，挤占了房地产上市公司的一部分利润空间，部分房地产上市公司的净利润增速明显低于同期营业收入增速。从净利润的内部结构来看，房地产上市公司的盈利能力表现出明显的分化特征。在行业整体盈利水平下滑的趋势下，大型房地产上市公司在逆市展现出更为稳定的盈利能力，净利润规模突破 100 亿元的房地产上市公司增加至 7 家，中海、保利地产、碧桂园三家房地产上市公司均实现了 20%左右的净利润增速，在较高的盈利规模上保持了较快增长；中小房地产上市公司的盈利能力面临更大压力，在净利润规模低于 10 亿元的房地产上市公司中，超过半数企业的净利润规模有所下降，未来，这些企业需要强化成本控制，克服销售增速放缓带来的不利影响，积极提升盈利能力。

2015 年一季度，沪深上市房地产公司的营业收入均值为 8.37 亿元，同比增长 0.24%，净利润均值为 0.94 亿元，同比下降 7.84%，一方面由季节性因素导致，另一方面源于企业在 2014 年底为了冲刺全年业绩，提前透支了潜在需求。随着 2014 年四季度以来出台的多项支持政策相继落实，市场有效需求将逐步回升，房地产上市公司应抓住有利契机，全面贯彻积极销售策略，带动业绩的快速增长。

（2）利润率持续走低，精细化管理降费用稳盈利

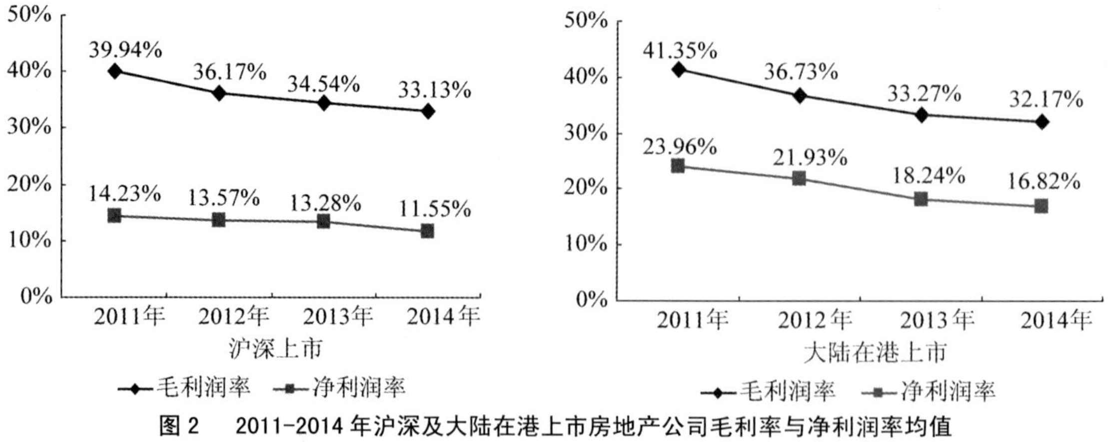

图 2　2011-2014 年沪深及大陆在港上市房地产公司毛利率与净利润率均值

2014 年，房地产上市公司的毛利率与净利润率连续三年走低。沪深、大陆在港上市房地产公司的毛利率均值分别为 33.13%、32.17%，同比分别下降 1.41 和 1.10 个百分点；沪深、大陆在港上市房地产公司的净利润率均值分别为 11.55%和 16.82%，较上年降低 1.73 和 1.42 个百分点。随着 2013 年入市销售的房地产项

目逐步进入结算期，这些项目的拿地成本普遍偏高，导致净利润率均值下降幅度较大。

2014 年，受到市场需求增长放缓的负面影响，沪深、大陆在港上市房地产公司的运营效率呈现明显的下滑趋势。沪深上市房地产公司的总资产周转率均值、存货周转率均值分别为 0.25、0.43，同比分别下降 0.02、0.05；大陆在港上市房地产公司的总资产周转率均值、存货周转率均值分别为 0.21、0.35，较上年均回落 0.04。为了克服利润率下滑压力，部分房地产上市公司积极采取措施强化运营管理：保利地产积极推动标准化产品体系建设，同时在项目设计上大力推广 BIM（建筑信息模型）系统，一方面提高了设计成果精细度，另一方面实现了管理流程的高效率；金地继续加快产品结构调整节奏、坚持快周转经营导向，2014 年总资产周转率、存货周转率分别提高到 0.37、0.42。

2.1.2 股东回报：资产收益水平稳中有降，经济增加值（EVA）出现下滑

（1）资产收益水平稳中有降，龙头企业依然表现优异

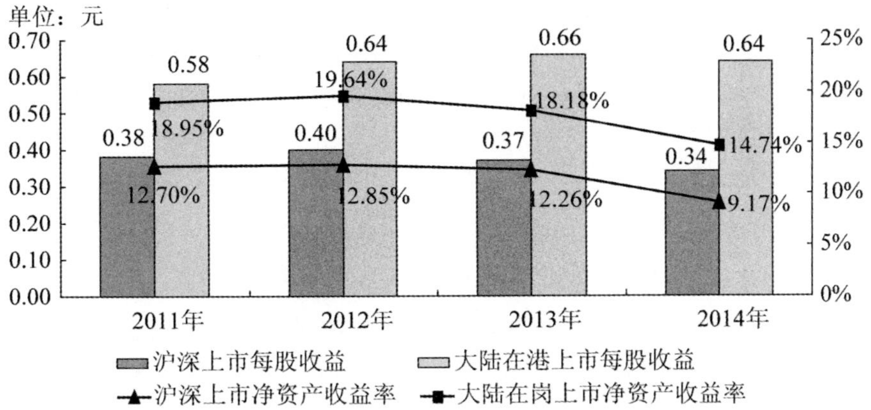

图 3 2011-2014 年沪深及大陆在港上市房地产公司每股收益与净资产收益率均值

2014 年，沪深、大陆在港上市房地产公司的净资产收益率均值分别下降至 9.17%和 14.74%，每股收益均值分别为 0.34 元和 0.64 元，比 2013 年略有下降。具体来看，沪深、大陆在港上市房地产公司中分别有约六成、四成的企业净资产收益率出现下滑，在销售不畅和成本上升的双重压力下，大部分房地产上市公司净资产收益率下跌；从每股收益情况看，沪深及大陆在港上市房地产公司中，均有超过六成的企业每股收益出现下降。但龙头企业的表现仍然抢眼，中海、万科 2014 年每股收益分别提升至 2.67 元和 1.43 元，显著超过沪深、大陆在港上市房地产公司的每股收益均值。

（2）税后净营业利润增长放缓，经济增加值（EVA）下滑

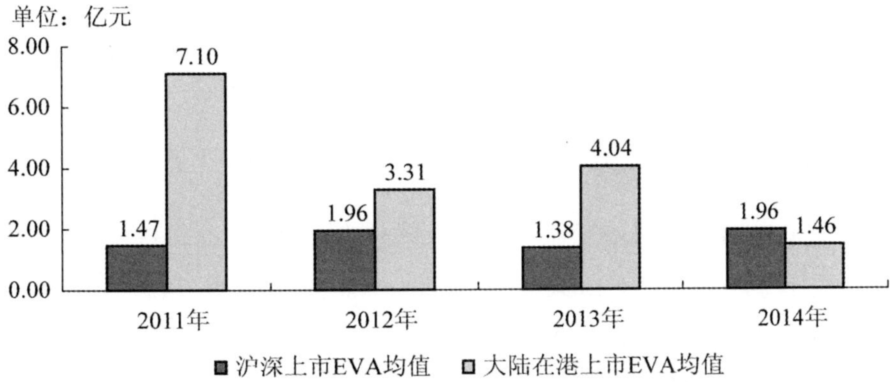

图 4 2011-2014 年沪深及大陆在港上市房地产公司 EVA 均值

2014 年，沪深及大陆在港上市房地产公司 EVA 均值为 1.82 亿元，比 2013 年下降 11%，其中沪深上市房地产公司在财富创造能力方面表现抢眼，EVA 均值为 1.96 亿元，同比上升 42%；而大陆在港上市房地产

公司的 EVA 均值为 1.46 亿元，同比大幅下滑了 64%。大陆在港上市房地产公司 2014 年投入资本均值在高位上持续增长，但短期内回报不佳，EVA 下滑明显，影响了整体表现；而沪深上市房地产公司由于税后净营业利润增速较快，EVA 取得了较大幅度的提升。

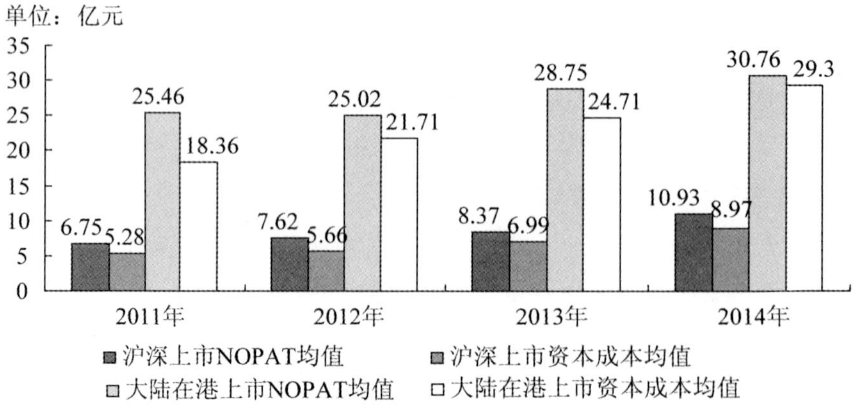

图 5　2011-2014 年沪深及大陆在港上市房地产公司 NOPAT 与资本成本均值

企业 EVA 表现取决于税后净营业利润和资本成本的差值。具体来看，2014 年沪深上市房地产公司税后净营业利润均值 10.93 亿元，同比增幅为 30.59%，这主要由于投资收益、调节税等重要指标增速较快，拉动了税后净营业利润的增长；而资本成本均值为 8.97 亿元，增幅为 28.33%，低于税后净营业利润增幅，财富创造能力整体得到提升。2014 年大陆在港上市房地产公司的税后净营业利润均值为 30.76 亿元，增幅为 6.99%，而资本成本为 29.30 亿元，增幅为 18.58%，大大超过税后净营业利润的增速，导致大陆在港上市房地产公司财富创造表现差强人意。

2.1.3　财务稳健性：负债水平小幅上升，销售回款受阻导致资金压力加大

（1）资产负债率上升，偿债压力持续增加

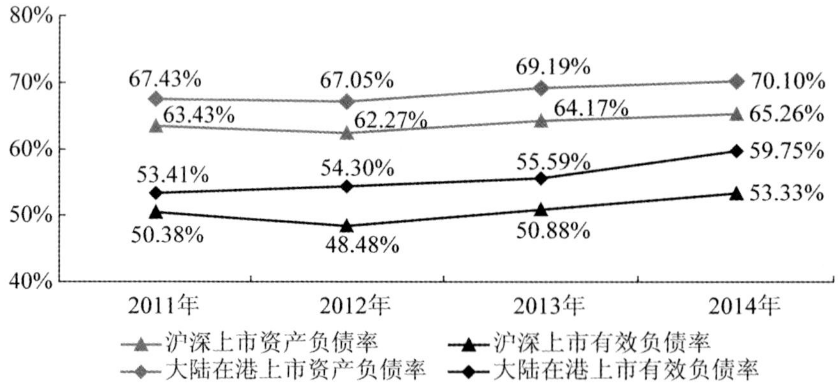

图 6　2011-2014 年沪深及大陆在港上市房地产公司资产负债率与有效负债率均值

截至 2014 年末，沪深上市房地产公司的资产负债率均值为 65.26%，大陆在港上市房地产公司的资产负债率均值为 70.10%，同比分别小幅上升 1.09、0.91 个百分点。剔除预收账款后，沪深、大陆在港上市房地产公司的有效负债率均值分别为 53.33%和 59.75%，较上一年分别上升 2.45、4.16 个百分点。在市场调整期，保持合理的财务杠杆是房地产企业稳健发展的必要条件。2014 年以来，房地产行业融资环境持续改善，房地产上市公司应当借此有利时机，充分利用已有的上市平台，积极创新融资方式、建立多层次融资体系，不断降低资金成本、提升财务安全性。

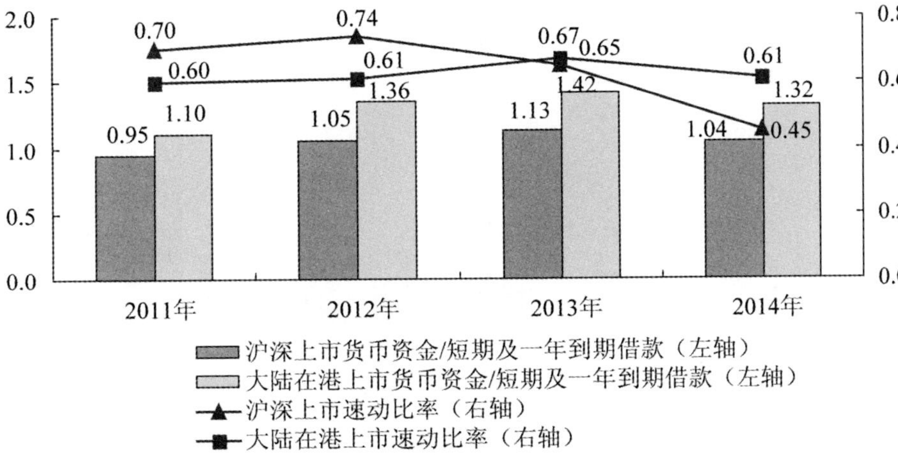

图 7 2011-2014 年沪深及大陆在港上市房地产公司速动比率与货币资金/短期及一年到期借款

受市场调整期下销售低迷的不利影响，房地产上市公司的去化速度普遍放缓，资金回笼受阻，短期偿债压力增大。2014 年，沪深、大陆在港上市房地产公司的货币资金与短期及一年到期借款的比值均值分别为 1.04 和 1.32，较 2013 年分别下降 0.09 和 0.10；速动比率分别为 0.45、0.61，较 2013 年分别下降 0.20、0.06。沪深、大陆在港上市房地产公司的短期及一年到期借款均值分别增长 42.10%、22.87%，明显高于货币资金增长幅度，短期偿债压力加大。从内部结构来看，房地产上市公司的短期偿债能力呈现分化趋势，龙头房地产上市公司在 2014 年采取积极的销售策略促进回款，同时进一步优化长短期债务结构，短期偿债能力较 2013 年有明显提升；大部分中小型房地产上市公司的库存压力较大、回款速度慢，短期偿债能力降低。

（2）每股现金流缺口再度放大，存货上升，去库存压力凸显

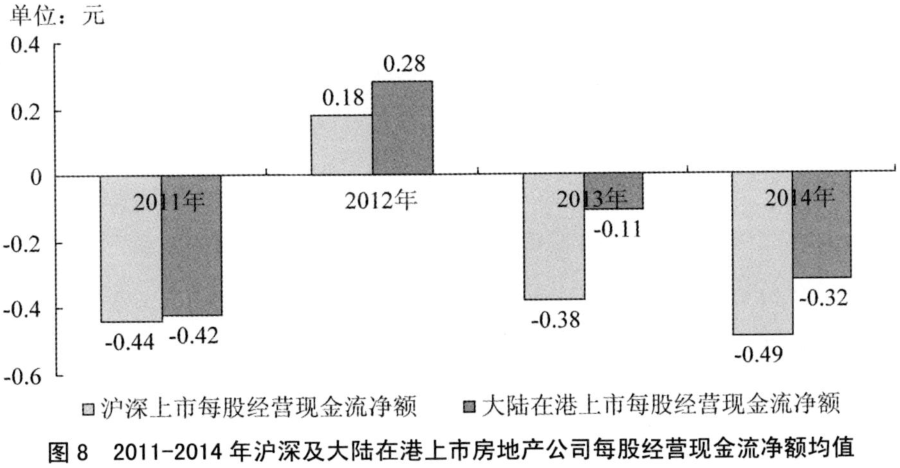

图 8 2011-2014 年沪深及大陆在港上市房地产公司每股经营现金流净额均值

2014 年，房地产上市公司的流动性较上年更加趋紧，沪深、大陆在港上市房地产公司每股经营现金流净额均值分别为-0.49 元、-0.32 元，同比分别下降 0.11 元、0.21 元。从内部结构来看，企业现金流水平呈现分化格局：部分房地产上市公司一方面采取积极的销售策略加大回款力度，一方面放缓了投资节奏，现金流情况有所改善；另有部分房地产上市公司则受困于库存高企、回款不力，经营性现金流净额为负值，面临较大的资金压力。2015 年一季度，沪深上市房地产公司继续注重稳健经营，拿地投资更趋谨慎，每股经营现金流净额为-0.34 元，较去年同期略有改善，但流动性压力仍然较大。

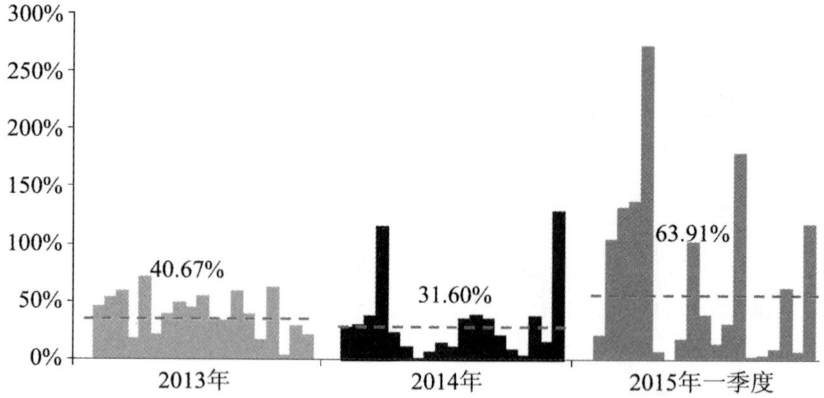

图 9　2013-2015 年一季度沪深及大陆在港上市综合实力 TOP10 企业土地购置费用占销售额比例变化

2014 年，受行业整体下行的影响，房地产上市公司普遍缩减了拿地规模。据 TOP10 研究组测算，沪深及大陆在港上市综合实力 TOP10 企业在 2013 年、2014 年及 2015 年一季度的土地购置费用占销售额比重分别为 40.67%、31.60%和 63.91%，2014 年该比值明显处于较低水平。值得注意的是，2015 年一季度，受到上年末良好销售表现的鼓舞和对未来市场的乐观预期，部分房地产上市公司适度增加了购地支出。当前房地产市场仍处于调整期，企业未来仍需密切关注土地市场，结合经营动态量入为出，谨慎控制投资节奏，有效保障企业资金链的安全。

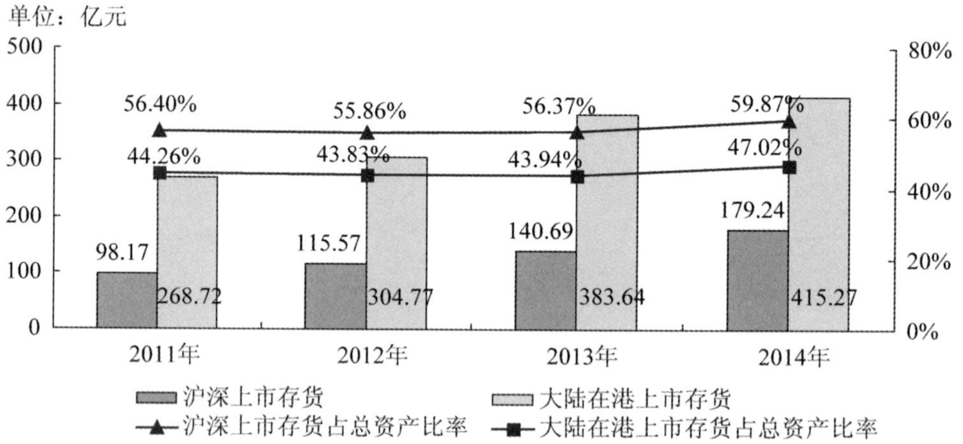

图 10　2011-2014 年沪深及大陆在港上市房地产公司存货及存货占总资产比率情况

房地产上市公司在 2014 年的存货规模再度上升，去化压力较大。其中，沪深上市房地产公司的存货均值达 179.24 亿元，大陆在港上市房地产公司的存货均值达 415.27 亿元，同比分别增长 27.40%、8.24%，同期沪深及大陆在港上市房地产公司的存货占总资产比率均值分别增加 3.50、3.08 个百分点。由于房地产上市公司在市场回暖的 2013 年主动补充库存量，部分累积到了 2014 年，而 2014 年多数房企的去库存速度明显放缓，导致存货大幅上升。2015 年一季度，在稳增长、调结构、促消费的政策导向下，房地产市场成交情况呈现小幅回暖的趋势，随着多项利好政策的相继落实，市场需求将进一步回升，企业应适时调整推盘节奏、创新营销手段，抓住市场转暖期提升去化水平，促进销售回款。

2015 年一季度，房地产上市公司资产负债率均值为 64.92%，与 2014 年持平，而速动比率均值有所下降，短期偿债能力未有明显改善。未来，房地产上市公司应借助市场回暖期的有利时机加快去化，坚持“现金为王”的策略重视资金回笼，进一步缓解现金流压力，在新的市场环境下保持稳健发展。

2.1.4　*投资价值：房地产板块跑赢大盘，政策利好提升部分企业投资价值*

（1）房地产板块跑赢大盘，市值大幅提升

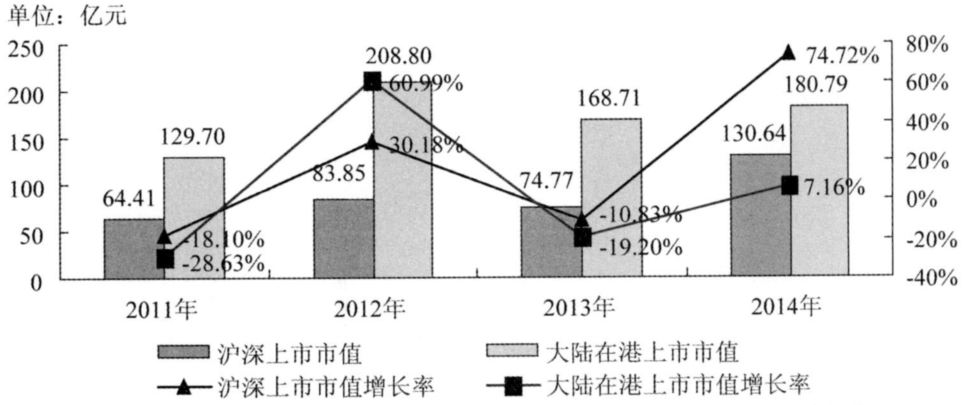

图 11　2011-2014 年沪深及大陆在港上市房地产公司市值均值及其增长率

截至 2014 年底，沪深上市房地产公司的平均市值为 130.64 亿元，同比上涨 74.72%；大陆在港上市房地产公司平均市值为 180.79 亿元，同比上涨 7.16%。2014 年受到部分城市限购政策放松、区域规划政策出台、住房消费支持政策出台、央行降息降准等利好因素影响，地产板块呈现整体上涨趋势。2015 年以来，沪深及大陆在港上市房地产公司的平均市值持续震荡上升，截至 5 月 4 日，沪深上市房地产公司的平均市值为 196.11 亿元，较 2014 年末上涨了 50.11%；大陆在港上市房地产公司平均市值为 254.50 亿元，较 2014 年末上涨 40.77%。未来，随着多重政策利好的逐步释放，房地产板块有望迎来新一轮上涨行情。

（2）低估值地产板块修复可期，部分房企受益利好政策投资价值凸显

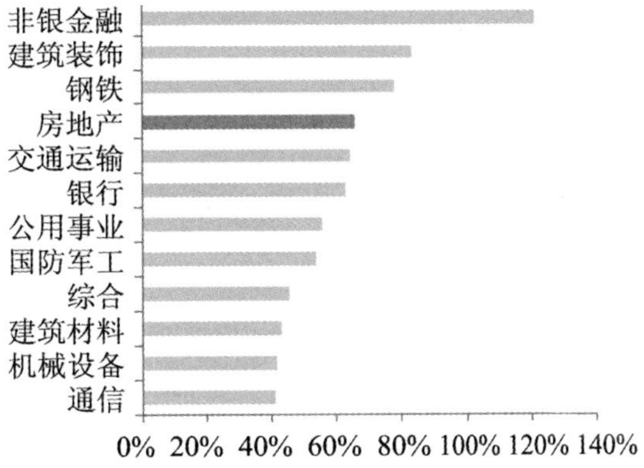

图 12　2014 年申万一级行业涨幅排名

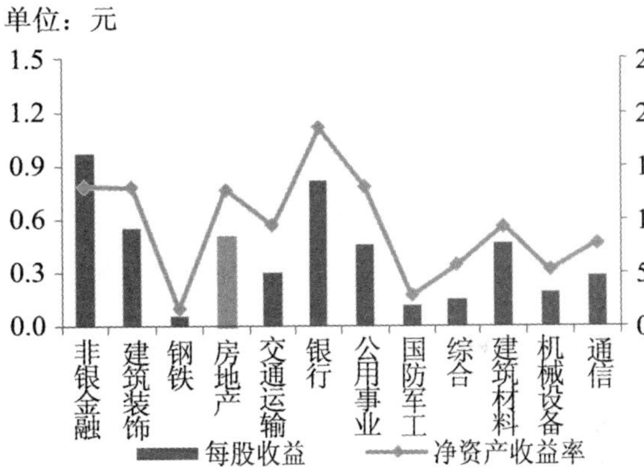

图 13　2014 年资本市场分板块盈利能力分析

与其他板块的横向比较来看，在 2014 年申万一级行业涨幅排名榜中，房地产板块以全年涨幅 65.28%排名第四位，仅次于非银金融、建筑装饰和钢铁板块。盈利能力方面，2014 年房地产板块净资产收益率为 12.81%，每股收益 0.51 元，盈利能力优于钢铁、交通运输、国防军工、综合、建筑材料、机械设备、通信等行业。2015 年以来，“330 房贷新政”、“二套房首付降至 4 成”、“营业税免征期限 5 年改 2 年”、“公积金新政”、“央行多次降息降准”等各种利好政策相继出台，加速市场回暖行情，推动房地产行业迎来发展新机遇，进一步拓展房地产板块的投资空间。

从 2009-2014 年申万房地产板块市盈率月度变化情况来看，2009 年资本市场房地产板块表现良好，尤其是 7 月 31 日和 11 月 30 日房地产板块分别收于 4072.37 和 3941.97 点，市盈率分别达到 55.43、57.04 倍，估值水平较高。此后，房地产板块与 A 股市场共同经历了一个较长阶段的震荡整理期。2014 年，A 股资本市场一路上扬，房地产板块估值得到修复。截至 2014 年 12 月 31 日，房地产板块收于 4085.59 点，已经超过 2009 年的最高水平，但市盈率仅为 20.06 倍，远低于 2009 年 11 月 30 日 57.04 倍的水平，板块估值仍处于理性空间。

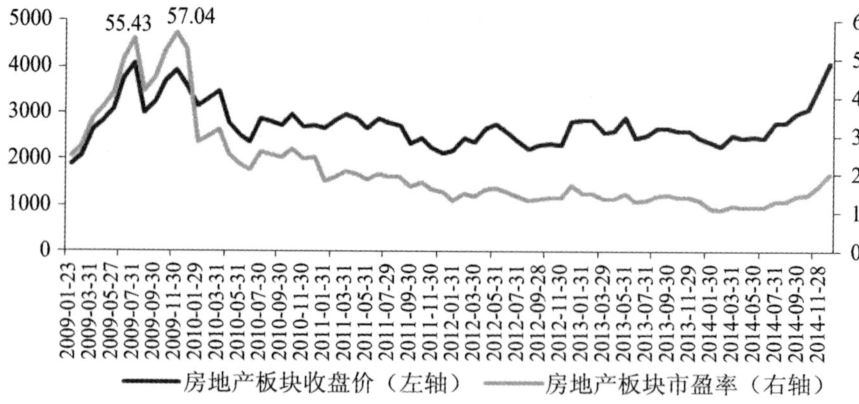

图 14 2009-2014 年房地产板块收盘价和市盈率月度变化情况

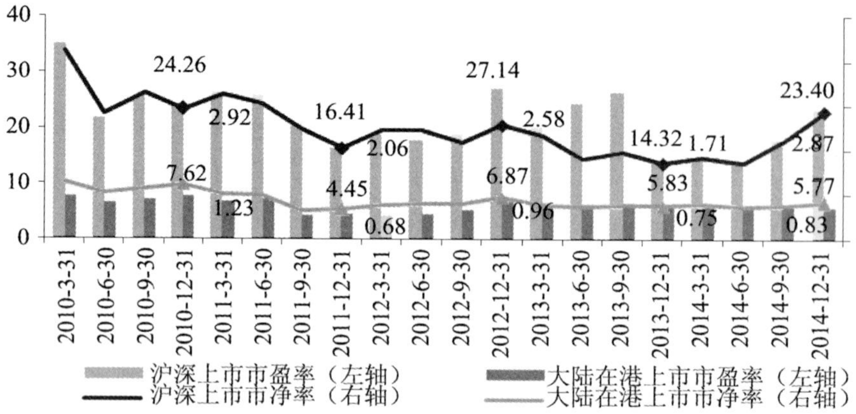

图 15 2010-2014 年沪深及大陆在港上市房地产公司市盈率及市净率变化情况

2014 年末，沪深上市房地产公司的市盈率均值由上年的 14.32 上升至 23.40；大陆在港上市房地产公司的市盈率均值从上年的 5.83 下降至 5.77；同期，沪深上市、大陆在港上市房地产公司的市净率也分别上升至 2.87、0.83，房地产上市公司摆脱了之前一直处于低位的境况，但整体仍然处于较低水平，牛市背景下估值洼地有望进一步被填平，而降息降准、再融资松绑、房企转型、销售回暖等因素将提升估值修复速度。

2.2 2015 中国房地产上市公司 TOP10 研究结果

2.2.1 综合实力 TOP10

2015 沪深上市房地产公司综合实力 TOP10

2015 排名	股票代码	股票简称
1	000002.SZ	万科 A
2	600048.SH	保利地产
3	000024.SZ	招商地产
4	600340.SH	华夏幸福
5	000402.SZ	金融街
6	601992.SH	金隅股份
7	600383.SH	金地集团
8	002146.SZ	荣盛发展
9	600376.SH	首开股份
10	600823.SH	世茂股份

2015 中国大陆在港上市房地产公司综合实力 TOP10

2015 排名	股票代码	股票简称
1	3699.HK	万达商业
2	0688.HK	中国海外发展
3	3333.HK	恒大地产
4	1109.HK	华润置地
5	0960.HK	龙湖地产
6	2007.HK	碧桂园
7	3377.HK	远洋地产
8	3900.HK	绿城中国
9	2777.HK	富力地产
10	0817.HK	方兴地产

2014 年，沪深上市房地产公司综合实力 TOP10 的资产规模再创新高，年末总资产均值和净资产均值分别为 1700.08 亿元、413.12 亿元，同比分别增长 13.21%、14.71%，每股收益（EPS）均值和净利润均值分别提高到 1.33 元、61.66 亿元，分别为同期沪深上市房地产公司均值的 3.91 倍、7.95 倍，进一步扩大了盈利

优势；大陆在港上市房地产公司综合实力 TOP10 的总资产均值、净资产均值分别为 2552.44、748.48 亿元，较上年分别增长 22.72%、27.74%，净资产均值增速超过总资产均值增速 5 个百分点，资产规模呈现“有质量的增长”，同期每股收益（EPS）均值为在港上市房地产公司均值的 2.60 倍，盈利水平保持领先地位。

2.2.2 财富创造能力 TOP10

2015 沪深上市房地产公司财富创造能力 TOP10

2015 排名	股票代码	股票简称
1	600048.SH	保利地产
2	000002.SZ	万科 A
3	000024.SZ	招商地产
4	600340.SH	华夏幸福
5	600383.SH	金地集团
6	000402.SZ	金融街
7	002146.SZ	荣盛发展
8	000031.SZ	中粮地产
9	600067.SH	冠城大通
10	000671.SZ	阳光城

2015 中国大陆在港上市房地产公司财富创造能力 TOP10

2015 排名	股票代码	股票简称
1	0688.HK	中国海外发展
2	3699.HK	万达商业
3	1109.HK	华润置地
4	3333.HK	恒大地产
5	0960.HK	龙湖地产
6	2007.HK	碧桂园
7	1918.HK	融创中国
8	1030.HK	新城发展控股
9	2608.HK	阳光 100 中国
10	1238.HK	宝龙地产

2014 年，沪深上市房地产公司财富创造能力 TOP10 的 EVA（经济增加值）均值达到 28.72 亿元，是同期沪深上市房地产公司 EVA 均值的 14.65 倍；中国大陆在港上市房地产公司财富创造能力 TOP10 的 EVA 均值为 17.50 亿元，是同期大陆在港上市房地产公司 EVA 均值的 11.99 倍，领先优势显著。保利地产、万科、中海、万达商业、招商、华夏幸福、金地、冠城大通等企业的财富创造能力持续位居行业领先地位。

2.2.3 财务稳健性 TOP10

2015 沪深上市房地产公司财务稳健性 TOP10

2015 排名	股票代码	股票简称
1	000002.SZ	万科 A
2	000024.SZ	招商地产
3	600048.SH	保利地产
4	600340.SH	华夏幸福
5	000402.SZ	金融街
6	601992.SH	金隅股份
7	600383.SH	金地集团
8	000926.SZ	福星股份
9	600094.SH	大名城
10	000965.SZ	天保基建

2015 中国大陆在港上市房地产公司财务稳健性 TOP10

2015 排名	股票代码	股票简称
1	0688.HK	中国海外发展
2	0960.HK	龙湖地产
3	1109.HK	华润置地
4	3333.HK	恒大地产
5	0884.HK	旭辉控股集团
6	1238.HK	宝龙地产
7	0207.HK	大悦城地产
8	3377.HK	远洋地产
9	2329.HK	国瑞置业
10	1224.HK	中渝置地

2014 年，沪深、大陆在港上市房地产公司财务稳健性 TOP10 的负债率、短期偿债能力表现突出，其中有效负债率均值分别为 51.58%及 52.06%，货币资金与短期及一年到期债务的比率均值分别为 1.20 及 1.80，均显著优于沪深、大陆在港上市房地产公司同期指标；另外大陆在港上市房地产公司财务稳健性 TOP10 公司的每股经营性现金流净额为 0.04 元，保持了稳定的现金流水平。

2.2.4 投资价值 TOP10

2015 沪深上市房地产公司投资价值 TOP10

2015 排名	股票代码	股票简称
1	000002.SZ	万科 A
2	600340.SH	华夏幸福
3	000024.SZ	招商地产
4	600048.SH	保利地产
5	000402.SZ	金融街
6	000656.SZ	金科股份
7	601992.SH	金隅股份
8	000732.SZ	泰禾集团
9	600565.SH	迪马股份
10	600466.SH	蓝光发展

2015 中国大陆在港上市房地产公司投资价值 TOP10

2015 排名	股票代码	股票简称
1	0688.HK	中国海外发展
2	0884.HK	旭辉控股集团
3	0817.HK	方兴地产
4	3333.HK	恒大地产
5	2329.HK	国瑞置业
6	2608.HK	阳光 100 中国
7	3380.HK	龙光地产
8	1238.HK	宝龙地产
9	1369.HK	五洲国际
10	1622.HK	力高地产

2014 年，沪深、大陆在港上市房地产公司投资价值 TOP10 每股收益均值分别达到 1.12 元、0.60 元，是同期沪深、大陆在港上市房地产公司均值的 3.20 倍和 1.05 倍；其净利润均值分别达 56.49 亿元、46.52 亿元，是同期沪深、大陆在港上市房地产公司均值的 6.83 倍、1.67 倍。

2.2.5 公司治理 TOP10

2015 中国房地产上市公司治理 TOP10

2015 排名	股票代码	股票简称
1	000002.SZ	万科 A
2	0688.HK	中国海外发展
3	600340.SH	华夏幸福
4	600383.SH	金地集团
5	NYSE：XIN	鑫苑中国
6	601992.SH	金隅股份
7	000402.SZ	金融街
8	000732.SZ	泰禾集团
9	600748.SH	上实发展
10	600675.SH	中华企业

一方面，房地产上市公司治理 TOP10 企业加大信息自主披露力度，增强投资者对公司经营情况的全面了解，同时持续完善信息披露内部审核机制，优化信息披露业务流程，切实保障公司信息披露质量和股东的知情权益。例如，金地较早建立起《内幕信息及知情人管理制度》，2014 年接待了 31 批次共计 313 人次的投资者来访和交流，参加了境内外证券公司举办的 20 场投资策略会和投资者交流会，与众多投资者进行沟通交流；华夏幸福 2014 年共发布临时公告 220 个，对投资者从各个渠道反馈的信息与问题进行了回复与解答，并从公司运营、会计准则、承诺事项等多方面、多维度地剖析公司情况。另一方面，房地产上市公司治理 TOP10 注重员工及投资者利益，通过制度安排和创新激励普通员工及高级管理人员，提升团队的成员忠诚度和稳定性。如万科尝试探索合伙人制度，通过员工持股及项目投资建立起良好的利益共享机制；金融街则建立了公司业务骨干激励基金授予方案，对公司发展贡献较高的业务骨干进行奖励，提升了员工

的忠诚度和归属感。

2.2.6 2015 园区开发上市公司 TOP10 研究结果

2015 园区开发上市公司 TOP10

2015 排名	股票代码	股票简称
1	600663.SH	陆家嘴
2	600648.SH	外高桥
3	600064.SH	南京高科
4	600736.SH	苏州高新
5	600895.SH	张江高科
6	3639.HK	亿达中国
7	600133.SH	东湖高新
8	600639.SH	浦东金桥
9	600658.SH	电子城
10	600604.SH	市北高新

一方面，东湖高新、电子城、市北高新等园区开发上市公司 TOP10 企业不断优化业务模式，积极探索战略转型和可持续发展的道路，推动业绩的稳步提升，如东湖高新持续提升产业研究和全产业链招商能力，努力提高园区运营水平，实现了由园区开发商向园区运营商的重要战略转型；市北高新通过打造高品质的符合总部型、创新型、知识密集型企业办公的绿色低碳园区，在积累丰富的园区开发运营经验的同时为公司创造新的利润增长点。另一方面，外高桥、张江高科、浦东金桥等企业创新服务模式，在深化品牌服务的基础上进一步拓展服务工作的内涵和外延，实现园区竞争力的不断增强，如张江高科创新并确立了“时间合伙人”的重要战略性定位，以“时间合伙人”定位来创新公司客户关系理念，进行了包括微信营销、“私董会”等一系列营销服务的创新，进一步加强与客户间的联系纽带，形成独特的竞争优势。

3 结语

2014 年，经历持续调整期的房地产行业步入平稳增长的新常态发展阶段。伴随着市场的调整，房地产上市公司的经营业绩受到一定影响，土地成本居高不下持续增加了企业的成本支出，利润空间被进一步挤压。为了控制成本、有效缓解资金压力，房地产上市公司普遍采取积极的销售策略，加快推盘去化，在一定程度上保障了经营业绩。与此同时，部分房地产上市公司抓住城镇化、京津冀一体化带来的市场机遇，找准自身定位，通过标准化、精细化发展提升了其产品的核心竞争力，获得资本市场的高度关注并降低了融资成本，2014 年仍然保持了业绩的稳定增长。

2015 年，去库存将是房地产市场的主基调。随着 2015 年货币政策支持力度的加大、降息降准利好的推出，购房需求将逐步得以释放，对房地产上市公司的业绩增长起到催化作用。趁此有利时机，房地产上市公司需要紧密结合市场形势，灵活调整经营策略降低市场风险，保持传统业务领域的稳健发展。此外，房地产行业分化格局仍将持续较长时间，房地产上市公司一方面要继续注重强化内部运营管理、提升财务安全性，保障业绩高质量、稳健发展，另一方面也要围绕自身业务特点、借助资源优势，积极开展业务创新，为业绩的长远发展开拓新路径，为股东、社会创造可持续发展的价值源泉。

附录四 2015 中国房地产品牌价值研究报告

1 研究背景与目的

2015 年上半年，中国房地产市场迎来政策利好并逐渐回暖，品牌房企经营业绩领衔攀升。市场低迷时，品牌是消费驱动力，是企业资源整合、战略合作的奠基石，是稳定企业业绩的定海神针；市场向好时，品牌坚定消费信心，保障投资回报，引领行业快速发展。在经济新常态下，房地产企业更需要坚定品牌主张、传承品牌精神、锻造优质品牌，以打造常青基业，助力行业健康发展。

2015 中国房地产品牌价值研究全面启动以来，由国务院发展研究中心企业研究所、清华大学房地产研究所和中国指数研究院三家研究机构共同组成的“中国房地产 TOP10 研究组”，在深入理解国家政策的基础上，针对中国房地产企业的整体发展状况，进一步完善了 2015 中国房地产品牌价值研究的方法体系，为更加客观地评价企业品牌实力提供了理论与实践依据，通过品牌价值的客观评价彰显优秀企业的品牌发展成就、促进企业有效提升品牌建设水平，推动中国房地产行业持续健康发展。2015 中国房地产品牌价值研究也是继 2004 以来中国房地产 TOP10 研究组连续第十二年对中国房地产企业的品牌价值开展研究。

2 2015 中国房地产品牌价值研究成果

2.1 2015 中国房地产公司品牌价值 TOP10

2015 中国房地产行业领导公司品牌

领导属性	品牌	企业名称	品牌价值（亿元）
价值创造	中海地产	中国海外发展有限公司	397.59
规模效益	万科	万科企业股份有限公司	395.62
成长速度	保利地产	保利房地产（集团）股份有限公司	361.48

中海地产以高端精品定位及出众的管理水平，不断提高盈利规模，以卓越的价值创造能力保持行业领导公司品牌地位。2014 年在行业利润整体显著下降的背景下，中海地产净利润同比增长 21.7%至港币 282.1 亿元，连续 12 年实现高于 20%的增幅，2010–2014 年平均股东资金回报达到 24.0%，有力保障股东收益。2015 中海地产品牌价值达 397.59 亿元，同比增长 16.10%。万科坚持以客户为导向，积极借鉴互联网思维，依托网络平台和工具，整合渠道资源，创新推行全民经纪人等营销手段，有效保障了业绩稳健增长，2014 年实现销售额 2151.3 亿元，同比增长 25.9%。而万科的盈利水平未能实现与销售规模的同步增长，净利润增速下降显著，对其品牌价值的增长造成了一定影响。2015 万科品牌价值达 395.62 亿元，同比增长 15.81%。2014 年，保利地产取得签约销售额 1366.76 亿元，市场占有率提升 0.25 个百分点至 1.79%，净利润 142.31 亿元，

同比增长 19.95%，发展规模与经营效益实现“双增长”。2015 保利地产品牌价值达 361.48 亿元，同比增长 17.84%。

2015 中国房地产公司品牌价值 TOP10（混合所有）

品牌	企业名称	品牌价值（亿元）
恒大地产	恒大地产集团有限公司	283.10
绿城	绿城集团	211.83
龙湖地产	龙湖地产有限公司	118.32
碧桂园	碧桂园控股有限公司	116.66
华夏幸福	华夏幸福基业股份有限公司	107.70
融创中国	融创中国控股有限公司	107.04
金科股份	金科地产集团股份有限公司	96.21
合生创展	合生创展集团有限公司	95.45
世茂	世茂房地产控股有限公司	86.89
沿海绿色家园	沿海绿色家园集团	64.28

全国品牌 TOP10 企业的发展特点体现在以下两个方面：第一，恒大地产、碧桂园、华夏幸福等企业凭借突出的品牌优势、标准产品线的快速复制、均衡布局与深耕重点区域的结合，实现销售业绩的逆市上涨。恒大地产把握市场主流需求，聚焦“首置、首改”刚需产品，审慎适度地吸纳一二线城市优质土地资源，实现全国化均衡布局，助力销售业绩同比增长 31.0%，品牌影响力快速提升；华夏幸福在“以人为本、创新驱动”的理念下，创新升级“政府主导、企业运作、合作共赢”的市场化运作模式，依托京津冀一体化战略加快发展步伐，销售额、销售面积同比分别增长 37.0%、66.3%，品牌竞争优势持续彰显。第二，绿城、龙湖地产、融创中国、金科股份等企业依托优良的产品和服务，持续提升客户居住价值与生活品质，实现产品口碑和企业品牌价值的稳步提升。绿城以“中国高端物业营造专家”的标准严格把关产品开发的各个环节，始终坚持开发优质产品，在业内外获得了较高的品牌美誉度和忠诚度；金科股份把“高质量的产品与物业服务品质”作为立身之本，持续强化产品研发和设计，全方面提高产品品质与居住体验，获得了多项产品专利，在产品的创新探索中实现品牌增值。

2015 中国房地产公司品牌价值 TOP10（国有）

品牌	企业名称	品牌价值（亿元）
绿地	绿地控股股份有限公司	202.35
首开	北京首都开发控股（集团）有限公司	114.33
招商地产	招商局地产控股股份有限公司	107.66
金地集团	金地（集团）股份有限公司	106.78
中信地产	中信房地产股份有限公司	105.83
远洋地产	远洋地产控股有限公司	104.73
金融街控股	金融街控股股份有限公司	93.51
北京城建地产	北京城建投资发展股份有限公司	73.82
首创置业	首创置业股份有限公司	72.97
天房集团	天津房地产集团有限公司	62.84

国有背景全国品牌企业发展有如下特点：第一，国有背景全国品牌企业紧握国家深化国企改革的机遇，释放企业发展活力。绿地通过借壳成功实现整体上市，借力资本市场开启全新的发展阶段，在做强房地产主业的同时，全面推进企业创新转型升级，进一步增强企业品牌影响力；招商地产与招商蛇口的整合将推进招商局集团地产板块体制改革，加强内外资源配置能力，提升创新驱动能力，保障品牌价值的持续提升。第二，重视"企业与社会的和谐发展"，在改善城市形象、履行社会责任方面做出卓越贡献，取得了良好的社会效应，铸造了良好的信誉和品牌形象。首开积极肩负起开发经济适用房和政策性住房等项目的责任，截至 2014 年底，公司保障房在施面积为 76.6 万平米，新开工 46.2 万平米，竣工 17.4 万平米，保障房建设规模同比大幅上升；金融街控股注重自身在社会整体中价值的提升和责任，多年来持续回馈社会，服务社会，支持慈善公益事业，追求经济、社会效益的协调统一；北京城建地产在经营实践中积极承担并充分履行社会责任，始终将宜居、低碳、节能环保概念贯彻在项目策划和产品设计中。

2015 中国房地产公司品牌价值 TOP20（混合所有 11-20）

品　牌	企业名称
蓝光发展	四川蓝光发展股份有限公司
新城	新城控股集团有限公司
阳光城	阳光城集团
旭辉集团	旭辉控股（集团）有限公司
福星惠誉	福星惠誉房地产有限公司
荣盛发展	荣盛房地产发展股份有限公司
海伦堡	海伦堡地产集团有限公司
鑫苑中国	鑫苑（中国）置业有限公司
新鸥鹏集团	NEWOPEN 中国企业集团有限公司
正荣集团	正荣集团有限公司

以上十家品牌企业由区域到全国的扩张过程中，品牌价值持续提升。其发展呈现出如下特点：第一，阳光城、旭辉集团等企业通过实施高周转、轻资产等运作模式，提升企业运营效率，实现规模与效益的快速累积。阳光城坚定实施"高周转、低成本"的运作模式，借助有效的生产管理系统和完善的业务流程缩短项目开发周期，通过成熟产品线复制提高研发工作效率，有效降低研发成本；旭辉集团依托品牌优势推进"小股操盘"的同时积极探索营销、管理制度创新，成功开发"旭辉微销宝"营销平台，推动项目跟投机制实施，不断提升品牌资产运营效率，实现高效运营。第二，蓝光发展、福星惠誉、新鸥鹏集团等企业强化自身竞争优势，以独具特色的发展模式获取快速发展。蓝光发展借助清晰的产品线以及主流市场定位实现快速成长，其打造的"COCO 系"和"幸福系"成为企业全国化布局的拳头产品，同时凭借"生活家"系统打造特色增值服务，为客户定义人居新高度。第三，新城、荣盛发展等企业通过核心城市深耕占据市场高点，全国化布局进程加快。新城实施以上海为中枢，长三角为核心，并向珠三角、环渤海和中西部地区扩张的"1+3"布局战略，逐步实现全国化纵深发展；荣盛发展抓住京津冀一体化发展机遇，并顺应布局区域市场发展趋势，推进产业结构调整及业务链延伸，在强化区域领先优势的基础上进一步加速全国化布局。

华北区域品牌企业注重履行社会责任、关注民生，积极践行企业社会公民理念，收获较高品牌美誉度。2015 华北品牌企业品牌价值均值为 31.57 亿元，同比增长 13.86%。

2015 中国华北房地产公司品牌价值 TOP10

品牌	企业名称
中粮地产	中粮地产（集团）股份有限公司
金隅嘉业	北京金隅嘉业房地产开发有限公司
阳光 100	阳光 100 中国控股有限公司
隆基泰和	隆基泰和实业有限公司
当代置业	当代置业（中国）有限公司
融科智地	融科智地房地产股份有限公司
京汉置业	京汉置业集团股份有限公司
诺德地产	北京中铁诺德房地产开发有限公司
华远地产	华远地产股份有限公司
泰达建设	天津泰达建设集团有限公司

2015 中国华南房地产公司品牌价值 TOP10

品牌	企业名称
卓越集团	卓越置业集团有限公司
奥园	中国奥园地产集团股份有限公司
深业	深业集团有限公司
禹洲	禹洲地产股份有限公司
方圆集团	方圆地产控股有限公司
花样年	花样年集团（中国）有限公司
福晟	福晟集团有限公司
奥宸地产	奥宸地产（集团）有限公司
国贸地产	国贸地产集团有限公司
华发股份	珠海华发实业股份有限公司

华南区域房地产市场起步早，品牌企业发展成熟，具有较高的运营实力和服务水平。2015 华南企业品牌价值均值为 40.65 亿元，同比增长 14.15%。

2015 中国华东房地产公司品牌价值 TOP10

品牌	企业名称
景瑞地产	景瑞地产（集团）有限公司
大名城	上海大名城企业股份有限公司
中梁地产集团	中梁地产集团
银亿股份	银亿房地产股份有限公司
雨润地产	雨润地产集团
祥生房产	浙江祥生房地产开发有限公司
象屿地产	象屿地产集团有限公司
新明	新明中国控股有限公司
大发地产	上海大发房地产集团有限公司
中优地产集团	上海中优房地产集团有限公司

华东区域房地产市场发展活力和成熟度均较高，部分资深区域品牌企业通过重点城市深耕，已将品牌辐射至全国，而一批中型企业加快成长，注重产品和服务的精细化打造，成为区域内的新锐品牌力量。2015华东品牌企业品牌价值均值为28.67亿元。

2015 中国中部房地产公司品牌价值 TOP10

品牌	企业名称
建业集团	建业住宅集团（中国）有限公司
百步亭	百步亭集团有限公司
武汉地产集团	武汉地产开发投资集团有限公司
奥山集团	奥山集团
庭瑞集团	庭瑞集团有限公司
葛洲坝置业	中国葛洲坝集团置业有限公司
金侨集团	金侨投资控股有限公司
名门地产	名门地产（河南）有限公司
中建信和	中建信和地产有限公司
泛海控股武汉	武汉中央商务区建设投资股份有限公司

中部区域随着城镇化进程的推进，经济发展水平不断提高，品牌企业抓住机遇取得新的突破，2015中部品牌企业品牌价值均值达25.25亿元，同比增长11.68%。

2015 中国西部房地产公司品牌价值 TOP10

品牌	企业名称
俊发地产	俊发地产有限责任公司
中天城投	中天城投集团股份有限公司
天朗	天朗控股集团
同景地产	重庆同景置业有限公司
泽京集团	重庆泽京实业发展（集团）有限责任公司
领地集团	领地房地产集团股份有限公司
BDG蓝润	四川蓝润实业集团有限公司
实力集团	云南实力房地产开发经营集团有限公司
中迪禾邦集团	中迪禾邦集团有限公司
兴茂集团	重庆市兴茂产业发展（集团）有限公司

在“一带一路”战略推动下，西部地区房地产市场蕴藏着较大的增长潜力。2015西部品牌企业品牌价值均值为16.61亿元，同比增长16.76%，增速仍高于其它区域。

2.2 2015 中国房地产产品品牌价值 TOP10

2015 中国房地产专业领先品牌价值 TOP10

品牌	企业名称	专业领域
北辰实业	北京北辰实业股份有限公司	复合地产
沿海绿色家园	沿海绿色家园集团	健康住宅
卓越集团	卓越置业集团有限公司	CBD商务地产
三盛宏业	上海三盛宏业投资（集团）有限责任公司	园林地产
福星惠誉	福星惠誉房地产有限公司	城中村旧城改造
上实城开	上海实业城市开发集团有限公司	核心区域运营
联发集团	联发集团有限公司	多元聚合
当代置业	当代置业（中国）有限公司	绿色科技地产
东原地产	东原地产集团	友邻友趣
三盛地产	三盛地产集团	多元产业

2015 中国房地产专业新锐品牌价值 TOP10

品牌	企业名称	专业领域
鑫苑中国	鑫苑（中国）置业有限公司	创新社区服务
隆基泰和	隆基泰和实业有限公司	环首都产业运营
天朗	天朗控股集团	城镇化运营服务
东原地产	东原地产集团	综合商业开发
金大元	金大元集团	创新人文地产
兴茂集团	重庆市兴茂产业发展（集团）有限公司	文化旅游
泽京集团	重庆泽京实业发展（集团）有限责任公司	区域城市价值运营
名门地产	名门地产（河南）有限公司	品质地产
滨投集团	苏州市吴江滨湖投资集团有限公司	文商旅综合开发
上坤	上海上坤置业有限公司	文创科技地产

专业领先品牌企业主动迎合市场变化，积极打造特色化开发模式，致力于强化产品特质，以产品诠释自己的专业能力，巩固在专业市场领域的领先地位。其发展特点主要体现在：第一，持续强化专业开发能力，打造特色产品，构建品牌专业优势。第二，积极整合优质资源、深度挖掘品牌价值、强化品牌资产运营，持续彰显专业品牌形象。

不断创新与探索经营模式和企业业务，成就了一批在新兴领域颇有建树的新锐品牌，随着“互联网+”时代的到来，专业新锐品牌企业着手企业转型升级，紧跟国家政策导向，积极开展业务与经营模式的探索与创新，成为各细分领域的探路者：第一，基于市场需求和自身优势在热点细分领域开展业务创新，寻求突破，强化核心竞争力，提升品牌内涵。第二，积极拓展品牌辐射区域，优化重点区域战略布局，提升品牌影响力。

2015 中国房地产住宅项目品牌价值 TOP10

项目品牌	企业名称
孔雀城	孔雀城有限公司
中海·寰宇天下	中国海外发展有限公司
绿地国际博览城	绿地控股股份有限公司
龙湖·滟澜新宸	龙湖地产有限公司
福晟钱隆	福晟集团有限公司
昆明·俊发城	俊发地产有限责任公司
阳光城·翡丽湾	阳光城集团
御江湾	浙江祥生房地产开发有限公司
象屿·大宁悦府	象屿地产集团有限公司
德杰·德裕天下	重庆德杰地产集团
奥山世纪城	奥山集团

2015 中国房地产高端项目品牌价值 TOP10

项目品牌	企业名称
保利海德公园	保利房地产（集团）股份有限公司
泰禾院子	泰禾集团股份有限公司
武林壹号	杭州滨绿房地产开发有限公司
侨鑫汇悦台	侨鑫集团
万科翡翠滨江	万科企业股份有限公司
融创盛世滨江	融创中国控股有限公司
金大元·御珑宫廷	金大元集团
金茂府	方兴地产（中国）有限公司
东原 1891·印长江	东原地产集团
首开·琅樾	北京首都开发股份有限公司

住宅项目品牌价值 TOP10 大都为品牌房企产品系列中较为成熟、具有多年经营积累的产品代表，且已实现了设计与运营管理的标准化，为客户提供了优质的居住体验，彰显了企业的品牌价值。而 2014 年下半

年以来一系列政策刺激促进房地产市场改善型需求的释放，品牌房企加紧布局高端市场，推出大量高端项目迎合市场调整。高端住宅项目品牌价值 TOP10 凭借城市稀缺资源的把握，在市场竞争中脱颖而出。

2.3 2015 中国特色地产品牌价值 TOP10

2015 中国商业地产公司品牌价值 TOP10

品牌	企业名称
万达	大连万达集团股份有限公司
宝龙地产	宝龙地产控股有限公司
华润置地	华润置地有限公司
圆融集团	苏州圆融发展集团有限公司
银泰置地	银泰置地（集团）有限公司
五洲国际	五洲国际控股有限公司
东方银座集团	东方银座集团中国有限公司
上亿集团	上亿企业集团有限公司
东方航洋	广西东方航洋实业集团有限公司
立天唐人	上海立天唐人投资集团有限公司

2015 中国商业地产公司品牌价值 TOP10 加快创新转型以适应新的形势变化，通过改善、优化经营模式，在各个运营环节进行创新、升级，进一步夯实品牌领先地位。第一，万达、宝龙地产等企业利用多年经营积淀的品牌资产、管理能力等竞争优势，整合各界商业资源，积极推进品牌输出和品牌资产运营，加速向“轻资产”模式突围。第二，宝龙地产、圆融集团、银泰置地、上亿集团等企业以客户需求为突破口，逐步丰富商业业态，升级体验式商业。

2015 中国商业地产项目品牌价值 TOP10

项目品牌	企业名称
万达广场	大连万达商业地产股份有限公司
宝龙广场	宝龙地产控股有限公司
新华・红星国际广场	上海新华成城资产管理有限公司
圆融星座	苏州圆融发展集团有限公司
和道国际	和道国际商贸集团
诺德中心	北京中铁诺德房地产开发有限公司
东方银座中心城	东方银座集团中国有限公司
蓝润广场	四川蓝润实业集团有限公司
中迪・创世纪商业广场	中迪禾邦集团有限公司
绿地虹桥世界中心	绿地控股股份有限公司

作为企业品牌的核心产品，以上商业地产项目准确把握客户消费模式，充分运用互联网思维，全面融合多种创新业态，制胜于商业地产市场，树立了行业标杆。第一，借助互联网新技术，加速产品智能化发展。万达广场、诺德中心等品牌项目积极引入智慧化系统或平台，为客户创造创新智能生活和办公体验，引领行业先机。第二，强化主题业态创新，项目品牌内涵不断丰富。第三，品牌个性化、差异化经营，突出品牌竞争优势。

2015 中国产业园区品牌价值 TOP10

品牌	企业名称
联东 U 谷	北京联东投资（集团）有限公司
张江高科	上海张江高科技园区开发股份有限公司
天安数码城	天安数码城集团
华南城	华南城控股有限公司
光谷联合	武汉光谷联合集团有限公司
中新集团	中新苏州工业园区开发集团有限公司
市北高新	上海市北高新股份有限公司
东湖高新	武汉东湖高新集团股份有限公司
重庆高科	重庆高科集团有限公司
中国宏泰发展	中国宏泰产业市镇发展有限公司

产业园区企业不断创新园区运营管理模式，升级园区增值服务体系，园区影响力进一步提升，确立了行业领先的品牌竞争优势。联东 U 谷、华南城等产业园区运营商在现有产品体系基础上将高科技、生态、环保、智能、低碳等创新理念融入产品研发，进一步完善产品业态及产品体系，更好的契合市场和园区企业需求。天安数码城、市北高新等企业积极融入互联网思维，整合各类社会资源，优化园区服务。

3 2015 中国房地产品牌价值研究成果分析

3.1 品牌价值稳步增长，品牌溢价能力快速提升

2015 年，中国经济步入新常态重要发展期，房地产市场转型步伐加快，行业竞争迈入“品牌核心优势竞争”阶段。在消费需求快速升级、经济要素全球流动的背景下，保证产品质量、加强品牌建设成为新常态的内在要求，而品牌作为企业长期努力经营的结果，是企业加快转型升级的重要切入口、创新发展的重要载体以及发展壮大的重要抓手。

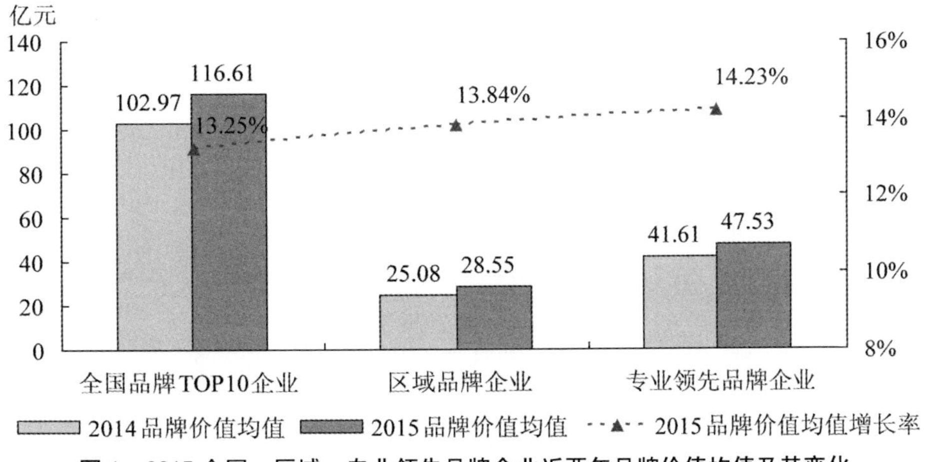

图 1 2015 全国、区域、专业领先品牌企业近两年品牌价值均值及其变化

2015 行业领导公司品牌中海地产、万科与保利地产的品牌价值分别达 397.59 亿元、395.62 亿元和 361.48 亿元，三家企业品牌总值首次超过千亿，行业强势领导品牌地位持续彰显。同时，2015 全国品牌 TOP10 企业的品牌价值均值为 116.61 亿元，同比增长 13.25%。

2015 区域品牌企业品牌价值均值为 28.55 亿元，同比增长 13.84%。其中，华北、华南、华东、中部四大区域品牌企业的品牌价值均值分别为 31.57 亿元、40.65 亿元、28.67 亿元和 25.25 亿元，西部地区的品牌

价值均值为 16.61 亿元，同比增长率达到 16.76%，增长速度继续领先其它区域。

2015 专业领先品牌企业准确把握行业专业化发展趋势，以客户需求为导向，潜心专注房地产细分领域品牌打造，以特色品牌发展模式锻造鲜明的专业品牌形象，打造独特的专业竞争力，品牌价值均值达到 47.53 亿元，同比增长 14.23%。

（1）品牌稳定业绩表现，市场份额逆市提升

2014 年以来，房地产市场调整持续深入，行业发展趋于理性，品牌已成为企业保持良好业绩的维稳器，为房地产企业全面提升综合实力、在市场波动中保持稳定发展提供有力支撑。品牌企业充分利用品牌资源这一无形资产，在市场调整中得以灵活制定产品价格及营销策略，持续改善销售市场表现。

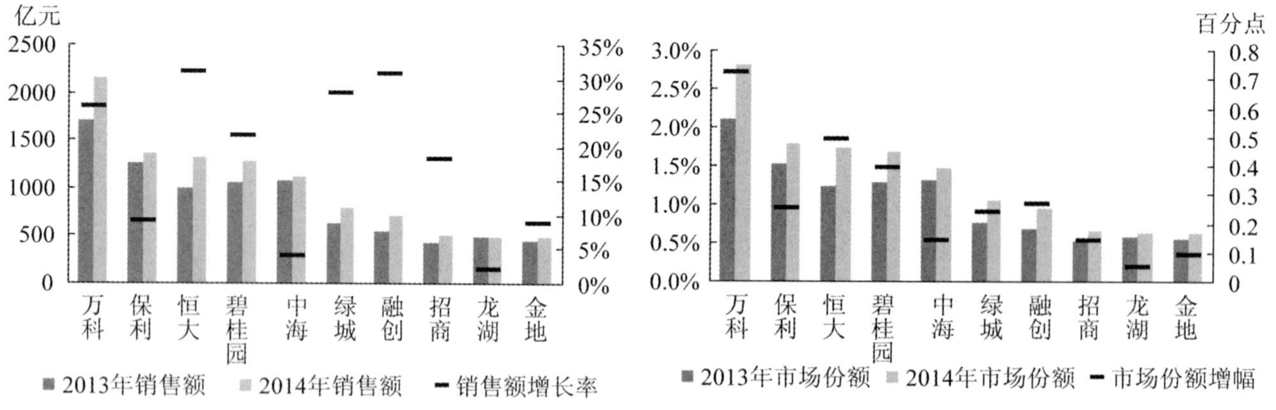

图 2 十家全国品牌企业[①]2013-2014 年销售额、市场份额变化情况

品牌价值的增加对企业市场表现发挥积极推动作用。研究组选取十家全国品牌企业，并对其 2013、2014 年销售额、市场份额变化情况进行统计。数据显示，十家企业的品牌价值增长率均值达 12.09%，随着品牌价值的增加，品牌企业的销售额以及市场占有率快速提升。2014 年十家企业销售额增长率均值达 17.90%，市场份额增幅均值达 0.28 个百分点，其中，万科、恒大地产、绿城、融创中国等企业的销售额增长率均在 20%以上，品牌企业依托合理的品牌运营在市场调整期保持了优势竞争地位，确保业绩的稳步增长。可见，品牌价值提升对加速行业分化、提升企业市场表现的促进作用越发显著。

（2）品牌提升盈利空间，销售溢价优势突出

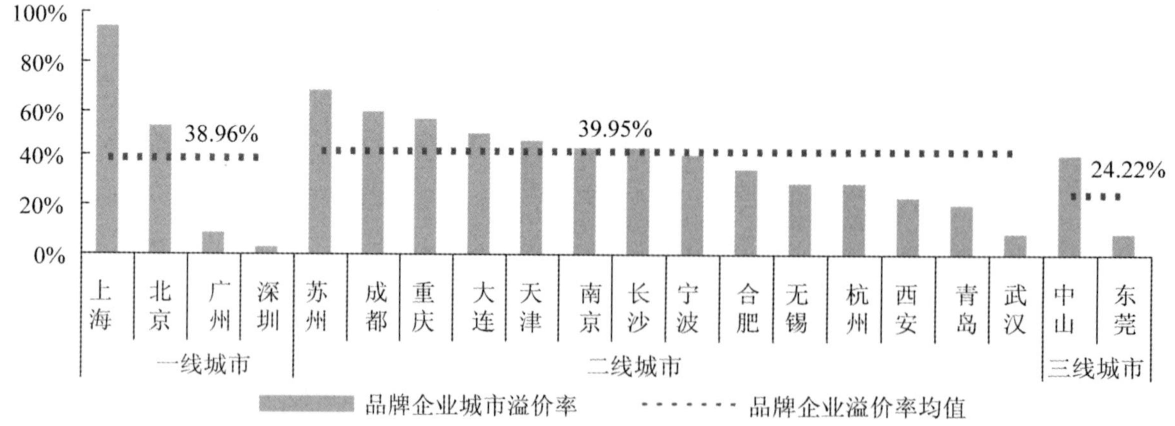

图 3 十家全国品牌企业 2015 上半年在重点城市[②]的销售溢价率情况

品牌已成为企业提升盈利能力、维持产品溢价优势的重要保障。研究组选取了十家全国品牌企业，分

① 本处选取的十家全国品牌企业分别为中海地产、万科、保利地产、恒大地产、绿城、龙湖地产、碧桂园、融创中国、招商地产、金地集团。

② 20 个重点城市的选取标准为十家全国品牌企业中至少有五家进入的城市。

别计算其2015上半年在一线、二线及三线重点城市的销售均价，并对比相应城市商品房成交均价，计算品牌企业的城市溢价率。研究发现，十家品牌企业2015上半年在20个重点城市的销售溢价率均值为38.18%，品牌溢价优势突出；在一线、二线和三线城市的溢价率均值分别为38.96%、39.95%、24.22%。品牌企业准确把握市场趋势，近年来加速回归或深耕经济发展动力充足、市场需求旺盛的一二线城市，积累了坚实的市场基础，保持相对较高的溢价水平。

（3）品牌强化资本市场价值，资本溢价能力增强

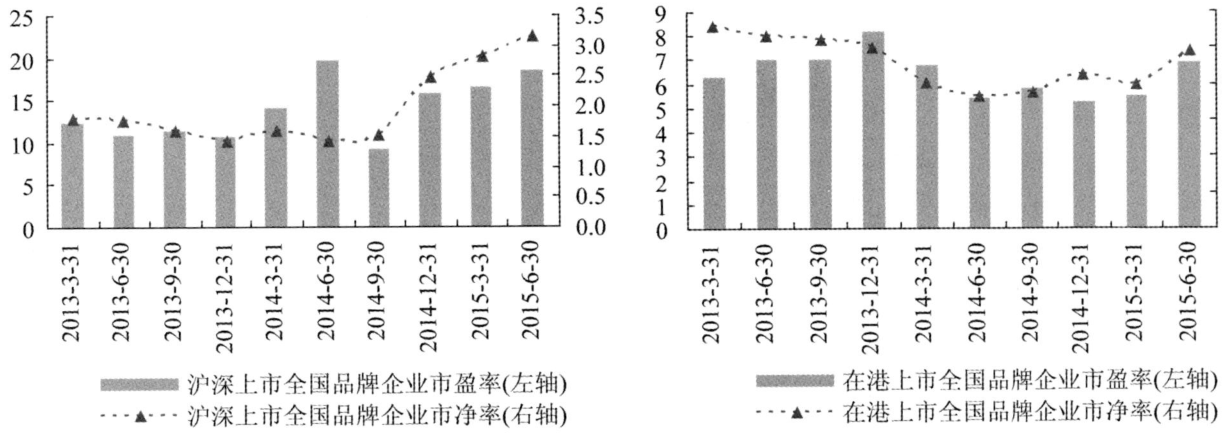

图4 沪深、在港上市全国品牌企业[①]2013-2015上半年市盈率、市净率变化情况

通过对2015全国品牌企业中上市公司的研究发现，品牌强化了企业的资本市场价值。研究组选取全国品牌企业中沪深、在港上市企业作为研究对象，并对其2013-2015上半年市盈率、市净率情况进行统计得出，一方面，沪深上市全国品牌企业2014年市盈率整体表现要优于2013年，市净率自2014年年中开始至2015年年中呈现持续增长态势，2015年中市净率均值较2014年中均值增长123%；在港上市全国品牌企业市盈率整体上也自2014年末至2015年中呈现稳步增长趋势，2015年中市盈率、市净率均值较上年同期分别增长27%、34%。另一方面，通过对2014-2015年中股价变化情况进行统计显示，沪深、在港上市品牌企业2015年中较2014年末股价的增长率整体上要优于各自所属房地产板块的增长幅度。

（4）品牌加速资源整合，低成本吸聚优质资源

2015年以来部分品牌企业境内发债案例

企业	时间	融资方式	融资额	利率	期限
保利地产	2015年2月、5月	中期票据	60亿元	4.7%、4.6%	5年
恒大地产	2015年6月、7月	公司债	200亿元	5.38%、6.98%、5.30%	5年
龙湖地产	2015年6月	公司债	80亿元	4.60%	5年
首开	2015年6月	公司债	40亿元	4.8%	7年
	2015年6月	中期票据	24亿元	4.8%	3年
金地集团	2015年4月	中期票据	30亿元	4.9%	3年
金融街控股	2015年1月、4月	中期票据	52亿元	4.8%、4.99%	5年
首创置业	2015年5月	公司债	30亿元	4.58%	5年

① 本处选取2015年6月30日之前在内地或香港上市的全国品牌企业。

2014 年以来部分品牌企业境外融资案例

企业	期限	2015 年		2014 年		成本变化
		融资额	利率	融资额	利率	
绿城	5 年	2 亿美元	8%	5 亿美元	9%	降低 1 个百分点
碧桂园	5 年	9 亿美元	7.50%	5.5 亿美元	7.875%	降低 0.375 个百分点
远洋地产	5 年	7 亿美元	4.45%	5 亿美元	4.625%	降低 0.175 个百分点

品牌企业依托品牌实力持续获得大额资金支持，融资规模方面优势更突出。债券融资方面，品牌企业抓住内地资本市场直接融资提速窗口期，借助发行大额度债券进一步拓展融资渠道，其中恒大地产于 2015 年 6 至 7 月份 2 个月发债规模达 200 亿元，龙湖 6 月份通过债券融资达 80 亿元，融资规模优势显著。股权再融资方面，2015 年 3 月中海地产配股融资总额达 428 亿港元；，华润置地配股筹资超过 100 亿港元，碧桂园、恒大地产也分别扩股融资 63 亿港元、46 亿港元。银行贷款方面，“名单制”背景下银行对领先品牌企业的发展仍然充满信心，如恒大地产在 2015 年 2-3 月间收到来自中国银行、农业银行、中信银行、民生银行和中国邮储银行等 5 家银行总计 1600 亿的授信额度。

品牌企业稳健运营获海内外资本市场认可，融资成本进一步下降。2015 上半年品牌企业凭借稳健的运营能力获得海内外投资者认可，发债利率保持行业较低水平。保利地产、龙湖地产、首创置业等品牌企业在境内均成功发行年利率 5%以下的中长期债券；恒大地产 200 亿公司债的成功发行不仅获得超额认购，还创下自身最低债券利率纪录；在房企海外融资成本上升的趋势下，中海地产今年 7 月份仍以低至 1.75%的票面利率成功发行 4 年期 6 亿欧元公司债，绿城、碧桂园、远洋地产等品牌企业的发债利率也较去年下降明显，如碧桂园 2 月发行的一笔 5 年期利率为 7.5%票据，与 2014 年同期限债券相比，利率降低 0.375 个百分点。

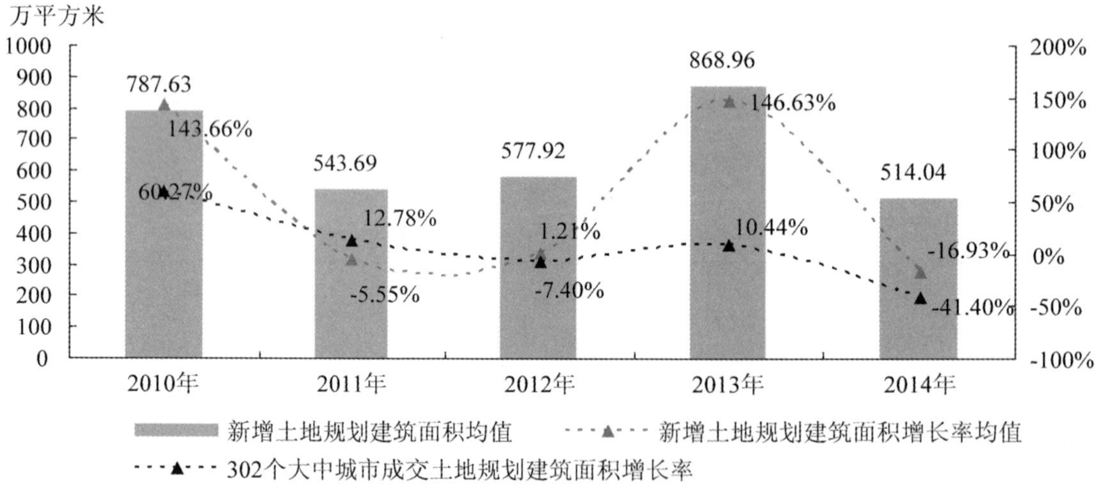

图 5 全国品牌企业 2010-2014 年新增土地规模分析

除了融资规模及成本优势突出，品牌企业在土地市场同样保持较强的优质资源获取优势。2014 年房地产市场出现波动，土地市场成交规模明显下降，全国 302 个大中城市土地成交量同比降低 41.40%。在房地产企业整体拿地规模下降的情况下，品牌企业拿地策略更趋谨慎，2014 年全国品牌企业新增土地规划建筑面积均值为 514.04 万平方米，接近于 2011、2012 年水平，凭借品牌优势补充一二线城市优质土地资源以满足企业持续扩张需要，在土地市场的竞争优势越发显著。

3.2 深度挖掘全产业链价值，“品牌+”助推无边界品牌大融合

在“互联网+”时代背景下，行业间、企业间的发展与合作得以无限延展，各行业对互联网思维已从简

单的“+互联网”变为深度、合理的落实和应用。品牌企业将创新置于品牌内涵的核心，促进资本、技术、人才等全要素联动，充分利用品牌优势构建房地产“品牌+”的新格局。

（1）充分发挥高价值品牌优势，品牌合作引领行业转型新风向

2014 年以来部分品牌企业跨行业合作案例

企 业	合作方	时间	合作领域	合作内容及意义
恒大地产	腾讯	2015 年 7 月	ICS 网上平台	创建新型互联网社区服务生态圈
碧桂园	平安	2015 年 8 月	商业地产	打造全生命产业链的资源整合平台
华夏幸福	APG-ALARM-ASIA	2014 年 9 月	产业地产	推进智慧城市建设，打造智能家居产业园标杆
金科股份	华谊兄弟	2014 年 12 月	电影实景娱乐项目	抓住京津冀、中西部政策利好，推进产业升级
绿地	德银	2015 年 6 月	金融、投融资管理	开展国际银企合作业务，推动、升级绿地国际化
金地集团	平安、中兴	2015 年 8 月	智能家社区	打造集智能家居数据整合等于一体的智慧社区

品牌间的合作由来已久，直到上一轮市场调整期，企业间的合作还往往停留在项目层面。而在各行业大融合的背景下，“个体英雄主义”已经不能适应时代要求，“集体主义”成为如今品牌合作的主旋律。品牌房企不仅与行业内的优秀企业开展多维度合作，更加快了与不同行业不同领域内的龙头企业开展更为深入、广泛的合作，以“品牌+”模式加快企业转型升级步伐，加速新业务类型及服务模式的产生，引领行业发展趋势。2015 年，绿地、碧桂园、金地集团、恒大地产、华夏幸福等品牌房企在加强与同行业在拿地、产品打造、服务等环节合作的基础上，不断进行新业务的探索和布局，并纷纷积极尝试同其他行业优秀企业间的合作，在金融、智能科技、文娱等领域开展深入交流，以进一步创新产品、提升服务品质、加强市场覆盖，增强竞争优势，引领行业进入寡头竞争时代。如恒大地产与腾讯结成发展共同体，通过优势互补，发挥各自在社区管理及互联网方面的品牌优势，以强强联合彻底再造社区服务模式，创建新型互联网社区服务生态圈，以巨大的协同效应联手做大做强新产业。

（2）围绕产业链深化品牌运营模式，轻资产运营扩大规模和品牌效益

品牌企业更加倾向于利用品牌、专业技术及管理能力等无形资产输出，转向“轻资产”运营，驱动企业持续发展，优化盈利模式，实现品牌效益的增值。整体来看，品牌企业以品牌资产为引领，专业技术和管理能力为基础，围绕产业链整合企业优势资源，包含聚焦于地产业务本身的代建和小股操盘、着重于业务管理的运营服务模式、基于地产金融服务的地产基金和地产众筹等。

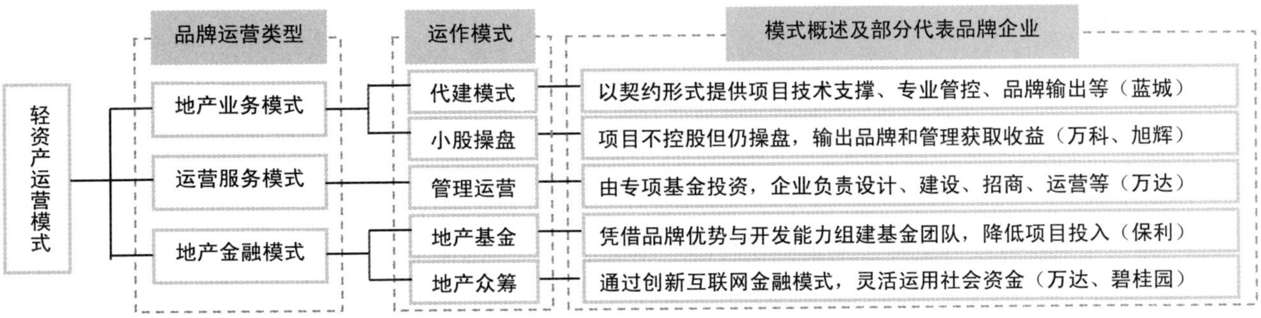

图 6 房地产品牌企业的轻资产运营模式

蓝城集团依托绿城的品牌背书，充分发挥其专业的开发管控能力，目前已经形成了政府代建、商业代建和资本代建三种业务模式。截至 2015 年 8 月，蓝城集团已代建项目近 206 个，总建筑面积 5342 万平方米，其中商业代建项目 121 个，总建筑面积 3299 万平方米，政府保障房项目 79 个，总建筑面积近 1821 万平方米。公司凭借输出品牌和开发管理的轻资产模式，在持续提升品牌资产运营能力的同时最大化品牌资产收益，成为 2015 中国房地产品牌运营引领企业。小股操盘作为地产业务内的另一种轻资产运营模式，通过品牌输出实现以小股投资撬动大额收益的目标，在扩大市场规模的同时有效提升品牌价值。

2015 中国房地产品牌运营引领企业

品牌	企业名称
蓝城	蓝城集团

另一类品牌企业以品牌资源、专业能力为基础，从专注于地产业务开发逐步拓展到注重业务后期的管理运营，盈利模式上从传统的赚取投资收益向以开发、运营能力赚取增值服务收益转变，实现品牌资源、运营管理能力的加倍放大，同时有利于企业实现轻资产模式下的规模化发展。此外，还有部分品牌企业凭借强势的品牌优势深入挖掘地产金融属性，借助股权型地产基金、众筹等金融创新型轻资产运营模式，获取较高的公信力和募资能力，有效降低项目投入，优化资本结构，提升品牌的盈利能力与发展空间。

（3）深度挖掘品牌价值增长点，品牌延伸实现集群化发展

品牌延伸分为围绕产业链上下游挖潜和产业外跨界扩张两种方式：

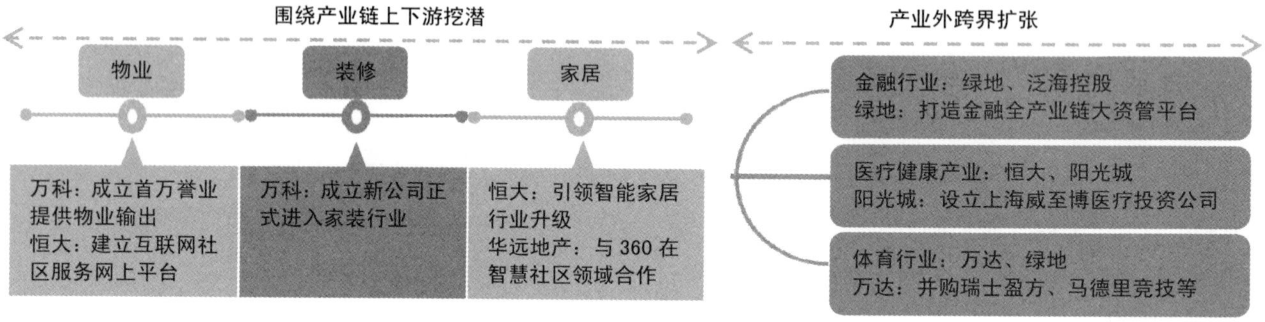

图 7 房地产品牌企业的品牌延伸

品牌的产业链上下游挖潜是品牌企业在“互联网+”背景下借助品牌优势整合房地产上下游资源，在房地产产业链细分市场上进行纵向品牌延伸，例如家装、物业服务行业等，为客户打造一站式智慧服务，增加物业附加价值，在销售收入增长的基础上实现产业链价值最大化，强化企业品牌的整合效应。另一方面，“互联网思维”的深度渗透给房地产企业向产业外多元化扩张带来无限空间，品牌企业利用现有庞大的社区客群基础，向医疗健康、体育等行业跨界扩张。具体来看，一种模式为品牌企业围绕客户需求的价值链，加速多元化发展战略，延伸至医疗健康领域，以便更好地把握和满足客户需求，同时可以和品牌企业旗下养老、休闲类等产品有效结合，使品牌资源形成集群效应。另一种模式为品牌企业借助多年积累的品牌影响力向金融领域延伸，不仅可以为企业输送新的利润来源，同时也促进了企业品牌推广与价值提升。此外，万达、绿地等品牌企业也跨界体育，通过有影响力的体育赛事，扩大企业的品牌知名度和品牌影响力，全面提升品牌价值。

3.3 精准投入提升品牌三度，借势“泛传播”增强品牌推广效果

随着“互联网+”时代的来临，新媒体亦引领品牌企业进入“泛传播”时代。品牌企业加大品牌运营管理投入的同时，也更加专注并聚焦品牌所能带来的消费体验及服务。品牌企业通过品牌差异化塑造与推广进行品牌全渠道宣传与传播，打造鲜明企业品牌形象的同时提升品牌顾客价值，从而提升品牌影响力。

（1）品牌投入持续稳定增长，科学管控品牌建设成本

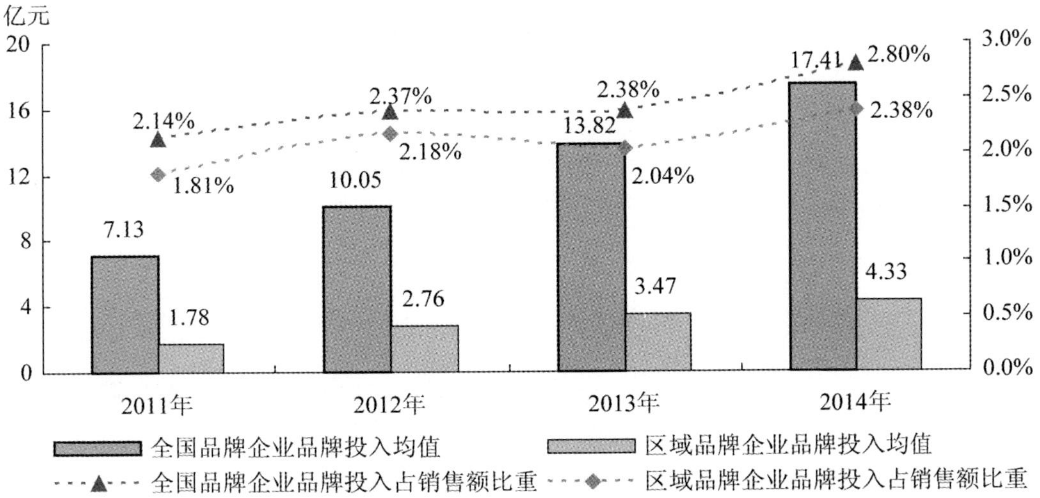

图 8 全国及区域品牌企业 2011-2014 年品牌传播投入均值及占销售额比重

2014 年全国以及区域品牌企业在品牌传播投入均值分别达到 16.71 亿元和 4.33 亿元，同比增长 26%和 24.8%。品牌传播投入为品牌企业经营业绩提供了持续的增长动力。品牌传播投入占销售额比重维持了两年的平稳之后，2014 年占比又分别上升到 2.8%和 2.38%。

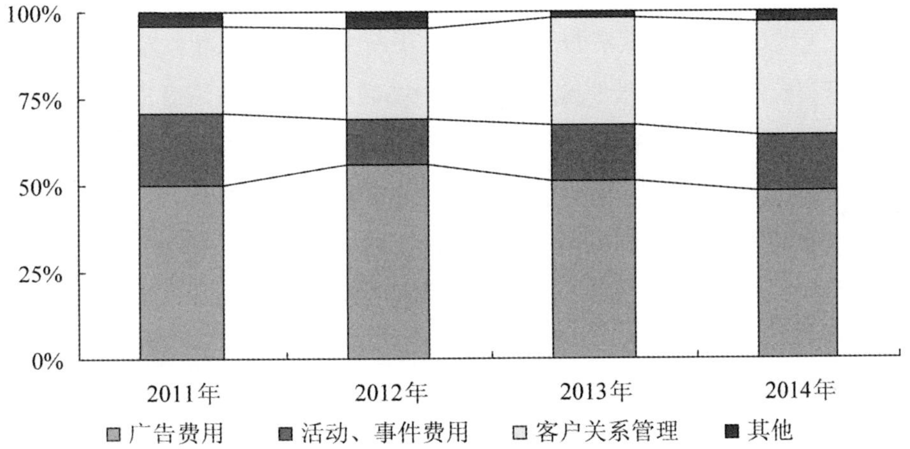

图 9 品牌企业 2011-2014 年品牌建设方式比例及变化

随着企业品牌认知度的不断提升以及企业品牌意识逐渐增加，品牌企业加大品牌建设投入的同时也更加注重品牌建设费用的合理分配，广告费用占比下降至50%以下，而客户关系管理费用提高至30%以上。

(2) 口碑传播受追捧，品牌三度稳步提升

“互联网+”时代，日益互动化、社交化的传播环境使口碑传播的重要性愈发彰显。品牌企业通过更趋精细化、智能化的社区打造全面提高居住体现和服务质量，并加强对供应商、员工和政府机构等各利益相关方的关系维护，全方位提升品牌满意度水平，强化口碑效应。品牌企业一方面对传统社区服务进行改善，另一方面充分利用互联网技术优化其线上服务平台，建立完善的社区生态系统，通过及时、便利的社区服务为客户提供完美的生活解决方案。第一，围绕客户全方位的生活需求完善线下配套服务，为客户提供便捷、优质的服务体验。第二，大力发展并构建基于移动互联网的社区 020 平台，整合各种日常应用提供便民服务，通过个性化定制的社区云服务满足客户的多样化需求，助力品牌口碑的提升。

由于加大了品牌建设的力度，并配合“互联网+”下各种新型品牌传播手段的使用，品牌企业在消费者心中的认知度、美誉度和忠诚度得到了大幅提升。2015 中国房地产品牌价值研究中，研究组以品牌企业的“品牌三度”为维度进行了问卷调查，结果显示：全国品牌企业的认知度、美誉度和忠诚度均值分别为

42.53%、66.01%和 50.12%，忠诚度首破 50%。

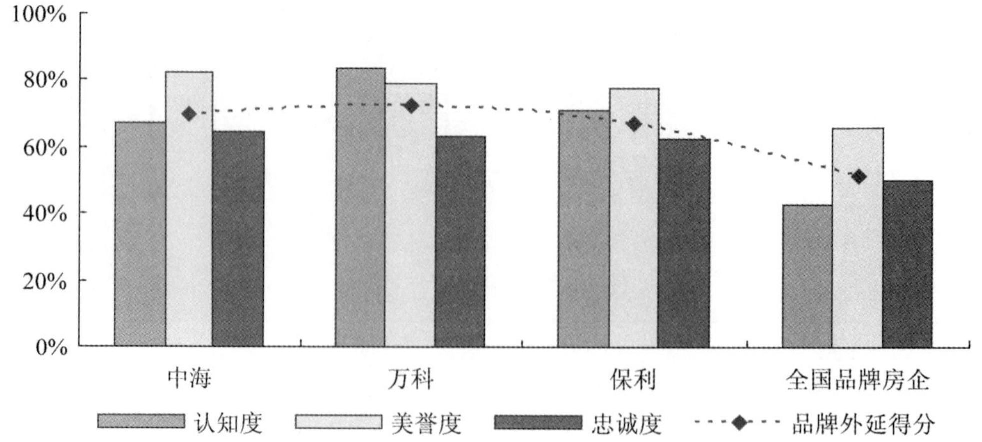

图 10 全国房地产品牌企业 2014 年品牌“三度”分析

2015 中国房地产顾客满意度领先品牌

品　牌	企业名称	品牌价值（亿元）
绿　城	绿城集团	211.83

绿城从诞生之初，就以品质立身，不断践行自己高于行业的价值标准，成就了众多令行业敬仰、业主赞叹的建筑精品。2015 年，在中国指数研究院进行的中国城市居民居住满意度调查中，绿城在其重点布局的杭州、青岛、宁波、合肥、无锡、郑州、济南、台州、舟山、绍兴 10 大城市中业主满意度均位列第一，这已经是绿城连续五年在“中国城市居民居住满意度”调查中获得佳绩。

（3）“泛”品牌传播成趋势，品牌房企“势”不可挡

“互联网+”时代下，品牌企业更加重视客户的消费体验，为客户提供完整的基于产品价值的全方位服务，并根据客户需求动态调整企业的品牌传播方式，从而有效地覆盖了目标客户群体，达到提升品牌影响力的目的。2014 年以来，品牌企业更频繁地使用互联网手段，将线上线下活动有机结合，长时间、全区域的活动特点更好促进了企业品牌形象的提升。

品牌企业充分利用互联网的无边界思维进行品牌推广活动，以品牌为中心，模糊地域空间、时间、企业与用户边界，提高品牌传播效率：（1）“泛空间”传播：品牌主题活动传播范围广，覆盖全国各地乃至国际，大大增强其品牌影响力。（2）“泛时间”传播：品牌企业开展系列活动，拉长活动周期以持续进行品牌文化传播，强化自身品牌形象。（3）“泛企业与用户”传播：弱化品牌企业与客户边界，以客户为中心，客户思维为方向，让客户有参与感从而引起共鸣，增强品牌宣传效果。

品牌企业“顺势、借势、造势”，将国家大事、政策导向、社会热点等“大势”与自身产品或品牌推广活动相结合，制造更具话题性和渲染力的传播内容，并以独家内容及草根化的方式引起全社会关注：（1）顺势而为：品牌企业顺应新的市场热点，制造符合市场热点的话题，对自己的品牌进行传播。（2）借势而动：品牌企业还善于借助行业内外资源及平台进行品牌传播。（3）造势而行：当市场缺乏热点时，品牌企业往往自己创造热点进行企业品牌宣传，有势借势，无势造势。

3.4 基于互联网思维创新品牌管理，优化组合促进业务协同发展

（1）运用移动互联思维强化品牌管理，与时俱进提升品牌风险管控水平

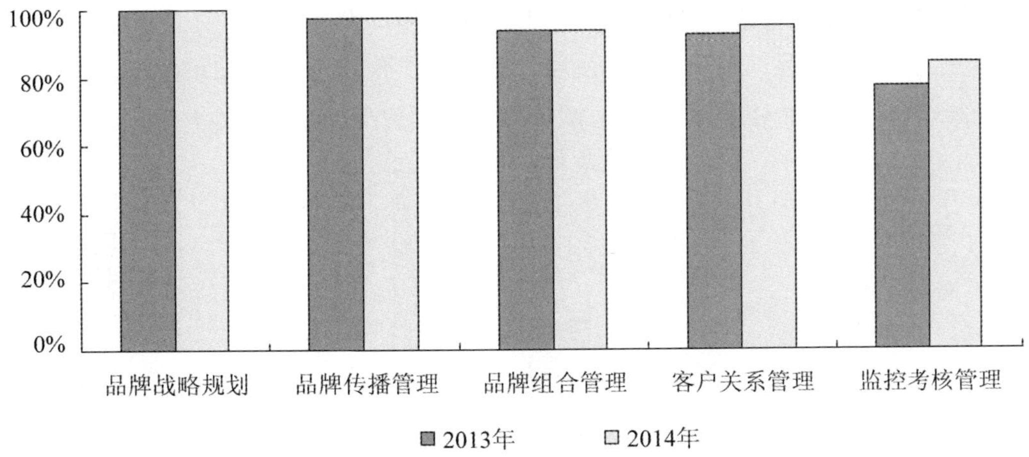

图 11　品牌企业 2013-2014 年品牌管理部门职能分析

品牌企业在品牌管理部门设置、职能管理等方面不断细化、完善，有效维护品牌和消费者之间的关系，巩固品牌的竞争优势。从品牌部门的建设情况来看，设置专门、独立品牌管理部门的品牌企业占比达到 79.52%。其中品牌战略规划、品牌传播管理和品牌组合管理作为贯穿企业品牌建设、传播和经营的三大基础职能，其设置比例分别达到了 100%、97.59%和 93.98 %。同时，品牌企业更加重视以市场和客户为导向，加强客户关系管理，2014 年客户关系管理职能的设置比例为 95.18%，较上年提升了 2.45 个百分点；品牌企业也积极推进基于客户导向的品牌监控考核管理体系建设，不断完善品牌管理职能，2014 年该职能设置比例为 84.34%，较上年增长了 7.20 个百分点。

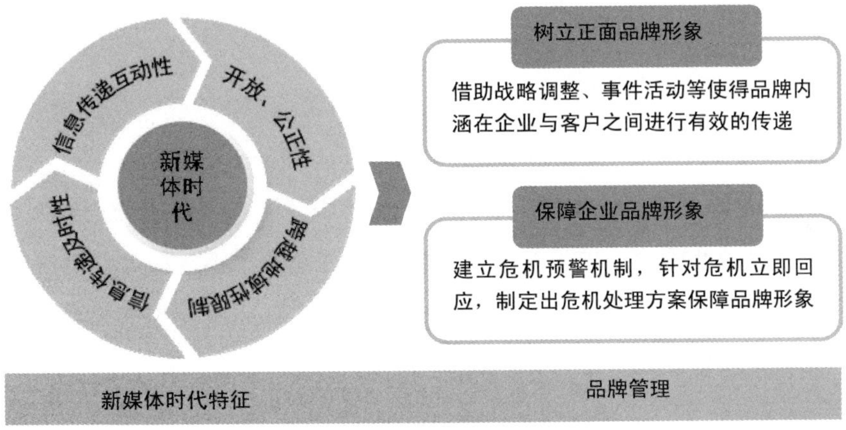

图 12　新媒体时代下品牌企业品牌管理流程

此外，新媒体、社交媒体的高度普及使得信息传递突破了时间、空间限制，这对房地产企业的品牌管理能力是一把“双刃剑”。因此面对新媒体时代并存的机遇和挑战，品牌企业应加速推进品牌经营与管理理念的升级，跨入“移动品牌管理”时代，塑造积极健康的品牌形象，同时还应正视新媒体给企业监控考核带来的挑战，强化品牌危机管理能力，快速有效地维护、提升企业品牌形象。一方面，品牌企业充分利用新媒体开放、互动等特征，强化品牌管理能力，维持良好的公共关系，并借助战略调整、事件活动等使得品牌内涵在企业与客户之间进行有效的传递，树立正面的品牌形象，不断积累客户对企业的口碑和信任感。另一方面，互联网传播也是一把双刃剑，其病毒式传播的利弊都十分明显，这也对企业的品牌危机管理能力提出了更高的要求。品牌企业品牌危机事件的发生往往是毫无征兆性的，使企业品牌面临着潜在受损的风险，且品牌企业除了遇到因产品质量等问题出现的维权等负面事件外，还会遇到非自身原因导致的关联事件，这也考验着品牌企业的危机公关能力。

（2）注重品牌组合差异化管理，多元复合组合助推业务协同发展

随着品牌企业的业务、产品、布局多元化发展，品牌企业不断对企业内部的品牌资源进行优化整合，科学规划选用品牌组合模式、充分发挥品牌间的协同效应，实现品牌效应的最大化。

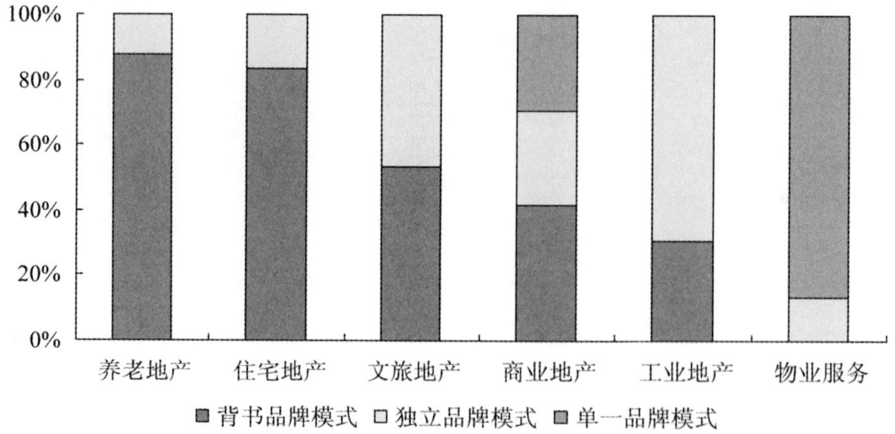

图 13　2015 品牌企业不同业务类型的品牌组合模式

从不同业务的品牌组合模式来看，品牌企业在养老地产、住宅地产领域主要采用“企业品牌+项目品牌”的背书品牌模式，占比分别为 87.50%和 83.13%，这种模式可以在很大程度上借助企业品牌的知名度和影响力，降低项目跨地域扩张的市场阻力，同时差异化的项目品牌加强企业品牌在细分市场的渗透能力，通过科学规划企业品牌和项目品牌的组合关系，使得企业的品牌内涵不断丰富完善、品牌价值效应持续提升。品牌企业在文旅地产业务领域的品牌延伸策略采用“背书品牌模式”和“独立品牌模式”的占比分别为 53.66%和 46.34%，可见，“背书品牌模式”仍旧应用较多。

4　结语

2014 年，房地产市场在回归市场化长效机制的深度调整中，步入以变革和创新为引领的“新常态”发展阶段；同时行业集中度进一步提高，市场竞争更趋激烈。在此背景下，品牌作为提供优质产品、履行服务承诺的重要保证，成为品牌企业稳定业绩、吸聚优质资源、提升竞争优势的奠基石，并将引领行业在新的形势下实现持续、健康的成长。

2015 中国房地产品牌企业充分发挥品牌的市场作用，竞争优势凸显，引领行业发展方向。第一，品牌稳定业绩：品牌企业充分发挥品牌的维稳器作用，帮助企业在市场波动背景下提高销售速度、扩大市场占有率、持续提升品牌溢价和资本市场价值、合理吸纳优质资源等，品牌已成为品牌企业在市场深度调整中决胜的关键；第二，品牌引领创新：品牌企业基于丰富的品牌资产，引领行业进行更为深远的合作、业务延展、经营模式升级，并借助品牌运营加速资源聚合，深度挖掘全产业链价值；第三，升级品牌传播：品牌企业通过“泛传播”手段进行品牌全渠道宣传与传播，“顺势、借势、造势”，升级品牌传播方式与内容，促进了企业品牌传播效率和品牌形象提升；第四，优化品牌管理：品牌企业科学规划品牌组合体系，不断细化品牌管理职能，强化品牌风险管控能力，提升品牌管理水平，保障品牌资产的保值增值，强化企业品牌的核心竞争力。

在房地产市场步入平稳健康的中高速发展阶段，品牌将成为影响房地产企业竞争力的核心要素。与此同时，“互联网+”时代对企业品牌建设的要求也在进一步提升。未来，品牌企业需要在市场份额和布局不断扩大的同时，强化品牌资产的有效利用，持续优化品牌管理能力，在激烈的市场竞争中做到“品牌制胜”，实现自身业绩的稳定增长，助力行业健康发展。

附录五 2015中国房地产服务品牌价值研究报告

1 研究背景与目的

2015年上半年，中国房地产市场迎来政策利好并逐渐回暖，房地产服务品牌企业稳中求变紧抓市场机遇，品牌影响力进一步凸显。市场低迷时，品牌是消费驱动力，是企业资源整合、战略合作的奠基石，是稳定企业业绩的定海神针；市场向好时，品牌坚定消费信心，保障投资回报，引领行业快速发展。在经济新常态下，房地产服务企业更需要坚定品牌主张、传承品牌精神、锻造优质品牌，以打造常青基业，助力行业健康发展。

由国务院发展研究中心企业研究所、清华大学房地产研究所和中国指数研究院三家研究机构共同组成的“中国房地产TOP10研究组”，自2005年开展中国房地产策划代理品牌价值研究以来，陆续对物业服务企业、家居企业等房地产服务品牌进行了持续深入研究。十一年来，研究组深入挖掘优秀房地产服务品牌成功要素，积极探索中国房地产服务品牌可持续发展之路，研究成果引起社会各界广泛关注，对品牌企业提升品牌形象、沉淀品牌资产、强化行业地位发挥了重要作用。

研究目的：

（1）客观量化房地产服务企业品牌价值，判断房地产服务品牌的行业地位，为房地产服务企业定位品牌、规划品牌、管理品牌提供科学依据；

（2）挖掘房地产服务企业品牌价值内涵，发挥品牌价值在业绩评价、投资融资、兼并重组及对外合作等活动中的作用，帮助企业吸纳、聚集、整合社会资源；

（3）推动社会和客户全面认知房地产服务企业的品牌价值，建立房地产服务企业品牌良好的社会形象，建立房地产服务企业与客户之间的品牌契约关系，帮助房地产服务企业提升客户的品牌忠诚；

（4）定期跟踪房地产服务企业品牌价值变化，指导企业及时调整品牌管理策略和措施，促进服务企业无形资产的保值、增值。

2 研究对象与方法

2.1 研究对象

（1）在全国范围内有较强影响力和知名度的房地产服务企业；

（2）在某一地区范围内有较强影响力和知名度的房地产服务企业；

（3）在某一专业领域有较强影响力的房地产服务企业；

（4）中国房地产策划代理百强企业、中国物业服务百强企业、中国家居产业百强企业等。

2.2 评价指标体系

在研究方法上，TOP10 研究组充分借鉴国内专家学者以及国外著名品牌价值评估机构 Interbrand 和 Brand Finance 的研究经验和操作实务，并结合中国宏观经济发展条件和房地产行业发展特点，基于经济使用价值法的现金流折现法（DCF）和无形资产评估的理论方法，建立了一套实操性较强的研究体系，客观全面地评价中国房地产服务企业品牌价值。

该研究体系中对房地产服务品牌价值的主要评估流程有：

第一，公司财务分析：对未来经营收入进行预测

在房地产服务品牌价值评估过程中，对未来营业收入准确可信的预测直接影响到中国房地产服务品牌价值的大小。

TOP10 研究组在全面分析宏观经济环境、政策环境的基础上，对中国房地产服务行业的市场状况和企业进入主要城市的市场进行深入分析，并根据企业的经营业绩、区域布局、业务范围和营业收入，预测企业未来 3 ~ 5 年的营业收入。

第二，BVA 分析：计算品牌对公司收益的贡献

在计算房地产服务品牌贡献率（BVA 系数）时，TOP10 研究组假设房地产服务品牌的价格溢价由其服务、品牌、技术等因素所贡献，并采用"品牌作用指数（Role of Branding Index）"的方法来决定品牌资产所创造的收益。"品牌作用指数"是指品牌贡献占溢价的比重，通过专家咨询法（Delphi）来确定。

第三，品牌风险分析：确定品牌折现系数

房地产服务品牌价值评估的关键环节是对品牌进行风险分析以确定品牌未来收益的折现系数。折现系数的确定首先需要对房地产服务品牌进行风险分析得到品牌强度系数，由品牌强度系数得到对应的品牌贝塔系数，再运用资产定价模型相关原理，计算得到房地产服务品牌未来收益的折现系数。

其中：品牌强度系数反映了房地产服务品牌将其预期收益转化为现实收益过程中抵御风险的能力。品牌强度系数越大，抗风险能力越强；反之亦然。品牌强度系数由品牌强度指标决定，是各品牌强度指标得分的总和。

品牌贝塔系数反映了品牌资产收益的风险大小。TOP10 研究组研发了房地产服务品牌强度系数和品牌贝塔系数之间的关系方程，根据该关系方程和已知的品牌强度系数可以直接推出相应的品牌贝塔系数。

第四，计算品牌价值

TOP10 研究组采用资产评估中未来收益折现公式（DCF：Discounted Cash Flow），将房地产服务品牌未来 3 年的品牌收益进行折现，并对 3 年后的品牌收益作年金化处理，从而计算出相应的房地产服务品牌价值。

在上述评估过程中，BVA 系数、品牌强度系数和品牌贝塔系数三个模型最为重要，分别对其阐述如下：

（1）BVA 系数模型

TOP10 研究组通过 BVA 模型和"品牌作用指数 RBI（Role of Branding Index）"来计算房地产服务企业的品牌贡献度：其中，BVA 系数由品牌对企业服务（产品）市场溢价的贡献率 BVA_1 系数和品牌对资本市场溢价的贡献率 BVA_2 系数组成。

其中，BVA_1 系数是指假设某服务（产品）的市场溢价由品牌、技术等因素所贡献的，因此 BVA_1 系数由该品牌的市场溢价总和占该品牌服务收入的比例，乘以品牌在服务市场的作用指数 RBI_1 得到

$$BVA_1\text{系数}=\frac{S_1\times(P_1-AVP_1)+S_2\times(P_2-AVP_2)+\cdots\cdots+S_i\times(P_i-AVP_i)}{S_1\times P_1+S_2\times P_2+\cdots\cdots S_i\times P_i}\times RBI_1 \qquad (1)$$

公式（1）中：S 为服务/产品总量，P 为单位服务/产品均价，AVP 为同质条件下的服务/产品均价，其

中，同质条件是指某一时间段内服务/产品在区位特征、服务/产品特征、环境特征等方面相接近。

BVA_2 系数是指品牌对资本市场溢价的贡献率，TOP10 研究组通过计算房地产服务公司的 Tobin Q 值来反映其在资本市场的溢价水平，乘以品牌在资本市场作用指数 RBI_2，得到 BVA_2 系数。

$$BVA_2\text{系数}=(\text{Tobin Q}-1)\times RBI_2 \qquad (2)$$

公式（2）中：Tobin Q 值是房地产服务上市公司资本市场溢价水平，非房地产服务上市公司 Tobin Q 值为 1。Tobin Q 值的计算公式如下：

$$\text{Tobin Q}=\frac{MV}{RC}=\frac{MV_E+MV_L}{RC} \qquad (3)$$

公式（3）中：MV 表示公司的市场价值，RC 表示公司的重置成本，MV_E 表示公司的所有者权益的市场价值，MV_L 表示公司负债的市场价值。

公式（1）与公式（2）之和为品牌贡献率（BVA 系数），即：

$$BVA\text{系数}=BVA_1\text{系数}+BVA_2\text{系数} \qquad (4)$$

（2）品牌强度系数模型

TOP10 研究组在研究品牌强度相关理论的基础上，结合中国房地产行业发展状况和市场运行特性，对中国房地产服务品牌强度指标结构及指标含义作如下设定：

a. 品牌强度指标结构图：

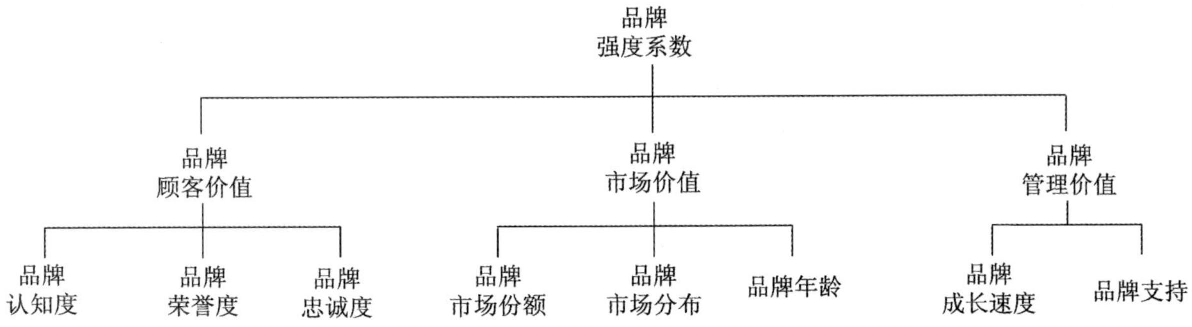

b. 品牌强度指标的含义：

序号	品牌强度系数	指标含义
1	品牌认知度	反映客户对品牌内涵/价值的认识和理解的情况
2	品牌美誉度	反映客户心目中对品牌的口碑和信任程度的情况
3	品牌忠诚度	反映客户在购买决策中，多次表现出来对某品牌有偏向性的行为反应，通过客户的再次购买、推荐购买和缺货忠诚等来反映
4	品牌市场份额	反映品牌的销售面积、销售额、个案数量等指标的市场占有率情况
5	品牌市场分布	反映品牌的区域分布、业务布局和客户数量方面的情况
6	品牌年龄	反映品牌进入市场的时间，较早进入市场的品牌往往拥有更多的忠诚消费者，具有更强的品牌效应
7	品牌成长速度	反映品牌在营业收入、利润等方面的增长速度
8	品牌支持	反映品牌在品牌投入费用、重点投资、持续推广以及公益事业投入等方面获得支持的情况

TOP10 研究组将根据房地产服务品牌区域布局和客户分布的状况，针对各服务品牌主要进入城市的客户，开展深入的品牌三度（认知度、美誉度和忠诚度）问卷调查，全面准确地衡量房地产服务企业的品牌认知度、美誉度和忠诚度。

（3）品牌贝塔系数模型

TOP10研究组利用资产定价模型（Capital Asset Pricing Model），确定品牌收益折现率：

$$E(R_j)-R_f = (R_m-R_f)*\beta_j \quad (5)$$

其中，贝塔系数综合考虑了行业风险和品牌风险，行业预期回报率是通过对房地产服务企业以及相关机构的调查获得。

2.3 数据来源

（1）经中国房地产TOP10研究组复核的房地产服务企业填报的数据；

（2）2015中国房地产服务品牌认知度、品牌美誉度和品牌忠诚度的调查结果；

（3）2005~2015中国房地产策划代理百强企业及策划代理品牌价值研究企业资料库；

（4）2008~2015中国物业服务百强企业及品牌价值研究企业资料库；

（5）2008~2014中国家居产业百强企业及品牌价值研究企业资料库；

（6）中国指数研究院房地产顾客满意度研究资料库；

（7）中国房地产指数系统（CREIS）数据库及监测数据；

（8）相关政府部门（包括建委、房管局和统计局等）的公开数据。

2.4 数据复核

（1）企业填报的数据须如实客观，同时研究组将对填报数据进行复核；

（2）企业财务数据通过会计师事务所出具的报表进行复核；

（3）通过税单复核企业经营收入及利润；

（4）对收集的数据坚持交叉复核：通过各地房地产交易中心公开的项目交易情况复核企业提供的销售数据；通过统计局的企业直报数据进行交叉复核；对有疑问的数据研究组可要求进行现场复核。

3 2015中国房地产服务品牌价值研究成果

2015年以来，伴随中国宏观经济的结构性调整和增速放缓，服务业已经成为支撑经济增长方式实现科学转变的优势产业，其中房地产服务业作为服务业中重要的组成部分，其作用也越发突出。尤其是伴随中国房地产市场逐渐步入存量房时代，居民对生活品质要求越来越高，房地产服务业迎来了发展良机。房地产服务业涉及环节较多，其中房地产销售服务和物业服务作为服务链条的中端和末端，与业主关联最为密切，具有巨大的发展空间；同时，围绕客户需求，以房地产销售服务和物业服务为主的优秀品牌企业加速延伸拓展服务边界，打造高品质的集成化服务，代表了房地产服务业的发展方向，在房地产服务链条中扮演着越来越重要的角色。2015年以来，品牌在加速行业竞争格局整合过程中发挥着日益重要的作用，房地产服务品牌企业积极顺应市场趋势、发挥品牌效应，以稳健的步伐、超前的策略，持续提升经营业绩与市场地位，品牌优势不断彰显。因此，研究组选取房地产销售服务与物业服务作为重点研究对象，客观量化行业中的优秀企业品牌价值，挖掘企业品牌价值内涵，促进行业服务质量和品牌形象的提升。

3.1 2015中国房地产销售服务品牌

2015年，中国房地产TOP10研究组分别选取30家全国性和50家区域性的房地产销售服务企业进行研究，并甄选出10家全国性销售服务品牌企业，研究结果显示：2015全国性销售服务品牌企业的品牌价值均值持续增长，达到32.25亿元，同比增长9.21%，仍保持逆市增长态势；2015区域性房地产销售服务品牌企业品牌价值均值为7.22亿元，同比增长4.79%，受房地产区域市场分化与整体走弱影响，品牌价值增长有所弱化。

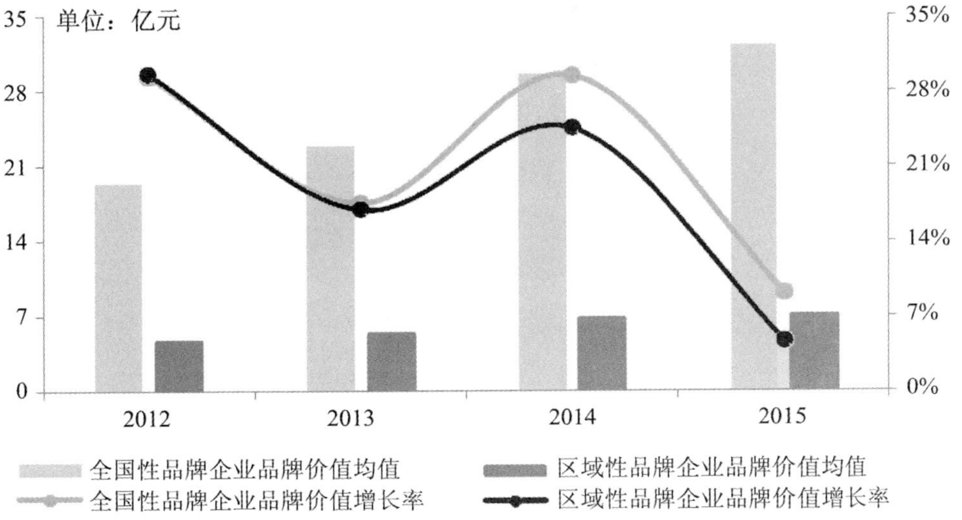

图 1 2012-2015 全国性、区域性房地产销售服务品牌企业品牌价值

2014 年以来，伴随房地产市场步入下半场，新房市场规模增速放缓，房地产销售服务品牌企业业绩增速也有所放缓。受房地产开发企业自建营销团队、搭建“全民营销”平台以及新兴电商介入等多种因素影响，行业竞争和市场分化加剧，房地产销售服务品牌企业的市场份额有所分散，但凭借专业能力和综合服务仍取得了良好增长。它们顺应市场形势，积极延伸拓展产业链，通过移动互联等新技术和新模式，整合现有客户资源和品牌资源夯实原有业务，加速销售代理、金融服务、资产管理和家居装修等业务的融合，实现持续稳定发展，获得了客户的高度认可，品牌价值仍保持了持续增长态势。

2015 中国房地产销售服务领先品牌企业

品牌名称	企业名称
世联行	深圳世联行地产顾问股份有限公司
合富辉煌	合富辉煌集团控股有限公司
同策咨询	同策房产咨询股份有限公司
易居中国	易居（中国）控股有限公司
伟业顾问	北京伟业联合房地产顾问有限公司
思源地产	北京思源兴业房地产服务集团有限公司
策源股份	上海策源置业顾问股份有限公司
保利地产代理	广州保利地产代理有限公司
新景祥	新景祥投资控股有限公司
华燕房盟	上海华燕房盟网络科技股份有限公司

（1）积极推进产业链延伸，打造综合性房地产销售服务平台，品牌效应进一步凸显。全国性房地产销售服务品牌企业不断延伸服务链条，优化业务结构，逐步形成规模化的服务合力。（2）紧抓互联网机遇，充分利用大数据、移动互联等工具力促业务创新，实现品牌换档升级。移动互联时代的来临为房地产服务行业的发展带来新机遇，通过大数据、云计算等新技术的融合，销售服务品牌企业在销售渠道、业务融合、组织管控、客户管理等方面不断优化升级，品牌特色进一步显现。（3）直面交易环节各类痛点，针对性地给出解决方案，提升品牌满意度。为了解决开发企业在销售过程中中间环节多、费用支出高、用户转化率低，以及用户在购房过程中存在的交易费用高、购房体验差、首付资金短缺等问题，房地产销售服务品牌企业积极应用互联网创新服务模式，降低各环节交易成本，打造高效、低价、透明的品牌特色。为了解决客户购房过程中出现的资金短缺、银行贷款手续复杂、额度有限等问题，房地产服务品牌企业积极推出金

融服务平台及系列服务工具为购房者提供购房各环节中的金融需求。（4）加强海外扩张步伐，品牌国际化进程加速推进。销售服务品牌企业紧跟房地产开发企业开拓海外市场的步伐，以及购房者海外置业的各类需求，强化海外房地产服务市场拓展，品牌开始走进国际舞台。

另外，房地产新兴线上服务品牌深入线下市场，转型升级成为线上线下整合服务品牌。以互联网等新技术改造传统销售服务的新兴房地产销售服务电商，利用移动互联等新技术加快线上向线下的转变，通过线上线下的资源整合改变传统媒体平台的单一服务模式，转向资源整合的交易平台，品牌效应加速转换。全球最大的房地产家居网络平台——搜房网房天下，2014 年由单一的网络平台升级为网络平台、交易平台、金融平台三位一体的综合性平台。其中，交易平台发挥网络平台优势，降低客户的交易成本，服务费大幅下调，为客户提供高效、低价、透明的服务；金融平台通过对自有的“天下贷”等金融服务平台的整合，逐渐在销售服务领域形成交易闭环，短短一年时间在互联网销售服务市场份额提升到全国第一位。同时，搜房网房天下还对原有的国内国际房地产市场销售服务渠道进行整合，海外市场份额也快速增长，品牌逐渐从单一的房地产网络门户迅速升级为房地产互联网销售服务、房地产互联网金融等领域的第一品牌。

综合来看，经过几十年的发展，房地产销售服务品牌企业凭借较强的专业能力和雄厚的资源积累，形成了强大的综合服务能力，品牌综合竞争力不断增强。随着房地产服务行业的分化和竞争加剧，销售服务品牌企业围绕客户需求，突破原有服务边界，加速企业转型升级，凭借一体化综合服务能力和品牌优势，将继续保持较高品牌发展潜力。未来，大浪淘沙下，房地产销售服务行业大者更大、强者更强的局面更加明显，房地产销售品牌企业竞争力更加突出，寡头垄断品牌或将出现。

3.2 2015 中国物业服务品牌

2014 年以来，物业管理行业作为新经济的重要增长点和提高居民生活品质的重要载体，加速融合移动互联等新技术，服务质量和管理模式不断升级创新，受到了社会和资本市场的广泛关注，行业迎来新一轮风口。一方面，国民经济的高速增长和居民收入水平的稳步提高使得人们对生活品质提出了更高的要求，品质服务和增值服务需求越发突出；另一方面，我国房地产市场进入存量房时代以及新型城镇化的快速推进，为物业管理行业发展提供了广阔的市场空间。此外，互联网和移动互联技术、大数据等的发展和应用为物业管理行业打造精致服务提供了高效工具，业务融合和业务创新更为频繁，高成长空间引发资本市场的高度关注。在此背景下，中国房地产 TOP10 研究组对物业服务品牌企业进行深入研究，评价产生了 2015 中国物业服务“领先品牌”和“特色品牌”，发掘其在品牌管理、传播、效应转化等方面的成功经验，发挥品牌在投融资、兼并重组中的重要作用，彰显和巩固品牌企业的品牌地位，为物业服务企业的品牌定位、品牌规划和品牌管理提供科学依据。

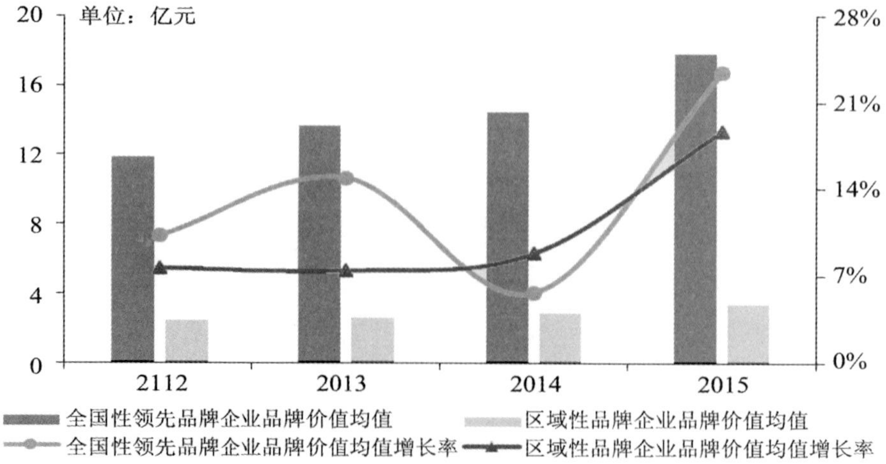

图 2 2012-2015 物业服务品牌企业品牌价值均值及均值增长率

2015 年，中国房地产 TOP10 研究组对全国性和区域性物业服务品牌企业进行了深入研究，结果表明：全国性物业服务领先品牌企业品牌价值均值为 17.78 亿元，同比增长 23.39%，增速较上年大幅提高 17.74%；区域性物业服务品牌企业品牌价值均值为 3.37 亿元，同比增长 18.66%，品牌价值均值和增长速度均实现较快增长。物业服务品牌企业紧抓“互联网+”发展机遇，积极运用新技术、新工具创新服务模式，以客户为核心改造传统服务业务，并积极探索社区养老、房屋经纪、社区 O2O 等增值服务领域，不断满足业主多维度、高品质服务需求，形成了各具特色的物业服务品牌，有效促进了物业服务企业品牌价值的全面提升。

2015 中国物业服务领先品牌企业

品牌名称	企业名称	品牌名称	企业名称
万科物业	万科物业发展有限公司	金地物业	金地物业管理集团公司
绿城服务	绿城物业服务集团有限公司	保利物业	保利物业管理有限公司
中海物业	中海物业管理有限公司	彩生活	彩生活服务集团有限公司
万达物业	万达物业管理有限公司	均豪物业	均豪物业管理股份有限公司
首开物业	北京首开鸿城实业有限公司	中奥物业	广东中奥物业管理有限公司
凯莱物业	北京凯莱物业管理有限公司	银湾物业	上海银湾互联网物业管理连锁集团
融创物业	融创物业管理有限公司	南都物业	浙江南都物业管理有限公司
港联物业	港联物业（中国）有限公司	开元物业	浙江开元物业管理股份有限公司
联发物业	厦门联发（集团）物业服务有限公司	之平管理	深圳市之平物业发展有限公司
会议中心物业	苏州市会议中心物业管理股份有限公司	时代物业	广州市时代物业管理有限公司

2014 年以来，随着市场化进程的加速和互联网思维的深入影响，物业管理行业迎来颠覆性变革，领先品牌企业紧抓时代脉搏，顺应行业发展趋势，抢得市场发展先机，品牌价值持续快速增长。（1）物业服务领先品牌抢抓机遇加速扩张，通过规模化效应夯实竞争优势，实现品牌广度与深度的提升。万科物业、中海物业、彩生活等领先品牌企业均不同程度上加快了品牌扩张进程。（2）物业服务领先品牌始终注重服务品质提升，积极拥抱“互联网+”、创新升级服务体系，为业主提供极致体验，不断丰富品牌内涵。

2015 中国物业服务特色品牌企业

品牌名称	企业名称	品牌特色
碧桂园物业	碧桂园物业服务有限公司	给您一个五星级的家
金融街物业	北京金融街物业管理有限责任公司	商务地产管理
金科物业	金科物业服务集团有限公司	邻里智慧社区
蓝光嘉宝	四川嘉宝资产管理集团有限公司	“生活家”服务体系
伯恩物业	伯恩（福建）物业管理有限公司	多元增值
冠深物业	福建冠深物业管理有限公司	体育场馆物业
圆融商管	苏州工业园区圆融商业物业管理有限公司	商业管理
绿升服务	浙江绿升物业服务有限公司	亲情精智管家
新鸥鹏物管家	新鸥鹏物业集团	教育物业
海客会	青岛海尔地产服务有限公司	国际智慧社区金融服务平台
弘生活	弘生活服务集团	弘生活在身边
中节能物业	中节能（杭州）物业管理有限公司	G.R.E.E.N.体系

随着物业服务领域的持续专业细分和服务要求的不断提升，品牌企业在专业细分市场、服务内容、服务方式等方面积极探索，打造物业服务特色品牌。（1）物业服务特色品牌企业围绕专业细分市场深入挖掘，

并借助新技术创新升级服务品质，打造专业化服务品牌。(2)物业服务特色品牌企业基于精细化、智能化服务需求，在智慧社区、文化社区等方面不断强化升级特色服务领域，形成独具特色的服务品牌。可以预见，伴随居民需求的多元化、品质化以及消费模式的转变，物业管理行业将进入快速发展期，品牌企业也将进入高速发展阶段。首先，在市场化和资本力量的推动下，行业扩张和兼并收购将提速，品牌企业凭借品牌优势，市场集中度将加快提升；其次，品牌企业凭借品牌优势在战略合作、资源整合等方面更具谈判优势，品牌效应将进一步凸显；最后，品牌企业依托品牌优势，在业务延伸、模式创新等方面具有天然优势，品牌价值将快速提升。

4 2015中国房地产服务品牌价值研究成果分析

4.1 业务融合打破行业界限，高品质的集成化服务提升客户满意度

(1)房地产进入大融合时代，品牌企业深挖客户需求提供集成化服务

2014年以来，伴随着中国经济进入新常态，市场理性化发展及利润率的下降，房地产逐渐从单纯的资源整合平台转型升级为融合平台，围绕房地产衍生出的各种服务开始走向融合。在房地产及其服务领域逐步呈现大融合态势的背景下，房地产服务品牌企业的品牌定位、品牌使命以及品牌价值观正在发生颠覆性变化，以开发企业为服务中心的定位正在逐步淡化，以消费者为服务中心正逐步确立，围绕客户的多元化需求，搭建以业务融合为特征的多元化立体综合服务体系成为房地产服务品牌企业的共同目标。

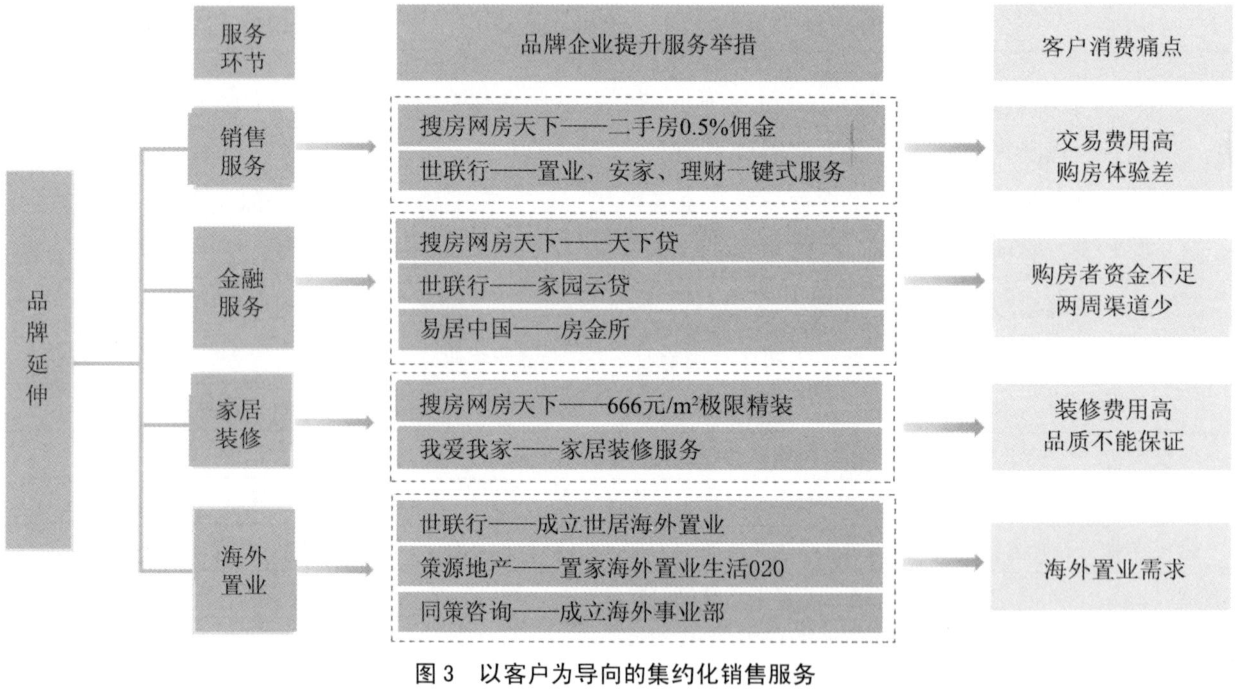

图3 以客户为导向的集约化销售服务

房地产销售服务品牌企业围绕客户需求，打造集约化服务平台，解决客户消费痛点。销售服务品牌企业整合内外部资源，突破服务界限，直击客户购房资金短缺、交易成本高等消费痛点和关联需求，为客户提供购房、金融、资管、家装等一揽子服务，提高客户综合服务能力，全方位提升品牌竞争力。

物业服务品牌企业开启全新物业服务与生活场景，搭建居民社区生活圈。物业服务品牌企业，紧抓互联网机遇守正出奇，通过新技术、新模式持续探索物业服务与经营模式的管理创新，在提升管理效率和服务品质的基础上，形成集约化服务品牌，满足用户的各种现实或潜在的需求，提高业主满意度。物业服务品牌企业强化从管理“物”向服务“人”的转变，紧抓互联网机遇，推进业务和品牌的转型升级，通过在社区养老、社区物流、社区家政等细分领域的拓展，积极搭建居住生活新场景，引领居民社区生活方式的蝶变。

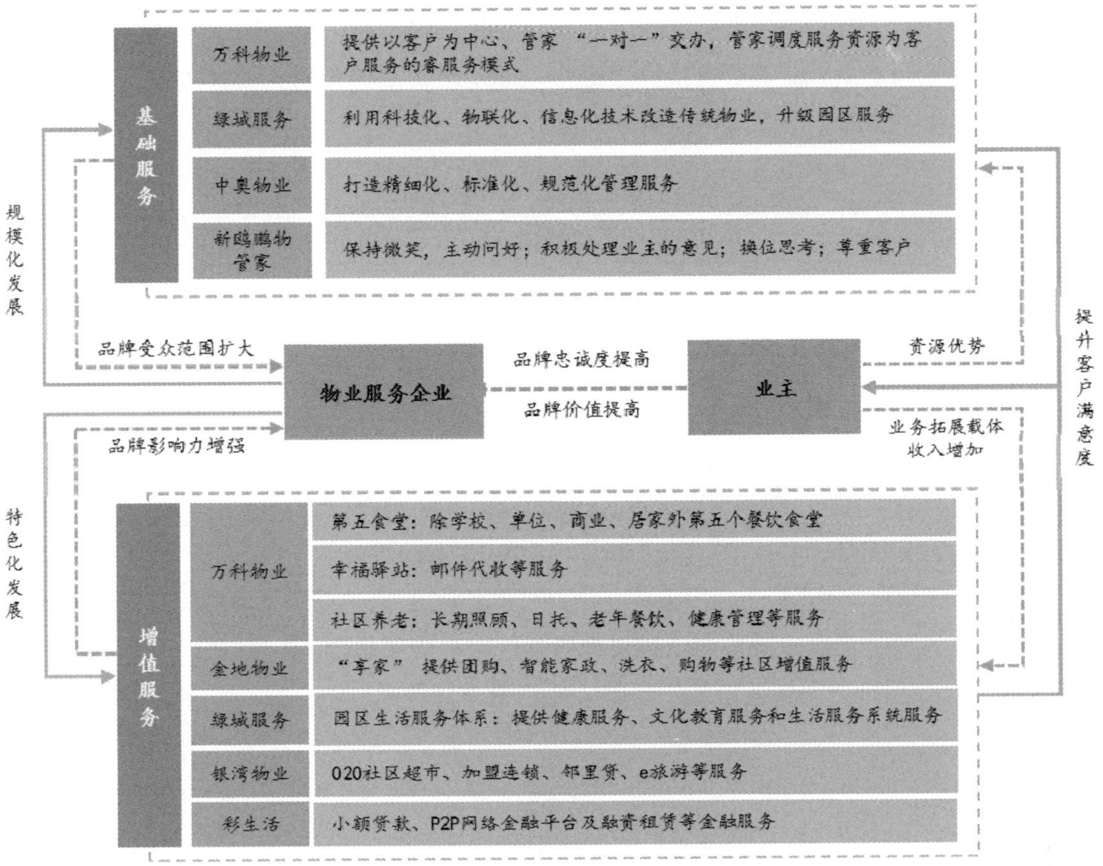

图 4 以客户为导向的集约化物业服务

（2）高品质的集成化服务助推“品牌三度”和客户满意度稳步提升

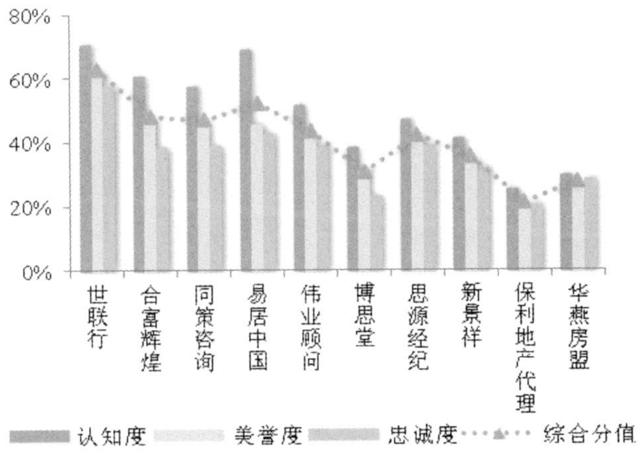

图 5 2015 全国性销售服务品牌企业品牌三度[①]

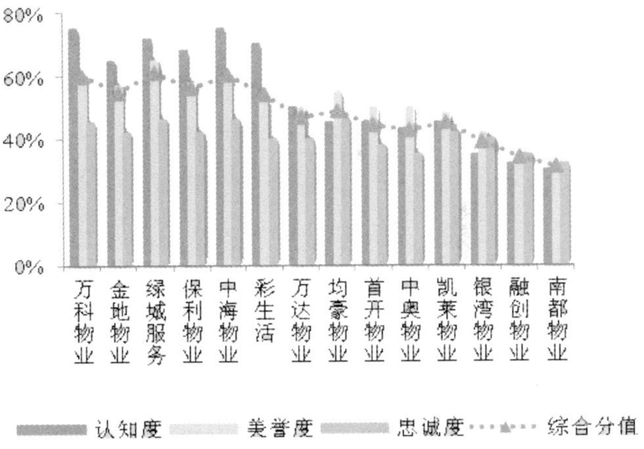

图 6 2015 部分物业服务领先品牌企业品牌三度

2015 年 5-8 月，研究组就房地产服务品牌企业的“认知度”、“美誉度”和“忠诚度”在消费者和房地产开发企业中进行全面调查，旨在深入了解房地产服务品牌企业在消费者和开发企业中的影响力。调查结果显示，2015 房地产销售服务品牌企业的品牌三度综合得分为 41.10%，较 2014 提高 1.87%。销售服务品牌企业持续为客户提供优质服务，提高服务的专业性，积极开拓针对客户需求的金融服务等，有效解决购房者购房过程中遇到的问题，进一步提升品牌“美誉度”，从而获得购房者较高的满意度和“忠诚度”。

物业服务品牌企业通过规模扩张、登陆资本市场、产品创新和服务升级，品牌三度得分获得了较大提升，综合得分提升至 48.00%。物业服务品牌企业通过积极采集和处理业主意见和反馈，整合优势资源为业

[①] 2015 年 5-8 月，TOP10 研究组在全国 35 个主要大中城市对房地产服务企业的品牌“认知度”、“美誉度”、“忠诚度”进行了广泛的问卷调查。此次调查共收回调查问卷 8741 份，其中有效问卷数量达 7654 份，有效率达到 87.56%。

主提供金融理财、房产经纪、养老服务等增值服务，打造特色化、精细化、标准化的服务品质，全方位提高业主满意度。在物业服务品牌企业服务提升过程中，涌现出一批星级物业服务特色项目，以一流的软硬件设备和特色化服务体系，得到了业内外的一致好评。

2015 中国星级物业服务特色项目

项目名称	企业名称	2015 星级评价
万银国际	绿城物业服务集团有限公司	五星级
保利中央公园	保利物业管理有限公司	五星级
广州南国奥林匹克花园	广东中奥物业管理有限公司	五星级
旭辉·芭堤兰湾	上海永升物业管理有限公司	五星级
弘阳·三万顷	弘生活服务集团	五星级
畅水园	天津华厦物业管理发展有限公司	五星级
杭州西湖国际科技园	中节能（杭州）物业管理有限公司	五星级

4.2 借助资本市场打开品牌发展空间，规模效应加速服务版图重构

（1）资本市场重估房地产服务业价值，品牌效应拓宽市场空间

目前，中国经济步入新常态，经济增长从高速转为中高速，在优化产业结构、大力提高服务业占比和提高服务业发展质量的经济发展战略下，作为经济发展的增长点和推动转型升级的重要引擎产业——服务业，将逐步成为国民经济的主体，房地产服务业价值随之水涨船高，而居民消费结构和模式的变化也为房地产服务企业提供了巨大业务延伸空间，房地产服务品牌企业因而受到资本市场的青睐，引发了资本市场对房地产服务业价值的重估，房地产服务品牌企业借势资本市场，创新升级服务品质，进一步拓宽了市场空间，彰显和提升品牌整体价值。

一直以来，物业管理行业作为传统服务业，由于存在行业集中度低、缺乏规模效应、运营成本高且盈利水平低等问题，与资本市场关联较小。但 2014 年彩生活上市，为物业服务企业树立了成功典型，进一步验证了资本市场对房地产服务业发展潜力的认可。彩生活成功登陆资本市场引发了强大的品牌效应，万科物业、保利物业、中海物业等知名房企旗下的物业服务企业均积极筹备上市。2015 年多家房地产服务企业根据自身特点选择合适的上市途径，目前已有 6 家物业服务企业和 2 家销售服务企业在新三板上市，彰显品牌资本价值。

房地产服务品牌企业登陆资本市场，拓宽企业发展空间，进一步推动品牌价值提升。上市准备过程中，通过培训辅导、管理改制、业务梳理、公开招股信息等环节能够规范和强化品牌管理体系，提升品牌知名度；上市之后，受股民、媒体、研究机构的高度关注，品牌的宣传覆盖面和品牌知名度快速提升，在金融服务、资源整合、平台布局等方面更易获得优势资源，从而提升服务质量和扩大经营规模，奠定和强化自身的领先品牌地位，进而提升品牌价值，获得更高的品牌溢价。

（2）强化区域横向与纵深扩张，规模效应提升资源整合能力

凭借卓越的专业服务能力与开发企业的信赖，房地产服务企业市场覆盖稳步增长，实现品牌快速扩张。2014 年以来，房地产服务品牌企业采取积极审慎的扩张策略，在城市布局方面呈现出一、二线城市密集发展，择优向三四线城市渗透，全国综合布局的态势。

房地产服务品牌企业持续深化在已进入城市的优势地位，凭借优秀的专业服务能力和良好的市场口碑，快速扩张不断提高市场占有率，自身竞争实力和品牌价值持续提升。由于中国幅员辽阔，各个区域差异性较大，房地产服务企业特别是物业服务企业，在区域深耕方面必须考虑到区域差异性。研究组通过对中国

区域市场的物业服务品牌企业进行研究，结果表明物业服务企业紧密结合区域发展特点，专注细分专业市场，并积极引入移动互联等新技术，实现了品牌的区域深度渗透。

2015 中国物业服务区域品牌企业

区域	品牌名称	企业名称
华北	乐生活	乐生活（北京）智慧社区投资发展有限责任公司
	万通物业	北京万通鼎安国际物业服务有限公司
华东	新城物业	江苏新城物业服务有限公司
	怡华物业	杭州怡华物业管理有限公司
	祥生服务	浙江祥生物业服务有限公司
华南	方圆物业	广州方圆物业管理有限公司
	和融物业	广州和融物业管理有限公司
中西部	新鸥鹏物管家	新鸥鹏物业集团
	东原物业	东原物业集团
	同景物业	重庆同景物业服务有限公司
	励志物业	成都励志一行物业服务有限公司

华北区域物业服务品牌企业通过升级管理理念、服务模式等举措增加客户黏性，提升企业品牌满意度。华东区域经济发达，物业服务市场日益成熟，品牌企业在丰富业务类型的同时，不断细分市场，集中资源实现细分领域的品牌优势。华南区域市场化程度较高，物业服务相对细致，物业服务品牌企业在坚持主业的基础上积极丰富物业类型，并积极开展多种增值服务，凭借综合服务能力实现品牌的稳健提升。中西部区域在“中部崛起”、“西部大开发”等国家战略的带动下，物业服务市场快速成长，品牌企业顺应移动互联大势，以新技术为业主提供高效优质服务，实现物业管理模式创新，品牌竞争力持续提升。

大数据、云计算等信息化新技术为规模化扩张后的管理优化、资源整合、服务升级提供了有力工具，促进房地产服务品牌企业服务版图的重构，持续推动品牌效益转化。经过二十多年的发展，客户需求由单一的购房需求，发展为集购房、贷款、资产管理、理财、物业等多种需求为一体的多维需求，需求的规模化效应已经形成。房地产服务品牌企业以此为契机，纷纷加快服务版图的扩张，并借助大数据、云计算等科技手段，促进供给规模化效应形成。

4.3　围绕客户关系管理优化品牌建设，新媒体应用打造品牌生态圈

（1）品牌投入持续增长，加强客户关系管理提升服务体验

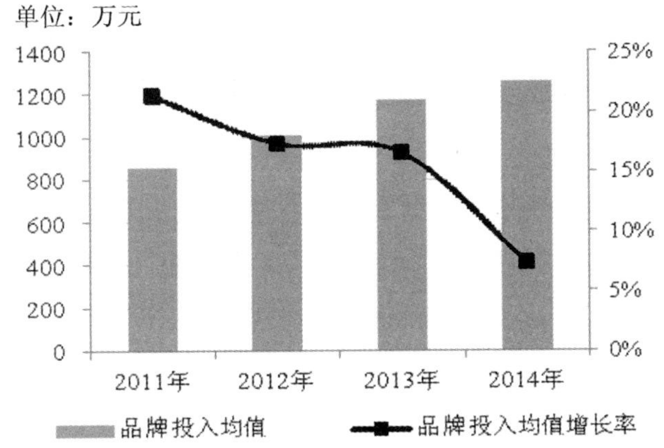

图 7　销售服务品牌企业品牌投入均值及其增长率

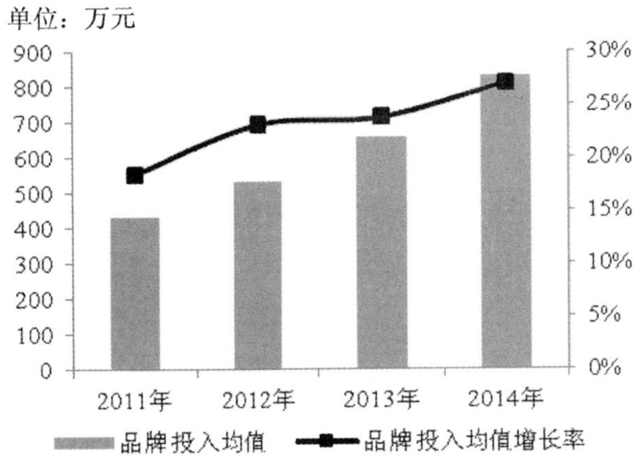

图 8　物业服务品牌企业品牌投入均值及其增长率

企业品牌价值的持续增长除了与企业的发展战略、专业服务水平、市场表现相关外，更来自于长期持续不断的品牌建设投入。2014 年，房地产销售服务品牌企业品牌建设投入均值为 1259.61 万元，同比增长 7.32%，5 年年均复合增长率达 18.95%，品牌建设投入连续多年保持稳步增长态势；物业服务品牌企业品牌建设投入均值为 830.81 万元，同比增长 26.99%，增幅较 2013 年提升 3.26 个百分点，品牌投入增长呈现加速态势，品牌效应日益凸显。

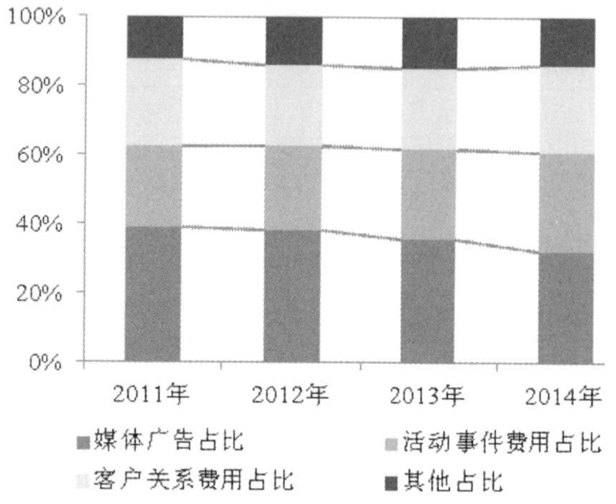

图 9 2011-2014 年销售服务品牌企业品牌建设费用投入

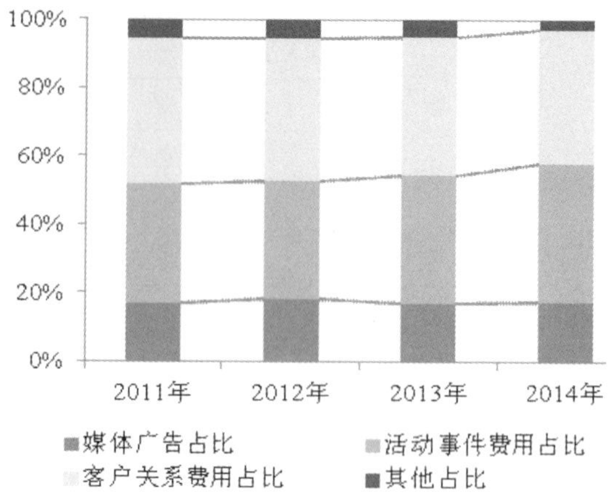

图 10 2011-2014 年物业服务品牌企业品牌建设费用投入

2011 年以来，销售服务品牌企业媒体广告占比逐年下降，2014 年占比为 32.24%，比上年下降 3.65 个百分点，活动事件费用和客户关系费用投入占品牌建设投入的比重分别为 28.48%和 25.16%，比上年分别提高 2.80 和 1.75 个百分点，与客户深度互动助力企业在消费者中的知名度和美誉度的提高；物业服务品牌企业活动事件费用和客户关系费用依然占据重要地位，2014 年两者占品牌投入的比重分别为 40.49%和 38.97%，其中活动事件费用占比较上年提高 3.08 个百分点，移动互联和大数据的广泛应用使品牌企业更加重视与业主进行深度互动活动，从而挖掘和满足业主多元化需求，提升业主品牌满意度水平。

（2）借助新技术优化沟通渠道，深度互动强化客户黏性

传统意义上，房地产服务品牌企业侧重与开发企业的关系，在品牌传播方面多限于报刊、论坛、广告、活动等传统形式，在客户沟通方面形式单一，同时与末端的业主的互动沟通较少，品牌传播的深度和广度存在明显的制约。在房地产市场向“买方市场”转变、服务企业竞争加剧、新技术应用不断涌现的背景下，房地产服务企业服务理念逐步转变为以消费者为中心，业务范围不断拓展延伸和跨界融合，营销模式由线下转向线上线下整合等，这些都要求房地产服务品牌企业对品牌传播渠道和媒介等进行全新整合。

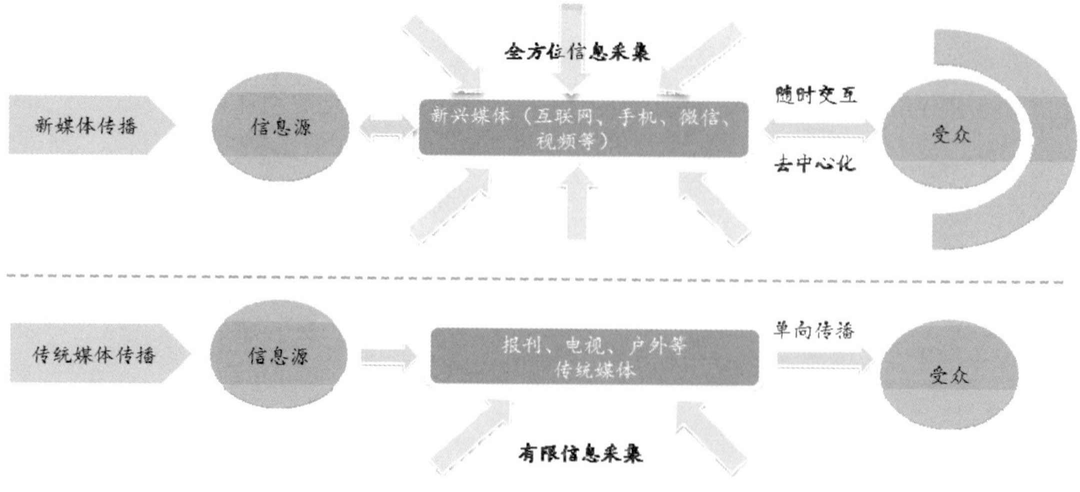

图 11 移动互联背景下沟通渠道创新

销售服务品牌企业广泛应用APP、微信等新沟通工具，积极整合多渠道营销服务，提升品牌传播广度。如世联行积极利用播客、IPTV 等多种形式传递世联行形象，并通过“世联集房”、“世联集客”和“世联集金”为开发企业和置业者提供更加便捷全面的服务，打造综合性服务品牌。

物业服务品牌企业以新媒体强化客户体验功能，品牌传播进入精准便捷化时代。新媒体的互动性直接改变了原有媒体被动接收的弊端，客户体验功能更加突出，促进受众对品牌的深入直观感受。如万科物业在利用业主社区、宣传片等传统渠道的基础上，积极利用微博、微信、微电影、社区生活APP等多种形式进行品牌宣传和营销，万科物业通过“住这儿+V-LINK”打造O2O商业闭环，在物业服务、社区交流与商圈服务平台的基础上，形成万科创业社区、万科文化社区、万科健康社区和万科共享社区，品牌综合竞争力实现快速提升。

4.4 传统业务改造升级与新业务创新并举，品牌合作共赢聚集优势资源

（1）业务改造与创新充实品牌内涵，品牌管理提升品牌综合形象

随着房地产市场环境和消费习惯的变化以及移动互联技术的应用，房地产服务品牌企业在延伸服务产业链的同时，不断改造传统业务服务模式，提升管理效率和服务能力，通过创新与整合打造差异化综合性服务品牌。

在传统业务改造方面，房地产服务品牌企业主要借助移动互联、智能硬件等提高管理效率和服务质量。销售服务品牌企业的传统业务改造主要体现在企业管理和业务的互联网化，将房产交易的主要环节实现网络化和信息化，同时捆绑公司和合作机构的各类资源，聚合购房者的需求，实现资源共享和优化配置，极大突破了容量增长限制，实现品牌竞争力整体提升。物业服务品牌企业从体系优化、检查考评、细化管理等方面着手，不断升级基础服务质量管理体系，提高物业服务的规范化和专业化水平，有效解决传统基础物业服务领域管理效率低下、业主投诉和保修通道不畅通、社区信息公开不透明等诸多“痛点”，品牌满意度大幅提升。

在新业务延伸方面，房地产服务品牌企业主要通过产业链延伸和跨界整合服务，满足开发企业及消费者多元化需求。销售服务品牌企业应用大数据、云计算等技术实现精准营销，同时利用前向、后向一体化，涉入经纪、资产管理等领域，继续完善产业链，如世联行进入金融、资管领域，并通过入股Q房网布局存量房市场。物业服务品牌企业借助新技术进行智慧生活社区改造，搭建社区O2O平台不断深耕社区，将衣食住行游购娱一系列服务都涵盖在社区物业服务范围内。

伴随房地产服务品牌企业业务改造与服务延伸的推进，品牌谱系管理与优化助力品牌形象的塑造。具体来看，房地产服务品牌企业在新业务领域多采用母品牌背书的子品牌策略、联合品牌策略、独立品牌策略等形式进行品牌延伸，以降低品牌传导风险，优化自有品牌形象。通过品牌延伸和品牌谱系的优化，房地产服务品牌企业赋予新产品或服务鲜明的核心价值与个性，形成品牌联想和高溢价能力，品牌资产不断累积丰厚。除此，通过品牌谱系的管理，房地产服务品牌企业各子品牌间形成相互协调的互补机制，品牌形象和内涵得到了进一步提升。

（2）品牌聚集优势资源，合作共赢提升品牌效应

优秀品牌更容易聚集各方资源，为服务企业在规模扩张、业务延伸、合作并购等活动中带来更多的优势，形成品牌合力。房地产服务品牌企业借助品牌优势，积极进行品牌合作，品牌效应不断扩大：与房地产开发企业合作，作为要素品牌提升房地产项目的品质和品牌竞争力；与房地产服务企业合作，形成品牌的融合、输出与联合，提升品牌广度和深度；与各类资源合作中，能够吸引更多的资源，促进服务品质提升和模式创新。

房地产服务品牌企业以优质要素品牌捆绑融合房地产品牌，提升房地产开发企业品牌内涵与价值。以家居、软件服务、园林、建筑设计等为代表的房地产关联服务企业不断强化与开发企业的紧密合作，通过新技术的应用，不断创新技术与产品，以优质的产品和服务打造要素品牌与联合品牌，增强开发企业的综合品牌竞争力，形成合作共赢的品牌效应。房地产关联服务优秀品牌企业深入研究市场需求，积极服务房地产企业，并在规模扩张、业务延伸、合作并购等活动中表现出显著的品牌特色。

2015 中国房地产关联服务优秀品牌企业

品牌类别	企业名称
家居品牌	杭州老板电器股份有限公司
家居品牌	九牧厨卫股份有限公司
家居品牌	康力电梯股份有限公司
社区配套品牌	万物至上科技（北京）有限公司

房地产服务品牌企业通过要素品牌的导入与融合，有效提升房地产项目和社区服务的整体品质，品牌合力效应显现。老板电器在产品、服务和技术等方面保持行业领先，其智能化产品和服务成为开发企业精装修项目中厨电类产品首选品牌，有效提升项目的整体装修品质。

品牌在规模扩张中发挥重要作用，房地产服务品牌企业利用品牌优势在合作中实现品牌输出、品牌融合与品牌联盟。品牌作为消费者购买产品和服务的重要指向标，为服务品牌企业的区域扩张和业务延伸提供了重要的筹码。伴随服务品牌的知名度、忠诚度和美誉度的提升，服务品牌企业以优质的服务和良好的口碑，能够赢得更多的谈判筹码，实现与开发企业的更多合作，同时在合作过程中，实现“品牌融合”、“品牌输出”与“品牌联盟”。

房地产服务品牌企业吸引优势资源，促进资源整合与商业模式创新，提升品牌效应。就销售服务品牌企业而言，通过业务延伸，拓宽品牌外延，增强了综合服务能力；对于物业服务品牌企业而言，社区 O2O 的兴起和发展为满足业主更高更多的服务需求提供了重要契机，同时也对物业服务品牌企业的资源整合能力提出更高要求，由于业主对品牌信誉与价值的认同，物业服务品牌企业更容易与商家、机构、专业服务公司等达成合作，并能在谈判中处于优势地位，从而完成低成本资源整合。

结 语

2014 年，伴随中国房地产市场增速放缓与结构调整，以及新技术为行业带来的新契机，房地产服务行业进入服务转型升级的加速期，新的服务理念和模式层出不穷，行业竞争逐步加剧。品牌作为寻求市场突破并形成差异化竞争力的关键，在彰显企业特色、整合资源、效益转化、风险抵御等方面发挥着越来越重要的作用。2015 中国房地产服务品牌企业积极发挥品牌竞争优势，围绕客户体验，加速品牌延伸融合、增进品牌互动沟通、强化品牌资源聚集和效益转化，品牌价值进一步凸显。

中国房地产服务行业新一轮的风口期已经来临，如何抓住机遇实现品牌价值的快速提升，成为未来品牌发展的关键。伴随“互联网+”潮流而来的房地产服务行业呈现出管理再造与服务升级并存、规模效应和范围效应并行、跨界融合与创新共赢并驱的全新态势。服务品牌企业需要继续以客户服务为中心，紧抓移动互联等新技术机遇，在合作共赢的基础上催生品牌的蝶变新生。

附录六 2015 中国物业服务百强企业研究报告

1 研究背景与目的

由中国指数研究院、中国房地产 TOP10 研究组开展的“中国物业服务百强企业研究”，自 2008 年以来已连续进行八年，引起了社会各界的广泛关注，同时也得到了行业内优秀企业的认可，相关研究成果已经成为评判物业服务企业经营实力及行业地位的重要标准，对促进市场资源向物业服务百强企业聚集、推动房地产开发百强企业与物业服务百强企业强强联合起到了重要作用。

2014 年中央经济工作会议提出“我国经济正在向形态更高级、分工更复杂、结构更合理的阶段演化，经济发展进入新常态”；行业迎来了政策契机，国家发展改革委员会印发《关于放开部分服务价格意见的通知》要求“放开非保障房物业服务、住宅小区停车服务收费”；而移动互联技术的发展，促使物业服务企业在社区服务领域产生了巨大变革。物业服务企业顺应新形势，运用新技术，积极创新服务模式，提升服务品质，构建新型服务关系。中国房地产 TOP10 研究组以“新常态，新技术，新思维”为主题，全面启动“2015 中国物业服务百强企业研究”，发掘一批规模大、实力强、服务品质高的物业服务企业，发挥示范带头作用，引领行业健康、快速发展。在总结历年研究经验的基础上，研究组进一步完善了“2015 中国物业服务百强企业研究”方法体系，更加全面、客观地评价企业的综合实力。

2015 中国物业服务百强企业研究的目的：

（1）以客观的数据和研究结果，反映行业最新状况和主流企业的发展态势，为政府部门研究制定行业政策、有关部门加强行业指导提供参考和依据；

（2）科学评价企业的真实实力，发掘一批综合实力强、服务水平高、业主满意度高的优秀物业服务企业；

（3）系统总结优秀企业服务理念和经营模式，供广大物业服务企业学习借鉴，促进企业提升运作水平和服务质量。

2 研究方法体系

2.1 标准和门槛值

中国房地产 TOP10 研究组坚持以客观数据和社会评价为依据，坚持客观、公正、准确、全面、自愿的研究原则。确定现阶段纳入研究范围企业的门槛标准：

（1）依法设立、具有独立法人资格；

（2）按照国际惯例和《物业服务企业资质管理办法》，研究组确定现阶段入选门槛值为：近三年平均在管项目数量不低于 5 个或平均在管项目总建筑面积不低于 10 万平方米；

（3）为了引导物业服务企业做强做大，TOP10 研究组鼓励企业以集团的名义参与。

2.2 评价标准体系

（1）评价指标体系设计原则

“2015 中国物业服务百强企业研究”以“新常态，新技术，新思维”为主题，以客观数据和社会评价为依据，坚持客观、公正、准确、全面、自愿的研究原则，遵循以下三个准则进行指标体系的设计：

● 服务规模与服务质量相结合。经营规模的持续扩大是物业服务企业提升市场占有率、获得稳定业绩的主要方式，而良好的服务质量是企业绩效提升的有力支撑，只有实现经营绩效与服务质量的结合，才能实现企业的持续健康发展。研究组继续采用总资产、物业管理项目总数、总建筑面积、进入城市个数来评价企业的服务规模，在服务质量的评定方面，引入“星级小区数量”指标，与业主满意度、物业服务费收缴率及物业管理项目续约率结合，来综合评价企业的服务质量。

● 经营绩效与发展潜力相结合。经营绩效不仅是企业盈利和运营能力的重要指标，也是企业市场拓展和发展速度的重要保障，而是否具有丰富的储备项目、较为完善的人才结构和规范化的管理体系以及企业智能化投入的多寡则显示了企业未来的发展潜力。而三项费用率的控制则体现了企业的成本控制水平，对经营绩效有较大影响。

● 经营业绩与社会责任相结合。作为与业主日常生活密切相关的行业，物业服务企业在构建和谐社会方面发挥了重要的作用。企业对社会的积极贡献有利于提高群众对于物业服务企业的认知度，树立企业品牌形象，促进企业快速发展。研究组采用年度纳税总额、就业岗位个数和保障性住房管理面积三个指标评价企业的社会责任贡献，引导行业重视社会责任。

（2）评价指标体系

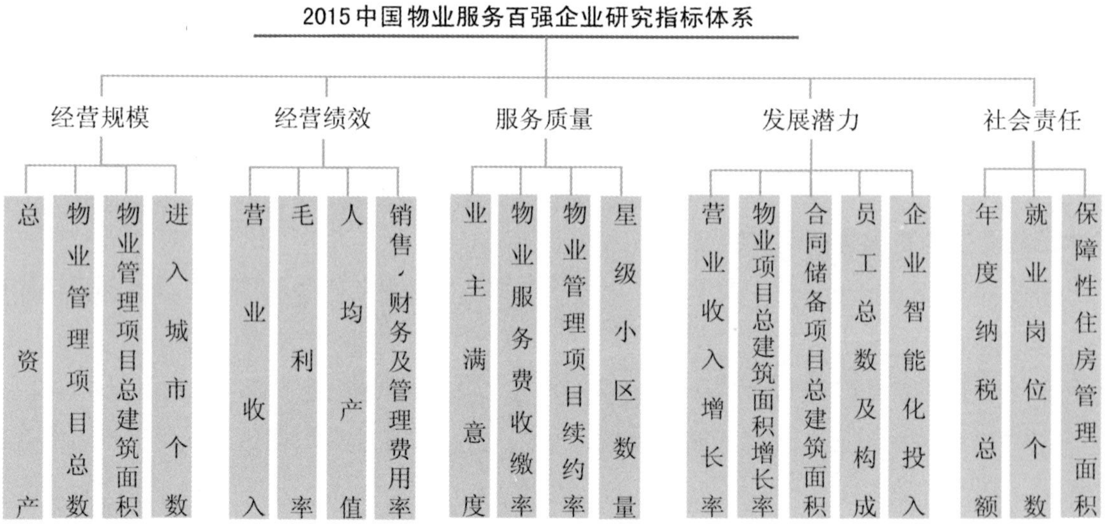

2.3 数据来源及复核

（1）数据来源

- 物业服务企业填报的数据；
- 中国房地产 TOP10 研究组对业主进行的满意度调查（网上调查与网下调查相结合）数据；
- 中国房地产指数系统（CREIS）数据库及中国房地产统计年鉴；
- 物业服务企业对外公布的信息（包括企业网站信息和对外派发的宣传资料）；
- 有关政府部门（包括建委、房管局和统计局等）的公开数据；
- 2012、2013、2014 中国物业服务百强企业研究收集的企业数据资料；
- 2012、2013、2014 中国物业服务品牌价值研究收集的企业数据资料。

（2）数据复核

企业填报的数据须如实客观，同时研究组将对填报数据进行复核。

- 企业财务数据通过会计师事务所出具的报表进行复核；
- 通过税单复核企业经营收入及利润；
- 对收集的数据坚持交叉复核：通过各地物业管理协会的公开信息及统计局经济普查数据对企业填报数据交叉复核；

对有疑问的数据研究组将进入社区进行业主一对一访谈现场复核。

2.4 计量评价方法

（1）在研究方法上，为增加研究的严谨性，采用因子分析（Factor Analysis）的方法。因子分析是一种从变量方差——协方差结构入手，在尽可能多地保留原始信息的基础上，用少数新变量解释原始变量方差的多元统计分析方法。它将原始变量分解为公共因子和特殊因子之和，并通过因子旋转，得到符合现实意义的公共因子，然后用这些公共因子去解释原始变量的方差。计算中国物业服务百强综合实力时，主要是计算各构成要素的相关矩阵，通过相关矩阵得到特征值、累计特征值及因子载荷。根据最初几个特征值在全部特征值的累计百分率大于或等于某百分比的原则，确定公共因子的具体个数。然后再根据因子载荷矩阵确定各个因子的现实意义并进行重新命名，最后根据不同企业各个因子的得分及载荷矩阵，通过加权累加构成2015中国物业服务百强综合实力指数。

（2）企业按评价指标体系排序出现相同时，依照社会效益实现情况数据确定排序；当上述累加计算又基本相同时，按西部、中部、东部排序确定。

3 主要研究成果及分析

3.1 2015中国物业服务百强企业

“2015中国物业服务百强企业”名单

1	万科物业发展有限公司	18	北京金融街物业管理有限责任公司	35	深圳市明喆物业管理有限公司
2	绿城物业服务集团有限公司	19	上海银湾互联网物业管理连锁集团	36	盛全物业服务有限公司
3	长城物业集团股份有限公司	20	北京金隅物业管理有限责任公司	37	远洋物业
3	保利物业管理有限公司	21	幸福基业物业服务有限公司	38	广州市时代物业管理有限公司
5	金地物业管理集团公司	22	上海锐翔上房物业管理有限公司	39	厦门联发（集团）物业服务有限公司
6	北京首开鸿城实业有限公司	23	江苏新城物业服务有限公司	40	杭州佰全物业管理有限公司
7	彩生活服务集团有限公司	24	佳兆业物业管理有限公司	41	上海科瑞物业管理发展有限公司
8	万达物业管理有限公司	25	世茂天成物业服务集团有限公司	42	海亮物业管理有限公司
9	碧桂园物业服务有限公司	26	阳光城物业服务（福建）有限公司	43	乐生活（北京）智慧社区投资发展有限责任公司
10	中海物业管理有限公司	27	北京万通鼎安国际物业服务有限公司	44	重庆天骄物业管理服务有限公司
11	均豪物业管理股份有限公司	28	港联物业（中国）有限公司	45	深圳天安物业管理有限公司
12	金科物业服务有限公司	29	北京首欣物业管理有限责任公司	46	北京科住物业管理有限公司
13	中航物业管理有限公司	30	北京东光物业管理股份有限公司	47	北京市北宇物业服务公司
14	重庆新龙湖物业服务有限公司	31	上海复瑞物业管理有限公司	48	广州颐和酒店物业管理有限公司
15	深圳市卓越物业管理有限公司	32	深业集团（深圳）物业管理有限公司	49	广州晟汇物业管理有限公司
16	上海东湖物业管理有限公司	33	浙江开元物业管理股份有限公司	50	新鸥鹏物业集团
17	北京凯莱物业管理有限公司	34	山东省诚信行物业管理有限公司	51	泰禾物业

52	上海永升物业管理有限公司	69	中新苏州和乔物业服务有限公司	86	云南巨和物业服务有限公司
53	重庆新东原物业管理有限公司	70	福建冠深物业管理有限公司	87	奥宸物业管理有限公司
54	云南俊发物业服务有限公司	71	苏州市会议中心物业管理股份有限公司	88	北京晟邦物业管理有限公司
55	深圳市莲花物业管理有限公司	72	浙江绿升物业服务有限公司	89	云南实力物业服务有限公司
56	广州方圆物业管理有限公司	73	禹洲物业服务有限公司	90	上海申大物业有限公司
57	深圳市之平物业发展有限公司	74	重庆晋愉物业服务有限公司	91	上海保集物业管理有限公司
58	昆明银海物业服务有限公司	75	福建福晟物业有限公司	92	重庆泽京物业管理集团有限公司
59	上海景瑞物业管理有限公司	76	第一物业服务（北京）有限公司	93	四川汇丰物业服务有限公司
60	广东龙光集团物业管理有限公司	77	北京北大资源物业经营管理集团有限公司	94	武汉福星惠誉物业服务有限公司
61	浙江颐景园物业服务有限公司	78	重庆同景物业服务有限公司	95	重庆市光华物业管理有限公司
62	广州和融物业管理有限公司	79	深圳市莱蒙物业服务有限公司	96	武汉百步亭花园物业管理有限公司
63	深圳市鹏基物业管理有限公司	80	天津津滨联合物业服务有限公司	97	杭州钱塘物业管理有限公司
64	伯恩（福建）物业管理有限公司	81	浙江大管家物业管理服务有限公司	98	浙江金龙物业管理有限公司
65	上海上置物业集团有限公司	82	苏州工业园区圆融商业物业管理有限公司	99	泰安市海纳物业管理有限责任公司
66	深圳市特发物业管理有限公司	83	北京城承物业管理有限责任公司	100	沈阳其仕物业服务有限公司
67	上海漕河泾开发区物业管理有限公司	84	杭州怡华物业管理有限公司		
68	北京鲁能物业服务有限责任公司	85	重庆市长安物业管理有限公司		

3.2　2015 中国物业服务百强企业发展特点分析

（1）经营规模：在管面积均值超过 1700 万平米，百强企业经营规模扩张提速

- **紧抓房地产发展机遇，百强企业在管面积提速增长**

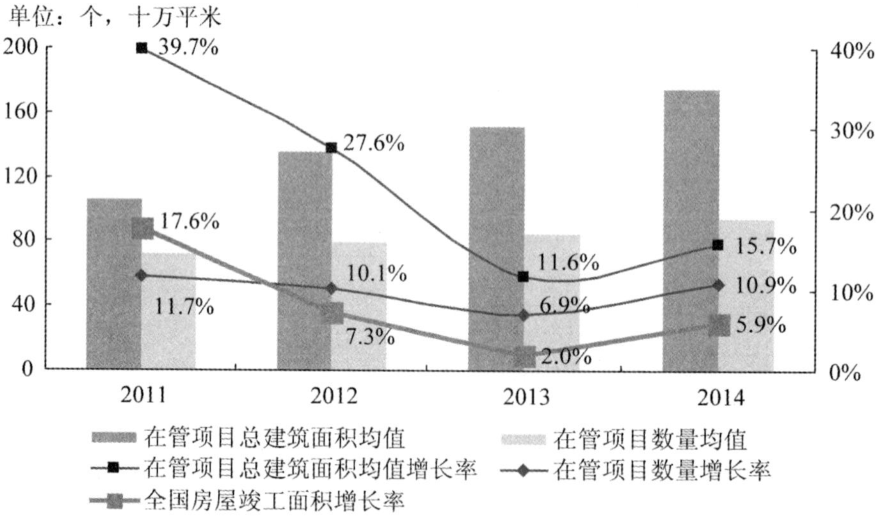

图 1　2011-2014 年百强企业服务规模变化趋势

近年来，随着我国新型城镇化的推进以及中国房地产市场快速发展，存量房市场规模日益增大，为物业服务百强企业提供了巨大的发展空间。2014 年，全国商品房竣工面积为 10.7 亿平方米，存量房市场规模再创新高。根据近 3 年年均复合增长率计算，全国未来 3 年物业管理市场容量将新增 35 亿平方米的规模，为百强企业发展提供广阔的空间。2014 年，百强企业在管项目总建筑面积均值为 1749 万平方米，同比增长 15.7%，在管项目数量均值为 94 个，较上年增加 9 个，同比增长 10.9%，百强企业发展规模呈现提速增长态势。

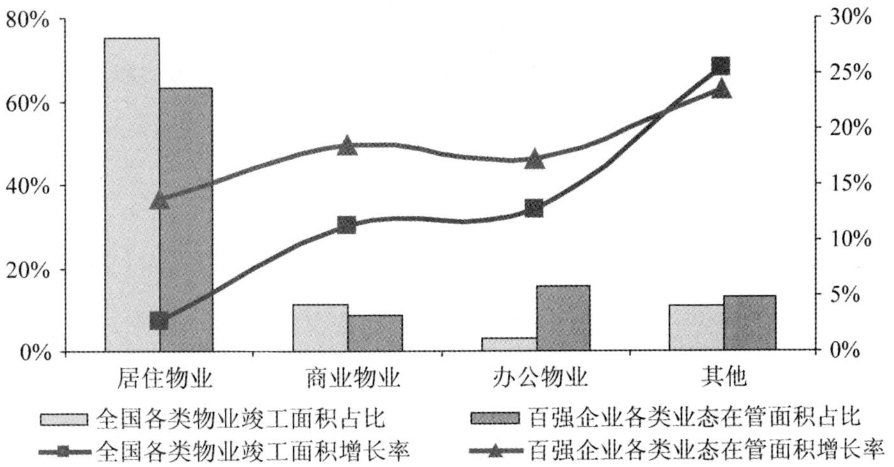

图 2 2014 年全国各类物业竣工面积及百强企业管理业态对比

从具体业态来看，百强企业居住物业服务在管面积均值为 1105.3 万平方米，同比增长 13.7%，仍是百强企业最主要的物业服务类型；百强企业商业物业和办公物业在管面积分别为 148.7 万平方米和 271.1 万平方米，同比增长 18.6%和 17.3%，商办物业增速明显加快。另外，受我国社会经济转型升级以及产业结构调整的积极影响，公共物业与工业物业也成为百强企业重要的业务发展领域。

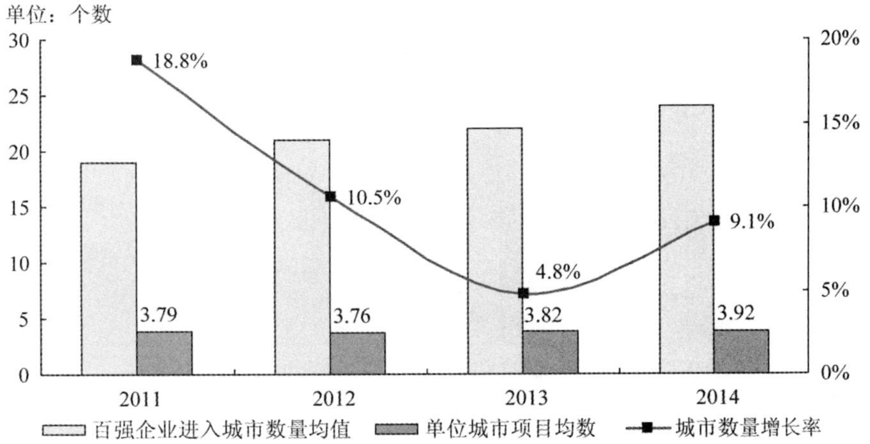

图 3 2011-2014 年百强企业进入城市数量与单个城市管理项目情况

2014 年，百强企业区域扩张加快，其中进入城市数量均值为 24 个，比去年增加 2 个，单个城市项目数量均值为 3.92 个，同比略有上升，这主要是由于百强企业经过快速扩张后，开始注重对已进入城市的深耕，以期提升规模化的总体管控效率。有开发背景的百强企业，在随集团扩张而持续做大的基础上，加快企业市场化转型，积极进行集团外项目和区域的外拓，夯实自己的行业地位；市场化百强企业，则凭借专业能力和良好口碑，持续强化区域深耕，单个城市的项目数量均值有所提升。

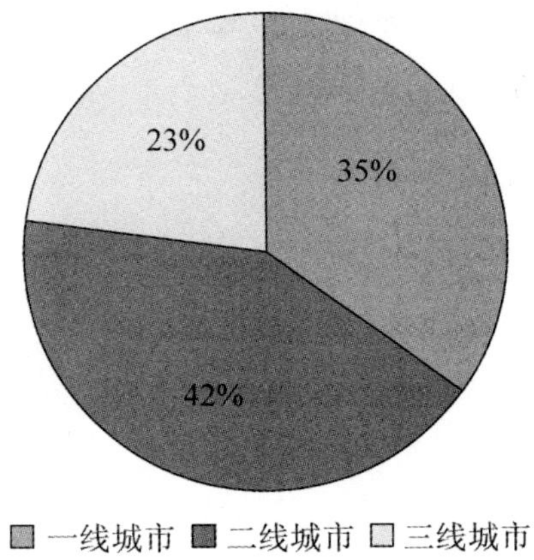

图 4 2014 年百强企业在管项目城市结构分布情况

百强企业采取集团合作或市场跟随战略，实现了对目标市场的快速覆盖。在快速扩张的过程中，百强企业在城市布局方面呈现出一、二线城市密集发展，全国综合布局的态势。“多核驱动”也成为企业规模扩张的新模式。2014 年，从在管面积的分布来看，百强企业在一线、二线和三四线城市项目占比分别为 35%、42% 和 23%，三四线城市的占比略有提升。

● **借势新技术与资本力量，管理与服务半径大幅提高**

伴随物业服务企业的规模化扩张，百强企业开始通过运用互联网、大数据、云计算等新技术手段，实现扁平化管理，突破传统产业规模化瓶颈，管理与服务半径显著提高。2014 年以来，百强企业融合移动互联等新技术，物业管理效率和管控水平都有了较大提高，低成本规模化扩张成为可能。

利用资本扩张是企业规模扩张最重要的手段之一，部分百强企业强化资本力量，通过项目收并购等操作，管理服务面积获得超速增长。长远来看，随着国内物业服务企业主板及新三板上市步伐的加快，资本在行业整合中发挥的力量将更加巨大，物业管理行业将面临变局洗牌，行业集中度或将加速提高，物业服务企业的规模化扩张提速在即。

（2）经营绩效：延伸服务助推营收快速增长，新技术带动百强企业降本增效

● **多元创新业务发展加速，经营收入快速增长**

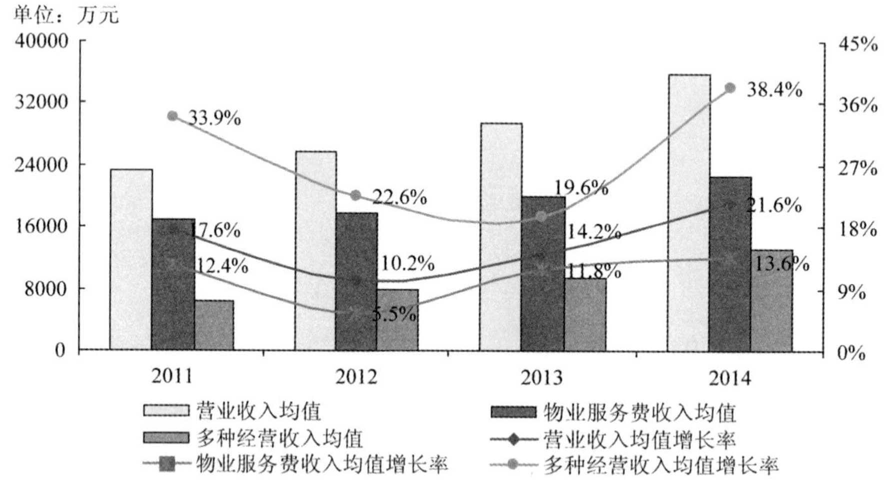

图 5 2011–2014 年百强企业营业收入变化及构成

百强企业紧抓居民需求多样化的时代特点，开拓创新多元业务，促进营业收入快速增长。2014 年，在传统业务和延伸业务的共同作用下，百强企业全年实现营业收入 35725.2 万元，同比增长 21.6%，业绩增长明显。其中，在基础服务领域，百强企业在房地产市场容量扩增以及企业自身外拓的共同作用下，基础物业服务实现平稳增长，全年物业服务费收入均值为 22647.7 万元，增长率达到 13.6%，业绩贡献度为 63.4%，仍是百强企业营业收入的主要来源。2014 年，百强企业多种经营收入均值达到 13077.5 万元，增长率高达 38.4%，业绩贡献度达到 36.6%，较 2013 年业绩贡献度继续提升。

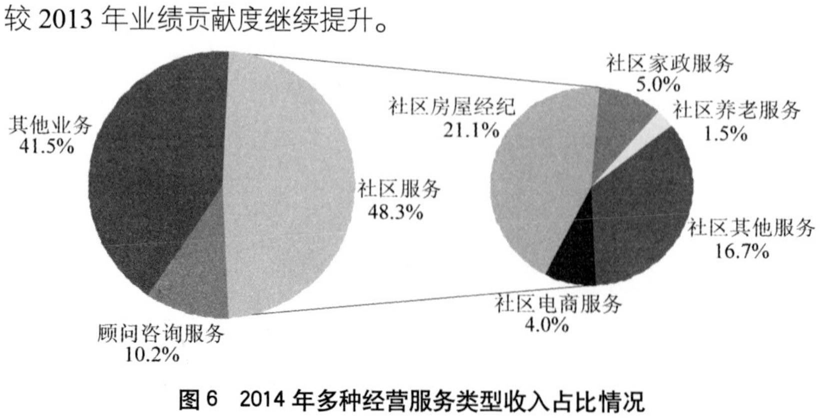

图 6 2014 年多种经营服务类型收入占比情况

百强企业多种经营服务主要包括咨询顾问服务、社区服务以及企业结合自身资源开创的其它特色服务。在社区服务领域，百强企业顺应移动互联大势，通过APP等核心载体向业主提供在线增值服务，如在线水电煤缴费、手机充值、生活信息查询及在线预约下单等服务，解决业主生活服务性需求，提升居民生活便捷性。2014年社区服务收入达到6316.4万元，占多种经营收入的48.3%，是百强企业多种经营收入的重点：其中，社区房屋经纪全年实现收入2759.4万元，在多种经营收入占比达到21.1%，由于易受业主和客户信赖，利于集聚房源和缩短物业空置期，是众多百强企业开展业务重点；2014年，社区电商O2O发展迅猛，全年实现收入523.1万元，在多种经营收入占比4.0%。除了社区服务外，顾问咨询服务实现收入1333.9万元，占多种经营收入10.2%，也是百强企业多种经营业务的主要来源；此外，百强企业结合自身资源优势，开展了丰富多样的其它业务，收入达到5427.2万元，如社区金融服务、社区医疗等服务，实现企业资源效益最大化。

- **运用新技术挖掘服务核心价值，降本增效促进利润显著增长**

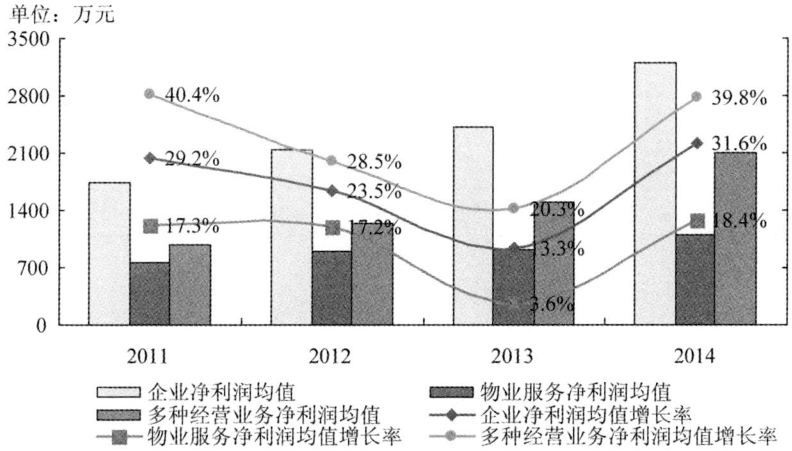

图7 2011-2014年百强企业净利润及变化情况

2014年，受益于基础物业服务领域的稳健增长和多种经营业务领域的超速发展，百强企业净利润均值同比增长31.6%，达到3194.46万元。在基础物业服务领域，百强企业在保障规模效应的同时实现物业服务管理的智能化与信息化，加大技术设备投入，运用自动控制技术、通信技术等设备实现对物业消防、安保等的自动控制和集中管理，实现了规模化、智能化经营模式，提高了整体运营效率。2014年，物业服务净利润均值为1097.90万元，同比增长18.4%，实现净利润稳定增长；多种经营业务净利润均值为2096.56万元，同比增长39.8%。在多种经营业务领域，百强企业创新多元商业模式，加强新技术应用，利用云服务、微信公众平台、APP等推出以“社区商业”和“便民服务”为核心的增值服务，有力提升百强企业的经营业绩。

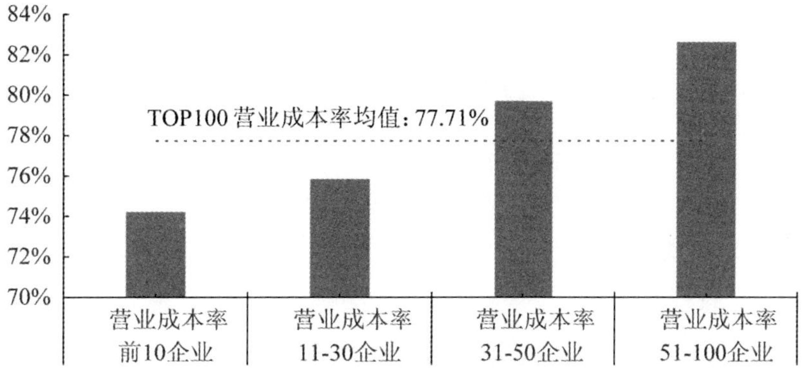

图8 2014年百强企业内部不同层级营业成本率情况

在互联网技术蓬勃发展的大潮下，“互联网+”进一步推动和强化了物业服务企业与互联网技术的融合，百强企业进一步强化智能化投入。一方面，百强企业通过智能化软硬件的应用，开展节能环保、全监控等设备管理，大幅降低设备运行和维护成本、能源成本以及治安纠纷发生率，实现了基础服务的降本增效；另一方面，作为劳动密集型服务行业，科学使用人力资源显得尤为重要，百强企业充分利用科技手段，通过远程监测、自动维护等智能软硬件，如在社区增设安防监控系统，降低了人工和信息沟通成本，有效提升保安工作效率。2014 年百强企业平均智能化投入 168.1 万元，同比大幅增长 45.8%，百强企业的智能化水平和服务质量均得到明显提升。

随着智能化投入的提升百强企业总营业成本率呈现下降的趋势，2014 年，百强企业的营业成本率均值为 77.71%，较 2013 年降低了 3.14 个百分点，充分表明新技术能有效降低营业成本。尤其是排名前 10 企业以及 11-30 企业不断开拓创新业务，其营业成本率均低于百强企业营业成本率均值，智能化投入有效降低企业营业成本率；排名 31-50 企业以及 51-100 企业，智能化及创新业务投入相对较弱，营业成本率均高于百强营业成本率均值。

2014 年百强企业居住物业人均效能情况

	项目管理人员	保安人员	保洁人员	绿化人员	设备维修维护人员
单位管理面积配置人员[①]（人数/百万平米）	28	102	65	27	23
外包比例（%）	—	25.5	42.4	35.8	18.8

百强企业通过专业化外包和技术创新有效降低人工成本，人均绩效不断提升。一方面，百强企业充分利用专业服务公司提供的优质低价服务来降低人力成本，提高专业服务品质；同时百强企业将高科技充分利用到物业服务中，采用智能停车系统、智能门禁系统、自动监控系统、智能手持终端、智能割草机等自动化设备提高效率。2014 年，中国指数研究院调查显示，百强企业星级物业管理小区配置人员平均为 245 人/百万平米，其中管理人员 28 人/百万平米、保安人员 102 人/百万平米、保洁人员 65 人/百万平米、绿化人员 27 人/百万平米、维修维护人员 23 人/百万平米。

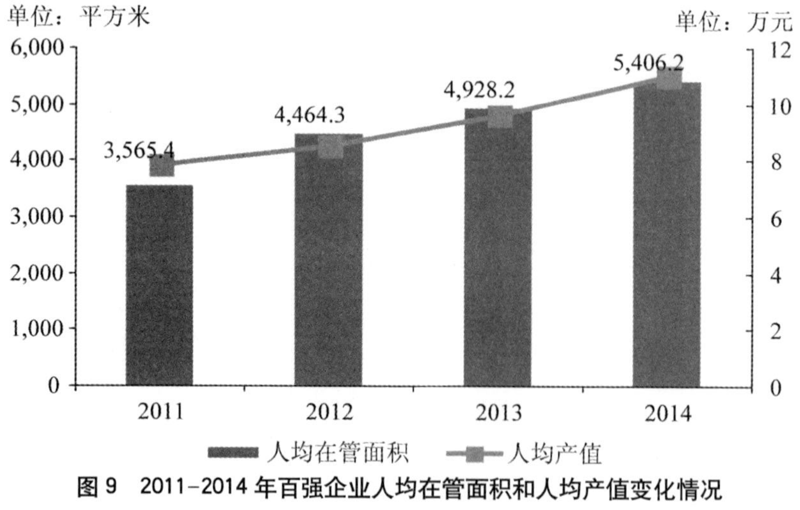

图 9　2011-2014 年百强企业人均在管面积和人均产值变化情况

2014 年，百强企业人均产值为 11.0 万元，同比增长 15.1%，人均在管面积达到 5406.2 平方米，同比增长 9.9%。由于采用外包服务、新技术等改变了企业的人力资源结构及资源配置，企业的人均绩效得到有效提升。

（3）服务质量：增强服务意识，升级软硬件配套促进房产保值增值

- **服务意识增强，百强企业收缴率和续约率继续保持高位**

① 单位管理面积配置人员不包括外包人员

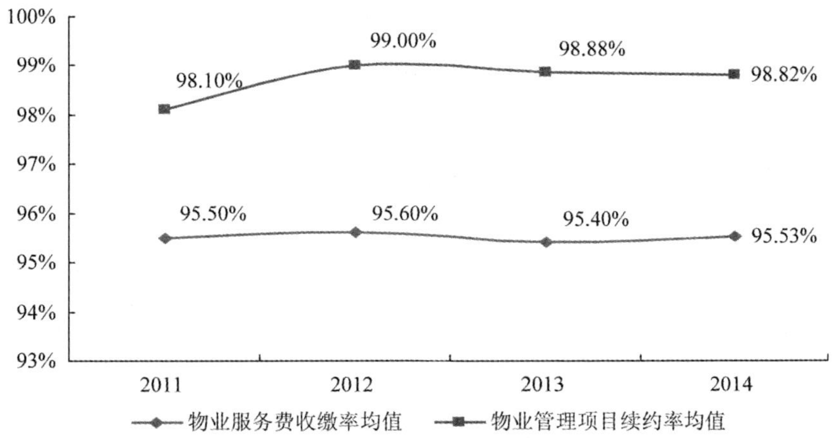

图 10 2011-2014 年百强企业物业服务费收缴与服务项目续约情况

良好的物业管理质量与贴心的便民服务是百强企业可持续发展的基础。2014 年，百强企业的物业服务费收缴率和项目续约率分别为 95.53%与 98.82%，百强企业的物业服务费收缴率和物业管理项目续约率整体保持高位稳定，体现了业主对百强企业服务的高度认可。

- **星级小区整体水平持续提升，软硬件配套升级促进资产保值增值**

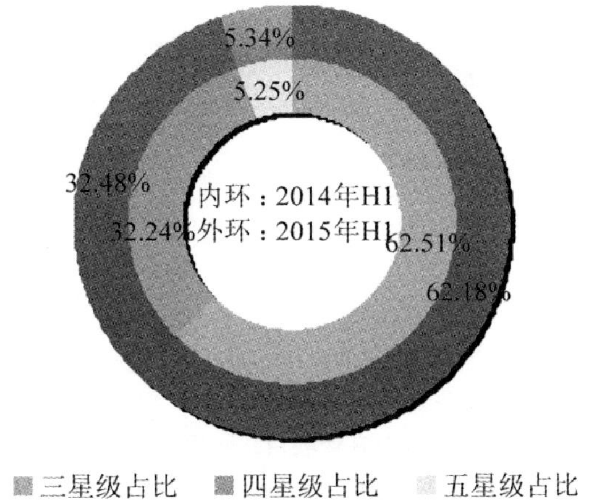

图 11 2014-2015 年百强企业三星级以上在管小区中各星级小区占比情况

2014-2015 年星级小区软硬件得分情况

城市	2015 年		2014 年	
	软件得分	硬件得分	软件得分	硬件得分
北京	81.7	81.6	79.3	80.6
上海	78.4	79.0	77.4	78.6
广州	80.5	80.8	79.6	79.8
深圳	79.7	79.7	80.1	80.0
杭州	78.4	78.2	77.1	77.7
南京	77.3	77.7	76.8	77.9
武汉	77.3	78.4	76.4	78.2
天津	81.5	80.6	79.7	78.7
重庆	83.0	83.7	86.1	86.6
成都	79.2	79.3	81.2	81.8
均数	79.7	79.9	79.4	80.0

良好的物业管理服务对于提升业主的居住条件、生活质量、物业价值等均具有重要意义。近年来，百强企业强化社区的硬件配套和软件服务，打造软硬件均过硬的优质楼盘。综合硬件配套方面，百强企业除了基础的硬件投入外，不断加大自动化控制系统与现代通信网络设施等投入，实现对保安、消防等多方面的自动、高效监控，为小区服务提供基本保障；同时，持续优化便捷贴心的便民服务，实现楼盘软实力提升，两者相辅相成共同促进小区价值的提升。

为了更好反映行业发展特点及趋势，中国指数研究院于 2015 年 3-5 月对二十个代表城市进行了物业服务星级评价研究工作，并对其中十个重点城市[①]进行深入研究，样本数量为 3938 个，其中达到物业服务价格指数编制要求的合格样本数量为 1636 个，占比为 41.54%。从物业星级评级结果分析，在百强企业在管小区的合格样本中，2015 年上半年三星级以上小区占比 62.18%，其中四星级、五星级小区占比分别为 32.48%和 5.34%，占比较 2014 年上半年分别提升 0.24 和 0.09 个百分点，表明物业服务公司整体服务水平的提升。从城市结构来看，全国十大代表城市物业服务硬件得分均值为 79.9，软件得分 79.7，与 2014 年上半年同期相比，硬件得分基本保持稳定，而软件得分提升 0.3 个百分点，凸显物业服务公司加大人性化关怀，以细致全方位服务提升小区软实力。

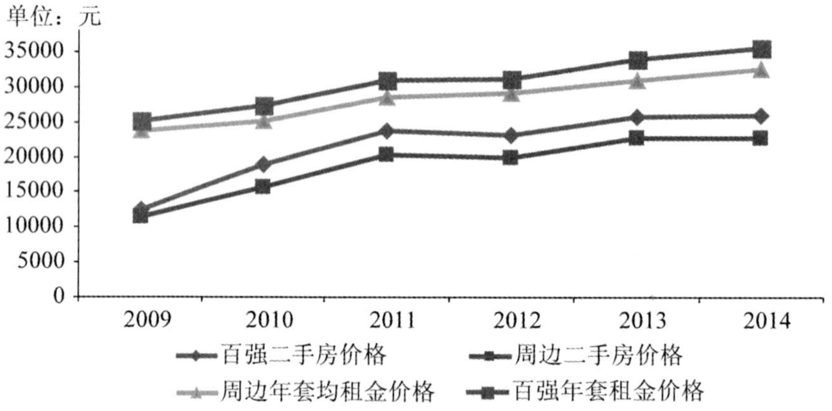

图 12 2009-2014 年百强企业在管项目二手房售价、租金与周边均价比较

百强企业加强房屋及配套设施的日常维护和修缮，并围绕业主生活和居住提供多元化服务，为社区业主营造美好的生活文化氛围，促进了房屋保值增值，提升了居民满意度水平。2014 年，依据中国指数研究院对百强企业主要项目进行的抽样调查显示，百强企业管理的二手房平均价格高出周边二手房价格 13.35%，凸显优质物业服务对于房屋的保值增值效果；另外，百强企业管理平均租金价格也高出周边年套均租金价格 9.53%，优质的物业服务为业主赢得了更多的收益。

（4）发展潜力：政策与金融环境进一步改善，科技与人才保障业绩增长空间

- **外部环境向好，改革红利激发行业成长潜力**

良好的政策环境是物业服务企业健康持续发展的重要基础，2014 年以来，随着我国物业服务市场的蓬勃发展，从中央到各级地方政府纷纷出台物业服务相关管理条例、实施办法和管理意见等规范性政策。2014 年 12 月，国家发展改革委员会印发《关于放开部分服务价格意见的通知》，放开了对非保障性住房物业服务及住宅小区停车服务的收费要求。深圳、天津、甘肃等省市自治区亦从行业发展、收费管理、服务等级等多方面出台政策，为行业的发展和物业服务企业持续健康发展提供政策保障。

国内资本市场环境的逐步改善为物业服务企业利用资本市场加快发展提供了巨大的机遇。具体来看，新股发行注册制度改革持续推进落实，国务院发布《关于进一步促进资本市场健康发展的若干意见》，规范市场发展的制度性框架初具雏形；中央政府实施降息、降准等货币宽松政策，引导市场利率和社会融资成本

① 十个重点城市：北京、上海、广州、深圳、天津、武汉、重庆、南京、杭州、成都。

下行，证券发行和融资环境持续改善；新三板市场全面扩容，做市商制度和和市场分层管理制度持续落实推进，市场融资再添新途径。

2014 年物业服务相关政策出台情况

时间	法规名称
2014 年 1 月	深圳市 2014 年起实施《<深圳经济特区物业管理条例>实施若干规定》
2014 年 3 月	甘肃省印发《关于进一步促进物业行业健康发展的实施意见》
2014 年 4 月	天津出台《关于建立物业服务事项公开公示制度的通知》
2014 年 8 月	陕西省发布《陕西省物业服务收费管理实施办法》
2014 年 8 月	宁夏住建厅发布《认真学习贯彻<自治区人民政府关于进一步规范物业服务管理促进物业行业健康发展的意见>通知》
2014 年 9 月	银川发布《关于规范前期物业服务收费明码标价工作的通知》
2014 年 11 月	安徽省出台《安徽省物业服务收费管理办法》
2014 年 12 月	国家发展改革委员会印发《关于放开部分服务价格意见的通知》

百强企业通过登陆资本市场，实现了品牌影响力的提升，管理制度的规范以及商业模式的完善，并为加速规模化提供了必要资金支持。通过资本市场上市，能为物业服务企业带来诸多方面的益处：首先，借助资本可以实施企业收购并购，迅速壮大企业的在管项目规模，同时优化双方企业的可共享资源，实现规模经济，抵御市场冲击；其次，借助资本可以直接降低市场的准入门槛，实现企业跨区域快速布局，有效规避跨区域经营风险，高效完成本土化进程；再次，借助资本可以快速实现国际化发展，进军海外市场，成功获得高端物业的管理能力，对提升企业管理水平和加强核心竞争力，具有深远的战略意义；最后，在“互联网+”时代，资本有效支撑社区服务平台搭建和技术创新，为企业在 O2O 领域的布局打下基础。

部分百强企业进入资本市场及并购交易情况

企业名称	资本市场进入	市场表现
彩生活物业	2014 年 6 月，香港联交所上市	2014 年 11 月，收购新加坡 Steadlink Asset，开拓国际物业管理业务；2015 年 2 月，收购开元国际，增强中高端社区的物业管理实力；2014 年以来，发挥协同作用，布局社区 O2O。
东光股份	2015 年 1 月，东光股份挂牌新三板	品牌知名度提高，管理制度实现规范，商业模式完善。
开元物业	2015 年 3 月，开元物业挂牌新三板	通过新三板上市，品牌知名度大幅提高，管理制度逐步规范，规模扩张加大，并利用资本力量探索成熟的商业模式（尤其在社区商务、社区养老服务等方面进行探索）。

● **人才结构与行业培训提升竞争力，合同储备快速增长保障成长空间**

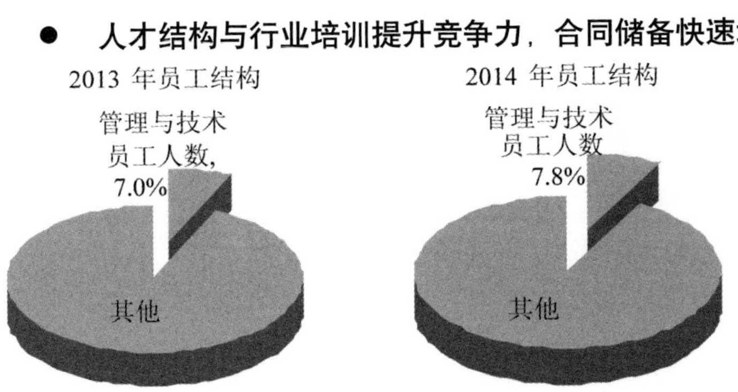

管理与技术员工类别	2013 年占比	2014 年占比
管理类	47.6%	47.3%
机械机电类	25.3%	25.7%
计算机类	19.5%	19.2%
其他	7.6%	7.8%

图 13 2014 年百强企业员工构成比例

2014年，百强企业管理与技术员工人数占员工总数的比例为7.8%，同比提高0.8个百分点。从管理与员工内部分类来看，管理类占比最高为47.3%，机械机电类、计算机类、其他占比分别为25.7%、19.2%、7.8%。从人才结构对比来看，管理与技术员工占比基本保持稳定，主要是百强企业加大智能化建设等需要更多专业性人才维护运营，伴随效率的提升管理类和计算机类人员总数保持稳定，导致总体占比略有下降。

2014年部分百强企业内部人才培养案例

物业公司	时间	培训事项
长城物业	2014年4月	与瑞典皇家护理学院达成养老护理培训协议，全面引入瑞士先进的养老理念、技能、知识体系，打造中国优质养老物业服务品牌，寻求在社区养老与居家养老领域的新突破。
金地物业	2014年7月	启动人才培训“长跑系列计划”，旨在通过长期、系统性的内部培训，为企业的明天输送高质量的青年骨干，帮助金地物业蜕变成为中国物业服务界第一品牌、最佳雇主。
保利物业	2014年9月	举办第四届服务技能赛，提升员工的专业技能和综合素质，培养营造全员钻业务、全心提服务的企业氛围。
均豪物业	2014年10月	“从细节处提升服务品质”为指导方针，开展标准化服务培训。
首开物业	2014年12月	发布《物业服务操作图示》，直观展示每项物业服务操作环节的流程指引，形象具体，通俗易懂，为一线员工在物业服务过程中的学习借鉴提供了示范，推动企业标准化工作前行。

培训是提升企业人才素质的重要手段。百强企业通过内部培训和外部合作提升员工能力：内部培训方面，主要通过讲座、竞赛等多种方式对员工进行专业技能、安全防范、管理能力等方面培训，全方位促进员工能力的提升。

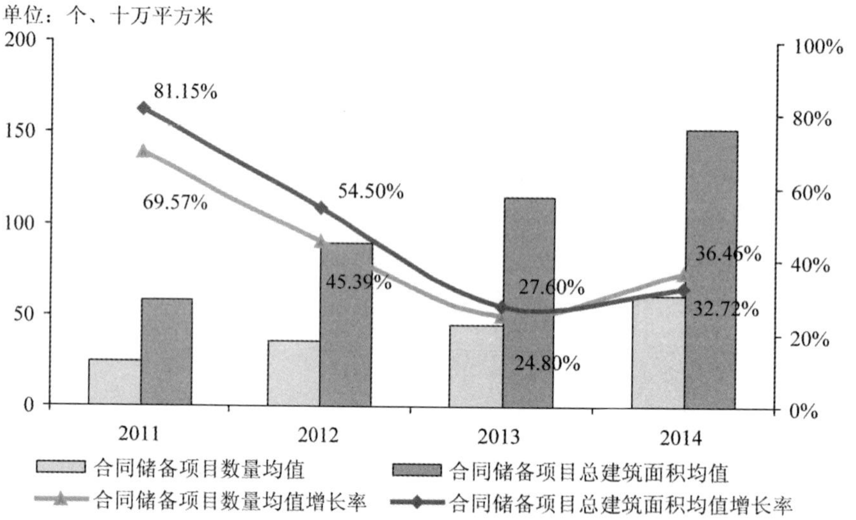

图14 2011-2014年百强企业合同储备项目规模情况

从企业自身发展来看，2014年，百强企业合同储备项目数量均值为60.7个，同比增长36.5%；合同储备项目总建筑面积均值为1521万平方米，同比增长32.7%，连续五年保持较快增长。在房地产市场持续稳定发展的背景下，物业服务市场的整体需求稳步增长，百强企业凭借高品质的服务、专业的管理能力以及兼并购同业等多种举措不断拓展市场，获取项目能力持续提升。

（5）社会贡献：提升居民生活品质，增加社会就业岗位

- **优质物业服务获得较高满意度，和谐社区促进社会安定**

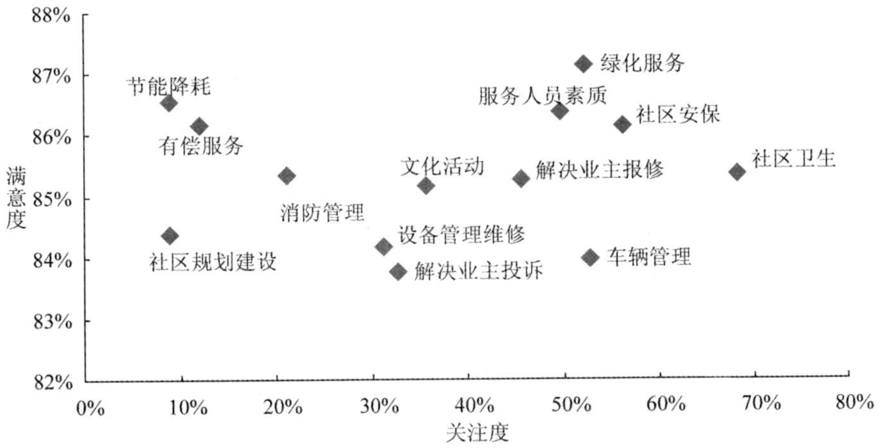

图 15 2015 年百强企业业主满意度调查结果

2015 年 3-5 月，研究组选取全国 100 多个城市进行了线上和线下调研，调研结果显示，业主对百强企业的整体服务水平满意度为 85.36%，比上年提高 0.41 个百分点，各个分项服务满意度也均在 80%以上，其中，社区安保、社区卫生、社区绿化服务、消防管理、社区文化活动、节能降耗、物业人员服务素质等多个项目均超 85%，其中物业服务人员素质、社区文化活动和有偿服务等项目均较上年有了明显提高，表明百强企业在保持高水平基础物业服务的基础上，进一步提升服务品质，保持行业领先水平。

从业主对物业服务的关注度来看，社区文化服务、物业服务人员素质和节能降耗等有不同程度提升，主要是百强企业为提高业主的粘合度和满意度，以业主为中心，通过为业主提供周到、贴心物业服务，组织开展丰富的社区文化活动以增进业主与物业公司的交流等持续强化物业服务意识，业主对该项服务的满意度保持较高的水平，也反映了业主对百强企业高水平服务的认可。百强企业通过提升社区居民的满意度，为创建和谐社会做出了积极的贡献。

- **员工就业岗位数量和保障房管理面积均快速增长，百强企业积极承担社会责任**

目前，物业管理已经成为城市管理的重要一部分，在社区服务方面也扮演着重要的角色。2014 年，百强企业提供就业岗位数量均值为 3235 人，同比增长 5.6%，在解决社会人员就业和维护社会稳定方面继续发挥着积极、重要的作用。

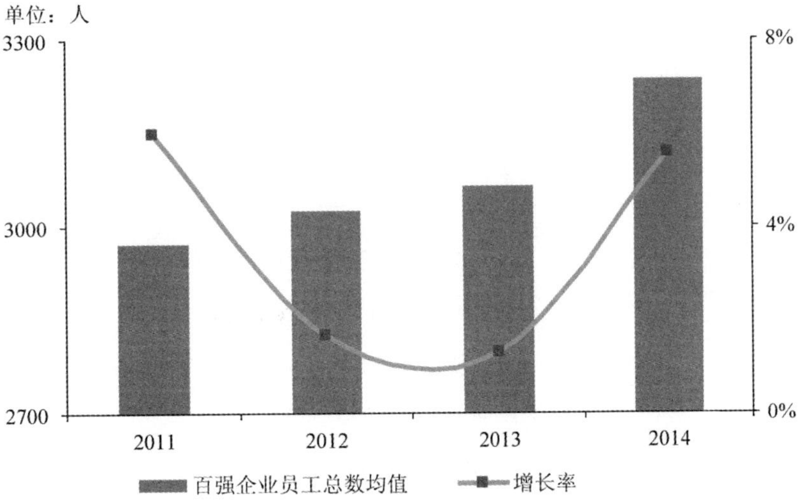

图 16 2011-2014 年百强企业员工总数均值及变化

在解决员工就业问题的同时，百强企业在保障性住房的物业管理方面亦表现积极。2014 年百强企业保障性住房管理面积均值 319.2 万平方米，同比增长 35.9%，连续五年保持 30%以上的高速增长，践行社会责任。由于保障房存在物业服务收费标准低、费用收缴率低等问题，导致保障房的物业管理难度加大，更对物业服务企业的正常运营形成一定挑战。百强企业勇担责任，保障性住房管理面积持续高速增长，对促进社会和谐稳定起到了重要作用。

3.3 2015 中国物业服务百强企业专项研究分析

3.3.1 2015 中国物业服务百强企业服务规模 TOP10

2015 中国物业服务百强企业服务规模 TOP10

序号	企业名称
1	万科物业发展有限公司
2	绿城物业服务集团有限公司
3	金地物业管理集团公司
4	保利物业管理有限公司
5	长城物业集团股份有限公司
6	北京首开鸿城实业有限公司
7	彩生活服务集团有限公司
8	万达物业管理有限公司
9	中海物业管理有限公司
10	金科物业服务有限公司

2014 年，服务规模 TOP10 企业在管项目总建筑面积均值超过 1.2 亿平方米，是百强企业平均面积的 7 倍左右，管理项目数量增至 557 个，接近百强企业均值的 6 倍左右，比去年有较快增长。数据显示 TOP10 企业与其余百强企业的规模差距在进一步拉大，整个行业的集中度不断提高。2014 年，服务规模 TOP10 企业城市布局加快，进入城市数量均值 86 个，布局全国一、二线省会及直辖城市的战略目标已基本完成，企业总资产额均值达到 25.4 亿元，是百强企业总资产均值的近 6 倍。

3.3.2 2015 中国物业服务百强企业成长性 TOP10

2015 中国物业服务百强企业成长性 TOP10

序号	企业名称
1	彩生活服务集团有限公司
2	金科物业服务有限公司
3	绿城物业服务集团有限公司
4	幸福基业物业服务有限公司
5	江苏新城物业服务有限公司
6	乐生活（北京）智慧社区投资发展有限责任公司
7	阳光城物业服务（福建）有限公司
8	远洋物业
9	海亮物业管理有限公司
10	重庆天骄物业管理服务有限公司

在 2015 物业服务百强企业研究中，成长性 TOP10 企业顺应市场大势，借助移动互联和资本市场的力量，构筑自身核心竞争力，呈现整体扩张态势，未来发展预期良好

3.3.3 2015 中国物业服务百强企业服务质量 TOP10

2014 年，服务质量 TOP10 企业在传统服务领域不断开拓创新，加大在专业化、高附加值领域的投入，探索社区管理新模式，实现社区服务质量新提升。

2015 中国物业服务百强企业服务质量 TOP10

序号	企业名称
1	金地物业管理集团公司
1	重庆新龙湖物业服务有限公司
3	绿城物业服务集团有限公司
4	万科物业发展有限公司
5	北京首开鸿城实业有限公司
6	均豪物业管理股份有限公司
7	万达物业管理有限公司
8	深圳市卓越物业管理有限公司
9	幸福基业物业服务有限公司
10	广州市时代物业管理有限公司

3.3.4 2015 中国物业服务百强满意度领先企业

在 2015 中国物业服务百强企业研究中，研究组通过对物业服务百强企业业主满意度的调查和研究，结果显示绿城服务、万科物业、长城物业等企业在业主满意度方面脱颖而出，总体满意度均值达到 92.8%，超过百强企业业主满意度均值 7.4 个百分点，受到业主的高度认可，成为“2015 中国物业服务百强满意度领先企业”。

2015 中国物业服务百强满意度领先企业

序号	企业名称
1	绿城物业服务集团有限公司
2	万科物业发展有限公司
3	新鸥鹏物业集团
4	长城物业集团股份有限公司
5	均豪物业管理股份有限公司
6	彩生活服务集团有限公司
7	保利物业管理有限公司
8	万达物业管理有限公司
9	北京首开鸿城实业有限公司
10	云南俊发物业服务有限公司

2014 年，满意度领先企业一方面坚持以人为主，通过贴心细致服务将传统服务做到极致，为业主营造舒适的居住环境；另一方面利用新技术开展社区 O2O 服务，为业主提供全方位服务，提升客户满意度。

3.3.5 2014-2015 中国物业服务年度社会责任感企业

物业服务企业不仅向社会大众提供服务产品，换取利润收益，同时担负起对企业内部员工的雇主责任，为社会就业困难群体创造就业上岗机会；对社区承担公共管理责任，为和谐社会构建提供支持。

2014-2015 中国物业服务年度社会责任感企业在推动保障房及经适房的物业服务、倡导健康生活、推动公益事业方面积极履行社会责任，在物业管理行业中树立了榜样，赢得社会各界的广泛赞誉。

2014-2015 中国物业服务年度社会责任感企业

序号	企业名称
1	北京首开鸿城实业有限公司
2	保利物业管理有限公司
3	绿城物业服务集团有限公司
4	中海物业管理有限公司
5	北京金隅物业管理有限责任公司
6	北京凯莱物业管理有限公司
7	北京首欣物业管理有限责任公司
8	厦门联发（集团）物业服务有限公司
9	伯恩（福建）物业管理有限公司
10	北京城承物业管理有限责任公司

3.3.6　2015 中国物业服务行业市场化运营领先企业

2015 中国物业服务行业市场化运营领先企业

序号	企业名称
1	长城物业集团股份有限公司
2	均豪物业管理股份有限公司
3	上海银湾互联网物业管理连锁集团
4	港联物业（中国）有限公司
5	北京东光物业管理股份有限公司
6	北京凯莱物业管理有限公司
7	山东省诚信行物业管理有限公司
8	浙江绿升物业服务有限公司
9	深圳市之平物业发展有限公司
10	杭州佰全物业管理有限公司

用专业赢得市场尊重，以诚意打造服务精品，2015 中国物业服务行业市场化运营领先企业以身作则，坚守公平、公正、透明的市场运营准则，积极推动中国物业管理行业的市场化进程。

3.3.7　2015 中国商用物业服务 TOP10 企业

2015 中国商用物业服务 TOP10 企业

序号	企业名称
1	万达物业管理有限公司
2	北京金融街物业管理有限责任公司
3	深圳市卓越物业管理有限公司
4	上海东湖物业管理有限公司
5	北京凯莱物业管理有限公司
6	中航物业管理有限公司
7	均豪物业管理股份有限公司
8	北京万通鼎安国际物业服务有限公司
9	港联物业（中国）有限公司
10	北京金隅物业管理有限责任公司

实现物业服务的核心价值，帮助业主获得最大收益，2015 中国商用物业服务 TOP10 企业以专业的市场视角、严谨的资产管理手法，为商用物业投资人带去了稳定、丰厚的投资回报。

3.3.8 2015 中国园区物业服务优秀企业

2015 中国园区物业服务优秀企业

企业名称	企业名称
深圳天安物业管理有限公司	幸福基业物业服务有限公司
均豪物业管理股份有限公司	上海漕河泾开发区物业管理有限公司
深圳市特发物业管理有限公司	北京东光物业管理股份有限公司
上海企福物业管理有限公司	北京万通鼎安国际物业服务有限公司

探索园区服务专业化运营，为中国产业经济和科技发展添砖加瓦，2015 中国园区物业服务优秀企业，以产业为纽带，以服务为核心，在保障园区平稳良性运营的基础上，注重提升多元化服务，尤其强化中小企业的周到服务，不断提升园区资源聚集效应。

3.3.9 2015 中国特色物业服务领先企业

2015 中国特色物业服务领先企业

企业名称	特色领域
绿城物业服务集团有限公司	智慧园区服务体系
保利物业管理有限公司	亲情和院-亲情特色服务
长城物业集团股份有限公司	一应云智慧平台及一应云联盟
金地物业管理集团公司	“享”系列互联网平台
彩生活服务集团有限公司	智慧社区
深圳市卓越物业管理有限公司	商务物业设施管理、企业大客户服务
北京凯莱物业管理有限公司	城市综合体物业服务
上海银湾互联网物业管理连锁集团	银湾智慧社区 O2O 生活馆
北京金隅物业管理有限责任公司	写字楼品质管理特色
幸福基业物业服务有限公司	产业新城物业服务
北京万通鼎安国际物业服务有限公司	绿色综合服务
北京东光物业管理股份有限公司	物业后勤保障服务供应商
浙江开元物业管理股份有限公司	酒店式服务
杭州佰全物业管理有限公司	高速公路服务区物业
乐生活（北京）智慧社区投资发展有限责任公司	新型“智能服务”
北京科住物业管理有限公司	科教综合保障服务
重庆新东原物业管理有限公司	友邻友趣
福建冠深物业管理有限公司	体育场馆物业
第一物业服务（北京）有限公司	中国最专业绿色物业管理
北京北大资源物业经营管理集团有限公司	“新文化社区生活服务体系”+“全程物业服务体系”
杭州怡华物业管理有限公司	星级智慧楼宇专家
上海保集物业管理有限公司	云服务社区
武汉福星惠誉物业服务有限公司	人性化管家式服务
辽宁国宾物业管理顾问有限公司	顾问咨询
武汉百步亭花园物业管理有限公司	物业服务+社区服务+志愿服务

为增强企业核心竞争力，百强企业不断对服务内容推陈出新，在服务方式、服务方法上努力改进，通过多年的发展逐渐形成了自己的服务特色。

3.3.10　2015 值得资本市场关注的物业服务企业

2015 值得资本市场关注的物业服务企业

序号	企业名称
1	中海物业管理有限公司
2	万达物业管理有限公司
3	保利物业管理有限公司
4	均豪物业管理股份有限公司
5	长城物业集团股份有限公司
6	北京凯莱物业管理有限公司
7	上海银湾生活网络股份有限公司
8	山东省诚信行物业管理有限公司
9	乐生活（北京）智慧社区投资发展有限责任公司
10	江苏新城物业服务有限公司

彩生活物业的成功上市，使优秀的物业服务企业加快了上市准备步伐，这些拟上市的物业服务企业以独具特色的业务模式、持续稳健的经营表现以及良好的发展潜力也吸引了投资者的广泛关注。

4　结语

伴随着移动互联技术以及资本市场的不断发展，物业服务企业的社区管理和服务模式迎来了巨大变革，优秀的物业服务企业迅速崛起，物业管理行业进入了新的发展阶段。2014 年，百强企业在新技术的驱动下，营业收入规模均有良好的表现，营业成本率呈现下降态势，人均效能的提升与多元化经营保证了企业利润的稳定增长；在服务质量方面，百强企业服务意识不断增强，通过升级软硬件配套服务水平，以及搭建 O2O 社区服务平台，获得了业主的肯定和积极参与。在经营绩效方面，通过智能化投入提升人均产出效率，优化了员工专业结构，构建起节能环保、省时省工、可视可控的智慧社区管控体系，并以互联网等新技术将延伸多元业务整合进入线上，形成了 O2O 社区服务大平台。

2014 年，国家发改委《关于放开部分服务价格意见的通知》为物业服务市场化进程提供了政策保障，百强企业围绕业主服务和资产保值增值，积极拓展社区服务，成为行业重要创新发展方向。展望未来，以移动互联、大数据、云计算等为代表的新兴技术不断与物业服务结合深化，物业管理行业必将发生前所未有的变化，百强企业将抓住这一历史机遇，实现跨越式发展。

专题：颠覆•进化•回归

——“互联网+”时代，物业服务企业乘风飞舞

2015 年，李克强总理在两会政府报告中首次以新的战略高度提出“互联网+”概念，这意味着“互联网+”正式被纳入政府顶层设计，成为推动国家经济社会发展的重要战略。目前我国互联网用户有 6.49 亿，其中移动互联网民规模达 5.57 亿，渗透率达到 85.8%，移动互联网成为居民便捷地获取 各种服务的重要渠道，同时在优化资源配置，提高社会整体效率，产业创新、融合以及跨界合作等方面也发挥着越来越重要的作用。“互联网+”战略即是在此背景下，旨在推动移动互联网、云计算、大数据、物联网等与现代制造业及服务业相结合，最终形成我国产业战略转型和升级的重要驱动力。

1. 物业服务行业的春天来临，百团大战还是共享大餐？

“互联网+”时代已经来临，如何重构物业服务企业的服务价值成为热点话题。物业服务企业拥有得天独厚的资源优势，其处在联结社会和社区的节点上，与社区业主、各种专业服务部门及周边商业圈关联度最高，了解并更贴近社区的各种需求，是挖掘和实现社区价值的核心力量。从目前战略调整来看，物业服务企业正在从传统物业管理转向基础物业服务智能化、延伸物业服务多元化以及跨区域拓展规模化等方向转变：首先，在传统物业服务领域，利用智能化硬件以及互联网化的软件系统，优化保洁、保安等基础服务体系，提升物业管控效率；其次，在延伸物业服务领域，基于诸如 APP、微信公众号等移动终端的渗透普及和 LBS 技术服务的闭环，传统物业对物的管理提升为对人的服务，并在常规服务基础上拓展专项服务、特约服务、代办服务及电商经营服务等，最后，扩大服务区域，跨地区拓展经营，这已经成为大部分百强企业的发展战略，一批优秀的物业服务企业在智能化改造和社区 O2O 方面已取得了令人瞩目的成绩，业主生活品质和居住幸福度得到了快速提高。

物业服务领域“互联网+”创新应用优秀企业

企业名称	运营平台	特色优势
长城物业	一应云	CRM、PMS；服务种类齐全，社区服务生态圈
彩生活物业	彩之云	社区 O2O；E 卡通——彩付卡
万科物业	睿服务平台	EBA 远程设备监控与运营系统
金地物业	“享”系列平台	基于 iBeacon 技术的反向运用；注重服务体验
金融街物业	96018 金融街生活在线产品	自发交流互动式平台
新城物业	新橙社	小橙成长——积分兑换
银湾物业	银湾云	3A 服务——随时、随地、随心
第一物业	智趣生活	资源整合；跳蚤市场——二手闲置物品买卖
万物至上	物业管理服务平台 PMSP	各部门/各岗位之间的网络化管理和自助化协作
新东原物业	东原社区智能系统	三屏互动，互联互通

2. 新技术来袭，颠覆传统基础物业管理模式

基础物业服务的升级优化是整个移动互联战略的起点，也是物业服务企业未来实现成功的基础。在传统基础物业服务领域，“互联网+”更多的体现在智能软硬件的研发应用上，通过新技术对传统物业服务进行智能化改造，降低基础服务的各项成本，提升物业服务的管控效率，从而为形成可控、可视、快速响应的智慧型社区服务奠定基础。在硬件改造上，通过引进监控设备、节能设备、GPS 仪、警报系统、设备感应系统等智能终端，既为物业服务企业节省管控成本，为业主提供智能化的基础物业服务，同时也实现了环保、省时省工、可视可控等功能，增强其可持续发展。在软件支持上，通过集成查费、缴费、投诉、报修等基础业务服务的数据，实现了快速响应、工时优化、统筹处理等功能，大大提高了基础服务的管控水平，维护了社区的基本安全、卫生、绿化和正常秩序水平。

3. 黏住业主，从管理“物”走向服务“人”的进化

物业服务与“互联网+”的碰触，引发了物业服务企业搭建社区生活服务平台的热潮。社区生活服务主要包括家政服务、社区商业、社区金融、社区医疗、社区物流等服务，通过社区 O2O 平台能够提高业主的生活品质与居住幸福感，同时也使物业服务企业与合作第三方实现互动双赢。物业服务企业借助互联网、大

数据、云计算等新技术，可以分析业主的核心需求，进而整合社区周边的商超、金融、餐饮、医疗及物流资源，向业主提供更加便捷与优质的生活服务，并通过服务外延与创新来创造新的盈利空间。在社区生活的一揽子服务下，以品质取信业主，以便捷黏住业主，将物业服务企业真正打造成业主的贴心管家，成为众多物业服务企业挖掘物业服务价值的重要途径。移动互联网时代，业主服务理念的升级转变进一步催生物业服务企业为其量身定制个性化特色服务。对于业主教育、医疗等个性化需求服务，物业服务企业一般通过自身优势自建或整合第三方资源进行有偿服务，实现高效便捷的产品与服务输送体系，使业主深切的感受到物业服务企业的服务品质。

4. 大势所趋，物业服务企业在风口上的抉择

互联网本身具备的平等、透明、公开的诸多特性，为物业服务企业的发展融入了新的特点。从社区 O2O 的趋势上来看，“互联网+”所代表的简洁、平等、透明必将提升业主的生活品质，业主需求已经发生了根本性的时代变化，因此社区 O2O 的趋势无法阻挡，成为时代选择的必然，物业服务企业必须要加快互联网在业务中的融合渗透，才能不被时代所淘汰；从社区服务的本质来看，业主作为社区的资源核心必将是物业服务必须紧紧围绕的，业主至上和服务至上是物业服务的核心内容；从物业服务的整合趋势来看，互联网的开放特征也将为物业服务带来开放分享的特色，物业服务企业应充分发挥自身优势，积极运用和分享物业服务及大数据分析平台，才能在物业服务竞争与合作中寻得一席之地。

附录七 2015 中国重要城市部分典型地产指数系统样本楼盘

城市	典型楼盘	LOGO	项目简介
南宁	龙光世纪	Logan Century 龙光世纪	“龙光世纪”项目位处城市最顶级商务办公区【东盟商务区】的核心地段，毗邻华润万象城、盛天地与利海蓝生活三大商业中心，周边各类配套非常齐全，拥有最好的城市级配套。项目总占地约 34 亩，总建筑面积约 39 万平米，由 2 栋超高层塔楼与商业裙楼共同组成，将为世界 500 强企业及高层次的中小型企业提供办公、购物、休闲、酒店入驻等各类复合业态，打造南宁乃至广西首席天际商务综合体。
成都	蓝润广场	BDG藍潤廣場 一个来了就不想离开的地方	蓝润广场位于成都武侯区成双大道与文盛路交汇处，总占地面积 137 亩，总建筑面积近 35 万平米。是一个定位辐射整个成都的一站式集购物娱乐于一体的高端复合型商业综合体，是区域未来教育创业活力之城、家居办公智慧之城和娱乐休闲乐享之城。
成都	中迪创世纪商业广场	中迪创世纪	中迪创世纪商业广场位于成都市成华区新鸿路，总建筑面积 26.5 万平米，其中商业逾 21 万平米、酒店 4 万平米。项目规划有办公、商业、酒店、住宅等多业态为一体的超级城市综合体，携手众多商家打造吃、喝、玩、乐、购物一站式消费的城市繁华地标。
兰州	兰州• 大名城	蘭州 大名城 GreatTown 20平方公里 城东 · 生态 · 宜居	兰州•大名城项目是兰州东部科技新城核心区重点项目，规划总建筑面积 2700 万平米，未来人口达 20 万，整个项目产品涵盖 5A 写字楼、商业街区、商业综合体、旅游文化园区、高尚住宅为一体的多种业态，首期 200 万平米一次性开发，2014 年新增开发面积 320 万平米，打造生态、宜居、舒适、便捷的人居之城。
上海	花木绿城锦绣兰庭	花木 绿城·锦绣兰庭 ORCHID MANSION	花木绿城锦绣兰庭位于上海浦东世纪公园板块，占地面积 5.6 万平米，融合居住、社区精品商业为一体。其中住宅地上建筑面积约 10 万平米，主要由 8 幢 13-23 层高层公寓组成，户型面积覆盖从 98 到 233 平米的二房到四房，是“中国高端物业营造专家”绿城倾力打造的第一品级经典之作。2014 年荣获上海商品住宅销售金额年度冠军。
上海	新华• 红星国际广场	新华·红星国际广场 XIN HUA REDSTAR LANDMARK	新华•红星国际广场位于上海高端国际社区古北板块西部，总建筑面积约 55 万平米，是由国企出版发行第一股新华发行集团与中国商业地产领跑者红星地产联合开发的大型商业综合体，拥有爱琴海艺术购物公园和红星• 欧丽洛雅环球博览中心双 MALL、环球主题风情步行街、3000 平米安藤忠雄先生设计的艺术空间、3000 平米文化演艺中心、约 5 万平米生态绿地公园、摩都 LOFT、巨富铺王等丰富业态，打造“艺术、生态、科技”全新体验的商业综合体，树立上海商业综合体典范。
重庆	力帆• 红星国际广场	力帆·红星国际广场 100万商业大城 · 100万精英居城	力帆•红星国际广场作为重庆市重点开发建设项目，位于北部新区政府重点打造的重庆第三个市级商圈和千亿级商圈——金州商圈的核心，尊踞重庆两江新区核心，金开大道与金州大道黄金交汇处，由力帆集团和红星地产联袂投资 100 亿元打造。项目总体量超 100 万平米，涵盖爱琴海购物公园（2016 年下半年开业）、玫瑰天街、BLOCK 商业街、双塔甲级写字楼、紫檀庄园别墅、紫郡墅区高层等业态，将打造成北重庆首屈一指的大型城市综合体项目。

城市	典型楼盘	LOGO	项目简介
重庆	光华安纳溪湖	LAKE OF ANNECY 光华安纳溪湖	光华安纳溪湖是光华集团在渝打造的以法式风格为主导的居住社区。光华安纳溪湖项目总占地面积逾500亩，总建筑面积约70万平米，综合容积率仅为1.5，主要打造以湖景联排、叠拼、类独栋别墅物业为主，辅以部分花园洋房和少量高层产品。项目位于茶园中央别墅区，代表了城市精品豪宅项目，独揽湖山，是滨湖墅区典范。安纳溪湖作为城市中不多见的湖滨别墅，有其独特的价值和吸引力。
重庆	观音桥•龙湖新壹街	观音桥·龙湖新壹街 1ST AVENUE	观音桥•龙湖新壹街，龙湖阔别十年，重新回归观音桥的又一鼎新力作。凭借龙湖商业13载深厚修为，观音桥• 龙湖新壹街肩负超越“天街系”、改变观音桥之使命，以世界著名商业街区为蓝图，打破重庆商业传统格局，首例BLOCK商业街区。涵盖高端写字楼、国际商务总部、时尚风情街、文化娱乐和高档公寓等多元业态，将打造成为兼具国际化、宜居、时尚、文化，夜经济繁荣的“24小时都市活力中心”。
重庆	鹅岭峰	鹅岭峰 ELING RESIDENCES	鹅岭峰位于重庆市渝中区鹅岭公园旁，由新加坡城市发展集团（CDL)开发，著名建筑设计师萨夫迪(Safdie Moshe)担当总设计师。项目采用层层退进的花园式大平层圆弧设计。目前项目已确定引进全球最顶级的米勒厨电系统、德国当代、唯宝等国际顶级品牌。中央空调、中央地暖、清风系统、全智能化家居系统和中央吸尘系统5大机电系统全面应用，展现了城市发展集团豪宅产品的打造水平。
北京	中海金石公馆	中海金石公馆 THE KINGSTONE	中海金石公馆位于石景山区西长安街沿线，东望皇城气象，西邻西山贵地，堪称“帝阙龙脉”一线华宅。项目以中轴对称式规划为布局，楼栋排列符合东西方皇家宫廷的十字中轴对称式布局，错落式建筑排列，超低建筑密度，楼栋之间保持超大间距，视野范围无限开阔。建筑立面选取法式古典主义，形制庄严古朴，气势恢宏。地下车库大堂加双层入户大堂设计，尽显尊崇身份和领地感。园林采取中轴对称布局规制，标注法式皇家园林尊贵情怀。
北京	保利海德公园	POLY HYDE PARK 保利·海德公园	保利海德公园项目位于海淀区蓟门桥北，地处北三环核心地带，临近地铁10、13号线，交通四通八达，快速连接中关村、金融街、亚运村、燕莎及国贸商圈。项目总建筑面积约10万平米，采用维多利亚时期纯正英伦风格，打造一个集墅品公馆、城市别墅、五星级酒店、甲级写字楼于一体的高端社区。周边生态公园、医疗配套、教育配套齐全，是保利地产精心打造的精品豪宅。
福州	三盛国际中心	三盛国际中心 五四路CBD 地标写字楼	作为福建近5年唯一荣膺新加坡“中国百城建筑新地标”殊荣的写字楼，三盛国际中心严苛遵循国际5A标准规划，以五大主题及配套工程进行设计，建成以智能化和数字化为基础的现代化办公、商务为一体的城市商务体建筑：外立面由美国著名的LEOA DALY设计，萃取寿山石雕艺术理念，布局呈“双峰一谷”之形，隐喻福州壮观的“三山一河”；三层挑高14.5米大堂，配置落地式超大玻璃，通透明朗；130-1300平方米/层，2.7米净高标准层，开阔舒适；福州首创采用双筒+框架结构，全明布局；双超白双银LOW-E钢化玻璃，营造阳光、生态的现代商务空间……更有7400平方米商务精品商业、全能商务会议中心、集中式中央空调，智能门禁系统，双回路供电系统，满足企业多功能商务需求，为世界企业打造福州至高商务平台。

城市	典型楼盘	LOGO	项目简介
哈尔滨	永泰城	永泰城 EONTIME CITY	永泰城为中国地产百强永泰集团战略转型的旗舰商业地产，永泰城作为永泰集团旗下超百万方大型城市综合体，携手全球商业力量，依照国际大都会高端生活区为蓝本，借鉴韩国乐天世界、美国迪士尼等全球顶级主题乐园的运营模式，同时结合世界级新型现代产业奥特莱斯，以超越时代三十年的商业规划，将“购物”与“体验”融合，在 SHOPPING MALL 和美国理念的 LIFES STYLE CENTER（时尚生活中心）基础上所衍生的一种全新商业模式，以强体验式购物，顺应城市形象升级与商业中心换代的需求，变革城市商业过去单一购物的功能，将城市商业中心打造成为城市居民的娱乐目的地。
合肥	合肥万达文化旅游城	万达文化旅游城 WANDA CULTURAL TOURISM CITY	合肥万达文化旅游城是万达集团凭借多年在商业、文化、旅游产业上积累的丰富经验，创新推出的文化旅游商业综合项目，总投资 300 亿元，规划有文化、旅游、商业、酒店四大内容，是世界文化旅游新品牌。项目拥有互动电影乐园、星级酒店群、国际电影城、室外主题乐园、室内恒温水世界、湖岸国际酒吧街和万达茂品牌商业中心等业态。2016 年建成开业后，将使合肥成为中国文化旅游名城和世界旅游目的地。2014 年，合肥万达城 17 次推盘 17 次售罄，实现销售金额近 70 亿，荣膺“2014-2015 中国 TOP100 价值楼盘第一名”，“2014 全国商品房销售额第二”和“2014 华东商品房销售额第一”。
杭州	西湖国际科技大厦	中国节能 CECEP 西湖国际科技大厦	西湖国际科技大厦位于杭州文二路与古翠路交叉口，西湖国际科技园区内,总建筑面积约 10 万平米。大厦采用先进节能建筑技术和甲级智能化楼宇技术，是杭州城西首座甲级 5A 标准写字楼。不仅如此，项目目前正携手华为搭建园区云服务平台，促进入驻企业拎包办公，实现企业轻资产运营，以此提供全方位人性化的服务，解决企业商务活动的后顾之忧。该项目过往及在租客户不乏世界五百强、行业龙头企业，因此年产值约 300 亿，在杭州 400 幢写字楼中税收贡献排名第二。
杭州	中节能西溪首座	中节能·西溪首座 CECEP·XIXI CENTER	中节能西溪首座地处文一西路崇仁路交汇处，距大美西溪湿地仅 500 米，紧邻未来西湖区行政服务中心，坐拥 4 万平米湿地景观，配以顶级硬件设施及绿色三星标准，堪称风景中的商务巨著，是城西西溪板块新的地标级建筑。项目邀请世邦魏理仕规划国际一流商业环境，引入高力国际深度物业管理顾问，为入驻企业提供一流商业配套和物管服务，进一步提升项目作为纯办公空间的品质；项目还牵手华为搭建园区云服务平台，真正做到入驻企业拎包办公，实现企业轻资产运营。
杭州	能源与环境产业园	中国节能 CECEP 能源与环境产业园 ENERGY AND ENVIRONMENT INDUSTRY PARK	杭州能源与环境产业园位于杭州钱江经济开发区，已建成建筑面积约 19 万平米，是浙江省内唯一一家厂房权证分割转让政策落地的产业园区。现有入驻生产企业近 30 家，年产值约近 10 亿元人民币。产业园旨在为中小科技型生产企业提供优美的生产办公环境和优质高效的企业发展服务平台。集聚节能环保企业，助推实体企业成长。座落于产业园内的绿色建筑科技馆集成了十大领先的建筑节能技术，获国内第一个美国 LEED 铂金奖。
杭州	武林壹号	THE ONE 武林壹號	武林壹号作为唯一代表浙江跻身全国销售榜单前三的顶级豪宅，连续多年蝉联杭州楼市销冠，引领杭城豪宅市场。项目由浙江本土领军房企滨江和绿城两大品牌强强联手打造，择址武林中央，以 45 万平米恢弘体量坐拥杭城最繁华的武林商圈；汇聚西湖、运河两大世界文化遗产环伺，构筑一个影响时代的财富圈层。
武汉	奥山世纪城	奥山世纪城	奥山世纪城，以“武汉滨江商业区•150 万平方米滨江枢纽综合体”的定位，屹立在武昌滨江区二七大桥南岸桥头，总建筑面积约 150 万平米，涵盖 35 万平米大型商业购物中心、高档住宅区、商务办公区、娱乐休闲区、商务酒店等业态，建成后将成为武汉城市核心区封面级地标综合体。

城市	典型楼盘	LOGO	项目简介
武汉	武汉中央商务区(武汉 CBD)	武汉中央商务区 WUHAN CBD	武汉中央商务区（武汉 CBD），武汉市“十二五”重点建设项目，位于武汉市中心的王家墩片区，总面积 7.41 平方公里，总建筑面积 1400 万平米。武汉中央商务区区位优势突出、交通便利，区域覆盖 5 条地铁线、10 个地铁站，是城市快速干道、轨道交通及机场高速的结合点。随着招商银行武汉分行、中国邮储银行湖北省分行、民生金融中心、平安银行武汉分行等金融巨头落户，华中互联网金融产业基地的建成，武汉 CBD 以更多优质金融资本的吸附和完善配套的承载，构筑以金融、保险、贸易、信息、咨询等为主的华中现代服务业中心。
广州	中海花湾壹号	中海花城湾 BLOSSOM COVE	中海花湾壹号地处荔湾区广钢新城的中心，130 万平米国际地标综合体，广钢新城双地铁黄金物业以及商业中心，以“住宅+公寓+商业”三大业态打造地标综合体。项目坐享 3000 平方米国际中心生活圈，广州老城区核心资源配套，9 大省级名校、6 大生态公园、5 大国际商业等一应俱全。中海花湾壹号物业类型涵盖住宅、国际公寓及 5.5 万平米主题商业。在产品打造上，采用 10 大领先科技人居系统和 5 大产品精工法则。园林面积约 6 万平米，以三重健康园林体系打造老城区社区休闲空间。
广州	南沙金茂湾	蝶舞金茂 亲近自然	南沙金茂湾是中化集团旗下金茂地产华南广州的大型综合项目。投资额达 70 亿，将建设成商业、购物为一体的大型社区，是具有粤港澳合作服务功能和城市综合服务功能的区域。项目位于凤凰大道和焦西路交汇处，属于南沙明珠湾区起步区。北靠广州外国语学院，西临南沙体育馆，东南焦门河水道环抱，地势呈滨海半岛状。位处南沙红树林天然保护区旁。项目总建筑面积 56.8 万平米，为商住综合体类产品，涵盖公寓、住宅、商铺、写字楼、商墅，分三期开发。整个社区三面环海，半围合的空间，将海景纳入社区之内，半围合式的布局，建筑略斜的陈列，保障了户户观景，高低层不同角度的海景、各种缤纷的园景、繁华的海景。
湘潭	金侨城	金侨城 Jinqiao City	金侨城地处长株潭融城核心，湘潭市滨江新城，身处湘潭大学城腹地，毗邻湖南软件学院、湖南科大、湘潭大学、北碚中学、和平国际小学等名校，极具学术文化气息。项目占地 400 余亩，总建筑面积约 60 万平米，由电梯小高层、花园洋房、独栋别墅等组成，共分六区开发，依托原生态地貌，形成具有层次的山地建筑群景观，高地错落有致。其超低建筑密度，低容积率，高绿化率的规划设计理念，现代科技与高尚人居产品的完美结合，引领当代房地产业高端人居走向。
南昌	莱蒙都会	莱蒙都会 FASHION MARK	南昌首个百万平米综合体，聚合 CBD 城市资源，带动商圈迅速成熟，商务能量全南昌第一。项目规划住宅、商业、MALL、办公四大巅峰业态，打造极致繁盛生活主场，强力辐射周边区域 250 万高端消费群，吸引未来半个南昌城的生意在此展开。
南昌	南昌万达城	万达文化旅游城 WANDA CULTURAL TOURISM CITY	南昌万达城位于南昌市九龙湖新区，总投资超过 400 亿元人民币，占地 4000 余亩，总建筑面积 475 万平米，是江西省近三十年来最大的投资项目。拥有全球最大的室内海洋馆、大型舞台秀、科技电影乐园、大型室外主题公园、国际度假酒店群、滨湖酒吧街等娱乐项目的文化中心单元，以及多处住宅楼，颠覆传统视觉体验，建成后将改变南昌城市定位，成为中国文化旅游名城。
南昌	绿地国际博览城	绿地國際博覽城 GREENLAND INTERNATIONAL EXPO CITY 400 万 m² 七 位 一 体 综 合 城	绿地国际博览城，占据省中心九龙湖板块，更属江西核心经济增长极。400 万方七位一体综合城，是绿地集团首个世界规模城市运营项目。目前，率先在九龙湖引进绿地企业服务平台、省广告产业园、会展家居品牌 Mall 等配套服务，同时在项目内部打造的中部地区最大的会展中心，将对城市经济带来快速发展。

城市	典型楼盘	LOGO	项目简介
苏州	圆融星座	圆融星座 HARMONY CITY	苏州圆融星座位于苏州环金鸡湖 CBD 核心，总建筑面积约 30 万平米。整个项目由精品时尚购物中心、5A 甲级写字楼、生态坡地花园、精装湖景公寓等组成，与周边圆融时代广场、苏州文化艺术中心、苏州博览中心、久光百货、九龙仓国金中心、新鸿基摩天楼、诚品书店、新光三越等众多标志性项目，一起形成了苏州城市中心区最亮丽的地标性建筑群。项目以坡地、峡谷为灵感，融入顶级商业空间美学，散发出当代都市山林的浪漫神采和魅力。
苏州	兆润财富中心	兆润财富中心 TRIRUN FORTUNE PLAZA	兆润财富中心位于苏州工业园区，傲立于苏州城市 CBD 核心区域，由兆润控股集团开发，聘请国际建筑专家 KPF 团队铸造双子高塔形态，为苏州树立起一座代言新时代价值的经济标杆。兆润财富中心总投资约 26 亿元，占地 1.3 万平米、规划建筑面积 19.7 万平米。项目由 2 幢超高层楼宇、商业裙房及绿地、广场组成，其中位于项目西侧的超高层主楼建筑高度为 230 米（44 层），位于项目东侧的高层主楼建筑高度为 169 米（31 层），功能均设计为商务办公用途，按照国际甲级写字楼建造，4 层裙楼主要规划为金融营业厅和商业、餐饮功能，地下 3 层规划为机动车停车库以及后勤、设备用房。
长沙	泊富国际广场	POMP International Plaza 泊富国际广场	泊富国际广场是湖南出版投资控股集团投资 30 亿打造的芙蓉路上第一个城市综合体项目，总占地约 70 亩，总建筑面积约 30 万方。项目汇集三大业态：一栋 228 米的超高层 5A 甲级写字楼，一栋 168 米的超高层涉外服务式酒店公寓；以及 10 万平米国际购物中心，由中国商业地产巨头盈石中国部分自持并整体运营；负三、负四楼为全智能停车场，共 1550 个车位。泊富国际广场将辐射长沙未来四大商务区——芙蓉 CBD、河西滨江中央商务区、新河三角洲、中部金融城，商圈区位优势明显。

附录八 主要统计指标解释

一、房地产开发企业财务指标

1.资产总计：指企业过去的交易或者事项形成的、由企业拥有或者控制的、预期会给企业带来经济利益的资源。资产一般按流动性分为流动资产和非流动资产。其中流动资产可分为货币资金、交易性金融资产、应收票据、应收账款、预付款项、其他应收款、存货等；非流动资产可分为长期股权投资、固定资产、无形资产及其他非流动资产等。根据会计“资产负债表”中“资产总计”项目的期末余额数填报。

2.负债合计：指企业过去的交易或者事项形成的，预期会导致经济利益流出企业的现时义务。负债一般按偿还期长短分为流动负债和非流动负债。根据会计“资产负债表”中“负债合计”项目的期末余额数填报。

3.所有者权益合计：指企业资产扣除负债后由所有者享有的剩余权益。公司的所有者权益又称股东权益。包括实收资本、资本公积、盈余公积、未分配利润等。根据会计“资产负债表”中“所有者权益合计”项目的期末余额数填报。

4.主营业务收入：指企业确认的销售商品、提供劳务等主营业务的收入。根据会计“主营业务收入”科目的期末贷方余额（结转前）填报。

（1）土地转让收入：指房地产开发企业按国家规定在报告期转让已经开发的土地和未经开发的土地所得到的收入。根据会计“利润表”和相关核算资料计算填报。

（2）商品房屋销售收入：指房地产开发企业在报告期售出商品房的收入，一次收款的，一次性全部计入销售收入，按合同规定分期收款的，可按合同规定的时间分次计入收入。根据会计“利润表”和相关核算资料计算填报。

（3）房屋出租收入：指房地产开发企业在报告期内，在不改变现有财产所有权关系的条件下，将企业的全部或部分房屋出租给其他单位或个人使用所得到的租金收入。根据会计“利润表”和相关核算资料计算填报。

（4）其他（主营业务）收入：指房地产开发企业在报告期内从事除以上收入外的其他业务活动所得到的收入，包括配套设施销售收入、代建工程结算收入等。根据会计“利润表”和相关核算资料计算填报。

5.主营业务成本：指企业经营主要业务和其他业务所发生的成本总额。根据会计“主营业务成本”科目的期末借方余额（结转前）填报。

6.销售费用：指企业在销售商品和材料、提供劳务的过程中发生的各种费用，包括保险费、包装费、广告费等费用和为销售本企业商品而专设的销售机构（含销售网点、售后服务网点等）的职工薪酬、业务费等经营费用。建筑业企业销售费用指企业从事施工生产活动过程中发生的各项费用，包括应由企业负担的运输费、装卸费、包装费、保险费、维修费、展览费、差旅费、广告费和其他经费。房地产企业销售费用指企业在从事主要经营业务过程中所发生的各项销售费用，包括转让、销售、结算和出租开发产品等。根据会计“利润表”中“销售费用”项目的本期金额数填报。

7.主营业务税金及附加：指企业经营主要业务应负担的营业税、消费税、城市维护建设税、教育费附加等。根据会计“主营业务税金及附加”科目的期末借方余额（结转前）填报。

8.管理费用：指企业为组织和管理企业生产经营所发生的费用，包括企业在筹建期间内发生的开办费、董事会和行政管理部门在企业经营管理中发生的，或者应当由企业统一负担的公司经费等。根据会计“利润表”中“管理费用”项目的本期金额数填报。

9.财务费用：指企业为筹集生产经营所需资金等而发生的筹资费用，包括企业生产经营期间发生的利息支出（减利息收入）、汇兑损失（减汇兑收益）以及相关的手续费等。根据会计“利润表”中“财务费用”项目的本期金额数填报。

10.营业利润：指企业从事生产经营活动所取得的利润。执行 2006 年《企业会计准则》的企业，营业利润为营业收入减去营业成本、营业税金及附加、销售费用、管理费用、财务费用、资产减值损失，再加上公允价值变动收益和投资收益。未执行 2006 年《企业会计准则》的企业，营业利润为主营业务收入减去主营业务成本、主营业务税金及附加，加上其他业务利润后，再减去销售费用、管理费用、财务费用后的金额。根据会计“利润表”中“营业利润”项目的本期金额数填报。

11.营业外收入：指企业发生的与经营业务无直接关系的各项收入，包括非流动资产处置利得、非货币性资产交换利得、债务重组利得、政府补助、盘盈利得、捐赠利得等。

12.营业外支出：指企业发生的与经营业务无直接关系的各项支出，包括非流动资产处置损失、非货币性资产交换损失、债务重组损失、公益性捐赠支出、非常损失、盘亏损失等。根据会计“利润表”中“营业外支出”项目的本期金额数填报。

13.利润总额：指企业在一定会计期间的经营成果，是生产经营过程中各种收入扣除各种耗费后的盈余，反映企业在报告期内实现的亏盈总额。根据会计“利润表”中“利润总额”项目的本期金额数填报。

14.应交所得税：指企业按税法规定，应从生产经营等活动的所得中缴纳的税金。

二、房地产开发投资指标

1.计划总投资：指在建的建设工程按照总体设计（或按设计概算或预算）规定的内容全部建成计划需要的总投资。

2.自开始建设累计完成投资：指房地产开发企业在建的房屋建设工程或正在开发的土地开发工程从开始建设到本期止累计完成的全部投资。其计算范围原则上应与“计划总投资”指标包括的工程内容相一致。

报告期以前已建成投产或停、缓建工程完成的投资以及拆除、报废工程的投资，仍应包括在内。但转出的“在建工程”累计投资应予以扣除，转入的“在建工程”以前年度完成的投资应当包括。

3.本年完成投资：指报告期内完成的全部用于房屋建设工程、土地开发工程的投资额以及公益性建筑和土地购置费等的投资。

4.建筑工程：指各种房屋、建筑物的建造工程，又称建筑工作量。这部分投资额必须兴工动料，通过施工活动才能实现。

5.安装工程：指各种设备、装置的安装工程，又称安装工作量。

6.设备工器具购置：指报告期内购置或自制的，达到固定资产标准的设备、工具、器具的价值。

7.其他费用：指在固定资产建造和购置过程中发生的，除建筑安装工程和设备、工器具购置投资完成额以外的费用，不指经营中财务上的其他费用。包括土地出让金、大市政费、四源费（煤、热、自来水、污水）、不可预见费、旧房屋购置，基本畜禽支出，林木支出，退耕退牧还林还草、土壤改良、城市绿化，办公生活用家具、器具购置，建设单位管理费，土地征用、购置及迁移补偿费，政府收费，勘察设计费，研究实验费，可行性研究费，临时设施费，施工机械转移费，设备检验费，负荷联合试车费，土地占用、使用费，建设期应付利息，包干结余，企业债券发行费，合同公证费及工程质量监测费，国外借款手续费及承诺费，汇兑损益，调整器材调拨价格折价，坏账损失，固定资产亏损及损失等。

8.土地购置费：指房地产开发企业通过各种方式取得土地使用权而支付的费用。土地购置费包括：（1）通过划拨方式取得的土地使用权所支付的土地补偿费、附着物和青苗补偿费、安置补偿费及土地征收管理费等；（2）通过出让方式取得土地使用权所支付的出让金；（3）通过“招、拍、挂”方式取得土地使用权所支付的资金。

9.投资额按工程用途分组：

（1）住宅：指专供居住的房屋，包括别墅、公寓、职工家属宿舍和集体宿舍（包括职工单身宿舍和学生宿舍）等。但不包括住宅楼中作为人防用、不住人的地下室等。按照户型结构可以划分为 90 平方米及以下住房，144 平方米以上住房等。

①90 平方米及以下住房：指在房地产开发企业投资建设的商品住宅中，套型建筑面积不超过 90 平方米（包括 90 平方米）的住房。套型建筑面积是指单套住房的建筑面积，由套内建筑面积和分摊的共有建筑面积组成。现房应以商品房销售合同中实际测绘的建筑面积为统计标准，期房根据商品房预售合同中规划设计面积进行统计，待住宅竣工交付使用后，应根据实际测绘面积进行相应调整。

②144 平方米以上住房：指在房地产开发企业投资建设的商品住宅中，套型建筑面积超过 144 平方米（不包括 144 平方米）的住房。现房应以商品房销售合同中实际测绘的建筑面积为统计标准，期房根据商品房预售合同中规划设计面积进行统计，待住宅竣工交付使用后，应根据实际测绘面积进行相应调整。

③别墅、高档公寓：指建筑造价和销售价格明显高于一般商品住宅的商品住宅。别墅一般指地处郊区，独立成栋的商品住宅；高档公寓一般指地处市内高档社区，高层或多层的商品住宅。别墅、高档公寓的确定标准：一是经有房地产投资计划审批权的主管部门审批建设的别墅、高档公寓开发项目；二是销售价格高于当地同等地段商品住宅平均销售价格一倍以上的别墅、公寓开发项目。该指标可以分析房地产投资结构，反映高收入家庭商品住宅的供求平衡情况。

（2）办公楼：指企业、事业、机关、团体、学校、医院等单位使用的各类办公用房（又称写字楼）。

（3）商业营业用房：指商业、粮食、供销、饮食服务业等部门对外营业的用房，如度假村、饭店、商店、门市部、粮店、书店、供销店、饮食店、菜店、加油站、日杂等房屋。

（4）其他：凡不属于上述各项用途的房屋建筑物，如中小学教学用房、托儿所、幼儿园、图书馆、体育馆等。

10.本年新增固定资产：指在报告期已经完成建造和开发过程并交付使用的房屋和土地开发面积的价值。指房地产开发公司进行开发经营活动的最终成果，即为社会提供的固定资产，而且是在报告期内新增加的。不是反映房地产开发企业本身固定资产的增加。

11.待开发土地面积：指经有关部门批准，通过各种方式获得土地使用权，但尚未开工建设的土地面积。

12.本年土地购置面积：指在本年内通过各种方式获得土地使用权的土地面积。

13.本年土地成交价款：指进行土地使用权交易活动的最终金额。在土地一级市场，是指土地最后的划拨款、“招拍挂”价格和出让价；在土地二级市场是指土地转让、出租、抵押等最后确定的合同价格。土地成交价款与土地购置面积同口径。

14.资金来源

（1）本年实际到位资金合计：指房地产开发企业在本年内收到的可用于房地产开发和经营的各种资金来源数之和，包括上年末结余资金、本年度内拨入、借入或以各种方式筹集的资金。

（2）上年末结余资金：指上年资金来源中没有形成投资额而结余的资金。包括尚未用到工程中的材料价值、未开始安装的需要安装设备价值及结存的现金和银行存款等。可根据有关财务数字填报。上年末结余资金不能出现负数，即不能把上年应付工程、材料款作为上年末结余资金的负数来处理。

（3）本年实际到位资金小计：指房地产开发企业实际拨入的，用于房地产开发的各种货币资金。包括国内贷款、利用外资、自筹资金和其他资金。

①国内贷款：指报告期内房地产开发企业向银行及非银行金融机构借入的各种国内借款，包括银行利用自有资金及吸收的存款发放的贷款、上级主管部门拨入的国内贷款、国家专项贷款（包括煤代油贷款、劳改煤矿专项贷款等），地方财政专项资金安排的贷款、国内储备贷款、周转贷款等。

银行贷款：指报告期内向各商业银行、政策性银行借入的用于项目开发建设的各项贷款。

非银行金融机构贷款：指向除上述银行之外从事金融业务的机构借入的用于房地产开发与经营的各项贷款。非银行金融机构包括城市信用社、农村信用社、保险公司、金融信托投资公司、证券公司、财务公司、金融租赁公司、融资公司（中心）等。

②利用外资：指报告期内收到的境外（包括外国及港澳台地区）资金（包括设备、材料、技术在内）。包括对外借款（外国政府贷款、国际金融组织贷款、出口信贷、外国银行商业贷款、对外发行债券和股票）、外商直接投资、外商其他投资（包括补偿贸易、加工装配由外商提供的设备价款、国际租赁，外商投资收益的再投资资金）。不包括我国自有外汇资金（包括国家外汇、地方外汇、留成外汇、调剂外汇和中国银行自有资金发行的外汇贷款等）。各类外资按报告期的外汇牌价（中间价）折成人民币计算。

外商直接投资：指外国投资者在与中国企业（政府）合资、合作或独资中以外汇现金、设备（或实物）、技术、专利或其他方式投入的资金总量。

③自筹资金：指各地区、各部门及企事业单位筹集用于房地产开发与经营的预算外资金。

自有资金：指凡属于房地产企业（单位）所有者权益范围内所包括的资金，是按财务制度规定归企业支配的各种自有资金。包括企业折旧资金、资本金、资本公积金、企业盈余公积金及其他自有资金，也包括通过发行股票筹集的资金。

④其他资金来源：指在报告期收到的除以上各种资金之外其他用于房地产开发与经营的资金。包括国家预算内资金、债券、社会集资、个人资金、无偿捐赠的资金及用征地迁移补偿费、移民费等进行房地产开发的资金。

定金及预收款：定金是为使甲乙双方按约定签订正式经济合同，实现房屋交易，根据有关规定由购房者或单位在报告期交纳的押金。预收款是甲乙双方签订购销房屋合同后，在报告期由购房者或单位交付的首付款及各种手续费（包括其中的外汇）。

个人按揭贷款：是指按照中国人民银行（《个人住房贷款管理办法》，银发[1998]190 号）中规定，贷款人（商业银行）向借款人发放的采用分期偿还方式用于购买自用普通住房的贷款。具体指具有完全民事行为能力的自然人，购买商品房时以其购买的产权住房（或银行认可的其他担保方式）为抵押，作为偿还贷款的保证而向银行申请的住房商业性贷款。从 1999 年 2 月开始，个人住房贷款可扩大到借款人自用的各类型住房贷款（《关于开展个人消费信贷的指导意见》，银发[1999]73 号）。

15.本年各项应付款合计：指在房地产开发过程中应付未付的投资款。包括应付工程款、应付器材款、应付工资、应付有偿调入器材及工程款、其他应付款、应交税金、应交基建收入、应交投资包干结余、应交能源交通建设基金、应交预算调节基金及其他应交款。各项应付款填报本报告期实际增加数（或发生数），不是填报开始建设以来的累计数。

三、房地产开发企业施工和销售指标

1.房屋施工面积：指报告期内施工的全部房屋建筑面积。包括本期新开工的房屋建筑面积、上期跨入本期继续施工的房屋建筑面积、上期停缓建在本期恢复施工的房屋建筑面积、本期竣工的房屋建筑面积以及本期施工后又停缓建的房屋建筑面积。多层建筑应填各层建筑面积之和。

2.房屋新开工面积：指报告期内新开工建设的房屋面积，以单位工程为核算对象，即整栋房屋的全部建筑面积，不能分割计算。不包括在上期开工跨入报告期继续施工的房屋建筑面积和上期停缓建而在本期复工的建筑面积。房屋的开工应以房屋正式开始破土刨槽（地基处理或打永久桩）的日期为准。

3.房屋竣工面积：指报告期内房屋建筑按照设计要求已全部完工，达到住人和使用条件，经验收鉴定合格或达到竣工验收标准，可正式移交使用的各栋房屋建筑面积的总和。

4.不可销售面积：指报告期房地产公司竣工的用于拆迁还建的房屋面积；接受委托、定向开发建设，并收取一定的管理费所建设的统建代建房屋竣工面积；竣工的学校、幼儿园、派出所、居委会、商店等公益设施建筑面积。

5.住宅竣工套数：指报告期内按照设计要求已全部完工，经验收合格，达到住人或使用条件的正式交给开发公司的成套住宅数量（以设计图纸为准）。

6.房屋竣工价值：指报告期内按规定已经上报竣工的房屋本身的建造价值。一般按房屋设计和预算规定的内容计算。包括竣工房屋本身的基础、结构、屋面、装修以及水、电、卫等附属工程的建筑价值，也包括作为房屋建筑组成部分而列入房屋建筑工程预算内的设备（如电梯、通风设备等）的购置和安装费用；不包括厂房内的工艺设备、工艺管线的购置和安装，工艺设备基础的建造；室外的水、暖、电、卫、道路工程、挡土墙等环境工程的费用，办公和生活用家具的购置等费用；购置土地的费用；迁移补偿费和场地平整的费用及城市建设配套投资。

房屋竣工价值不仅包括该竣工房屋在报告期内完成的价值，也包括跨年施工的房屋在本期以前完成的价值。未竣工而转让给其他单位的房屋建筑工程，出让单位不计算竣工价值，待接受单位继续施工并符合竣工条件后，由接受单位计算其竣工价值，包括出让单位在出让前所完成的价值。房屋竣工价值一般按结算价格（或中标价）计算。

7.房屋出租面积：指在报告期期末房屋开发单位出租的商品房屋的全部面积。

8.商品房销售面积：指报告期内出售商品房屋的合同总面积（即双方签署的正式买卖合同中所确定的建筑面积）。由现房销售面积和期房销售面积两部分组成。

（1）现房销售面积：指在报告期内正式签订买卖合同、已经竣工达到入住条件的商品房屋建筑面积。包括以一次性付款方式和分期付款方式销售的现房建筑面积。

（2）期房销售面积：指在报告期内正式签订买卖合同、正在建设尚未竣工交付使用的商品房屋建筑面积。包括以一次性付款方式和分期付款方式销售的商品房屋建筑面积。期房销售建筑面积竣工后不再结转为现房销售建筑面积。

9.商品房销售额：指报告期内出售商品房屋的合同总价款（即双方签署的正式买卖合同中所确定的合同总价）。该指标与商品房销售面积同口径，由现房销售额和期房销售额两部分组成。

（1）现房销售额：指报告期内销售的已竣工商品房屋的合同总价款。包括现房销售前期预收的定金、预收款、首付款及全部按揭贷款的本金等款项。该指标与现房销售面积同口径。

（2）期房销售额：指报告期内销售的正在建设尚未竣工的商品房屋的合同总价款。包括预售房屋前期预收的定金、预收款、首付款及全部按揭贷款的本金等项。该指标与期房销售面积同口径。

10.商品住宅销售套数：指报告期内出售商品房屋合同中总的成套住宅数量（即双方签署的正式买卖合同中所确定的成套住宅数量）。由现房销售套数和期房销售套数两部分组成。

（1）现房销售套数：指报告期内销售的已竣工商品房屋合同中总的成套住宅数量。

（2）期房销售套数：指报告期内销售的正在建设尚未竣工的商品房屋合同中总的成套住宅数量。

11.待售面积：指报告期末已竣工的可供销售或出租的商品房屋建筑面积中，尚未销售或出租的商品房屋建筑面积，包括以前年度竣工和本期竣工的房屋面积，但不包括报告期已竣工的拆迁还建、统建代建、公共配套建筑、房地产公司自用及周转房等不可销售或出租的房屋面积。按照商品房待售时间的长短可以划分为待售一年以下、待售一到到三年（含一年）和待售三年以上（含三年）。

四、主要分组指标

1.登记注册类型：指企业或企业产业活动单位的登记注册类型，按其在工商行政管理机关登记注册的类型填写。

机关、事业单位和社会团体及其他组织的登记注册类型，按其主要经费来源和管理方式，根据实际情况，比照《关于划分企业登记注册类型的规定》确定。

工商行政管理部门对企业（单位）登记注册的类型分为以下几种：

（1）国有企业：指企业全部资产归国家所有，并按《中华人民共和国企业法人登记管理条例》规定登记注册的非公司制的经济组织。不包括有限责任公司中的国有独资公司。

（2）集体企业：指企业资产归集体所有，并按《中华人民共和国企业法人登记管理条例》规定登记注册的经济组织。

（3）股份合作企业：指以合作制为基础，由企业职工共同出资入股，吸收一定比例的社会资产投资组建，实行自主经营，自负盈亏，共同劳动，民主管理，按劳分配与按股分红相结合的一种集体经济组织。

（4）联营企业：指两个及两个以上相同或不同所有制性质的企业法人或事业单位法人，按自愿、平等、互利的原则，共同投资组成的经济组织。联营企业包括国有联营企业、集体联营企业、国有与集体联营企业和其他联营企业。

国有联营企业：指所有联营单位均为国有。

集体联营企业：指所有联营单位均为集体。

国有与集体联营企业：指联营单位既有国有也有集体。

其他联营企业：指上述三种联营企业之外的其他联营形式的企业。

（5）有限责任公司：指根据《中华人民共和国公司登记管理条例》规定登记注册，由两个以上，五十个以下的股东共同出资，每个股东以其所认缴的出资额对公司承担有限责任，公司以其全部资产对其债务承担责任的经济组织。有限责任公司包括国有独资公司以及其他有限责任公司。

国有独资公司：指国家授权的投资机构或者国家授权的部门单独投资设立的有限责任公司。

其他有限责任公司：指国有独资公司以外的其他有限责任公司。

（6）股份有限公司：指根据《中华人民共和国公司登记管理条例》规定登记注册，其全部注册资本由等额股份构成并通过发行股票筹集资本，股东以其认购的股份对公司承担有限责任，公司以其全部资产对其债务承担责任的经济组织。

（7）私营企业：指由自然人投资设立或由自然人控股，以雇佣劳动为基础的营利性经济组织。包括按照《公司法》、《合伙企业法》、《私营企业暂行条例》以及《个人独资企业法》规定登记注册的私营独资企业、私营有限责任公司、私营股份有限公司、私营合伙企业和个人独资企业。

私营独资企业：指按《私营企业暂行条例》的规定，由一名自然人投资经营，以雇佣劳动为基础，投资者对企业债务承担无限责任的企业。

私营合伙企业：指按《合伙企业法》或《私营企业暂行条例》的规定，由两个以上自然人按照协议共同投资、共同经营、共负盈亏，以雇佣劳动为基础，对债务承担无限责任的企业。

私营有限责任公司：指按《公司法》、《私营企业暂行条例》的规定，由两个以上自然人投资或由单个自然人控股的有限责任公司。

私营股份有限公司：指按《公司法》的规定，由五个以上自然人投资，或由单个自然人控股的股份有限公司。

个人独资企业：指按《个人独资企业法》、《个人独资企业登记管理办法》的规定，由一个自然人投资，财产为投资人个人所有，投资人以其个人财产对企业债务承担无限责任的经营实体。个人独资企业填表时归入私营独资企业。

（8）其他内资企业：指上述第（1）条至第（7）条之外的其他内资经济组织。

（9）与港澳台商合资经营企业：指港澳台地区投资者与内地的企业依照《中华人民共和国中外合资经营企业法》及有关法律的规定，按合同规定的比例投资设立，分享利润和分担风险的企业。

（10）与港澳台商合作经营企业：指港澳台地区投资者与内地企业依照《中华人民共和国中外合作经营企业法》及有关法律的规定，依照合作合同的约定进行投资或提供条件设立，分配利润、分担风险和亏损的企业。

（11）港澳台商独资经营企业：指依照《中华人民共和国外资企业法》及有关法律的规定，在内地由港澳台地区投资者全额投资设立的企业。

（12）港澳台商投资股份有限公司：指根据国家有关规定，经商务部（原外经贸部）批准设立，并且其中港、澳、台商的股本占公司注册资本的比例达25%以上的股份有限公司。凡其中港、澳、台商的股本占公司注册资本的比例小于25%的，属于内资中的股份有限公司。

（13）其他港、澳、台商投资企业：指在中国境内参照《外国企业或个人在中国境内设立合伙企业管理办法》和《外商投资合伙企业登记管理规定》，依法设立的港、澳、台商投资合伙企业。

（14）中外合资经营企业：指外国企业或外国人与中国内地企业依照《中华人民共和国中外合资经营企业法》及有关法律的规定，按合同规定的比例投资设立，分享利润和分担风险的企业。

（15）中外合作经营企业：指外国企业或外国人与中国内地企业依照《中华人民共和国中外合作经营企业法》及有关法律的规定，依照合作合同的约定进行投资或提供条件设立，分配利润、分担风险和亏损的企业。

（16）外资企业：指依照《中华人民共和国外资企业法》及有关法律的规定，在中国内地由外国投资者全额投资设立的企业。

（17）外商投资股份有限公司：指根据国家有关规定，经商务部（原外经贸部）批准设立，并且其中外资的股本占公司注册资本的比例达 25%以上的股份有限公司。凡其中外资股本占公司注册资本的比例小于 25%的，属于内资中的股份有限公司。

（18）其他外商投资企业：指在中国境内依照《外国企业或个人在中国境内设立合伙企业管理办法》和《外商投资合伙企业登记管理规定》，依法设立的外商投资合伙企业。

2. 企业控股情况：根据企业实收资本中某种经济成分的出资人的实际投资情况，或出资人对企业资产的实际控制、支配程度进行分类。具体分为国有控股、集体控股、私人控股、港澳台商控股、外商控股和其他六类。

（1）国有控股：包括：

①在企业的全部实收资本中，国有经济成分的出资人拥有的实收资本（股本）所占企业全部实收资本（股本）的比例大于 50%的国有绝对控股。

②在企业的全部实收资本中，国有经济成分的出资人拥有的实收资本（股本）所占比例虽未大于 50%，但相对大于其他任何一方经济成分的出资人所占比例的国有相对控股；或者虽不大于其他经济成分，但根据协议规定拥有企业实际控制权的国有协议控股。

③投资双方各占 50%，且未明确由谁绝对控股的企业，若其中一方为国有经济成分的，一律按国有控股处理。

（2）集体控股：包括：

①在企业的全部实收资本中，集体经济成分的出资人拥有的实收资本（股本）所占企业全部实收资本（股本）的比例大于 50%的集体绝对控股。

②在企业的全部实收资本中，集体经济成分的出资人拥有的实收资本（股本）所占比例虽未大于 50%，但相对大于其他任何一方经济成分的出资人所占比例的集体相对控股；或者虽不大于其他经济成分，但根据协议规定拥有企业实际控制权的集体协议控股。

（3）私人控股：包括：

①在企业的全部实收资本中，私人经济成分的出资人拥有的实收资本（股本）所占企业全部实收资本（股本）的比例大于 50%的私人绝对控股。

②在企业的全部实收资本中，私人经济成分的出资人拥有的实收资本（股本）所占比例虽未大于 50%，但相对大于其他任何一方经济成分的出资人所占比例的私人相对控股；或者虽不大于其他经济成分，但根据协议规定拥有企业实际控制权的私人协议控股。

（4）港澳台商控股：包括：

①在企业的全部实收资本中，港澳台商经济成分的出资人拥有的实收资本（股本）所占企业全部实收资本（股本）的比例大于 50%的港澳台商绝对控股。

②在企业的全部实收资本中，港澳台商经济成分的出资人拥有的实收资本（股本）所占比例虽未大于 50%，但相对大于其他任何一方经济成分的出资人所占比例的港澳台商相对控股；或者虽不大于其他经济成分，但根据协议规定拥有企业实际控制权的港澳台商协议控股。

（5）外商控股：包括：

①在企业的全部实收资本中，外商经济成分的出资人拥有的实收资本（股本）所占企业全部实收资本

（股本）的比例大于50%的外商绝对控股。

②在企业的全部实收资本中，外商经济成分的出资人拥有的实收资本（股本）所占比例虽未大于50%，但相对大于其他任何一方经济成分的出资人所占比例的外商相对控股；或者虽不大于其他经济成分，但根据协议规定拥有企业实际控制权的外商协议控股。

（6）其他：除上述五类以外的企业控股情况。

3.隶属关系：指本单位隶属于哪一级行政管理单位，按照国家标准《单位隶属关系代码》（GB/T12404-1997）分为：中央、省、地、县、街道、镇、乡、居民委员会、村民委员会和其他。

中央与地方双重领导的单位，以领导为主的一方来划分中央属或地方属。

各级政府（中央，省，地，县，街道、镇、乡）、党委、人大、政协等机关的隶属关系填写本级。如：省政府的隶属关系填“省”。

居委会、村委会的隶属关系分别填“居委会”和“村委会”。

隶属于“中央”的单位兴办的集体企业，隶属关系填“其他”；省属以下的企业（单位）办的企业（单位），其隶属关系与企业（单位）本身的隶属关系一致。

无主管部门的单位、本省（自治区、直辖市）在外省（自治区、直辖市）的办事机构所开办的第三产业等单位填“其他”。